SINIRSIZ

ZİHNİNİZİ GELİŞTİRİN, HER ŞEYİ DAHA HIZLI ÖĞRENİN VE OLAĞANÜSTÜ HAYATINIZIN KAPISINI ARALAYIN

PAROLA YAYINLARI: 588
Kişisel Gelişim: 14
Eser Adı: Sınırsız
Orijinal Adı: Limitless
Yazar: Jim Kwik
İngilizceden Çeviren: Fulya Gümüşpala Teke
Yayın Koordinatörü: Ahmet Üzümcüoğlu
Genel Yayın Yönetmeni: Yaren Uludağ
Editör: Gonca Erkmen Çapkın
Kapak Uygulama: Yaren Uludağ
İç Tasarım: Parola Grafik
Diyagramlar: Jose Alonso
Yazar Fotoğrafını Çeken: Nick Onken

Baskı-Cilt: Çalış Ofset Matbaacılık Turizm San. ve Tic. Ltd. Sti.   Maltepe Mah. Yılanlı Ayazma Sok. No: 8/D K:1 Zeytinburnu / İstanbul Tel: 0212 482 11 04 Mat. Sertifika No: 45159
T.C. Kültür ve Turizm Bakanlığı Sertifika No: 41310
ISBN: 978-625-7031-72-1
1. Basım: Şubat 2021
4. Basım: Ocak 2023
© Jim Kwik
© Parola Yayınları 2023

  Bu kitabın Türkçe yayın hakları Parola Basım Yayın San. Tic. Ltd. Şti tarafından, NURCİHAN KESİM Literary agency aracılığıyla Hay House (UK) Ltd'ten alınmıştır. Yayınevinin izni olmadan kısmen ya da tamamen alıntı yapılamaz, kopyalanamaz, dijital kopyalar dahil çoğaltılamaz ve yayımlanamaz.

Parola Yayınları:
Maltepe Mh. Yılanlı Ayazma Sok. No:8/D
Örme İş Mrkz. Kat:1 Topkapı-Zeytinburnu / İstanbul
Tel: 0212 483 47 96 Faks: 0212 483 47 97
web: www.parolakitap.com e-posta: parolayayin@gmail.com

SINIRSIZ

Jim Kwik

İng.Çeviren: Fulya Gümüşpala Teke

Bu kitabın yazarı, doğrudan veya dolaylı olarak bir doktorun tavsiyesi olmaksızın tıbbi tavsiye vermemiş veya herhangi bir tekniğin fiziksel, duygusal veya tıbbi problemler için bir tedavi şekli olarak kullanımını önermemiştir. Yazarın amacı, sadece duygusal, fiziksel ve ruhsal mutluluk arayışınızda size yardımcı olmak için genel nitelikte bilgiler sunmaktır. Bu kitaptaki herhangi bir bilgiyi kendiniz için kullanmanız durumunda, yazar ve yayıncı eylemleriniz açısından hiçbir sorumluluk kabul etmez.

Okuyucularıma, öğrencilerime ve içinizdeki sınır tanımayan kahramanlara adanmıştır. Zamanınız ve güveniniz için teşekkürler. Bu kitabım, sizin için.

İÇİNDEKİLER

SINIRSIZ'a Övgüler 9
ÖN SÖZ 21
GİRİŞ 27

BİRİNCİ BÖLÜM
ZİHNİNİ ÖZGÜR BIRAK

SINIRSIZ OLMAK 35
NEDEN ŞİMDİ 57
SINIRSIZ BEYNİNİZ 71
BU KİTAP (YA DA HERHANGİ BİR KİTAP) NASIL
OKUNMALI VE NASIL AKILDA TUTULMALI 89

İKİNCİ BÖLÜM
SINIRSIZ ZİHNİYET

İNANÇ SİSTEMLERİNİN BÜYÜSÜ 117
ÖĞRENMEYE İLİŞKİN 7 YALAN 141

ÜÇÜNCÜ BÖLÜM
SINIRSIZ MOTİVASYON

AMAÇ 167
ENERJİ 185
KÜÇÜK, BASİT ADIMLAR 207
TRANS 229

DÖRDÜNCÜ BÖLÜM
SINIRSIZ YÖNTEMLER

ODAKLANMA 245
ÇALIŞMA 255

HAFIZA 275
HIZLI OKUMA 305
DÜŞÜNME 327

SON SÖZ 351
10 GÜNLÜK KWIK BAŞLANGIÇ PLANI 357
KİTAP ÖNERİLERİ 367
TEŞEKKÜR 371
YAZAR HAKKINDA 379
KAYNAKÇA 381

SINIRSIZ'a Övgüler

"Jim Kwik, beni bir insan olarak maksimum seviyeye nasıl getireceğini biliyor."

WILL SMITH

"Pek çok yazar inanılmaz beceriler öğrettiğini iddia ediyor olsa da, hiçbir beceri, nasıl öğrenileceğini öğrenmek kadar güçlü olamaz çünkü o, bütün diğer güçlere kaynak oluşturan süper güçtür. Bu kitabın motivasyon, zihniyet ve yöntem üçlüsüyle neler yapılabileceğini kendi gözlerimle gördüm. Okuyun ve okudukça öğrendiklerinizi uygulayın. Siz bile kendinize şaşırabilirsiniz."
ERIC SCHURENBERG, Fast Company&Inc. CEO'su.

"Alzheimer ile ilgili araştırmam, sadece beyninizi yaralanmalardan korumanın önemini değil, aynı zamanda sürekli öğrenme yoluyla kendi kendinize meydan okumanın da önemini vurguluyor. Jim Kwik, Cleveland Clinic Lou Ruvo Beyin Sağlığı Merkezi'nde çalışanlarımıza, bakıcılarımıza ve hastalarımıza çok önemli geri bildirimler eşliğinde pek çok dersler verdi. Kendisi beynin zindeliği ve hızlandırılmış öğrenme konusunda uzmandır."
JEFFREY L. CUMMINGS, Tıp Doktoru ve Fen Bilimleri Doktoru, Cleveland Clinic Lou Ruvo Beyin Sağlığı Merkezi Kurucu Direktörü; Nörodejenerasyon ve Çevirimsel Sinirbilimi Merkezi Müdürü; Las Vegas, Nevada Üniversitesi (UNLV) Profesörü ve Araştırma Başkanı Yardımcısı.

"Ben kadınları parayla ilgili konularda güçlendiriyorum. Oysa Jim Kwik insanlara öğrenmelerinin kontrolünü kendi ellerine alma gücü veriyor. Zihnimiz, servet sahibi olmamızı sağlayacak en büyük varlığımızdır. *Sınırsız*'ı okuduğunuzda, sadece daha akıllı olmakla kalmayacak, mümkün olduğunu hiç düşünmediğiniz şeyleri bile başarabileceksiniz."

NICOLE LAPIN, TV haber sunucusu, para uzmanı ve New York Times'ın en çok satan *Rich Bitch, Boss Bitch ve Becoming Super Woman* kitaplarının bir numaralı yazarı.

"Tarih boyunca savaşçılar da hedefleri için hazırlık yapmış ve odaklanmışlardır. Sağlam durup asla ödün vermemişlerdir. Jim Kwik; beyninizi fethetmenize, dikkat dağıtıcı ve olumsuz düşüncelere karşı yerinizi korumanıza yardımcı olur. *Sınırsız* kitabı, bana göre durdurulamaz bir zihne kavuşmak üzere mutlaka okunması gereken bir kitap."

GERARD BUTLER, Ödüllü oyuncu ve yapımcı.

"Ben GE'deyken, Jim Kwik yönetim ekibimize koçluk yaptı ve birçok şirket toplantımızda yaptığı yoğun incelemeleri dile getirdi. Kendisi üst düzey etkiye sahip ekiplerin organizasyonlarını geliştirmek için ihtiyaç duydukları eğitimleri ve araçları sağlama konusunda birinci sınıf bir uzmandır."

BETH COMSTOCK, General Electric'in eski Pazarlama Müdürü ve Başkan Yardımcısı. Ayrıca en çok satanlar listesinde yer alan *Imagine It Forward*'ın yazarı.

"Jim Kwik'in ağzından çıkan her kelimeye sımsıkı sarılıyorum... İnsanların, farkında bile olmadıkları yeteneklerinin kilidini açmalarına yardımcı olacak son derece güçlü bir yeteneği var."

TOM BILYEU, Impact Theory CEO'su ve Quest Nutrition'ın kurucu ortağı.

"*Sınırsız*, anlamlı bir değişim başlatmak isteyen herkes için mükemmel bir dosttur. Bu kitapta Jim size zihninizi, becerilerinizi ve hayatınızı sınırlamalardan nasıl arındıracağınızı gösterecek."

LISA NICHOLS, konuşmacı, CEO ve *No Matter What* adlı kitabıyla *New York Times*'ın en çok satan yazarı.

"Büyük ilerlemeler kaydederken, şüphecilikle ve çoğumuzun derinlerine işlemiş geleneksel düşünce yapısıyla yüzleşmek zorundayız. *Sınırsız* size, gerçek dehanızı baskılayan öğrenmeye ilişkin 7 yalanı nasıl ortadan kaldıracağınızı öğretiyor... Bu kitaptan sonra beyniniz kesinlikle eskisi gibi olmayacak!"

NICK ORTNER, *The Tapping Solution and The Tapping Solution for Manifesting Your Greatest Self* adlı kitaplarıyla *New York Times*'ın en çok satan yazarı.

"Jim Kwik, *Sınırsız*'da gerçek potansiyelinizi ortaya çıkarmak için birçok yöntem paylaşıyor. Olmak istediğiniz kişiye dönüşmeniz için, uygulaması oldukça kolay beyin geliştirme ve öğrenme alışkanlıklarıyla size adım adım rehberlik ediyor."

BJ FOGG, PH.D, Stanford Üniversitesi Davranış Tasarımı Laboratuvarı'nın kurucusu ve *Tiny Habits* adlı kitabıyla *New York Times*'ın en çok satan yazarı.

"Jim Kwik, beyniniz için görevlendirilmiş kişisel bir antrenör gibi. Ekibimdeki kişilere odaklanmalarını, üretkenliklerini ve zihinsel performanslarını keskinleştirmelerine yardımcı olmak için hızlandırılmış öğrenme stratejileri konusunda koçluk yapmıştı. Her zaman bir şeyi ilk önce zihnimizde kazanmamız sonra sahaya adım atmamız gerektiğine inandım, tam tersine değil. Bu kitabı okuyun, aslında sınır yok."

ALEX RODRIGUEZ, 3 kez MVP, 14 kez All-Star, Dünya Serisi Şampiyonu ve A-Rod Corp CEO'su.

"Dönüşüm, zihninizi değişime hazırlamakla başlar. *Sınırsız* kitabının sonuna geldiğinizde, daha önce hiç kullanmadığınız doğal potansiyelinize inanacaksınız. Jim Kwik rehberliğinde, yeni başarı seviyeleri mümkün ve ulaşılabilir hale geliyor."

JACK CANFIELD, ödüllü konuşmacı, Chicken Soup for the Soul® serisinin yaratıcı ortaklarından biri ve The Success Principles kitabıyla New York Times'ın en çok satan yazarı.

"Jim Kwik'in de şimdiye kadarki en popüler podcast bölümlerimden birinde muhteşem bir şekilde açıkladığı gibi, hafıza mutluluk için çok önemlidir. Jim Kwik, *Sınırsız* adlı kitabında sizi çılgınca bir şeyler yapmanız için zorlayacak ama şuna yemin ederim ki sonunda, hayatınızı mümkün olan en iyi biçimde yaşayacağınız günlere kavuşmak için zihninizi eğitmiş olacaksınız. Ve hepsinden de iyisi ne biliyor musunuz? Yeterli olduğunuzu anlayacaksınız."

JEANNIE MAI, Emmy ve NAACP ödüllü şovmen ve yapımcı. Ayrıca *The Real*'in moderatörlerinden biri.

"Ben nasıl öğrencilerin ve yetişkinlerin sayılar ve aritmetik ile ilgili korkularının üstesinden gelmelerine yardımcı oluyorsam, Jim Kwik de insanların öğrenme hakkındaki sınırlayıcı inançlarının üstesinden gelmelerine yardımcı oluyor. *Sınırsız,* hepimizin güvenebileceği pratik ve başarısı kanıtlanmış hızlı okuma, çalışma ve hafıza geliştirme yöntemleri içeriyor!"

SCOTT FLANSBURG, The Human Calculator®, Guinness Dünya Rekoru sahibi, National Counting Bee'nin kurucusu ve *Math Magic* kitabının çok satan yazarı.

"Daha hızlı okuyamayacağınızı, daha fazlasını aklınızda tutamayacağınızı veya bir şekilde işin içinden çıkamayacağınızı düşünüyorsanız, bu kitap tam size göre. Düşünce yapınızı değiştirecek, sizi motive edecek ve mümkün olabileceğini hiç düşünmediğiniz şeyleri başarmanıza yardımcı olacak."

DAVE ASPREY, CEO, Bulletproof 360, Inc. kurucusu ve New York Times en çok satanlar listesinde yer alan *Super Human* kitabının yazarı.

"Uykunun beyin sağlığı üzerinde büyük bir etkisi vardır. Hafızanızı geliştirmek üzere zihninizi eğitmenizin, sürekli olarak öğrenmenizin ve olumsuz düşüncelerin üstesinden gelmenizin de öyle. *Sınırsız*, size bilişsel sağlığınıza uzun vadede faydalı olacak bir araç seti veriyor. Sadece Jim'in sınırsız beyin enerjisi üretmek için paylaştığı 10 öneri bile tek başına kitabın fiyatına değer."

MICHAEL J. BREUS Doktora dereceli Klinik Psikolog, Amerikan Uyku Tıbbı Kurulu Diplomalı, Amerikan Uyku Tıbbı Akademisi Üyesi ve en çok satanlar listesinde yer alan *The Power of When* kitabının yazarı.

"USC Performans Bilimi Enstitüsü'nün amacı, öğrencilerin, girişimcilerin ve kuruluşların uygulamalı ve bilime dayalı çalışmalar aracılığıyla rekabet etmelerine ve mükemmelleşmelerine yardımcı olmaktır. Jim Kwik'in USC'deki atölyesi, en değerli ve en çok beğeni kazanan çalışmalarımızdan biriydi. Jim'in hızlandırılmış öğrenme stratejilerinin etkisi kanıtlanmıştır ve son derece güçlüdür. *Sınırsız*, zihinsel performansının sınırlarını zorlamak isteyen herkesin okuması gereken bir kitaptır."

DAVID BELASCO, USC Performans Bilimi Enstitüsü kurucu ortağı ve Yönetici Müdürü. Ayrıca Lloyd Greif Girişimcilik Çalışmaları Merkezi'nde Girişimcilik dalında Yardımcı Profesör.

"Daha hızlı öğrenmek ve zihinsel olarak güçlü olmak istiyorsanız, başvuracağınız kişi Jim Kwik'tir. Daha iyi bir beyne kavuşmak için *Sınırsız*'ı alın. Beyninizi kurtarın!"

STEVE AOKI, iki kez Grammy'e aday gösterilmiş sanatçı, müzisyen, DJ, müzik yapımcısı ve girişimci. Ayrıca beyin bilimi ve araştırması için çalışmalar yapan Aoki Vakfı'nın kurucusu ve *Blue* kitabının yazarı.

"Bizim organizasyonumuz, insanları dünyayı değiştirmeleri açısından güçlendirir. Değişim yaratan 4,5 milyonluk bir nüfusla çalışmak, odaklanma, disiplin ve hızlı düşünme gerektirir. Jim Kwik'in üç yönlü modeli, ekibimizdeki kişilerin zorlu sorunları

Jim Kwik

daha iyi çözebilmelerine ve zihinlerini daha büyük bir sosyal etki yaratacak şekilde geliştirmelerine yardımcı oldu."

MARC KIELBURGER, We Movement'ın kurucu ortağı, insan ve çocuk hakları aktivisti, köşe yazarı ve *Me to We* adlı kitabıyla *New York Times*'ın en çok satan yazarı.

"Üst düzey büyük değişimler, yaratıcılığı, hızlı öğrenmeyi, küresel düşünceyi ve iyimserliği güçlendiren bir dizi zihinsel yöntemden yararlanmayı gerektirir. *Sınırsız*, zihinsel potansiyelini artırmak ve mümkün olduğuna inanılanın ötesine geçmek isteyen herkesin okuması gereken bir kitaptır."

PETER H. DIAMANDIS, XPRIZE Vakfı Başkanı ve Kurucusu, Singularity Üniversitesi'nin Kurucu ortağı ve Başkanı. Ayrıca *Abundance* adlı kitabıyla *New York Times*'ın en çok satan yazarı

"Beyne iyi bakmak ve onunla ilgilenmek, sağlığımız ve refahımız için olmazsa olmaz bir gerekliliktir. *Sınırsız*, size zihninizi eğitme ve onu mümkün olabilecek en iyi şekilde kullanma gücü veriyor. Onun sayesinde tüm potansiyelinizin farkına varabilirsiniz."

MAIA AND ALEX SHIBUTANI, iki kez Olimpiyat, üç kez Dünya Şampiyonası kazanmış ve iki kez ABD şampiyonu olmaya hak kazanmış madalyalı artistik patenciler. Ayrıca *Kudo Kids* serisinin yazarları

"Jim Kwik'in öğrenme, hafıza ve düşünmeye yönelik yöntemleri çok güçlü... Küresel olarak rekor miktarda içerik üretmek, ayrıntılara inanılmaz derecede dikkat edilmesini gerektirir. Jim'in öğretileri sayesinde program sunucularımız çok daha iyi düşünüyor, daha fazla şey hatırlayabiliyor ve başarımız için beyin sağlıklarını kendileri kadar önemsiyor ve ona ciddi şekilde öncelik tanıyorlar. Bu yüzden, bu kitap kesinlikle okunmalı!"

MARIA MENOUNOS, *Better Together with Maria* podcast'inin sunucusu, @afterbuzztv CEO'su, Emmy Ödüllü gazeteci ve *The EveryGirl's*

Guide to Diet and Fitness adlı kitabıyla *New York Times*'ın en çok satan yazarı.

"Sadece bedeni değil, beyni çalıştırmaya da çok önem veren biri olarak, Jim Kwik'in çalışmasını çok güçlü buldum. *Sınırsız*, sizi hiç beklemediğiniz, inanılmaz noktalara taşıyacak."

NOVAK DJOKOVIC, profesyonel tenisçi ve 17 Grand Slam tekler karşılaşması şampiyonu.

"Alzheimer hastalığı üzerine yaptığım araştırmalar bana, sürekli olarak beynimizi kullanmanın yeni yollarını bulmaya çabalamamız gerektiğini öğretti… Jim Kwik'in *Sınırsız* kitabı, öğrenmenin nasıl olması gerektiğini ortaya koyan bir eser. Bu kitabı okuyunca, zihninizi daha iyi olması için zorlayarak mümkün olabilecek en iyi yaşama kavuşmanın yeni yollarını keşfedeceksiniz."

RUDOLPH E. TANZI, PH.D., Harvard Üniversitesi'nde Nöroloji Profesörü, Massachusetts General Hospital'da Genetik ve Yaşlanma Araştırma Birimi Direktörü ve *New York Times*'ın en çok satan listesinde yer alan *Süper Beyin* adlı kitabın yazarı.

"Hayatınızdaki hedeflere ulaşmanız fiziksel yeterlilikler kadar zihinsel beceriler de gerektiren bir durumdur. Becerilerinizi geliştirmek ve odaklanmanızı daha iyi bir seviyeye getirmek ister misiniz? Öyleyse *Sınırsız* kitabınız, Jim Kwik de koçunuzdur."

APOLO ANTON OHNO, sekiz kez Olimpiyat madalyası kazanmış sporcu ve konuşmacı. Ayrıca *New York Times*'ın en çok satanlar listesinde yer alan *Zero Regrets* kitabının yazarı.

"Genç bir kızken uzaya seyahat etmeyi hayal ederdim. Büyük hayaller kurmak, benim başkalarına, özellikle de bugünün gençliğine öğretmek konusunda tutkulu olduğum bir şey. Jim de benimle aynı vizyonu paylaşıyor ve sınırsız potansiyelinizi fark ettiğiniz anda size hiçbir şeyin engel olamayacağı fikrini savunuyor. *Sınırsız*, sadece sizi daha akıllı hale getirmekle kalmayacak, aynı zamanda daha büyük hayaller kurmanıza da yardımcı olacaktır."

ANOUSHEH ANSARI, XPRIZE Vakfı'nın CEO'su, ilk kadın özel uzay kâşifi ve ilk uzay elçisi.

"Jim Kwik, beyniniz söz konusu olduğunda dünyanın seçkin eğitmenidir. *Sınırsız*'da zihinsel fonksiyonlarınızı güçlendiren, daha hızlı düşünmenizi ve başladığınız noktadan daha akıllı hale gelmenizi sağlayan bir dönüşümün yolunu aydınlatıyor."

TRACY ANDERSON, CEO, fitness öncüsü ve Tracy Anderson's 30-Day Method (Tracy Anderson'ın 30 Günlük Yöntemi) adlı kitabın yazarı.

" Oğlum, hayatını tehdit eden travmatik bir beyin hasarı yaşadığında, her şeyin düşünce yapısıyla mümkün olabileceğini öğrendim. Jim Kwik, *Sınırsız*'da bizlerle değişen dünyada başarılı olmak için gerekli olan düşünce yapısını ve yöntemlerini paylaşıyor. Şu anda olasılıklar yığın halinde tamamen aleyhinize işliyor görünüyor olsa dahi, bu kitap size her şeyin mümkün olduğunu gösterecektir."

JJ VIRGIN, ünlü beslenme ve fitness uzmanı ve *The Virgin Diet* adlı kitabıyla *New York Times*'ın en çok satan yazarı.

"Gerçek benliğinize bağlandığınızda, büyülü bir şey gerçekleşir. Ben insanların kendilerini hareket ve dans yoluyla ifade etmelerine yardımcı oluyorum. Jim Kwik'in *Sınırsız* kitabı da, aynı inanç kaynağından yararlanarak her şeyin mümkün olduğunu ortaya koyuyor."

JULIANNE HOUGH, Emmy ödüllü dansçı, aktris, şarkıcı ve KINRGY'nin yaratıcısı.

"Yarışmalarda da ve hayatta da en iyi performansı sergileyenler, sabır ve tutarlılıklarını koruyabilenler ve hiç ödün vermeyenlerdir. Jim Kwik'in *Sınırsız* adlı eseri, hayallerinizi gerçekleştirmenize yardımcı olacak yepyeni bir zihniyete ulaşmanıza yardımcı olacak."

DEREK HOUGH, iki kez Emmy ödülü sahibi ve altı kez Dancing with the Stars şampiyonu. Ayrıca *Taking the Lead* adlı kitabıyla *New York Times*'ın en çok satan yazarı.

"Jim Kwik, zihinsel dayanıklılık ve odaklanma netliği elde etme konusunda uzmandır. *Sınırsız*, gerçekleştirmeye çalıştığınız her konuda sürdürülebilir sonuçlar almanızı sağlayacaktır."

MIKE BRYAN, profesyonel tenisçi ve tüm zamanların çiftler takımı rekortmeni.

"Sağlıklı bir beyne sahip olmak için gıdanın yakıt olarak kullanılmasının önemini hepimiz çok iyi biliyoruz. Lakin bilişsel yeteneklerinizi geliştirmek için ne yaptığınız da aynı derecede önemlidir. Jim Kwik, *Sınırsız*'da size dâhilik seviyelerine ulaşmanıza yardımcı olacak düşünce yapısı ve öğrenme stratejileri öğretiyor."

MAX LUGAVERE, *Genius Life* podcast'inin sunucusu ve *Genius Foods* adlı kitabıyla *New York Times*'ın en çok satan yazarı.

"Tüm kariyerim boyunca ekranda gördüğünüz süper kahramanlarla birlikte çalıştım ve şunu net bir şekilde söyleyebilirim ki: Jim'in öğreniminizi ve yaşamınızı üst düzeye çıkarma yeteneği dünyanın en büyük süper güçlerinden biridir... *Sınırsız*, sahip olduğu olağanüstü zihinsel üretkenliği ve performansı açığa çıkarmak isteyen herhangi bir kişi veya kuruluş için mutlaka okunması gereken bir kitaptır."

JIM GIANOPULOS, Paramount Pictures Yönetim Kurulu Başkanı ve CEO'su.

"Beyin zindeliği, hafıza geliştirme ve zekâ keskinliğinin ardında tamamıyla sağlam bir bilim vardır ve Jim Kwik bu konuda karşılaşabileceğiniz en iyi rehberdir. Bence bu kitap, bilişsel potansiyelini ve öğrenme yeteneklerini en üst düzeye çıkarmak isteyen herkesin okuması gereken bir eser."

LISA MOSCONI, Doktora dereceli, Kadın Beyni Girişimciliği direktörü ve Weill Cornell Tıp Fakültesi Alzheimer Önleme Kliniği Yardımcı Direktörü, nöroloji ve radyoloji alanında nörobilim doçenti ve *The XX Brain* adlı kitabın yazarı.

"Dahi olmak için bir hap yok, ancak Jim size beyninizi mümkün olabilecek en iyi seviyeye çıkarabilmeniz ve böylece sizin için mümkün olan en parlak geleceğe kavuşmanız için muhteşem bir süreç hediye ediyor."

Cleveland Klinik Merkezi, Fonksiyonel Tıp Bölümü Strateji ve İnovasyon Başkanı ve 12 kez *New York Times*'ın en çok satan yazar unvanı kazanmış **MARK HYMAN**'ın önsözünden.

"Jim Kwik tek kelimeyle muhteşem. *Use Your Brain to Change Your Age* (Yaşınızı Değiştirmek için Beyninizi Kullanın) adlı kitabımda bir bölümün tamamını Jim Kwik'i anlatmaya ayırdım çünkü beynin yaşlanmasını tersine çevirmek ve Alzheimer hastalığını önlemek için geliştirilmiş stratejilerden biri, beyin performansını artırıcı çalışmalar yapmaktır ve benim bu konuda Jim Kwik'ten ve onun beyin fonksiyonlarını optimize etme programlarından daha çok güvendiğim hiç kimse veya hiçbir şey yok."

DR. DANIEL AMEN, doktor, çift kurul sertifikalı psikiyatrist ve tam 10 kez *New York Times*'ın en çok satanı unvanını almış yazar.

"Zihnimizi ve hafızamızı canlı tutmamızın ne kadar önemli olduğunun kesinlikle farkındayım. Jim Kwik'in *Sınırsız* kitabında yer verdiği araç ve teknikler, beyninizin en iyi dostları olacak."

MARIA SHRIVER, Emmy ödüllü gazeteci, *Women's Alzheimer's Movement*'ın (Kadınların Alzheimer Hareketi) kurucusu ve *I've Been Thinking* adlı kitabıyla *New York Times*'ın en çok satan yazarı.

"Hayatı boyunca bilgi arayışında olmuş bir insan olarak, Jim Kwik'in *Sınırsız* adlı kitabında öğretmek için yola çıktığı her şeyi heyecanla kucaklıyorum. Öğrenmenin nasıl olması gerektiğini öğrendiğiniz anda, her şey mümkün hale gelir ve Jim, bunun nasıl yapılacağını gösterme konusunda dünyanın en iyisidir."

QUINCY JONES, müzik yapımcısı, Grammy Living Legend Ödülü sahibi ve *Q* adlı kitabıyla *New York Times*'ın en çok satan yazarı.

"Stan Lee Vakfı'nın okuryazarlık ve eğitim taahhüdüne olan tüm desteği için arkadaşım Jim Kwik'e teşekkür etmek istiyorum. Her birimizin içinde bir süper kahraman olduğuna inanıyorum. Kwik Learning'le (Kwik Öğrenme Programı) siz de içinizdeki süper kahraman güçlerini nasıl ortaya çıkaracağınızı keşfedeceksiniz."

STAN LEE, Marvel Onursal Başkanı

"Jim Kwik, açık arayla dünyanın en iyi Bellek Eğitmeni. Mindvalley platformunda Jim'le birlikte yaptığımız program, yılın bir numaralı programı oldu. Yaklaşık 1000 öğrencinin katıldığı bir çalışmada, okuma hızındaki ortalama artış, bir hafta boyunca ve her gün sadece 10 dakika ders verildiği halde, şaşırtıcı bir şekilde %170'e ulaştı."

VISHEN LAKHIANI, Mindvalley platformunun kurucusu ve CEO'su. Ayrıca *The Code of the Extraordinary Mind* adlı kitabıyla *New York Times*'ın en çok satan yazarı.

"Jim Kwik, zihninizi geliştirme ve içinizdeki dehaya ışık tutma yeteneğine sahiptir. "Unwritten" (Yazılmamış) adlı şarkımda söylediğim gibi: Hayatınız sizin hikâyenizdir. *Sınırsız*, kendi hikâyenizi yeni olasılıklarla yazmanıza yardımcı olacaktır."

NATASHA BEDINGFIELD, Grammy Ödülü adayı, şarkıcı ve şarkı yazarı.

ÖN SÖZ

Tanrı vergisi en değerli hediyemiz beynimizdir.

Öğrenmemizi, sevmemizi, düşünmemizi, yaratıcı olmamızı, hatta sevinci deneyimlememizi bile mümkün kılan odur. Beynimiz duygularımıza, hayatı sonuna kadar deneyimleme kapasitemize ve sürerliği olan yakın ilişkiler kurma kabiliyetimize açılan bir geçittir. Yenilikler ortaya koymamıza, büyüyüp ilerlememize ve başarmamıza olanak verir.

Yine de pek azımız birkaç pratik yöntem uygulayarak beynimizi geliştirebileceğimizin ve öğrenme kabiliyetimizi güçlendirebileceğimizin farkındadır. Birçoğumuz kalp sağlığımızı spor ve diyetle iyi yönde geliştirebileceğimizi biliriz; ama aynı zamanda beynimizi ve bu vesileyle hayatımızı da büyük ölçüde iyileştirebileceğimizin farkında değiliz.

Ne yazık ki, dünyamız beynimiz için sağlıklı bir ortam sağlamıyor. Jim Kwik, kendimizi sınırsızlaştırmamız için bir yol haritası belirlemeden önce mevcut durumumuzun sorumlusu olarak düşünme, odaklanma, öğrenme, büyüme ve tam anlamıyla insan olma kapasitemizi zorlayan dört sorun odağını işaret ediyor.

Bunların ilki olan *dijital tufan*, zaman sınırlılığı ve adaletsiz beklentileriyle insanı bunalıma, endişeye ve uykusuzluğa sürükleyen bir dünyada karşılaştığımız bitmek tükenmek bilmeyen bilgi akışıdır. Yoğun veri akışı ve hızlı bir değişim fırtınası içinde adeta boğulurken verimlilik, performans ve huzura az da olsa yeniden kavuşabilmek için yeni stratejiler ve araçlar arayışına gireriz.

İkinci sorun odağı ise *dijital dikkat dağılmasıdır*. Dijital dopamin zevkinin kısa süreli pingi, derin ilişki, derin öğrenme veya derin çalışma için gerekli dikkati sürdürme yeteneğimizin yerini alıyor.

Jim Kwik

Dijital dopaminin verdiği hazla gelen geçici mutluluk hissi; anlamlı ilişkiler, detaylı öğrenme ya da çalışma için gereken ilgiyi sürdürme becerimizle yer değiştirir. Geçenlerde yapılan bir konferansta bir arkadaşımın yanına oturdum ve onun telefonunu birkaç dakika içinde onlarca kez eline aldığını fark ettim. Bunun üzerine telefonunu istedim ve ekran süresi uygulamasını açtım. Gördüm ki telefonunu bir gün içinde binden fazla kez eline almış ve telefonuna binden fazla bildirim gelmişti. Mesajlar, sosyal medya bildirimleri, e-postalar, haber duyuruları vs... Bütün bunlar genel anlamda önemli olsalar da, konsantrasyonumuzu raydan çıkarabilir ve içinde bulunduğumuz an itibariyle asıl önemli olan şeylerden uzaklaşmamıza sebep olabilir.

Bir sonraki sorun odağı, *dijital bunamadır*. Hafıza, körelmesine izin verdiğimiz bir kastır. Cebinizde bir süper bilgisayara sahip olmanın faydaları olsa da onu elektrikli bir bisiklet gibi düşünürseniz ne demek istediğimi anlayacaksınız. Eğlenceli ve kolaydır ama sizi forma sokmaz. Bunama üzerine yapılan araştırmaların kanıtladığı üzere öğrenme kapasitemiz ne kadar yüksekse yani ne kadar çok beyin egzersizi yapıyorsak, bunama riskimiz o kadar düşük oluyor. Oysa biz birçok durumda hafızamızı aleyhimize olacak şekilde taşerona vermiş bulunmaktayız.

Beyne zarar veren son sorun odağı ise *dijital çıkarımdır*. Bilginin bolca erişilebilir olduğu bir dünyada belki de bu bilgileri nasıl kullanacağımız konusunda fazla ileri gittik, hatta teknolojinin bizim yerimize eleştirel düşünme ve akıl yürütme işinin çoğunu yapmasına izin verdiğimiz bir noktaya bile geldik. İnternette çevrimiçi olarak, başkaları tarafından çıkarılan o kadar çok sonuç var ki kendi sonuç çıkarma yeteneğimizden vazgeçmeye başladık. Asla başka birinin bizim yerimize düşünmesine izin vermezdik ama cihazların bu gerçek güce sahip olmasına izin vermekte fazlasıyla rahat davrandık.

Bu dört sorun odağının toplu etkileri, odaklanmamızı, dikkatimizi, öğrenmemizi ve en önemlisi doğru düşünme yeteneğimizi elimizden alıyor. Bizi zihinsel netliğimizden yoksun bırakıyor ve beyin yorgunluğuna, dikkat dağılmasına, kolay öğrenememeye ve mutsuzluğa sebep oluyor. Zamanımızın teknolojik gelişmeleri hem yardım etme hem zarar verme potansiyeline sahipken, onları toplum

Sınırsız

içindeki kullanma şeklimiz aşırı yük, hafıza kaybı, dikkat dağınıklığı ve bağımlılık salgınına yol açabilir. Ve işler sonunda daha da kötüye gidecek.

Bu kitabın mesajı daha yerinde olamazdı. En son teknolojiyle doğdunuz ve beynimizin sağlığından ve zindeliğinden daha önemli hiçbir şey yok çünkü beyin hayattaki her şeyi kontrol eder. 21. yüzyılda başarılı olmak için gereken; tüm verilerin nasıl filtreleneceğini öğrenmek ve bigi selinin içinde boğulmakta olan *dikkati dağılmış bir dünyada* ilerleme kaydetmek üzere yeni metotlar ve hünerler geliştirmektir. Öğrenme ve daha hızlı, daha kolay öğrenme yeteneği hayattaki her şeyi mümkün kılar ki bu da beyninizi de vücudunuzu eğittiğiniz gibi eğitmek için bundan daha iyi bir zaman olamayacağı anlamına gelir. Sağlıklı bir vücut istediğiniz gibi, esnek, güçlü, enerjik ve zinde bir beyin istersiniz. İşte Jim'in de yaşamak için yaptığı iş budur; o, kişiye özel bir zihin antrenörüdür.

Bahsi geçen dört süper kötü sorun odağını bu kitapta üstesinden gelmeyi öğreneceğiniz sınırlar için birer örnek olarak düşünün. Jim'in dile getirdiği gibi istisnai bir yaşam sürmenin anahtarı kendimizi sınırsızlaştırma sürecidir. Ve Jim kendi "Sınırsız Modeli" ile kişisel dönüşümün kodunu kırmıştır. Eğer herhangi bir alanda bir hedefe ulaşmak için çabalıyorsanız, önce şunu sormalısınız: Sınır nerede? Büyük olasılıkla, kafa yapınızdaki, motivasyonunuzdaki ya da yöntemlerinizdeki bir sınırı deneyimliyorsunuz ki bu da algılamada herhangi bir yeteneksizliğe işaret eden kişisel bir noksanlık ya da başarısızlık olmadığı anlamına gelir. Ayrıca inanma eğiliminde olduğumuzun aksine, engellerimiz sabit değildir. Tüm kontrol bizim elimizdedir ve onlarını her an üstesinden gelebiliriz.

Kafa yapımız arzularımızla ya da hedeflerimizle uyumlu değilse, onları asla elde edemeyiz. Sınırlayıcı inançlarınızı, hikâyelerinizi, kendiniz ve mümkün olabilecekler hakkında derinlemesine benimsediğiniz inanç, tutum ve varsayımlarınızı teşhis etmek son derece önemlidir. Bu inançları incelemek, deşmek ve silip yok etmek sınırsız bir kafa yapısına sahip olma yolunda atılacak ilk adımdır. Bana annem tarafından hep her şeyi yapabileceğim, akıllı ve yeterli olduğum, denediğim her şeyde en iyisi olabileceğim söylendi. De-

23

rinlemesine benimsenen bu inanç en çılgın hayallerimin de ötesinde başarılı olmamın önünü açtı. Ancak aynı zamanda ebeveynlerimin boşanmalarına ve evliliklerine tanıklık etmiş olduğumdan ilişkilerin zor, acı ve dramla dolu olduğu inancına sahiptim. Bu inancı silmem ve evliliğimde gerçek mutluluğu bulmam neredeyse elli yılımı aldı.

Sınırsız bir yaşamın ikinci sırrı motivasyonunuzdur. Jim, motivasyon için gereken üç anahtar ögenin ana hatlarını özetliyor: Bunlardan ilki amacınız ve bunun neden önemli olduğu. Sağlıklı yaşlanmak istiyorum ve yapmayı sevdiğim bir şey olmasa da kendimi ağırlık kaldırmaya ve daha güçlenmeye adamış durumdayım. Amaç rahatsızlığa galip gelir, onun yerini alır.

İkinci anahtar öge, istediğinizi yapma yeteneğidir. Bu enerjiye ihtiyaç duyar ve enerji de enerji yönetimi adı verilen bir şey gerektirir. İnsan performansı bilimi, amacınıza ulaşmanızda kritik bir öneme sahiptir. Örnek verecek olursak, bütün o işlenmemiş gıdaları yemek, egzersiz, stres yönetimi, kaliteli uyku, ayrıca iletişim ve sağlıklı ilişkiler kurma (zarar verenleri eleme) becerileri... Ve son olarak görevler sizi başarıya yönlendiren bir ısırımlık lokmalar ve küçük adımlar şeklinde olmalıdır. Diş ipiyle sadece bir dişinizi temizleyin, bir kitabın sadece bir sayfasını okuyun, sadece bir şınav çekin ve sadece bir dakika kadar meditasyon yapın.

Bunların hepsi sizi özgüvene ve en sonunda çok daha büyük başarılara kavuşturacaktır.

Sınırsız olmanın son anahtarı ise doğru yöntemi kullanmaktır. Bize 21. yüzyılda çalışmamız için 19. ve 20. yüzyılın araçları öğretildi. *Sınırsız* kitabı, bize istediğimizi elde etmemiz için beş anahtar yöntem öğretiyor: Odaklanma, Çalışma, Hafıza Geliştirme, Hızlı Okuma ve Eleştirel Düşünme. Bu ileri seviye öğrenme teknolojilerini kullanmak hayallerimize daha kolay ve etkili biçimde ulaşmak için zihniyetimizi ve motivasyonumuzu kullanmamızı sağlar.

Jim'in kendisi de sınırlara yabancı biri değildir. Çocukken geçirdiği bir kafa travması sonucu odaklanma, konsantrasyon ve öğrenme yetisi bozulduğunda, duyarsız bir öğretmen onu işaret ederek, "İşte bu, beyni arızalı çocuk" demişti. Jim, hayatını bu yaralanmanın

Sınırsız

üstesinden gelip iyileşmeyi öğrenerek ve mücadelesini bir süper öğrenme gücüne dönüştürerek geçirdi. Hepimiz öyle ya da böyle bir dereceye kadar arızalı beyinler yüzünden acı çekiyoruz. *Sınırsız* kitabı, beyinlerimizi iyileştirmenin, sınırlayıcı inançlarımızı yeniden düzenlemenin ve hayatımızı iyileştirmenin reçetesidir. Nasıl öğrenileceğini öğrenmek diğer tüm beceri ve yetenekleri mümkün en ileri seviyedeki süper güçtür ve bu kitabın amacı bunu size öğretmektir.

Jim Kwik, *Sınırsız'da* işte tam olarak bunu yapmak için bir yol haritası sunuyor. Çoğumuz ihtiyacımız olan araçlarla yetişmedik ancak Jim bu kitapta, öğrendiği her şeyi cömertçe paylaşıyor. Jim, otuz yılını öğrenciler, öğretmenler, ünlüler, inşaat işçileri, politikacılar, girişimciler, bilim adamları gibi hayatın her kesiminden insanlarla çalışarak geçirdi. Metotları dâhilinde eğitimcilere, yöneticilere ve öğrencilere eğitim vererek, dünyadaki en gelişmiş eğitim sistemlerinden bir kısmıyla çalıştı. Öğretileri gerçekten işe yarıyor ve hepimize fayda sağlayabilir.

Deha olmak için bir hap yoktur ama o seviyeye ulaşmak için bir süreç vardır ve onu bu sayfalarda bulacaksınız. *Sınırsız*, beyninizi geliştirmeniz için ayrıntılı bir plandır. Sadece daha hızlı, daha iyi ve daha etkin öğrenmenin nasıl olması gerektiğini öğrenmek için değil, aynı zamanda beslenme, takviyeler, egzersiz, meditasyon, uyku ve daha fazlasıyla yeni beyin hücrelerinin yaratılışını ve bunların aralarındaki bağlantıyı artırmak üzere beyninizi fiziksel olarak geliştirmek içindir.

Jim, üç kitabı tek seferde teslim ediyor. Eğer mevcut kafa yapınız, motivasyonunuz ve yöntemleriniz, hayallerinize ulaşma yeteneğinizi sınırlıyorsa, *Sınırsız* daha iyi, daha parlak ve daha açık bir beyne ve geleceğe kavuşmanız yolunda el kitabınız olacaktır. Öğrenme performansınız ve hayatınız asla aynı kalmayacak.

Mark Hyman, M.D.
Cleveland Clinic Merkezi, Fonksiyonel Tıp Stratejisi ve
İnovasyon Başkanı
New York Times'ın en çok satan 12 kitabının yazarı
Aralık 2019

"Çocukken hayal gücünüzün sınırsız olduğunu ve sihre gerçekten inandığınızı biliyor musunuz?

Ben şahsen süper güçlerim olduğunu sanıyordum."

MICHELLE PHAN

GİRİŞ

Tek dileğiniz nedir? Cidden, bir cin karşınıza geçip size, bir tane ama sadece bir tane dileğinizi yerine getireceğini söyleseydi, ne isterdiniz?

Sınırsız dilek, tabii ki!

Şimdi, benim sizin öğrenme cininiz olduğumu ve size herhangi bir ders ya da beceri arasından sadece bir tane öğrenme dileği bahşedebileceğimi hayal edin. Öğrenmek isteyeceğiniz o tek şey ne olurdu? Hangi ders ya da beceri sınırsız dilek isteğine eşdeğer olurdu?

Nasıl öğrenileceğini öğrenmek. Öyle değil mi?

Gerçekten daha akıllıca, daha hızlı ve daha iyi öğrenmeyi bilseniz, bunu her konuya uygulayabilirsiniz. Kafa yapınızı veya motivasyonunuzu iyice geliştirmeyi öğrenebilir ya da yöntemleri, Çince, pazarlama, müzik, dövüş sanatları, matematik öğrenmek için kullanabilirsiniz. O zaman hiç sınır olmaz! Zihinsel alanda bir süper kahraman olursunuz! Her şey mümkün hale gelir çünkü *siz* sınırsız olursunuz!

Benim bu kitaptaki görevim, ilerleyen sayfalarda sizin bu dileğinizi yerine getirmek. Lakin sözlerime öncelikle size ne kadar saygı duyduğumu ve hayran olduğumu söyleyerek başlamalıyım. Bu kitaba yatırım yaparak ve şu anda okuyor olmakla, mevcut şartlarını ve kısıtlamalarını kolayca kabul eden nüfusun çoğunun çok ilerisindesiniz. Siz hayatları için sadece daha fazlasını istemekle kalmayıp aynı zamanda sonuca ulaşmak için ne gerekirse yapmaya istekli olan küçük bir insan grubunun parçasısınız. Başka bir deyişle, siz bu hikâyenin kahramanısınız çünkü macera çağrısına cevap verdiniz. Hepimizin yaşamakta olduğu en büyük maceranın en yüksek potansiyelimizi ortaya çıkarmak, bunun farkına varmak, sonrasında da diğerlerine aynısını yapmaları için ilham vermek olduğuna inanıyorum.

Yaşam yolculuğunuzun sizi bu kitaba nasıl getirdiğini bilmemin hiçbir yolu yok. Ancak bu yolculuğun en azından bir kısmı boyunca üzerinize başkaları tarafından yüklenen ya da kendi kendinize yüklediğiniz sınırları kabul etiğinizi tahmin edebiliyorum:

Mesela, "Bilmen gereken her şeye yetişebilecek kadar hızlı okuyamazsın", "Zihnin işte başarılı olmak için yeterince hızlı ve faal değil," ya da "Bir şeyleri halletmek için motivasyonum yok", "Hedeflerime ulaşmak için çabalamaya enerjim yok. vs vs.

Kitabın doğası bu durumun üstesinden geliyor, transı sonlandırıyor: Ebeveynlerimizden, programlanmaktan, medya ve pazarlamadan öğrendiğimiz, bir şekilde olmak, yapmak, sahip olmak, yaratmak ve katkıda bulunmak için yeterli ve muktedir olmadığımızı ve sınırlı olduğumuzu öne süren kitlesel hipnoz ve yalanları bitiriyor.

Sınırlı olduğunuza dair inancınız da sizi en büyük hayallerinizden alıkoyuyor olabilir. En azından şimdiye kadar durum böyle olmuş olabilir. Lakin size şunun sözünü veriyorum ki inançlarınızın hiçbiri kim olduğunuzu gerçekten kısıtlamıyor. Hepimizin içinde muazzam bir potansiyel var; kullanılmamış bir güç, zekâ ve odaklanma seviyeleri var ve bu süper güçleri harekete geçirmenin anahtarı kendinizi sınırsızlaştırmaktır. 25 yılı aşkın süredir her yaştan, milletten, ırktan, sosyoekonomik düzeyden ve eğitim seviyesinden insanla çalıştım. Nereden gelirseniz gelin, karşılaştığınız zorluklar ne olursa olsun, açığa çıkarılmayı bekleyen inanılmaz bir potansiyele sahip olduğunuzu keşfettim. Yaşına, aile terbiyesine, eğitimine, cinsiyetine veya kişisel geçmişine bakılmaksızın her bir birey hak ettiğine veya mümkün olduğuna inandıklarının ötesine geçebilir. Ve bu gruba siz de dâhilsiniz. Birlikte çalıştıkça, kendi sınırlarınızı modası geçmiş bir kavram olarak düşünmeye başlayacaksınız.

Şimdi ben bu kitapta süper kahramanlardan ve süper güçlerden bahsediyorum. Peki, bunun sebebi ne? Öncelikle, ben bir şekilde birazcık ineğimdir. Çocukluğumda yaşadığım beyin hasarı ve öğrenme güçlüklerim yüzünden, mücadelelerim esnasında bana ilham vermesi için çizgi romanlara ve filmlere doğru bir kaçışım oldu. Bunlardan en sevdiklerimin hep aynı kalıbı paylaştığını fark ettim: Kahramanın Yolculuğu şablonunu. Joseph Campbell'in klasik olay örgüsü yapısı, *Oz Büyücüsü* de dâhil olmak üzere hemen hemen tüm ünlü maceralarda görülür; *Yıldız Savaşları, Harry Potter, Ye Dua Et Sev, Açlık Oyunları, Rocky, Yüzüklerin Efendisi, Alice Harikalar Diyarında, Matrix* ve çok daha fazlasında.

En sevdiğiniz hikâyeyi ya da az önce bahsettiğim film veya kitaplardan birini düşünün. Size tanıdık geliyor mu? Kahramanlar (örneğin Harry Potter) hikâyedeki rollerine her zaman tanıyıp bildikleri sıradan bir dünyada başlarlar. Sonra maceranın çağrısını duyarlar. Bu kahramanların hep bir seçenekleri vardır: Hiçbir şeyin değişmeyeceği sıradan bir dünyada kalıp her şeyi göz ardı etmek ya da çağrıya kulak verip bilinmeyenin yeni dünyasına girmek. Eğer çağrıya kulak vermeyi seçerlerse (*Matrix* filmindeki Neo'nun kırmızı hapı alarak yaptığı gibi) onları eğitip engellerin üstesinden gelmeleri ve yeni seviyelerini gerçekleştirmeleri için hazırlayan rehberleri veya akıl hocalarıyla (*Karate Kid*'teki Bay Miyagi gibi) tanışırlar. Ardından yeni güçler ve becerilerle tanıştırılır ve mevcut yeteneklerini daha önce hiç yapmadıkları şekilde kullanmaya teşvik edilirler. Algıladıkları sınırları aşıp yeni bir varoluş şekli öğrenirler ve sonunda sınavlarıyla yüzleşirler. Sıradan dünyaya geri döndüklerinde (Dorothy'nin Kansas'a dönmesi gibi) maceraları sırasında keşfettikleri tüm lütufları, hazineyi, duyguları, gücü, netliği ve bilgeliği yanlarında getirirler. Sonrasında ise aldıkları dersleri ve hediyeleri diğerleriyle paylaşırlar.

Söz konusu Kahramanın Yolculuğu kişisel hikâyenize güç ve amaç kazandırmak için mükemmel bir yapıya sahiptir. *Sınırsız*'da süper kahraman sizsiniz.

Temel inançlarımdan biri, insan potansiyelinin dünyada sahip olduğumuz eşi benzeri olmayan sonsuz kaynaklardan biri olduğudur. Onun dışında diğer her şeyin bir sonu vardır, ancak insan zihni nihai süper güçtür. Yaratıcılığımızın, hayal gücümüzün, kararlılığımızın, düşünme, akıl yürütme ya da öğrenme yeteneğimizin sınırı yoktur. Ancak bu kaynak aynı zamanda en az erişilenler arasındadır. Hepimiz, günbegün potansiyelimizin kaynağına dalarak ve bu kaynağın kurumasına asla izin vermeyerek, kendi hikâyelerimizin kahramanı olabiliriz. Lakin pek azımız hayatlarımıza bu şekilde yaklaşıyoruz. İşte bu kitabı yazmamın sebebi de bu: Bugün hangi noktada olursanız olun ya da buralara nerelerden gelmiş olursanız olun, kendinizi kesinlikle özgürleştirebileceğinizi ve sınırlardan kurtuluşa gidebileceğinizi anlamanıza yardımcı olmak için. Sıradan dünyadan sıra *dışı* dünyaya geçebilmeniz için tek *takviye* bu kitap olabilir.

Bu kitap size bu desteği sağlayacak. Bu sayfalardan elde edeceğiniz şey, algıladığınız sınırlarınızdan kurtulmanıza yardımcı olacak bir dizi araçtır. Beyninizi sınırsızlaştırmayı öğreneceksiniz. Yolculuğunuzun sınırlarını nasıl kaldıracağınızı öğreneceksiniz. Hafızanızı, odaklanmanızı ve alışkanlıklarınızı sınırsız kılmayı öğreneceksiniz. Ben sizin kahramanlık yolculuğunuzdaki akıl hocanız isem bu kitap da sizin zihninize, motivasyonunuza ve öğrenmeyi öğrenme yöntemlerine hâkim olmanızı sağlayacak olan haritanızdır. Ve bir kez bunu başardığınızda, sınırsız olacaksınız.

İşte kapı! Diğer tarafta sizi neyin beklediğini biliyorsunuz. Haydi atın adımınızı, yürüyün ve geçin.

"Bir yumurta, dışarıdan bir güç tarafından kırılırsa hayat sona erer.

İçsel bir güç tarafından kırılırsa yaşam başlar.

Harika şeyler daima içeriden başlar."

JIM KWIK

BİRİNCİ BÖLÜM

ZİHNİNİ ÖZGÜR BIRAK

Dünyamızı dönüştürmek için
sihre ihtiyacımız yok.

İhtiyacımız olan tüm gücü
zaten içimizde taşıyoruz."

J. K. ROWLING

SINIRSIZ OLMAK

"Çok aptalım."

"Anlamıyorum."

"Öğrenemeyecek kadar budalayım."

Bunlar büyürken devamlı kendi kendime tekrarladığım sözlerdi. Kendime yavaş ve aptal olduğumu, okumayı asla öğrenemeyeceğimi söylemeden geçirdiğim bir günüm bile yoktu. Beynimi güçlendirecek ve beni bir içişte daha akıllı hale getirecek bir hap olsa (Bradley Cooper'ın oynadığı 2011 yapımı Limitless filminde olduğu gibi), onu alabilmek için her şeyimi verirdim.

Üstelik şahsımla ilgili böyle düşünen sadece kendim de değildim. Ben çocukken öğretmenlerime sorsaydınız, çoğu size bu kitabı yazmasını bekleyecekleri son kişinin ben olduğumu söylerdi. O zamanlar, kitap yazmak şöyle dursun, benim bir kitap *okuyor* olduğumu bilseler bile şaşırırlardı.

Bunların hepsi anaokulundayken hayatımın akışını tamamen değiştiren bir olaydan kaynaklanıyor. Bir gün sınıftayken, pencerenin dışından siren sesleri gelmeye başladı. Sınıftaki herkes dikkat kesildi ve öğretmen dışarı bakıp itfaiye araçları gördüğünü söyledi. Sınıfın tamamı bu bilgiye anaokulu çocuklarının yapacağı şekilde karşılık verdi: Hemen pencerelere koştuk. Ben özellikle çok heyecanlanmıştım çünkü o zamanlar kafayı fena halde süper kahramanlara takmış haldeydim. (Hâlâ öyleyim.) Bana göre itfaiyeciler, gerçek hayattaki süper kahramanlara en yakın kimselerdi. Herkesle birlikte pencereye yapıştım.

Tek sorun aşağıdaki itfaiye araçlarına bakabilmek için yeterince uzun olmayışımdı. Bir çocuk üzerine çıkmak için sandalyesini almaya gitti ve onun bu davranışı geri kalanımıza aynısını yapmamız konusunda ilham verdi. Kendi sandalyemi almak için tekrar sıraya koştum ve sandalyemi pencerelerin altından geçen kocaman demir radyatöre doğru ittim. Sonra üstüne çıktım, itfaiyecileri gördüm ve işte o an tamamen aydınlandım. Bu çok heyecan verici bir şeydi! Bu cesur kahramanları aşılmaz görünen üniformaları ve parlak kırmızı araçlarıyla hareket halinde izlerken gözlerimi onlardan alamadım ve nefesim kesildi.

Ama sonra diğer çocuklardan biri altımdaki sandalyeyi tuttu ve bu da benim dengemi kaybederek kafa üstü demir radyatöre doğru uçmama sebep oldu. Metal ısıtıcıya son derece sert bir şekilde çarptım ve kan kaybetmeye başladım. Okuldakiler beni hızla hastaneye götürdü. Doktorlar yaralarımı tedavi etti ama sonrasında durumu anneme açık seçik ve samimiyetle açıkladılar: Beynimdeki hasar hafif değildi.

Annem bu olaydan sonra asla eskisi gibi olmadığımı söylemişti. Daha öncesinde enerjik, özgüvenli ve meraklı bir çocuk olduğum konularda, kaza sonrasında dikkat çekici şekilde içime kapanık hale gelmiştim ve yeni deneyimlediğim bir öğrenme güçlüğü çekiyordum; Odaklanmak çok zor geliyordu, konsantre olamıyordum ve hafızam bir felaketti. Tahmin edebileceğiniz gibi, okul benim için bir işkence haline gelmişti. Öğretmenler, ben anlamışım gibi yapmayı öğrenene kadar tekrar tekrar anlatıp durdular. Ve diğer çocuklar okumayı öğrenirken ben harflerden hiçbir anlam çıkaramadım. Kitapları elden ele dolaştırarak sırayla sesli okumak zorunda olduğumuz daire şeklindeki okuma gruplarına girdiğiniz dönemleri hatırlıyor musunuz? Benim için en kötüsü buydu! Kitap gittikçe yaklaşırken gergin bir şekilde beklemek, sonrasında sayfaya boş boş bakmak ve tek bir kelime bile anlamamak. (Sanırım topluluk önünde konuşma korkumun ilk başladığı yer bu dönem.) Velhasıl okuyabilmem sonraki üç yılımı aldı ve sonrasında da uzun bir mücadele ve yokuş yukarı zorlu bir savaş olmaya devam etti.

Çizgi romanlarda görüp tanıdığım kahramanlar olmasaydı okumayı öğrenebilir miydim, hiç emin değilim. Sıradan kitaplar hiç ilgimi çekmezdi ama çizgi romanlara olan hayranlığım beni başkasının bana okumasını beklemeden onların hikâyelerini okuyabilene kadar kendimi zorlamaya itti. Onları gece geç saatlerde örtülerimin altında fenerle okurdum. Bu hikâyeler bana bir insanın imkânsız olasılıkların üstesinden gelebileceği umudunu verdi.

Büyüme çağındayken en sevdiğim süper kahramanlar X-Men'lerdi. En güçlü olanlar oldukları için değil; yanlış anlaşıldıkları ve garip bir şekilde farklı oldukları için. Onlarla bağ kurabileceğimi hissettim. Onlar mutanttı, topluma uymuyorlardı ve onları anlamayan insanlar onlardan uzak duruyordu. Bu adamlardan süper güçleri çıkarırsak işte bu bendim. X-Men karakterleri dışlanmıştı. Ben de öyle. Yani ben onların dünyasına aittim.

Ben New York şehrinin bir banliyösü olan Westchester Country'de büyüdüm. Bir gece çizgi romanlara göre Profesör Xavier'nin Üstün Yetenekli Gençler Okulu'nun yakınlarımda olduğunu keşfederek çok heyecanlandım. Dokuz yaşımdayken, mahallemde bu okulu aramak için neredeyse her hafta sonu bisikletime binerdim. Takıntılıydım. Yerini keşfedebilsem, o okulun içinde illaki uyum sağlayabileceğim, farklı olmanın güvenli olduğu, kendi süper güçlerimi keşfedip geliştirebileceğim bir yer bulacağımı düşünüyordum.

ARIZALI BEYİNLİ ÇOCUK

Gerçek dünyada hayat pek nazik değildi. O sıralarda bizimle yaşayan ve benim yetiştirilmeme yardım eden büyükannem ileri düzeyde bunama belirtileri göstermeye başlamıştı. Sevdiğiniz birinin aklını ve hafızasını yitirişini izlemenin tarifi zordur. Onu öldüğü güne dek defalarca kaybetmek gibiydi. O benim dünyamdı ve öğrenmeye ilişkin mücadelelerimin yanı sıra beyin sağlığı ve zindeliği konusunda bu derece tutkulu olmamın sebebi de büyük annemdir.

Okuldaki durumuma geri dönersek, sadece oyun alanında değil sınıfta da zorbalığa uğradım ve alaya alındım. Hatırlıyorum; ilkokuldayken bir gün bir öğretmen dersi anlamadığım için hayal kırıklığına uğramış ve sonrasında beni işaret ederek, "Bu, arızalı beyinli bir çocuk!" demişti. Onun ve muhtemelen diğerlerinin de beni aynı şekilde gördüğünü fark etmek beni fazlasıyla ezik hissettirmişti.

Genellikle birine veya bir şeye bir etiket yapıştırdığınızda, bir sınır yaratmış olursunuz. Etiket, sınırlama haline gelir. Yetişkinlerin ağızlarından çıkan laflara çok dikkat etmeleri gerekir çünkü bunlar hızla çocuğun içinden gelen sözler haline gelir. İşte o sıralarda benim başıma gelen buydu. Ne zaman öğrenmek için uğraşmam gerekse, bir testte kötü sonuç alsam, beden eğitimi sınıfında bir takıma seçilmesem veya diğer sınıf arkadaşlarımın gerisinde kalsam, kendime bunun beynim arızalı olduğu için olduğunu söylerdim.

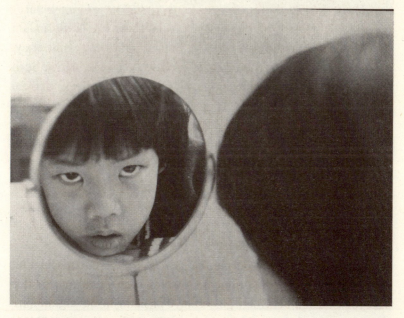

Herhangi bir şeyi başkalarının yaptığı kadar iyi yapmayı nasıl bekleyebilirdim ki? Ben hasarlıydım. Zihnim herkesinki gibi çalışmıyordu. Okul arkadaşlarımdan çok daha sıkı çalıştığımda bile, notlarım gösterdiğim çabayı hiçbir zaman yansıtmazdı.

Vazgeçemeyecek kadar inatçıydım ve sınıftan sınıfa geçmeyi başardım ama neredeyse hiç gelişmiyordum.. Akademik olarak yetenekli birkaç arkadaşımın yardımıyla matematikte ilerlememe rağmen, diğer birçok konuda, özellikle de İngilizce, okuma, yabancı dil ve müzik gibi derslerde korkunçtum.

Sonra, lisenin ilk yılında işler İngilizceden kalmam riskiyle karşı karşıya kaldığım noktaya geldi. Ebeveynim, geçer not almak için ne yapabileceğimi tartışmak üzere öğretmenim tarafından okula çağrıldı.

Sonuç olarak bana, fazladan kredi kazanmam için bir proje ödevi verdi. İki dâhinin hayatlarını ve başarılarını karşılaştıran bir rapor yazacaktım: Bu dâhiler Leonardo da Vinci ve Albert Einstein'dı. Bana bu raporda iyi iş çıkarırsam, dersten geçmemi sağlamaya yetecek kadar puan vereceğini söyledi.

Bunu büyük bir fırsat, lise kariyerimde yaşadığım bütün o zorluklar için sıfırlama düğmesine basma şansı olarak düşündüm. Elimden gelebilecek en iyi raporu yazmak için her şeyimi ortaya koydum. Bu ödev üzerinde çalışırken bahsi geçen iki parlak beyin hakkında öğrenebileceğim her şeyi öğrenmeye çalışarak, okuldan sonra kütüphanede bitmek tükenmek bilmeyen saatler geçirdim. Enteresan bir şekilde, bu araştırma sırasında pek çok kereler Albert Einstein ve Leonardo da Vinci'nin her birinin sözde öğrenme güçlükleri ile mücadele etmiş olduğu bahsine rastladım.

Haftalarca süren çabalamalardan sonra, sonuç raporunu yazdım. Yaptığım işten o kadar gurur duydum ki sayfaları profesyonelce ciltlettim. Bu rapor benim için bir bildiriydi; bu benim neler yapabileceğimi dünyaya duyurma yolumdu.

Raporun teslim edileceği gün, onu sırt çantama koydum. Onu öğretmenime vereceğim için içim kıpır kıpırdı ancak yaptığım işe vereceğini tahmin ettiğim cevap konusunda daha da heyecanlıydım. Ödevi ona dersin sonunda vermeyi planlıyordum. Bu yüzden o gün ne yaparsak yapalım konsantre olmaya çalışarak oturdum ama düşüncelerim sürekli olarak, raporu ona sunduğum anda yüzünde görmeyi beklediğim ifadeye kayıp durdu.

Ama sonra bana vurmaya kesinlikle hazır olmadığım bir top attı. Ders saatinin aşağı yukarı yarısında dersi kesti ve öğrencilere kendileri için bir sürprizi olduğunu duyurdu. Sonra da benim ekstra kredi amaçlı bir rapor üzerinde çalıştığımı ve şimdi bunu sınıfa sunmamı istediğini söyledi.

Okul hayatımın çoğunu sınıfta derse kaldırılmayacak, adı sanı anılmayacak kadar küçülmeye çalışarak geçirmiştim. *Beyni arızalı çocuk* olunca ortaya koyabilecek bir şeyiniz varmış gibi hissetmiyorsunuz. Utangaç olmanın da ötesinde bir noktadaydım ve dikkatleri üzerime çekmekten hoşlanmazdım. O zamanlar süper gücüm de görünmez haldeydi. Ayrıca toplum içinde konuşmaktan ölesiye korkuyordum.

Abartmıyorum. O anda beni bir kalp monitörüne bağlasaydınız, makineyi bozabilirdim. Dahası, zar zor nefes alabiliyordum. Herkesin önünde ayakta durup onlarla yaptığım iş hakkında konuşabilmemin hiçbir yolu yoktu. Bu yüzden, kendim için uygun gördüğüm tek seçeneğe sarıldım.

"Üzgünüm; Ben... Ödevimi yapmadım." diye kelimeleri ağzımdan zar zor çıkararak kekeledim.

Öğretmenimin yüzündeki hayal kırıklığı ifadesi ki daha önceleri hayalini kurduğumdan çok farklıydı, o kadar derindi ki kalbim neredeyse parçalara ayrılacaktı. Ama benden yapmamı istediği şeyi yapamazdım işte. Ders bittiğinde, herkes gittikten sonra raporumu çöpe attım ve onunla birlikte kendime olan saygımın ve kendime verdiğim değerin büyük bir kısmı da çöpe gitti.

O NOKTAYA DÜŞÜNDÜĞÜNÜZDEN DAHA YAKINSINIZ

Her nasıl olduysa, okulda yaşadığım tüm sorunlara rağmen yerel bir üniversiteye girmeyi başardım. Üniversitede birinci sınıf öğrencisi olmanın yeni bir başlangıç yapmak için son bir fırsat olduğunu düşünüyordum. Ailemi gururlandırmayı ve dünyaya (ve daha da önemlisi kendime) *gerçekten* de başarılı olma potansiyeline sahip olduğumu göstermeyi hayal ediyordum. Yeni bir ortamdaydım. Üniversite profesörleri lise öğretmenlerinden farklı eğitim veriyorlardı ve bu okuldaki hiç kimsenin benim hakkımda bir önyargısı yoktu. Kıçımı kurtardım ama aslında üniversite derslerimde lisedekilerden de beter başarısız oldum.

Bundan birkaç ay sonrasında ise kendi gerçekliğimle yüzleşmeye başladım. Sahibi olmadığım bir zamanı ve parayı harcamanın anlamı yok, diye düşündüm. Okulu tamamen bırakmaya hazırdım. Bir arkadaşıma planlarımı anlattım ve bir karar vermeden önce hafta sonu onunla birlikte ailesini ziyarete gitmemi önerdi. Kampüsten uzaklaşmanın bana bir miktar perspektif kazandıracağını düşünüyordu. Oraya vardığımızda, babası akşam yemeğinden öncesi bana mülklerini gezdirdi. Bu gezinti esnasında bana okulun nasıl gittiğini sordu. O sıralarda birinin bana sorabileceği en kötü soruydu bu ve cevabımın onu şaşırttığına eminim. Gözyaşlarına boğulmuştum. Ağlarken gözyaşlarımı tutabilmek şöyle dursun, düpedüz haykırıyordum. Adamın halimden ötürü şaşkına döndüğünü görebiliyordum ama onun o masum sorusu, bir sürü bastırılmış duyguyu dizginleyen barajı yıkmıştı.

Adam beni sabırla dinlerken ona bütün "beyni arızalı çocuk" hikâyesini anlattım. Bitirdiğimde doğrudan gözlerimin içine baktı.

"Senin okula gidiş sebebin nedir?" diye sordu. "Ne olmak istiyorsun? Ne yapmak istiyorsun? Neye sahip olmak istiyorsun? Neyi paylaşmak istiyorsun?"

Bu soruların hiçbirine hemen verecek cevabım yoktu çünkü daha önce kimse bana böyle şeyler sormamıştı ama şimdi cevaplamam gerekiyormuş gibi hissettim. Konuşmaya başladım ama beni durdurdu. Ajandasından birkaç kâğıt parçası yırttı ve cevaplarımı bunlara yazmamı söyledi. (Bu kitapta, öğrenmek ve bir şeyi daha hızlı başarmak için nasıl soru soracağınızı göstereceğim.)

Sonraki birkaç dakikayı bir yapılacaklar listesi yazarak geçirdim. Bitirdiğimde kâğıtları katlayıp cebime koymaya hazır hale getirmeye başladım. Ama ben bunu yaparken arkadaşımın babası sayfaları elimden kaptı. Korktum, çünkü yazdığım şeylerin başka biri, özellikle de bana tamamen yabancı olan bu adam tarafından okunacağını düşünmemiştim. Ama sayfaları açtı ve ben rahatsızlığımın içinde boğulurken okudu onları.

Bana, yazdıklarımı okuması saatler almış gibi gelmişti, ama aslında sadece bir iki dakika olduğuna eminim. Bitirdiğinde, sağ ve sol ellerinin işaret parmaklarını birbirinden bir adım kadar uzakta tutarak, "Bu listedeki her şeyi işte bu kadar yakınsın!" dedi.

Bu söz bana çok saçma gelmişti. Ona, 10 hayatlık zamanım olsa da bu listenin üstesinden gelemeyeceğimi söyledim. Ama sonra parmaklarını hareket ettirdi ve aralarındaki mesafeyi genişletmeden başımın her iki yanında tuttu. Tarif ettiği uzaklık beynimdi.

"Anahtar bu!" dedi. "Benimle gel. Sana göstereceğim bir şey var."

Eve geri döndük ve beni daha önce hiç görmediğim bir odaya götürdü. Oda, duvardan duvara ve yerden tavana kitaplarla doluydu. Öncelikle hatırlatayım, hayatımın o döneminde kitap hayranı biri değildim. Dolayısıyla orada olmak benim yılanlarla dolu bir odada olmama eşdeğerdi. Daha da kötüsü, adam şimdi de o yılanları raflarından alıp bana uzatmaya başlamıştı. Kitap başlıklarına baktım ve bunların tarih boyunca yaşamış olağanüstü kadın ve erkeklerin biyografilerinin yanı sıra *The Magic of Thinking Big (Büyük Düşünmenin Sırrı), The Power of Positive Thinking (Pozitif Düşünmenin Gücü) ve Think and Grow Rich (Düşün ve Zengin Ol)* gibi bazı eski kişisel gelişim kitapları olduklarını fark ettim.

"Jim, haftada bir bu kitaplardan birini okumanı istiyorum." dedi adam.

İlk düşüncem, "Söylediğim hiçbir şeyi dinlemediniz mi siz?" diye sormak oldu. Bunu yüksek sesle sormadım ama ona şöyle bir cevap verdim: "Bunu nasıl yapabilirim, bilmiyorum. Biliyorsunuz, okumak bana hiç kolay gelmiyor ve yapacak çok fazla ödevim var."

Bir parmağını havaya kaldırdı ve "Okulun eğitimine müdahale etmesine izin verme." dedi. Daha sonraları, adamın bu sözüyle genelde Mark Twain'e atfedilen bir alıntıyı yorumladığını öğrendim.

"Bakın…" dedim. "Bu kitapları okumamın gerçekten de ne kadar yardımcı olacağını anlıyorum ama tutamayacağım sözler vermek istemiyorum."

Adam bir süre sessiz kaldı ama sonra cebine uzanarak benim yapılacaklar listesini çıkardı ve her bir maddeyi yüksek sesle okumaya başladı.

Hayallerimi başka birinin ağzından duymak bir şekilde zihnimin ve ruhumun karışmasına sebep olmuştu. Doğrusunu söylemek gerekirse, listedeki şeylerin çoğu ailem için yapmak istediğim şeylerdi; ebeveynlerimin asla karşılayamayacağı ya da paraları olsa bile kendileri için asla yapmayacakları şeyler. Bunların yüksek sesle okunmasını duymak beni mümkün olacağını düşünmediğim şekillerde etkiledi. Beni dürtülerime ve amacıma derinden bağladı. (Bölüm 3'te motivasyonunuzu birlikte açığa çıkaracağız.) Adam okumayı bitirdiğinde, ona tam olarak önerdiği şeyi yapacağımı söyledim ancak gizliden gizliye bu başarıyı nasıl kazanacağıma dair hiçbir fikrim yoktu.

DOĞRU SORUYU SORMAK

Hafta sonunun ardından, bana verdiği kitaplarla silahlanmış bir şekilde okula geri döndüm. Masamın üstünde artık iki yığın vardı: Biri okul için okumam gerekenler, diğeri de okumaya söz verdiklerim. Üzerime almayı kabul ettiğim sorumlulukların terazisi. Okumak benim için böylesine zahmetliyken, bu yığınları nasıl azaltacaktım? Zaten ilk yığınla baş edebilmek için çabalayıp duruyordum. Ne yapacaktım? Zamanı nereden bulacaktım? O yüzden yemek yemedim, uyumadım, egzersiz yapmadım, televizyon seyretmedim, arkadaşlarla vakit de geçirmedim.

Bunların yerine, gerçek anlamda kütüphanede yaşadım. Ta ki bir gece aşırı yorgunluktan bayılıp bir kat merdivenden aşağı düşerek ikinci bir kafa travması geçirene kadar.

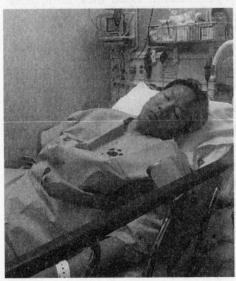

Hastanede, olayın üzerinden iki gün geçmeden gözlerimi açamadım. Öldüm sandım ya da belki de bir parçam öyle olmasını diledi. Geldiğim yer, hayatın gerçek anlamda karanlık ve düşük bir noktasıydı. Tükeniyordum. 53 kg ağırlığa düşmüştüm ve vücudum o kadar susuz kalmıştı ki kollarıma dört serum birden bağlanmıştı.

Ne kadar sefil bir

halde olsam da kendi kendime "Daha iyi bir yol olmalı." dedim. O sırada, odamdan içeriye, üzerinde Einstein resmi olan çay fincanıyla bir hemşire girdi; ilkokuldayken bana derinlemesine araştırarak çalışmam için ilham veren kitap raporunun konusuydu bu. Einstein resminin yanındaki alıntı, "Hiçbir sorun, onu yaratan bilinç düzeyinde çözülemez." diyordu.

İşte o zaman aklım başıma geldi: Belki de yanlış soruyu soruyordum. Merakım uyanmıştı. *Asıl* sorunum neydi benim? Yavaş öğrenen bir öğrenci olduğumu biliyordum ama bu konuda yıllardır aynı şekilde düşünüyordum. Öğrenme sorunlarımı, bana öğretilen şekilde düşünerek çözmeye çalıştığımı fark ettim; sadece daha çok çalışarak. Peki ya kendime öğrenmek için daha iyi bir yöntem öğretebilseydim? Ya daha verimli, etkili, hatta eğlenceli bir şekilde öğrenebilseydim? Ya daha hızlı öğrenmeyi öğrenebilseydim?

Tam o anda kendimi o yolu bulmaya adadım ve bu kararımla düşünce yapım değişmeye başladı.

Hemşireden bir kurs dergisi istedim ve o dergiyi sayfa sayfa inceledim. Birkaç yüz sayfayı geride bıraktığım halde öğrenilecek ders kursları dışında hiçbir şey bulamadım. İspanyolca, Tarih, Matematik, Fen gibi kurslar vardı ama nasıl öğrenileceğini öğreten kurslar yoktu.

ÖĞRENMEYİ ÖĞRENMEK

Hastaneden çıktığımda, öğrenmeyi öğrenme fikri beni o kadar cezbetmişti ki, okul çalışmalarımı bir kenara bırakıp yalnızca akıl hocamın verdiği kitaplara ve bunların yanı sıra yetişkin öğrenme teorisi üzerine bulduğum kitaplara odaklandım. Bunların arasında çoklu zekâ teorisi, sinirbilim, kişisel gelişim, eğitim psikolojisi, hızlı okuma ve hatta eski bellek bilimi vardı. (Eski kültürlerin, matbaa ve bilgisayarlar gibi harici depolama cihazları olmadan önce bilgiyi aktarmak için neler yaptığını bilmek istedim.) Şu bilmeceyi çözmek konusunda takıntılıydım: Beynimin nasıl çalıştığını bilirsem onu çalıştırabilir miyim?

Yönetimin tamamen kendi elimde olduğu birkaç aylık yoğun

adanmışlıktan sonra, kafamda bir elektrik düğmesi açık konuma geçti. Odaklanma yeteneğim artık daha güçlüydü. Konsantre olabildiğim için yeni kavramları anlamaya başlamıştım ve dikkatim artık eskisi gibi kolayca dağılmıyordu. Çok az bir zorlanmayla haftalar önce öğrendiğim bir bilgiyi hatırlayabiliyordum. Artık yeni bir enerji ve merak düzeyine sahiptim.

Hayatımda ilk defa bilgiyi, eskiden olduğundan çok daha kısa bir sürede okuyup anlayabiliyordum. Yeni keşfettiğim yetkinliğim bana daha önceleri hiç hissetmediğim bir güven duygusu verdi. Günlük hayatım da değişti. Zihnim açık ve netti. Kendimi daha da ileri götürmek için ne yapacağımı biliyordum. Böylece güçlendirici ve sürdürülebilir bir motivasyon algısının kilidini açtım. Aldığım bu sonuçlarla düşünce şeklim değişti ve her şeyin mümkün olduğuna inanmaya başladım.

Ancak bir yandan da üzgündüm. Öğrenmenin ötesini anlatan bu çözümsel yöntem (nasıl öğrenileceğini öğrenmek) bana okulda öğretilmiş olsaydı, kendimden şüphe duyup acı çektiğim tüm yıllarım önlenebilirdi, gibi geliyordu. Öğretmenlerin bana sürekli olarak çalışmamı ve daha çok konsantre olmamı söylediklerini hatırlıyorum. Bir çocuğa "konsantre olmak" gibi şeyler yapmasını söylemek, ona ukulele çalmasını söylemeye eşdeğerdir; nasıl yapılacağı hiçbir şekilde öğretilmeden böyle bir şey yapmak çok zordur.

Ve kendi kahraman yolculuğumun ardından, hazinemi ve öğrendiğim dersleri paylaşmadan edemedim. Bu yöntemleri diğer öğrencilere öğretmeye başladım. Dönüm noktası ise, daha hızlı okumayı, kavrayışını artırmayı ve çalıştığı bilgileri hafızasında tutmayı öğrenmek isteyen bir birinci sınıf öğrencisi ile çalıştığım sırada gerçekleşti. Azimle çalıştı ve 30 günde 30 kitap okuma hedefine ulaştı. Bunu nasıl yaptığını biliyordum, ona Bölüm 14'te öğreneceğiniz yöntemi öğretmiştim ama nedenini bilmek istedim. Sonrasında onun motivasyonunun annesine ölümcül bir kanser teşhisi konmuş olması ve sağlık, zindelik ve tıp üzerine kitaplar okuyarak onu kurtarmaya kararlı olması olduğunu keşfettim. Aylar sonra beni aradı ve sevinç gözyaşları içinde ağlayarak annesinin kanserinin gerilediğini söyledi.

Sınırsız

O anda anladım ki bilgi güçse, öğrenme bizim süper gücümüzdür. Ve öğrenme kapasitemiz sınırsızdır; sadece ona nasıl erişeceğimizin gösterilmesi gerekir. Bu kadının hayatının nasıl değiştiğini görmek içimde bir amacı alevlendirdi ve hayattaki misyonumun ne olduğunu anlamamı sağladı: Fevkalade bir hayatın kilidini açabilmeniz maksadıyla beyninizi geliştirip her şeyi daha hızlı öğrenebilmeniz için gerekli yöntemleri, motivasyonu ve zihniyeti öğretmek.

Yirmi yıldan fazla bir süredir, öğrenmeyi geliştirmek için, çoğu bu kitapta yer alan, güvenilir ve kanıtlanmış pratik yöntemler geliştirdim. Sadece haftada bir kitap okuma sözümü tutmadım, aynı zamanda "öğrenme engelli" olarak etiketlenmiş çocuklardan beyin yaşlanması sorunları olan yaşlılara kadar herkese hizmet ve destek vermeye devam ettim. Büyükannemin anısına adanmış olan ekibimiz, Alzheimer araştırmalarını tutkuyla destekliyor. Ve eğitimin her çocuğun doğuştan hakkı olduğuna inanıyor, Guatemala'dan Kenya'ya kadar dünyanın dört bir yanındaki birçok okulun kuruluşunu finanse ederek, WE Charity ve Pencils of Promise gibi harika kuruluşlar aracılığıyla ihtiyaç sahibi çocuklara sağlık hizmeti, temiz su ve öğretim sağlıyoruz. Bizim misyonumuz, daha iyi ve daha parlak beyinler oluşturmak ve bu bağlamda hiçbir beyni es geçmiyoruz.

Bu teknikleri başkalarına öğreterek son derece şaşırtıcı sonuçlar aldım. Bu sonuçlar benim her yıl akla gelebilecek her sahada 150.000'den fazla canlı izleyiciye hitap etmemi sağladı, spor ve eğlence sektöründeki en iyi kişiliklere beyin koçu olarak hizmet etmeye ve dünyanın önde gelen birçok şirket ve üniversitesinde eğitim vermeye yönlendirdi. Ayrıca 195 ülkeden öğrencilerle hızlandırılmış büyük bir çevrimiçi öğrenme platformunu yönetmemin ve *Kwik Brain* adındaki, on milyonlarca kez indirilen en iyi eğitim podcast'ine ev sahipliği yapmamın ve öğretilerimin yüz milyonlarca kez görüntülenmesinin önünü açtı. Bu kitap, şovumuza katılmış olan birçok uzman konuğun ortaya koyduğu bilgelik ve kaynakların yanı sıra yıllar boyunca öğrendiğim pratik tavsiyeler ve derslerle doludur.

Bütün bunları söylüyorum çünkü hayatımı bu konuyu araştırmaya ve öğretmeye adamış biri olarak, bu kitabın içinde ne olduğunu ve daha da önemlisi, sizin içinizde ne olduğunu biliyorum.

PROFESÖR X'İN OKULUNU BULMAK

Bu hikâye tesadüf eseri gerçekleşmiş bir olayı anlatıyor. Size daha önce de bahsettiğim gibi, düzenli olarak CEO'lara ve ekiplerine beyin koçluğu yapmaktayım. Birkaç yıl önce, o zamanlar 20th Century Fox CEO'su ve Başkanı olan Jim Gianopulos, beni yönetici ekibine koçluk seansı yapmam için davet etti. Bir cuma sabahı film setine gittim ve üst düzey personelle birkaç saat geçirdim. Verdiğim mesajı almaya son derece açıktılar ve tekniklere anında bağlandılar.

Seans bittiğinde Jim yanıma geldi ve "Bu inanılmaz bir şeydi. Yaptığımız en iyi eğitim seanslarından biriydi." dedi. Elbette bunu duyduğuma çok sevindim. Olumlu geri dönüşleri kim sevmez ki? Sonrasında seti gezerken, o yıl çıkması planlanan Wolverine filmine ait bir postere gözüm takıldı. Posteri işaret ettim ve "Bu filmi görmek için sabırsızlanıyorum. Ben onun çok büyük bir hayranıyım." dedim.

"Ah, süper kahramanları sever misin?" dedi.

"Çok severim. X-Men'in benim hayatımda çok önemli bir rolü olmuştur." diye cevapladım. Sonra ona çocukluğumda yaşadığım beyin hasarını, çizgi romanların okumayı öğrenmeme nasıl yardımcı olduğunu ve Profesör X'in okulunu arayışımı anlatmaya devam ettim.

Bana gülümsedi ve "Biliyorsunuz, bir sonraki X-Men filmi için Montreal'de 30 günlük çekimimiz daha var. Neden oraya gelip sette bir hafta geçirmiyorsunuz? Oyuncular sizinle çalışmayı çok isteyeceklerdir.

Bu teklifi asla geri çeviremezdim. Daha önce hiç film setinde bulunmamıştım. Üstelik bu herhangi bir film seti de değildi; bir X-Men filmi setiydi.

Ertesi sabah, X-Jet dedikleri uçağa bindik. Diğer yolcular mutant oyuncu kadrosunun büyük bir kısmından oluşuyordu ve kendimi Jennifer Lawrence ve Halle Berry arasında otururken buldum. O yaşıma kadar yaşadığım en güzel günü geçiriyordum.

Uçakta ve önümüzdeki hafta sette, bazı olağanüstü oyuncular ve mürettebatla senaryoları hızlı okumaları ve satırları hatırlamaları için beyinle ilgili bazı ipuçlarımı paylaştım. Ve tahmin edin ne oldu? Onların çektiklerini gördüğüm ilk sahne, Profesör X'in okulunda gerçekleşti; tam da çocukken hayal ederek ve arayarak sonsuz günler geçirdiğim yerdi. Benim için öylesine gerçeküstü bir andı ki... Hayallerinizden biri nedir? Beyninize batmış bir kıymık gibi varoluşunuzdan beri hep orada olan şey nedir? Canlı ayrıntılarıyla hayal edin. Görselleştirin. Hissedin. İnanın. Ve her gün bunun için çalışın.

Şaşırtıcı bir şekilde, bu hikâyenin en iyi kısmı bu da değil. Geziden döndüğümde eve gittim ve beni bekleyen bir paket buldum. Neredeyse büyük düz ekran bir televizyon büyüklüğünde, kocaman bir şeydi. Paketi açtım ve tüm X-Men oyuncu kadrosuyla birlikte çekilmiş devasa çerçeveli fotoğrafımı çıkardım. Fotoğrafta başkandan bir not vardı. Şöyle diyordu:

Jim, süper güçlerini hepimizle paylaştığın için çok teşekkür ederim. Çocukluğundan beri süper kahraman okulunu aradığını biliyorum. İşte sınıf fotoğrafınız.

Gerçek tam renkli süper kahraman fotoğrafını şu adresten görebilirsiniz: LimitlessBook.com/classphoto.

BERABERCE SINIRSIZ OLMAK

> **Sınırsız olmak**
> Sı-nır-sız ol-mak (isim)
>
> Kişinin potansiyeline ilişkin yanlış ve kısıtlayıcı algıları bir kenara bırakma ve doğru zihniyet, motivasyon ve yöntemlerle hiçbir sınırlama olmadığı gerçeğini benimseme eylemi veya süreci.

Hayatımın büyük bir bölümünde, algıladığım kısıtlamalarım tarafından tanımlanmama izin verdim. Çocukken korkunç olduğunu düşündüğüm bir mola vermiştim ve bunun uzlaşılmış bir geleceğin yolunu kurguladığına ikna olmuştum. Ancak, bazı kilit mevkideki insanların yardımıyla, algıladığım kısıtlamalarımın aslında hiç de kısıtlayıcı olmadığını keşfetmeye başladım. Bunlar yalnızca üstesinden gelmem gereken engeller ya da unutmam gereken sınırlamalardı. Ve bunu başardığımda, olmayı veya yapmayı öğrenebildiğim şeyler sınırsız hale geldi.

Sınırsız olmak sadece hızlandırılmış öğrenme, hızlı okuma ve inanılmaz bir hafızaya sahip olmakla ilgili değildir. Evet, bunların hepsini ve daha fazlasını nasıl yapacağınızı öğreneceksiniz. Ancak sınırsız olmak mükemmel olmakla ilgili değildir. Bu, şu anda mümkün olduğuna inandığınız şeylerin ötesine geçmekle ilgilidir. Sınırları ailenizden, kültürünüzden ve yaşam deneyimlerinizden öğrendiğiniz gibi, unutabilirsiniz de. Bu kısıtlamalar sadece, üstesinden gelmeyi öğrenebileceğiniz geçici engellerdir. İnsanlarla yılları aşkın süre boyunca çalışmamdan öğrendiğim şey, çoğu insanın hayallerini mevcut gerçekliğine uyacak şekilde sınırlandırdığı ve küçülttüğüdür. İçinde bulunduğumuz koşulların, kabul ettiğimiz inançların ve yürüdüğümüz yolun kim olduğumuzu ve kim olacağımızı belirlediğine kendimizi ikna ederiz. Ancak başka bir seçenek vardır. Sınırsız bir yaşam yaratmak için zihniyetinizi, motivasyonunuzu ve yöntemlerinizi sınırsızlaştırmayı ve genişletmeyi öğrenebilirsiniz. Başkalarının yapmayacağı şeyi yaptığınızda, başkalarının yaşayamayacağı şekilde yaşayabilirsiniz. Bu kitabı okuyarak önemli bir adım atmış bulunmaktasınız. Unutmayın, daha iyi bir yönde atılan bir adım, varacağınız yeri tamamen değiştirebilir. Adımlarınızı atarken anahtar, bir haritaya başka bir deyişle bir başarı modeline sahip olmaktır. Bu şekilde silahlanmış haldeyken, üstesinden gelemeyeceğiniz bir dava ya da bir ejderha yoktur. Bu yüzden işte anahtarınız:

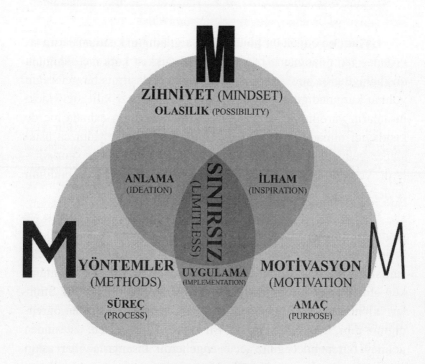

Sınırsız Ol Modeli

SINIRSIZ OL MODELİ

Hiçbir kısıtlama olmadan olmayı, yapmayı, sahip olmayı ve paylaşmayı öğrenebilirsiniz. Bu kitabı size bunu kanıtlamak için yazdım. Tam potansiyelinizde öğrenmiyor veya yaşamıyorsanız, mevcut gerçekliğiniz ile arzu ettiğiniz gerçeklik arasında bir fark varsa, bunun nedeni şudur: Üç alandan birinde serbest bırakılması ve değiştirilmesi gereken bir sınır vardır:

• Zihniyetinizdeki Sınır: Kendinize, yeteneklerinize, hak ettiğiniz ya da mümkün olabilecek şeylere olan inancınız azdır.

• Motivasyonunuzdaki Sınır: Harekete geçme güdüsünden, amacından ya da enerjisinden yoksunsunuzdur.

• Yöntemlerinizdeki Sınır: Size arzu ettiğiniz sonuçları yaratmakta etkili olmayan bir süreç öğretilmiştir ve hâlâ o doğrultuda hareket ediyorsunuzdur.

Bu durum bir birey, bir aile ve bir kuruluş için geçerlidir. Hepimizin kendimize özgü yaşadığımız mücadele ve güç gösterme hikâyelerimiz var. Durumunuz ne olursa olsun, en iyi kısmı şudur: Yalnız değilsiniz. Öğrenmek üzere olduğunuz üç bölümlük çerçeve kapsamında, kendi tarzınızda sınırsız olmanıza yardımcı olacağım: Sınırsız Zihniyet, Sınırsız Motivasyon ve Sınırsız Yöntemler. Şimdi izin verin, size bunları parça parça anlatayım:

• Zihniyet (NE): Kim olduğumuz, dünyanın nasıl işlediği, neler yapabildiğimiz, neyi hak ettiğimiz ve neyin mümkün olduğuna dair derinlemesine benimsenmiş inançlar, tutumlar ve varsayımlar.

• Motivasyon (NEDEN): Kişinin harekete geçmek için sahip olduğu amaç. Belirli bir şekilde davranması için gereken enerji.

• Yöntem (NASIL): Bir şeyi başarmak için belirli bir süreç; özellikle düzenli, mantıklı veya sistematik bir öğretim yolu.

Şimdi size önceki sayfadaki diyagramla ilgili başka bir not: Zihniyetin motivasyonla kesiştiği kısımda *ilham (inspiration)* kelimesini kullandığımı göreceksiniz. İlham alıyorsunuz, ancak hangi yöntemleri kullanacağınızı ya da enerjinizi nereye kanalize edeceğinizi bilmiyorsunuz. Motivasyon ve yöntemin kesiştiği kısımda, *uygulama (implementation)* kelimesini görüyorsunuz. Bu durumda, sonuçlarınız hak ettiğinizi ya da yapabileceğinizi hissettiğiniz ve mümkün olduğuna inandığınız şeylerle sınırlı olacaktır çünkü gereken zihniyetten yoksunsunuzdur. Zihniyet ve yöntemin kesiştiği kısımda, *düşünme (ideation)* kelimesiyle karşılaşırsınız. Hırslarınız zihninizde kalır çünkü onlar hakkında herhangi bir şey yapacak enerjiniz yoktur. Üçünün de kesiştiği yerde ise, *sınırsız olma (limitless)* durumu söz konusudur. Ve sonrasında dördüncü olarak *Ben* ortaya çıkar ki bu tam bir *bütünleşmedir.*

Bu kitapta alıştırmalar, çalışmalar ve zihinsel araçlarla karşılaşacağınız gibi hem bilişsel bilim ve performansın sınırlarında hem de eski çağ bilgeliğine dayanarak yapılan heyecan verici çalışmaların (Örneğin eski uygarlıkların matbaa gibi harici depolama cihazları bulunmadan önce nesiller boyunca edindikleri bilgi birikimini hatırlarında nasıl tuttukları gibi) sonuçlarını bulacaksınız. Konu başlıklarını sırayla ele alacağız:

• 2. Bölümdeki Sınırsız Zihniyet başlığı altında sınırlayıcı inançlarınızı ortadan kaldırdığınızda nelerin mümkün olduğunu öğreneceksiniz.

• 3. Bölümdeki Sınırsız Motivasyon başlığında, asıl gücünüzün neden amacınızdan geldiğini ve güdülerinizle enerjinizi serbest bırakmanın anahtarlarını keşfedeceksiniz.

• 4. Bölümdeki Sınırsız Olma Yöntemleri kısmında ise başarısı kanıtlanmış süreçlerle en iyi şekilde nasıl öğrenebileceğinizi keşfedeceksiniz çünkü bu bölümde arzuladığınız ve hak ettiğiniz hayata doğru ilerlemenizi sağlayacak araçlar ve teknikler anlatılacak.

Ve kitabın sonunda, size ilerlemenizi sınırsız bir haftaya ve sonrasında sınırsız bir hayata doğru hızlı bir şekilde başlatmak için size 10 günlük bir plan vereceğim.

Bu kitabı bitirdiğinizde, akademik, sağlık, kariyer, ilişkiler ya da kişisel gelişim gibi sizin için önemli olan herhangi bir alanda sınırsız olma becerisine sahip olacaksınız. X-Men okulunda hiçbir zaman gerçek anlamda eğitim göremediğimden, bu eğitim modelini 195 ulustan her yaştan insanın zihinsel süper güçlerini açığa çıkarmak için her gün bizimle eğitim aldığı çevrimiçi Kwik Öğrenme Akademimizde sizler için oluşturdum. *Sınırsız*'ı ders kitabınız gibi düşünün. Profesör X'iniz olmak benim için bir onurdur ve bu yolculuğa benimle çıkmaya karar verdiğiniz için çok heyecanlıyım. Sınıfımız an itibariyle oturum halindedir. Ve en iyi haber de ne biliyor musunuz? Zamanlamanız daha iyi olamazdı!

"Artık öğrenmenin,
değişime ayak uydurmak için
hayat boyu devam edecek bir süreç
olduğu gerçeğini kabul ediyoruz.

Şimdi en acil görev,
insanlara nasıl
öğreneceklerini öğretmektir."

NEDEN ŞİMDİ

Ben, hepimizin uyandırılmayı bekleyen inanılmaz süper güçlere sahip olduğumuza inanan biriyim. Uçma, demir kaplı zırh oluşturma veya gözlerinden lazerle ateş açma gibi yeteneklerden falan bahsetmiyorum; kitapların arasında uçma, demir kaplı hafıza, lazer odaklanma, sınırsız yaratıcılık, net düşünme, farkındalık, üst düzey zihinsel davranış ve çok daha fazlası gibi gerçek hayattaki pratik yeteneklerden bahsediyorum. Hepimiz şu veya bu şekilde süper kahramanlarız.

Her süper kahramanın güçleri olduğu gibi, baş düşmanları da vardır. Arama motorunda süper güçlü kötü kahraman yazın, bakın. Joker'den Batman'e, Lex Luthor'dan Superman'e bir sürü karakter göreceksiniz. Gerçek hayatta karşılaştığımız kötü adamlar filmlerdekilerle aynı görünmeyebilir, ancak onlar yine de hâlâ kötü adamlardır; bir süper kahraman olarak, yenmeniz ve uzaklaşmanız gereken insanlardır. Modern zamanın süper kötü adamları yolumuza çıkıyor ve bizi potansiyelimizden uzaklaştırarak hayatımızı zorlaştırıyor. Bizim geri kalmamıza sebep oluyor ve üretkenliğimizi, refahımızı, pozitifliğimizi ve iç huzurumuzu elimizden alıyorlar. Ancak günün sonunda onları tanıyıp yenmek tamamen bize bağlı.

Daha önce bir çizgi roman okuduysanız veya bir süper kahraman filmi izlediyseniz, süper kötülerin o noktalara beklenmedik durumlar neticesinde geldiğini bilirsiniz.

Örneğin, Two-Face (İki-Yüz) olarak da bilinen Harvey Dent'i

ele alalım. Yüce bir niyetle yola çıkıyor. Kanunu korumaya ve kötü adamları hapse atmaya yardımcı olan bir savcı ve Batman'in müttefiki. Ancak bir intikam eylemi sırasında Dent'in yüzü yaralanıyor ve bu olayın sonucunda kızgın, sert ve intikamcı bir adama dönüşüyor. Hayatını savaşarak geçirdiği şey haline gelir: Kurbanlarının geleceği ile kumar oynayan ikiyüzlü bir suçlu. İçindeki iyilik yön değiştirir ve uğursuz amaçlar için kullanılır.

Aynı şekilde, öğrenmenin dört kötü adamı da yollarına masumane bir şekilde başlamışlar, insanlığın son yüzyılda kaydettiği en büyük ilerlemelerden bazılarıyla beslenmişler ve teknolojiyle yükselmişler. Açık konuşmak gerekirse, teknoloji ilerlemenin ve sınırsız olmanın hayati bir parçasıdır. İnternet üzerinden bağlanmaktan tutun öğrenmeye kadar her şeyi yapmamızı, hayatlarımızı çok daha kolay hale getirmemizi sağlar. Ancak dijital teknolojiyi, yaratıcılarının bile aşırı bulacağı bir oranda tüketmemiz mümkündür. Bugün kullanabileceğimiz teknolojinin çoğu o kadar yeni ki, onunla etkileşimimizi kontrol etmemiz gereken seviyeyi bilmiyoruz.

Kwik Learning (Kwik Öğrenme) adındaki eğitim platformumuz aracılığıyla, 195 ülkede öğrencimiz var ve on milyonlarca podcast yayını oluşturduk. Topluluğumuz, teknolojiye aşırı bağımlılıklarıyla ilgili artan bir endişeyi dile getiriyor ve beyinlerini geliştirmek için çağımızın bu "dört at atlısından" kurtulmak üzere bize geliyorlar: dijital tufan, dijital dikkat dağınıklığı, dijital bunama ve dijital kesinti. Aşırı yüklenme, dikkat dağınıklığı, unutkanlık ve kusurlu düşünmenin uzun zamandır var olduğunu aklımızın bir kenarında tutmamız önemlidir. Teknoloji bu koşullara neden olmamakla birlikte, onları artırmak açısından büyük bir potansiyele sahiptir. Dijital çağın faydaları çoktur, ancak teknolojideki ilerlemelerin size yardımcı olurken aynı zamanda sizi nasıl engelleyebileceğine bir göz atalım.

DİJİTAL TUFAN

Hakkında ilerlememiz gereken çok konu var ama yeterli zamanınız mı yok? Bilgiye neredeyse sınırsız erişimin olduğu bir dünyada yaşama ayrıcalığına sahibiz. Bu bağlantı çağında, cehalet bir seçimdir. 15. yüzyılla karşılaştırırsak, artık tek bir günde 1400'lü yıllardaki ortalama bir insanın tüm yaşamı boyunca edinebileceği kadar veri tüketiyoruz.

Pek de uzun olmayan bir süre önce, bilgi ağızdan ağıza, bir gazete veya bir kasaba meydanında yayınlanan bir bülten aracılığıyla çok yavaş bir şekilde hareket ediyordu. Artık bilgiye erişimimiz o kadar çok ve yoğun ki, zaman tasarrufumuzu ve yaşam kalitemizi olumsuz şekilde etkiliyor. Bugün ortalama bir kişi, 1960'lardaki duruma kıyasla üç kat daha fazla bilgiye erişiyor.[1] Ayrıca 2015 yılına ait bir rapor, katılımcıların günde sekiz saatini sosyal medyayı kullanarak geçirdiğini gösterdi.

Bir NPR röportajında, New York Times teknoloji muhabiri Matt Richtel, 20 yıl boyunca sanki her şeyiyle mükemmelmiş gibi teknolojiyi yücelttikten sonra şöyle bir beyanat verdi: "Bence bilim, bazı teknolojilerin Twinkies (içi krema dolgulu altın renkli atıştırmalık kek), bazı teknolojilerin Brüksel lahanası olduğu fikrini benimsemeye başlıyor. Çok fazla teknoloji kullanmanın, tıpkı çok fazla yiyecek tüketmenin de olacağı gibi, kötü etkileri olabilir."[2]

San Francisco'daki California Üniversitesi'nde, hiçbir şey yapmadan serbest kalınan sürenin etkileri üzerine araştırma yapan araştırmacılar, farelere yeni bir deneyim yaşattılar ve aktivite sırasında ve sonrasında beyin dalgalarını ölçtüler. Çoğu durumda, yeni bir deneyim beyindeki yeni sinirsel aktiviteyi ve yeni nöronları ortaya çıkaracaktı ki bu da söz konusu deneyde farenin serbest kalmasına izin verilen zamanlardı. Hayvanların boş ve serbest bırakıldığı süre boyunca nöronlar, bellek girişinden geçerek hafızanın uzun vadede depolandığı beynin geri kalan kısmına doğru yol aldılar. Böylece sıçanlar, deneyimlerinin anılarını kaydedebildiler ki bu öğrenmenin esasıydı.[3]

Bu durum, boş ya da serbest kalacak vaktiniz olmazsa ne olacağını sorgulamanıza sebep olmuyor mu? Zihnimizin bir an için kendi halinde kalmasına ya da sıkılmasına asla izin vermezsek, bunun bedelini zayıf hafıza, zihinsel bulanıklık ve yorgunluk gibi sonuçlarla ödeyeceğimize dair giderek artmakta olan bir kanıt yığını var.

1990'ların ortalarına doğru (dijital tufanın şu anki endişenin bir parçası olduğu zamanlar), araştırmalar her daim hareket halinde olan bir dünyada gezinmenin gerçek sağlık riskleri doğurduğunu göstermeye başlamıştı. Reuters'in kaygı verici bir şekilde "Bilgi için Ölmek" başlığıyla yayınlanmış bir araştırması şöyle diyordu: "Her üç kişiden ikisi, aşırı bilgi yüklenmişliğini, meslektaşlarıyla arasında olan gerginlikle ve işinden duyduğu tatminin kaybolmasıyla ilişkilendirdi. Yüzde 42'si bu stresli halini sağlıksızlığına bağladı. Yüzde 61'i aşırı bilgi yüklemesi nedeniyle sosyal aktiviteleri iptal etmek zorunda kaldığını söyledi. Yüzde 60'ı ise boş zaman aktiviteleri için genellikle çok yorgun olduklarını söyledi."

Çalışmanın özeti, "Kişiler, bilgi ve bilgi kanallarının saldırısıyla karşı karşıya kaldıklarında, bilgiyi yönetmek için basit rutinler geliştiremiyorlar"[4] şeklinde bir eklemeyle devam ediyordu.

Dahası, bilginin yarı ömrünün azaldığı gerçeğiyle de mücadele etmek zorundayız. Bilginin yarı ömrü, bir bilginin yerini daha yeni veya daha doğru bilgiler almadan önce geçen süredir. İçinizden geldiği gibi çalışabilirsiniz. Lakin şu anda işlediğiniz bilgiler güncelliklerini düşündüğünüzden çok daha kısa sürede yitirecektir. Makalelerde, kitaplarda ve belgesellerde yazılan "gerçekler" güçlü kanıtlara dayanır ve gerçek olarak kabul edilir ama sonrasında yeni bir çalışma çıktığında tamamen tersine bir işleyiş başlar.

Her birimizin dijital ayrıntılar yüzünden ne kadar boğulmuş halde olduğumuzu söylememe gerek yok. "Şebekeden çıkmaya" çalıştığımızda bile, dijital bilgi bizi bir şekilde buluyor. Mesela ben bunları yazarken tüm cihazlarımı kapattım. Ancak araştırma amacıyla internete erişmem gerekiyor ve bilgisayarımda hâlâ bir sürü rastgele bildirim ve güncelleme beliriyor. (Evet, biliyorum. Onları da kapatabilirim ama sanırım siz benim nereye varmak istediğimi anladınız.)

Sınırsız

Bölüm 12'de (Çalışma) ve Bölüm 14'te (Hızlı Okuma), her gün özümsemeniz gereken dijital bilgi birikimini yakalamanın, sürdürmenin ve hatta onun önüne geçmenin pratik yollarını keşfedeceksiniz.

> **KWIK BAŞLANGIÇ ÖDEVİ**
> Biraz zaman ayırın ve bu hafta takviminizde hâlihazırda boş kalmış alanlar için otuz dakikalık bir plan yapın. Bu, sizin teknolojiden uzak kalıp, zihninizi temizlemeye, rahatlamaya ve yaratıcı olmaya adayacağınız zamandır.

DİJİTAL DİKKAT DAĞINIKLIĞI

Mobil cihazlardan önce, çevrimiçi olduğumuzda her zaman "brb" (*hemen döneceğim* anlamına gelen İngilizce "be right back" cümlesinin kısaltılmışı) derdik. Bunu artık söylemiyoruz çünkü ekran önünden hiç ayrılmıyoruz. Artık orada yaşıyoruz. Her zaman açık ve sürekli internete bağlı olan cihazlarımız yüzünden, arkadaşlarımız ve ailemizle birlikteyken ilişki kurmak için uğraş vermemiz gerekiyor ve işe odaklanmakta zorlanıyoruz. Çoğumuz, her gün uzun saatler süresince dijital bağlantıdan vazgeçmek konusunda rahat hissetmediğimiz bir tür iş hayatına mahkûm olma durumuyla uğraşıyoruz. Bu yüzden, ulaşılamazsak kaybederiz korkusuyla diken üstünde yaşıyoruz.

Sorun şu ki bundan zevk almaya bağımlı hale geldik. Sosyal medyadaki beğeniler ya da arkadaş ve sevdiklerimizden gelen mesajlar sayesinde art arda aldığımız her bir dopamin dozu, sadece davranışımızı güçlendirmeye yarıyor. Öte yandan, bu ödüller aynı zamanda beynimizi değiştiriyor. Sırada beklerken, otobüs veya bir randevunun saatini beklerken yaşayabileceğimiz boş ve serbest kalış evresinde rahatlamak yerine, telefonlarımızı çıkarıyor ve dikkat dağıtıcı kaslarımızı çalıştırıyoruz. Peki, bu bizim sabit varoluş şeklimiz olursa yani serbest ve rahat kalabileceğimiz her an parlak bir uyaranla dolarsa ne olur?

Jim Kwik

İnternete bağlı kalmak bizi daha güvende hissettirebilir, ancak bizi daha mutlu yapmaz. British Columbia Üniversitesi'nden Ryan Dwyer, dijital alışkanlıklarımızın ilişkilerimizi nasıl etkilediğini gösteren bir araştırmaya öncülük etti. Bir deneyde, 300'den fazla yetişkin ve üniversite öğrencisinden telefonlarını kolayca erişilebilecek şekilde masanın üzerinde tutmaları istenirken, diğerlerinden telefonlarını sessize almaları ve yemek süresince masanın üzerindeki bir kapta tutmaları istendi. Daha sonra katılımcılardan ilgi, keyif, dikkat dağınıklığı ve can sıkıntısı gibi duygularına ilişkin sorular soran bir ankete cevap vermeleri istendi.

Ankette ayrıca yemek sırasında telefonlarıyla geçirdikleri süreyi ayrıntılı olarak belirtmeleri de istendi. Telefonlarına erişilebilenler onları daha sık kullanmışlardı ve kendilerini çok daha dikkati dağılmış olarak tanımladılar. Ayrıca akşam yemeğini, telefonlarına erişimi olmayanlara göre daha az sevmişlerdi. Sonuç olarak Dwyer, çalışma hakkında "Modern teknoloji muhteşem olabilir, ancak bizi kolayca asıl konumuzdan saptırabilir ve arkadaşlarımız ve ailemizle bizzat yaşadığımız özel anlarımızdan uzaklaştırabilir" diyor.[5]

Pek azımız nasıl öğreneceğimizi öğrenmişken çoğumuz da sürekli olarak karşımıza çıkan muazzam miktardaki bilgiyi nasıl işleyeceğini ve filtreleyeceğini bilmiyor. Yalnızca hepsini dağarcığımıza almak için çoklu görev yapıyoruz ve bu bize pek yardımcı olmuyor. Sinirbilimci Daniel J. Levitin, *Organized Mind: Thinking Straight in the Age of Information* (Organize Zihin: Aşırı Bilgi Yükü Çağında Düz Düşünme) adlı kitabında, "Beyinden dikkatini bir aktiviteden diğerine kaydırmasını istemek, prefrontal korteks ve striatumun oksijenli glikoz yakmasına neden olur ki bu görevde kalması için ihtiyaç duyduğu yakıtın aynısıdır." diye belirtiyor ve şöyle devam ediyor: "Ve çoklu görevle yaptığımız türden hızlı ve sürekli değişim beynin söz konusu yakıtı o kadar hızlı yakmasına neden oluyor ki, çok kısa bir süre sonra bile yorgun ve ne yapacağını bilemez hale geliyoruz. Beynimizdeki besinleri kelimenin tam anlamıyla tüketmiş durumdayız ve bu durum hem bilişsel hem fiziksel performansımızda taviz vermemize yol açar."[6]

Uygulama bildirimlerinden mesaj uyarılarına kadar, bununla

baş etmeye çalışanlar sadece yetişkinler değil. Teknolojinin elverişliliği ve sosyal medyada çevrimiçi ve aktif olmamız için yapılan sosyal baskılar yüzünden, çocuklar ve gençler de sürekli olarak dikkat dağınıklığı yaşıyor.

Bölüm 11'de (Odaklanma), öğrenme ve işlerin halledilmesi için sürekli konsantrasyon ve odak geliştirmenin anahtarlarını keşfedeceksiniz.

> **KWIK BAŞLANGIÇ ÖDEVİ**
> Telefonunuzun bildirim ayarlarına gidin ve tüm gereksiz ve rahatsız edici tınlama ve çınlamaları kapatın. Bunu hemen şimdi yapın.

DİJİTAL BUNAMA

En son ne zaman birinin telefon numarasını hatırlamak zorunda kaldınız? Bu noktada yaşımı açık edeceğim ama ben, mahalleden bir arkadaşını aramak istediğinde numarasını hatırlama zorunluluğu olan bir neslin parçasıyım. En iyi arkadaşlarınızdan bazılarının çocukluktan kalma numaralarını hâlâ hatırlayabiliyor musunuz? Peki ya her gün konuştuğunuz veya mesajlaştığınız kişinin numarasını?

Artık bunların hiçbirini hatırlamak zorunda değilsiniz, çünkü cep telefonunuz bunu sizin için yapıyor. Bunu, insanların 200 tane telefon numarasını ezberlemek istediğini ya da buna zorunlu olduğunu iddia etmek için söylemiyorum ancak hepimiz yeni bir telefon numarasını, henüz yaptığımız bir sohbeti, yeni tanıdığımız potansiyel bir müşterinin adını veya yapmamız gereken önemli bir işi hatırlama yeteneğimizi kaybetmiş durumdayız.

Nörobilimci Manfred Spitzer, dijital teknolojinin aşırı kullanımının bilişsel yeteneklerin çökmesine neden olduğunu açıklamak için *dijital demans* terimini kullanıyor. Teknolojiyi aşırı kullandığımız takdirde, kısa süreli hafıza yollarının yetersiz kullanımdan dolayı bozulmaya başlayacağı fikrini savunuyor. Tıpkı GPS örneğinde olduğu gibi. Yeni bir şehre gidin ve size nasıl gezineceğinizi söylemesi için GPS'e ne kadar çabuk bir şekilde bağımlı hale geldiğinizi görün. Sonra, zihninizde yeni yolları haritalamanın ne kadar sürdüğüne dikkat edin. Bunu yapmanız muhtemelen gençliğinizde olduğundan çok daha uzun zaman alacaktır ama bu durumun sebebi beyninizin çalışmaması değildir. GPS gibi araçlar kullandığımızda zihnimize çalışma şansı vermiyoruz. Ezberleme işini bizim yerimize yapması için teknolojiye güveniyoruz.

Bu güven, uzun süreli hafızamıza zarar veriyor olabilir. Birmingham Üniversitesi'nden Maria Wimber BBC'ye, bilgi arama eğiliminin uzun vadeli anıların birikmesini engellediğini söyledi. İngiltere, Fransa, Almanya, İtalya, İspanya, Belçika, Hollanda ve Lüksemburg'daki 6.000 yetişkinin hafıza alışkanlıklarını inceleyen bir çalışmada, Wimber ve ekibi, katılımcıların üçte birinden fazlasının bilgi almak için ilk önce bilgisayarlarına yöneldiğini tespit etti. Birleşik Krallık listede en yüksek sırada yer aldı. Buradaki katılımcıların yarısından fazlası, cevabı kendi kendilerine bulmaya çalışmaksızın hemen çevrimiçi arama yapmışlardı.[7]

Bu mesele neden bu kadar önemli? Çünkü bu tür anlık edinilmiş bilgiler kolaylıkla ve anında unutulabilir. Dr. Wimber, "Beynimiz bir anıyı her hatırladığımızda onu güçlendiriyor ve aynı zamanda dikkatimizi dağıtan alakasız anıları unutuyor gibi görünüyor." diyor. Kalıcı bir hafıza yaratmanın ve onu güçlendirmenin bir yolu da size bilgi sağlaması için bir dış kaynağa güvenmek yerine, kendinizi bilgiyi hatırlamaya zorlamaktır. Bunu, çoğumuzun, hatırlama zahmetine girmeden belki de sürekli aynı bilgiyi arama alışkanlığına sahip olduğumuz gerçeğiyle karşılaştırdığımızda, kendimize zarar veriyor olduğumuz ortaya çıkıyor.

Teknolojiye güvenmek her zaman kötü müdür? Birçok araştırmacı bu fikirde değil. Onların iddiaları ise şöyle: Telefon numaralarını ezberlemek, temel matematik problemleri çözmek ya da daha önce ziyaret ettiğimiz bir restoran için yol tarifi almak gibi bazı basit görevleri dış kaynaklara yaptırmak, beyin alanımızda bizim için daha önemli olan bir şey için yer tasarrufu yapmamızı sağlar.

Öte yandan, beynimizin dolan bir sabit diskten çok bir kasa benzediğini söyleyen araştırmalar var. Bu kası ne kadar çok kullanırsanız, o kadar güçlenir ve bilgi depolayabilir, diyorlar. Bu durumda soru şu: Bu seçimleri bilinçli olarak mı yapıyoruz yoksa bilinçsiz olarak alışkanlıkla mı hareket ediyoruz?

Beynimizin işini sıklıkla akıllı cihazlarımıza yaptırıyoruz ve akıllı cihazlarımız da bizi biraz aptal yapıyor. Beyinlerimiz, görünüşte sonsuz düzeyde evrim yapabilen nihai adaptasyon makineleridir. Lakin biz ona ihtiyaç duyduğu egzersizi yaptırmayı unutuyoruz. Merdivenlerden çıkmak yerine her zaman asansör teknolojisine güvenmenin fiziksel bir bedeli olduğu gibi, tembel zihinsel kasların da bir bedeli vardır. Kullanın yoksa kaybedersiniz.

Bölüm 13'te (Hafıza), size isimlerden ve konuşmalardan dillere kadar her şeyi daha hızlı ve daha kolay hatırlamanız için basit araçlar ve teknikler göstereceğim.

> **KWIK BAŞLANGIÇ ÖDEVİ**
> Hafızanızı geliştirmek için bir dakikanızı ayırın: Düzenli olarak iletişim kurduğunuz birinin telefon numarasını ezberleyin.

DİJİTAL ÇIKARIM

"Y kuşağının tüm sorularının yanıtlarını bir *mouse* tıklamasıyla veya parmak dokunuşuyla elde ettiği dijital öncelikli bir dünyada, her soruyu çözmek için teknolojiye güvenmek, insanların kendi bilgi ve zekâlarına ilişkin algılarını yanıltıyor. Ayrıca bu güven, aşırı özgüven duygusuna ve verimli olmayan kararlar almaya yol açabiliyor."[8] diyor Newrow video işbirliği platformunun kurucusu Rony Zarom. Her şey hakkındaki bilgilerin her yerde bulunması, aynı zamanda her şey hakkında fikirlerin de her yerde olduğu anlamına gelir. Mesela isteğiniz, güncel bir konu hakkında nasıl hissedip ne düşüneceğinizi öğrenmekse, hemen çevrimiçi olabilir ve başkalarının fikirlerini toplayabilirsiniz. Bir olayın veya eğilimin etkilerini bilmek istiyorsanız, hızlıca yapacağınız bir çevrimiçi arama size sonsuz miktarda analiz sağlayacaktır. Sonuç, sınırsız olmak için temel beceri niteliğindeki yaratıcılığın, eleştirel düşünmenin ve problem çözmenin karışımı olan çıkarımın otomatik hale gelmesidir.

Elbette bunun yadsınamaz bir önemi var. İnternetten önce başkalarının görüşlerine olan erişimimiz sınırlıydı. İdeal bir dünyada, bir konu hakkında olabildiğince çok bakış açısı elde edebilmek, kendi fikirlerimizi oluşturmamızda yardımcı olması açısından son derece değerli olurdu. Maalesef, gerçek dünyada işler nadiren böyle yürüyor. Bunun yerine, uyum sağladığımız bir avuç kaynağı belirleme ve sonra bu kaynaklara düşüncelerimiz ve kararlarımız doğrultusunda aşırı etki etme eğilimindeyiz. Bu süreçte eleştirel düşünmek ve etkili bir şekilde akıl yürütmek için kullandığımız "kaslar" köreliyor. Teknolojinin bizim için çıkarım yapmasına izin veriyoruz. Ve eğer çıkarımlarımızı oluşturan şey teknolojiyse, o zaman problem çözme yeteneğimizin çoğunu da devrediyoruz demektir. Bu çok önemli ve kitabın ilerleyen kısımlarında ayrıntılı olarak tartışacağımız bir konu.

Psikolog Jim Taylor, düşünmeyi şöyle tanımlıyor: "Deneyimlerimize, bilgilerimize ve iç görülerimize dayalı olarak yansıtma, akıl yürütme ve sonuç çıkarma kapasitesi. Bizi insan yapan ve iletişim kurmamızı, yaratmamızı, inşa etmemizi, ilerlememizi ve uygarlaşmamızı sağlayan şey budur." Sonrasında ise, "Teknolojinin, çocukların farklı düşünme biçimlerine hem yararlı hem de zararlı olabileceğini öne süren ve giderek büyümekte olan bir araştırma grubu"[9] olduğuna dikkat çekiyor.

UCLA'da (Los Angeles, Kaliforniya Üniversitesi) Seçkin Psikoloji Profesörü Patricia Marks Greenfield, on yıldan fazla bir süredir bu konu üzerinde çalışıyor. Eğitim üzerindeki etkileri tartışırken, "Üniversite öğrencilerinin sınıftaki ders esnasında internete erişmek için dizüstü bilgisayarlarını kullanmalarının öğrenmeye etkisi nedir?" sorusunu sormuştu. "Bu, öğrencilerin internetteki ve kütüphane veri tabanındaki ders konularını daha detaylı incelemeleri için ders sırasında dizüstü bilgisayarlarını kullanmaya teşvik edildiği bir iletişim çalışması sınıfında test edildi. Öğrencilerin yarısının dizüstü bilgisayarlarını açık tutmalarına izin verilirken, diğer yarısı (rastgele seçilmişlerdi) kapatmak zorundaydı. Dersten sonra sürpriz şekilde yapılan sınavda, dizüstü bilgisayarları kapalı durumdaki öğrenciler, açık durumdaki öğrencilere kıyasla önemli sayılacak ölçüde daha fazla materyal hatırladılar."[10] Çünkü internetin konu hakkında ne düşündüğünü aramak yerine zihinlerini dersle meşgul etmişlerdi. Bu yüzden kendi kendilerine akıl yürütmeleri gerektiğinde cevap vermeye çok daha hazırdılar.

Greenfield'in yaptığı başka bir analiz ise bir haber programını, gözlerini ekranın alt kısmında gezdirmeden izleyen üniversite öğrencilerinin, sunucuların tartıştıkları konuları çok daha fazla hatırladıklarını gösterdi.

Oyun yazarı Richard Foreman, düşündüklerimizin çoğunu yapması için internete duyduğumuz bu güvenin benliğimizi değiştirmesinden korkuyor ve şöyle diyor: "İdeal olanın (benim idealimin de) yüksek eğitimli ve kendini ifade edebilen yapıda katedral benzeri karmaşık ve yoğun olduğu bir Batı kültürü geleneğinden geliyorum. Kendi içlerinde Batı'nın tüm mirasının kişisel olarak yapılandırılmış, eşsiz versiyonunu taşıyan kadın ve erkeklerden bahsediyorum. Ama bugün hepimizin (ben de dâhil) karmaşık iç yoğunluğunun yerini, aşırı bilgi yüklemesi ve 'anında ulaşılabilir' teknolojinin baskısı altında kendi kendine gelişen yeni bir türün aldığını görüyorum."[11]

Ergenlik çağınıza yaklaşırken, anne babanızdan bağımsız olarak ilk düşünce ve fikirlerinizi şekillendirmeye başlamanızın nasıl bir şey olduğunu hatırlıyor musunuz? Tahminimce bu deneyim sizin için son derece özgürleştiriciydi. Hatta belki de hayatınızda ilk kez gerçekten kendinizmişsiniz gibi hissettiniz. Elbette başınıza gelen şey, eleştirel yeteneklerinizin, hayattaki yolunuzu belirlemeniz için düzenli olarak aklınızı kullanmanıza izin verecek kadar rafine hale gelmesiydi.

Öyleyse neden bu özgürleştirici beceriyi bir cihaza devretmek isteyesiniz? Bir düşünün: Birisi size kendi düşüncesini empoze etmeye çalıştığında nasıl hissediyorsunuz? Bir aile üyesi, bir arkadaş ya da meslektaşınız size gelip, "Bu konuda düşünüp kafanı yorma. İşte al. Senin fikrin budur." dese, bu kişiden olabildiğince kısa sürede uzaklaşmaya çalışırsınız. Yine de bilgi vermesi için hemen internete başvurduğumuzda, esasen aynı durumu davet ediyoruz.

Bölüm 15'te size, herhangi bir konu veya problem hakkında düşünmenizi güçlendirmenize ve bakış açınızı genişletmenize olanak sağlayacak güçlü bir araç seti sunacağım.

Bu dört atlı en şiddetli şekilde mücadele etmemiz gerekenler olsa da dikkate değer başka bir dijital tehlike daha var. Ben onu *dijital depresyon* diye adlandırıyorum. Bunu başkalarının sosyal medya akışlarının öne çıkan paylaşımlarının kendimizi daha eksik algılamamıza neden olmasına izin verdiğimizde ortaya çıkan karşılaştırma kültürünün bir sonucu olarak açıklayabilirim. Şimdi sosyal medyadan zevk alıyorum. Öğrenci ve podcast dinleyicilerinden oluşan topluluğumuzla bağlantıda kalmayı ve ailemle arkadaşlarımın günlük yaşamlarından haberdar olmayı seviyorum. Bunu sadece bir eğlence kaynağı olarak değil, aynı zamanda eğitim ve güç kaynağı olarak da çok takdir ediyorum. Ancak, üretkenliğinizi ve huzurunuzu sizden almaması için onu bilinçsizce bir alışkanlıkla değil bilinçli olarak ve uyumlu bir şekilde kullanmanızı öneririm.

Önümüzdeki 2.bölümde *Sınırsız Zihniyet* başlığı altında, kötü görünme veya bir şeyleri gözden kaçırma korkularının yanı sıra yeterli olamama duygusunu hafifletmek için fikirler paylaşıyorum. Bunlar kişisel gelişim ve öğrenmenin önünde duran sınırların aynısıdır. Bölüm 3'teki *Sınırsız Motivasyon* başlığı altında ise, size bu alışkanlıkları nasıl edineceğinizi, kıracağınızı ya da değiştireceğinizi göstereceğim.

> **KWIK BAŞLANGIÇ ÖDEVİ**
> Vermeniz gereken bir karar hakkında düşünün. Herhangi bir dijital cihaz kullanmadan bu karar üzerinde çalışmak için biraz zaman ayırın.

KÖTÜ ADAMLARI UZAĞINIZDA TUTMAK

Kahramanın yolculuğu boyunca, kötü adamların kahramanlara ihtiyacı olduğu kadar kahramanların da kötülere ihtiyacı vardır. Mücadelelerden ve rakiplerden kaynaklanan zorluklar bizim büyümemizi ve daha iyi hale gelmemizi sağlar. Kötü adamın gücü ve dayanıklılığı, kahramanın ihtiyacı olan gücü ve dayanıklılığı belirler. Kötü adam zayıf olsaydı, yenecek hiçbir şey olmazdı ve kahramanın o en yüksek güç mertebesine yükselmesine gerek olmazdı. *The Infinite Game*'in yazarı Simon Sinek ile yaptığım podcast röportajımda Simon, ele almamız gereken kişisel zayıflıklar konusuna dikkat çekmemize yardımcı olan "değerli rakiplerimizden" bahsediyor. İşte fırsatınızın kaynağı da tam bu nokta!

Daha önce de söylediğim gibi, ben teknolojinin aydınlık yanını seviyorum yani bizi internet üzerinden birbirimize bağlayabilmesini, eğitmesini, güçlendirmesini ve hayatımızı kolaylaştırmasını. Az önce anlattığım şey, teknolojinin hayatımıza getirdiği tüm iyiliklerin doğal bir parçası olan birkaç potansiyel dezavantajdır. Tıpkı ateş gibi, teknoloji de insanlık tarihinin akışını değiştirdi. Bununla birlikte, ateş yemeğinizi pişirebildiği gibi evinizi de yakabilir. Her şey onu nasıl kullandığınıza bağlıdır. Her araç gibi, teknolojinin kendisi de salt iyi veya kötü değildir, ancak bizim onun kullanılışını bilinçli bir şekilde kontrol etmemiz gerekir. Aksi takdirde, bilin bakalım kim araç haline gelir? Artık onu nasıl kullanacağınıza karar vermek size kalmış.

> ### KWIK BAŞLANGIÇ ÖDEVİ
>
> Şu anda bu dört dijital kötü adam arasında hangisinin performansınızı, üretkenliğinizi ve huzurunuzu en çok bozan olduğunu düşünüyorsunuz? Bir dakikanızı ayırın ve bu kötü adamın adını yazın:
>
> ....
>
> Bir problemi çözmenin birinci adımı bilinçli farkındalıktır.

"İnsan beyninde 100 milyon nöron vardır ve bunların her biri 10000 diğer nörona bağlıdır.
Omuzlarınızın üzerinde oturan şey, bilinen evrendeki en karmaşık nesnedir."

MICHIO KAKU

SINIRSIZ BEYNİNİZ

Jim, teknoloji hakkında ne demek istediğini anlıyorum. Onsuz yaşamak istemezdim ama kendimi her zamankinden daha fazla iş yüküyle yüklenmiş, kafası karışmış ve unutkan hissediyorum, şeklinde düşünüyor olabilirsiniz. Öyleyse işte size iyi bir haber: Siz zaten en son teknolojiyle ve en büyük süper güçle doğdunuz.

Beyninizin ne kadar olağanüstü olduğunu teyit etmek için bir dakikanızı ayıralım. Öncelikle beyniniz günde 70.000'e varan sayıda düşünce üretir. En hızlı yarış arabasının hızıyla yarışır. Tıpkı parmak izleriniz gibi, benzersiz bir şekilde sizindir. Öyle ki evrende tamamen aynı olan iki beyin yoktur. Etkileyici bir şekilde, mevcut herhangi bir bilgisayardan daha hızlı işler ve neredeyse sonsuz depolama kapasitesine sahiptir. Hasar gördüğünde dahi deha üretme yeteneğine sahiptir ve sadece yarım beyniniz olsa bile, yine de tam olarak işlevini yapabilen bir insan olabilirsiniz.

Ayrıca ortada beynin bu durumuyla ilgili yaşanmış çok sayıda olağanüstü hikâye vardır. Doktoruyla bir şekilde iletişim kurma yöntemi geliştirmiş komadaki hasta gibi. Ya da 12 yaşında olduğu zamanlara kadar geri gidip önemli olayları tarih sırasıyla hatırlayabilen kadının hikâyesi veya bir bar kavgası sırasında sarsıntı geçirdikten sonra bir matematik dehasına dönüşen avare adamın hikâyesi gibi. Bunların hiçbiri bilim kurgu ya da bir süper kahraman çizgi romanının ürünü değil. Bunlar sadece, iki kulağınızın arasındaki o fevkalade makinede yerleşik olarak bulunan olağanüstü işlevselliğin örnekleridir.

Bizler bu işlevlerin çoğunu olduğu gibi, sorgusuz sualsiz kabul ediyoruz. Ortalama zekâda bir insanın sadece "ortalama" olmakla başardıklarını düşünelim. Bir yaşına geldiğinizde, yürümeyi öğrendiniz ki böyle bir işlev için ne derece karmaşık nörolojik ve fizyolojik sürecin gerekli olduğu düşünülürse hiç de basit bir görev değil. Bundan bir yıl gibi bir süre sonra, kelimeleri ve dili kullanarak nasıl iletişim kuracağınızı öğrendiniz. Her gün düzinelerce yeni kelime ve bunların anlamlarını öğrendiniz ve bu işlevi okul döneminiz boyunca da yapmaya devam ettiniz. Dahası, iletişim kurmayı öğrenirken, aynı zamanda bin bir türlü karmaşık kavramı muhakeme etmeyi, hesaplamayı ve incelemeyi de öğreniyordunuz. Üstelik bu saydıklarımın tamamını, herhangi bir kitabın tek bir sayfasını bile okumadan veya bir sınıfta ders almadan önce yaptınız!

Beyinlerimiz bizi hayvanlar âleminin geri kalanından ayıran şeydir. Düşünsenize! Uçamıyoruz, öyle aşırı derecede güçlü ya da hızlı değiliz, bazı hayvanların ustalığıyla tırmanamıyoruz ya da su altında nefes alamıyoruz. Fiziksel işlevler söz konusu olduğunda, biz çoğunda sadece ortalama bir yerdeyiz. Ancak beyinlerimizin gücü sayesinde, ezici bir çoğunlukla Dünya gezegeninin en baskın türleriyiz. Bu inanılmaz zihinsel güçten yararlanarak, okyanus derinliklerini bir balık gibi keşfetmenin, tonlarca ağırlığı bir fil gibi hareket ettirmenin ve hatta bir kuş gibi uçmanın yollarını keşfettik. Evet, beyin kesinlikle büyük bir armağandır.

Beyin o kadar karmaşık ki sonsuz evrenimiz hakkında bile onun işleyişi hakkında bildiğimizden daha fazla şey biliyoruz ve neyse ki beynimiz hakkında geçtiğimiz on yılda, insanlık tarihi boyunca öğrendiğimizden daha fazla şey öğrendik. Ve bu kitabın baskıya girdiği andan kitap raflarına çıktığı ana kadar onun hakkında daha da fazla şey öğrenmiş olacağız. Beyni anlayışımız sürekli gelişiyor ve onun hakkında öğrendiklerimizin öğrenmemiz gerekenlerin sadece küçücük bir kısmı olduğunu biliyoruz. Lakin bugün bildiklerimiz bile bizi şoke ediyor. Öyleyse, haydi sizinle sınırsız beyninizde bir yolculuğa çıkalım.

Beyin, merkezi sinir sisteminin (CNS: Central Nervous System) bir parçasıdır. Beyniniz, bir havalimanındaki kontrol kulesine benzer şekilde, tüm o geliş-gidiş bilgilerini, süreçleri ve planlanmamış durumları yöneten bir kontrol merkezi gibi hareket eder.

Beynin üç ana bölgesi vardır: beyin sapı, serebellum ve serebral korteks (hem serebellum hem de serebral korteks, mumsu görünümünden dolayı, Latince "mum" anlamına gelen cere kelimesiyle başlar.) Beyin yağ ve sudan oluşur, yaklaşık 1kg 360gr ağırlığındadır ve olağanüstü kabul edilen güç ve yeteneğin önünü açar.[1]

Beyin sapı; nefes alma, düzenli kalp atış hızını sürdürme gibi yaşamamız için gereken temel işlevleri düzenler ve yemek yeme, seks yapma gibi dürtüleri ve savaşmayı ya da kaçmayı seçme gibi tepkilerimizi kontrol eder. Omurganızın tepesinde ve beyninizin derinliklerine gömülü şekilde kafatasının tabanında bulunur. Beynin arka tarafındaki beyincik (cerebellum), hareket ve koordinasyonu yönetmekle sorumludur. Ayrıca karar vermemizde de rolü olduğuna ilişkin artan sayıda kanıtlar vardır.

Serebral korteks, beynimizin en büyük kısmıdır ve kompleks düşünmemizin, kısa süreli hafızamızın ve duyusal uyarımlarımızın büyük çoğunluğunun işlendiği yerdir. Oksipital (artkafa), parietal (yankafa), temporal (şakak) ve frontal (ön) loblardan oluşur. Ön loblarımız, düşünme sürecimizin çoğunun gerçekleştiği, mantık ve yaratıcılığın ortaya çıktığı yerdir.

Beyin, korpus kallozum (beyin iplikçiği) tarafından birbirine bağlanan iki yarıya bölünmüştür. Korpus kallozum, loblar arasında mesaj trafiğini sağlayarak bir demet telefon kablosu gibi görev yapar. Şu anda, siz bu kelimeleri okurken ve bu sayfalardaki bilgileri özümserken yaklaşık 86 milyar nöron (beyin hücreleri olarak da adlandırılır) ateşleniyor ve birlikte hareket ediyorlar.[2] Bu sinir sinyalleri beyne salınıyor ve nörotransmiterler (sinir ileticiler) tarafından alınıyorlar. Daha sonra bunlar aldıkları mesajı diğer nörotransmiterlere iletiyor veya o anda verilmesi gereken yanıt buysa mesajı tamamen durduruyorlar.

Ergenliğin son dönemlerinde nörolojik zirvemize ulaştığımızı düşünürdük, çünkü ergenlik sonrasında beynimiz, bozulması haricinde hiç değişmezdi. Artık bu düşüncemizin gerçeklerden uzak olduğunu biliyoruz. Beyinlerimiz nöroplastisite kapasitesine sahiptir, bu da onun eylemlerimiz ve çevremiz tarafından değiştirilebileceği ve şekillendirilebileceği anlamına gelir. Beyniniz kendini sürekli olarak, çevrenize ve sizin ondan talep ettiğiniz şeylere göre değiştiriyor ve biçimlendiriyor.

Beynimiz genlerimizin ve çevremizin etkisine maruz kaldığı için, her birimiz tamamen kendimize özgü bir beyne sahibiz. Kar taneleri gibiler; hiçbiri birbirine benzemez. Her beyin, sahibinin ihtiyaçlarına adapte olur. Yoksulluk, yiyeceğe erişim yoksunluğu veya güvenlik eksikliği gibi stres faktörleriyle dolu bir ortamda yetişmiş birini ele alalım.

Bu kişi, çok rahat, zengin, bakımlı bir ortamda yetiştirilmiş birinden çok farklı bir beyin yapısına sahip olacaktır. Ancak söz konusu ortamın diğerinden "daha iyi" olduğu ve bu yüzden daha iyi işleyen bir beyin üreteceği sonucuna varmadan önce, sizi yeniden düşünmeye davet ediyorum. Daha önce de belirttiğim gibi, beyin şekillendirilebilir ve biçimlendirilebilir özelliktedir. Yani bir noktada herkes beyninin çalışma şeklini değiştirmeye karar verebilir. Daha stresli ve destekleyici olmayan bir ortamda büyüyen bir bireyin beyninin bu koşullar altında tam potansiyeline ulaşamayacağını varsaymak kolay olsa da, sayısı giderek artmakta olan pek çok kanıt, bu insanların böyle bir ortamda zihniyetlerini geliştirmek zorunda kaldıklarından başarılı olabileceklerini ve yeni başarı seviyelerine ulaşabileceklerini öne sürmekte. Sorunlu yetiştirme süreçlerinin üstesinden gelen başarılı kişilerin sayısına dayanarak, zor bir çocukluğun veya zorlu bir yetişme döneminin, başarıya götüren diğer özelliklerin yanı sıra dayanıklılığı da geliştirebileceğini söyleyebiliriz.

NÖROPLASTİSİTEYİ ANLAMAK

Londra Üniversitesi Akademisi'nden nörobilimci Eleanor Maguire'ın, şehirdeki taksi şoförlerinin beyinlerinde tuttukları ve duruma gayet uygun bir şekilde "bilgi" olarak adlandırılan büyük miktardaki bilgiyi değerlendirirken sorduğu soru buydu. Başvuru sahipleri, ehliyetlerini alabilmek için, şehrin belirli bir bölümünde (Charing Cross istasyonunun 10 kilometrelik faaliyet alanında) üç ila dört yıl boyunca mopedle seyahat ederek 25.000 sokağın dolambaçlı yollarını ve bunların bağlandıkları binlerce eğlence yerini ezberlediler. Bu yoğun çalışmadan sonra bile, başvuru sahiplerinin yalnızca yüzde 50'si civarı, bir dizi ehliyet sınavından geçebilmişti. Belki de başarılı olanların ortalamadan daha büyük bir hipokampüsleri vardır, diye düşündü Maguire.

Maguire ve meslektaşları, Londralı taksi şoförlerinin gerçekten de "Arka hipokampüslerinde taksi kullanmayan benzer yaş, eğitim ve zekâ seviyesindeki insanlara kıyasla daha fazla *gri madde* olduğunu keşfettiler. Başka bir deyişle, taksi şoförlerinin bellek merkezleri akranlarına göre daha dolgundu. Görünen o ki, biri ne kadar uzun süre taksi sürüyorsa, hipokampüsü o kadar büyük oluyordu. Sanki beyin Londra sokaklarında gezinmenin bilişsel taleplerini karşılamak için genişliyordu."[3]

Londra'daki taksi şoförleri üzerine yapılan bu çalışma, beynin nöroplastisitesine ya da onun öğrenme sürecine ve yeni deneyimlere maruz kaldıkça kendini yeniden organize etme ve dönüştürme becerisine dair çarpıcı bir örnek sağlar. Şehirde sürekli yeni rotalar öğrenmek zorunda kalmak, taksi şoförlerinin beyinlerini yeni sinir yolları oluşturmaya zorlamıştır. Bu yollar da beynin yapısını ve boyutunu değiştirmiştir. İşte size aktif halde muhteşem bir sınırsız beyin örneği!

Beyin esnekliği olarak da adlandırılan nöroplastisite, her yeni öğrenmede beyninizin yeni bir sinaptik bağlantı kurması anlamına gelir. Ve beyniniz, bunun olduğu her sefer, fiziksel olarak değişir ve donanımını yeni bir zihin düzeyini yansıtacak şekilde yükseltir.

Nöroplastisite, nöronlarımızın büyüme ve beynin diğer bölgelerindeki nöronlarla bağlantı kurma yeteneğine bağlıdır. Yeni bağlantılar kurarak ve eski bağları güçlendirerek (veya duruma göre zayıflatarak) çalışır.[4]

Beynimiz kolayca şekillendirilebilir. Deneyimler yaşarken, yeni bir şeyler öğrenirken ve adapte olurken zamanla yeni sinir yolları oluşturarak yapısını ve organizasyonunu değiştirme konusunda inanılmaz bir yeteneğe sahibiz. Nöroplastisite, her şeyin nasıl mümkün olabileceğini açıklamaya yardımcı olur. Araştırmacılar, bütün beyinlerin esnek olduğu ve bu yüzden de hâlihazırda bağlı olan nöronların karmaşık ağlarının yeni bağlantılar oluşturmak üzere yeniden bağlanabileceği fikrini savunuyor. Bu bazen, beynin kaybettiği bir şeyi telafi eder nitelikte olduğu anlamına gelir. Beynin bir yarım küresinin gerektiği zaman her iki yarımküre için de işlev görmeyi öğrenmesi gibi. Tıpkı felç geçirmiş ama sonrasında beyin işlevlerini yeniden inşa edip tekrar kazanabilmiş insanlar gibi, bir şeyleri sürekli olarak erteleyen, aşırı olumsuz düşüncelere kapılan veya abur cubur yemeyi bırakamayan insanlar davranışlarını yeniden şekillendirebilir, değiştirebilir ve hayatlarını dönüştürebilirler.

Öğrenmek yeni bağlantılar kurmaksa, hatırlamak bu bağlantıları korumak ve sürdürmektir. Hafızamızla ilgili bir sorunla mücadele ettiğimizde veya hafıza bozukluğu yaşadığımızda, muhtemelen nöronlar arasında bir kopukluk yaşıyoruzdur. Öğrenirken, bir şeyi hatırlamakta başarısız olduğunuzda, bunu öğrendiklerinizle zaten bildikleriniz arasında ve onu yaşamda nasıl kullanacağınız arasında bağlantı kurmaktaki bir başarısızlık olarak görün.

Örneğin, öğrendiğiniz bir şeyin o anda değerli olduğunu, ancak onu bir daha asla kullanmayacağınızı hissediyorsanız, hafızanızda ona ait bir anı oluşturma olasılığınız düşüktür.

Benzer şekilde, bir şey öğrendiğiniz sırada bunun sizin için neden önemli olduğu ya da bunu yaşamınıza veya işinize nasıl uygulayacağınız konusunda makul bir gerekçeye sahip değilseniz, beyninizin bu bilgileri saklaması pek muhtemel değildir. Anımsayamamak tamamen normaldir çünkü biz insanız, robot değiliz. Ancak böyle bir durumda hafızamıza "kötü bir hafızam var" veya "bunu hatırlayabilecek kadar akıllı değilim" tutumuyla yaklaşırsak, öğrenme ve gelişme yeteneğimizi olumsuz yönde etkileriz. Başka bir deyişle, unutmaya tepki olarak geliştirebileceğimiz inanç, hafızadaki kayıptan çok daha fazla zarar verir. Hatayı kabullenip bilgiyi yeniden edinmek yerine, bu türden bir kendi kendine konuşmayı tercih etmek sınırlayıcı bir inancı güçlendirir.

Peki, bu öğrenme sürecinde ne anlama geliyor? Plastisite, beyninizi arzularınıza göre şekillendirebileceğiniz ve biçimlendirebileceğiniz anlamına gelir. Beyninizin bilgiyi almasına, kodlamasına, işlemesine ve birleştirmesine nasıl yardımcı olacağınızı bildiğiniz takdirde, belleğiniz eğitilebilir. Bu, çevreniz, yemeğiniz veya egzersiziniz gibi şeylerde yapacağınız birkaç basit değişiklikle beyninizin çalışma şeklini önemli ölçüde değiştirebileceğiniz anlamına gelir. Enerjiye dair bu ipuçlarını 8. bölümde detaylı olarak paylaşacağım.

Uzun sözün kısası, plastisite, öğrenmenizin ve aslında hayatınızın değişmez olmadığı anlamına gelir. Beyninizi mümkün olabilecek en verimli haline getirip yenilediğinizde, herhangi bir yetkinlikte olabilir, istediğinizi yapabilir, istediğinize sahip olabilir ve bunları paylaşabilirsiniz. Doğru zihniyet, motivasyon ve yöntemleri sıralayıp uyguladığınız takdirde hiçbir sınırlama olamaz.

İKİNCİ BEYNİNİZ

Öğrencilerim bana beyinlerinin fevkaladeliğini öğrendikten sonra, yepyeni bir değer anlayışına sahip olduklarını ve özgüvenlerinin bir gecede arttığını söylüyorlar. Öyleyse işte size daha güzel bir haber: Sadece bir beyinle sınırlı değilsiniz, ikinci bir beyniniz daha var: Bağırsaklarınız.

Hiç altıncı his kabilinden bir hisse kapıldınız mı? Sebepsiz yere öylesine neler olacağını hissettiğiniz bir andan bahsediyorum. Bir karar vermek için "içgüdülerinizle hareket ettiyseniz" veya "midenizde kelebekler uçuştuğunu" hissettiyseniz, hiç o sırada bunun neden olduğunu merak ettiniz mi? Sindirim sisteminin duvarlarında saklı olan "bağırsağınızdaki bu beyin" tıbbın sindirim, ruh hali, sağlık ve hatta düşünce tarzınız arasındaki bağlantıları anlamasında adeta devrim yaratıyor.

Bilim adamları bu küçük beyne enterik sinir sistemi (ENS: Enteric Nervous System) diyorlar. Ve aslında o kadar da küçük değil.

ENS, yemek borusundan rektuma kadar gastrointestinal sistemimizi kaplayan 100 milyondan fazla sinir hücresinden oluşan iki ince katmandır. Bilim, beyin-bağırsak eksenini ve bunun beynimizi, ruh halimizi ve davranışımızı nasıl etkilediğini yeni yeni anlamaya başlıyor. Bunun "beyin-bağırsak bağlantısı" şeklinde dile getirildiğini duyabilirsiniz. Son on yılda, bağırsağın, beynimizin işleyişi üzerinde çok büyük bir etkiye sahip olduğunu keşfettik. Bunu bir ağacın işleyişine benzetebiliriz. Yerdeki kökler, diğer bitkilerle iletişim kurmalarının yanı sıra topraktan hayati besinleri ve suyu çekme görevini yürütürler. Sonrasında topraktan toplanan besinlerin ağacın gövdesine aktarılmasıyla gövde oluşup güçlenir ve ağaca her baharda yeni yapraklar filizlendirmesi için ihtiyaç duyduğu ögeleri verir ve sırası gelince başka bir enerji kaynağı olan ışığı toplar.

Aynı şekilde aldığımız besinler bağırsaklarımız tarafından emilir. Bizler de beynimizi beslemeleri için bu besin maddelerine güveniriz.

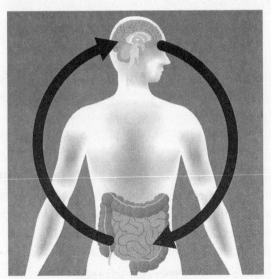

Beynimiz kütle olarak toplam vücut ağırlığımızın pek azını kapsamasına rağmen, aldığımız enerjinin yüzde 20'sini kullanır. Bu nedenle besinler, beynimizin günlük işleyişinde büyük bir fark yaratır.

Bağırsak yüz milyondan fazla sinir hücresi ile kaplıdır ve ENS'nin bir bölümünü oluşturur. Bir bebek, ana rahminde büyürken, ENS (Enterik Sinir Sistemi) ve CNS (Merkezi Sinir Sistemi) aynı dokudan gelişir ve bu iki sistem sonrasında da vagus siniri yoluyla bağlı kalır. Birçok yönden, iki sistem de yapı olarak ayna gibi birbirini yansıtır. Her ikisi de işlevlerini yapabilmek için, serotonin, dopamin ve asetilkolin de dâhil olmak üzere aynı nörotransmiterlerinin (sinir ileticileri) birçoğunu kullanır.

Eskiden Merkezi Sinir Sistemi'nde olduğu gibi her birimizin belirli miktarda hücre ile doğduğumuza ve daha fazlasının gelişmeyeceğine inanırdık. Ancak şimdi Enterik Sinir Sistemi'nin de tıpkı beyin gibi yetişkinlik dönemi boyunca yeni nöronlar ürettiğini ve hasar gördüklerinde bunları onarabileceğini biliyoruz.[5] Bağırsak, bu nöronlardan ve mikrobiyomu oluşturan bir bakteri ağından oluşur ve tıpkı beyinlerimiz gibi her birimizin mikrobiyomu da kendimize özgüdür, eşsizdir.

Dahası, bu sinir hücreleri, beyin ile şaşırtıcı derecede benzer yollarla çalışır. 2010'da Duke Üniversitesi'nden nörobilimci Diego Bohórquez, bağırsaktaki enteroendokrin hücrelerinin, nöronların iletişim kurmak için kullandıkları sinapslara benzeyen "ayak benzeri çıkıntılara" sahip olduğunu keşfetti. Bu durum, Bohórquez'in bu hücrelerin nöronların yaptığı gibi sinyaller kullanarak beyinle *konuşup konuşamayacağ*ını merak etmesine yol açtı. Şüphesinin gerçek olması halinde, enteroendokrin hücrelerinin, bağırsakları ve beyin sapını birbirine bağlayan vagus sinirini kullanmaları gerekeceğini varsaydı.[6] Nörobilimciler, daha fazla test yaptıktan sonra, hücrelerin aslında mesajları almak ve onları beyne göndermek için vagus sinirini kullandığını ve bunu kan dolaşımı yoluyla yapılandan çok daha hızlı şekilde yapabildiğini keşfettiler.

EKİP ÇALIŞMASI

Beyin ve bağırsak arasındaki bağlantı hâlâ araştırılıyor, ancak çok benzer şekillerde işledikleri ve ortaklaşa çalıştıkları görülüyor. Küçük beyin, büyük beyinle birlikte ortaklaşa çalışarak zihinsel durumumuzu belirliyor. Bir şeyin doğru olmadığına dair altıncı his benzeri bir his duyduğunuzda ya da tam tersi bir önsezinizi izlemeniz gerektiğini düşündüğünüzde, bu durumun sorumlusu batıl inançlarınız değildir. Bağırsaklarınızın, olayları yorumlamak ve beyninize gereken sinyalleri vermek üzere kendi yöntemleri vardır. Dahası, bağırsağınızı ortalamanın altında yiyeceklerle beslediğinizde, beyninizi de yetersiz besinlerle beslemiş olursunuz.

Şu anda, bağırsaklarınız yeni yediğiniz yiyecekleri sindiriyor ve bu besini beyninize gönderiyor. Aynı zamanda, beyninizin bir kısmı parmak uçlarınızın altındaki sayfaların (veya onu tercih ettiyseniz, e-okuyucunuzun) hissini almanızı sağlıyor, sizi kavrayan sandalyenin rahatlığını hissediyor ve güvende olduğunuzdan emin olmak için çevrenizdeki ortamı izliyor. Beyninizin başka bir kısmı, ortamın kokusunu; belki kahvenin, bir parfümün veya kitap sayfalarının kokusunu alıyor.

Beyninizin başka bir kısmı, bu kitabın sayfasındaki kelime sembollerini sindirerek anlamlandırıyor. Sonrasında bu bilgiler işlenip kısa süreli hafızada saklanacak ve daha sonra da uzun süreli hafızaya gönderilecek (Birazdan vakıf olacağımız doğru koşullar altında).

Bütün bunları size kulaklarınız arasında nihai bir süper güce sahip olduğunuzu söylemek için anlattım. Ayrıca bu süper gücü keskinleştirip bileyerek daha da büyütme yeteneğine ya da aksamasına ve bozulmasına izin verme tercihine de sahipsiniz. Hayattaki misyonunuzu destekleyen bir süper gücünüz mü olacak yoksa dikkatinizi dağıtıp sizi en büyük hayallerinizden koparan bir süper gücünüz mü olacak? Onun ne tür bir ortamda yeşereceğine siz karar vereceksiniz.

ANLAŞILMASI GÜÇ BİR DURUM

Zihnimizin bu muazzam gücü emrimize amade olduğuna göre, neden mücadele ediyoruz? Beynimiz gerçekten bu kadar muhteşemse, neden aşırı yüklenmişlik, dikkat dağınıklığı, unutkanlık ve yetersizlik gibi duygular bizi bu kadar etkiliyor? Bu kadar çok potansiyele sahip olduğumuz halde basit bir ismi hatırlayamayacağımız ya da kendimize bile hayrımız olmadığı günler yaşayabileceğimiz gerçeğiyle nasıl uzlaşabiliriz? Cevap son derece basit, ancak neredeyse anlaşılması güç bir durum: Bunun nasıl yapılacağı bize öğretilmedi.

Birine bir fikir verirseniz, o gününü zenginleştirirsiniz. Lakin nasıl öğrenileceğini öğretirseniz, o zaman o kişi tüm yaşamını zenginleştirebilir.

Okul, öğrenmek için harika bir yerdir. Orada bize neyi öğreneceğimizi, ne düşüneceğimizi ve neyi hatırlamamız gerektiği öğretilir. Ancak nasıl öğrenileceği, nasıl düşünüleceği ve nasıl hatırlanacağı konusunda ders varsa bile çok azdır.

Eğitim konusunda yeni ufuklar açan "Yaratıcı Okullar" adlı kitabında, Sör Ken Robinson şöyle diyor: "En derin endişelerimden biri şudur ki: Dünyanın dört bir yanındaki eğitim sistemlerinde reformlar yapılırken, bu reformların çoğu gerçek insanların nasıl öğrendiğini ve mükemmel okulların gerçekte nasıl çalıştığını yanlış anlayan siyasi ve ticari çıkarlar tarafından yönlendiriliyor. Sonuç olarak, sayısız gencin umutlarına zarar veriyorlar. Bu durum er ya da geç, iyi ya da kötü, sizi ya da tanıdığınız birini mutlaka etkileyecektir."[7]

Benim tahminim ise, bu durumun sizi ve size yakın olan herkesi çoktan etkilediği yönünde. Bildiğiniz gibi, benim eğitim sistemine ilişkin kişisel deneyimlerim oldukça karmaşıktı ve yaşadığım şartların olağandışı olduğunu kabul ediyorum.

"Kazanmanın tek yolu
herkesten daha hızlı
öğrenmektir."

ERIC RIES

Gerçekten de anaokulunda o feci sonuçlar doğuran kafa travmasını hiç yaşamamış olsaydım da muhtemelen okul eğitimimden ideal olandan çok daha azını almış olurdum. Bunun nedeni, dünyada çok az okulun nasıl öğrenileceğini öğreten dersi müfredatlarına dâhil etmiş olmasıdır. Bizi bilgi ile dolduracaklar. Bizi büyük edebiyat eserleriyle ve medeniyetin gidişatını değiştiren şahsiyetlerle tanıştıracaklar. Bize öğrettiklerini tekrar edip edemeyeceğimizi belirlemek için bizi bazen sonsuz sayıda teste tabi tutacaklar. Ancak, bize kendi kendimize nasıl öğreteceğimizi, zihnimizi nasıl zenginleştireceğimizi, yeni kavramları keşfetmeyi ve günlük hayatımızın temelini oluşturan öğretileri özümsemeyi öğretmek üzere tüm bunların temeline inmeyecekler.

Bunun suçunu, çocuklarımıza öğretmek için canla başla çalışan öğretmenlere yükleyecek değilim. Bana göre öğretmenler toplumumuzdaki en şefkatli, en sevecen ve en yetenekli insanlardan bazılarıdır. Aslında benim annem de ben beyin hasarına uğradıktan sonra öğretmen oldu çünkü çok mücadele ediyordum ve o da bana ve benim gibilere yardım etmek istiyordu. Sorun, öğretmenlerin hâlâ çalışmakta olduğu eski sistem modelinde yatıyor. Rip Van Winkle onlarca yıllık uykusundan uyansa, bugün tanıyacağı tek şey sınıflar olurdu çünkü çok az geliştiler.

Eğitim, bizi bugün yaşadığımız dünyaya hazırlayacak kadar değişip evrilmedi. Otonom elektrikli arabaların ve bizi Mars'a götürebilen araçların çağında, eğitim sistemimiz anca bir at ve at arabasına eşdeğer.

Ve bir de geçimimizi sağlama şeklimizin derinlemesine ve giderek artan bir hızla değişiyor olması sorunu var.

Otomasyon ve yapay zeka (A.I.: Artificial Intelligence) iş hayatının geleceğini etkiliyor ve ben bu noktada sadece, işçilerin yerini robotların aldığı fabrikalardan bahsetmiyorum. Ek olarak, çoğumuz bir ofis işi yapısından serbest yapılan işlerin esnek ortamına geçme ihtiyacıyla yüzleşiyoruz. Ve beş yıl öncesinde çoğumuzun aklının ucundan bile geçmeyen işler bugün ilgi çekici hale gelmişken, bazıları önümüzdeki yıllarda çalışma mekânlarını etkileyecek olan bu durumu şimdiden yaşıyor.

Tüm bunlar bize aynı yönü işaret ediyor: Öğrenmemizin sorumluluğunu kendimiz üstlenmeliyiz. Okullar bize nasıl öğreneceğimizi değil de ne öğreneceğimizi söylüyorsa, işin geri kalan kısmını da kendi kendimize halletmeliyiz. Dijital aşırı yüklenmenin beyinlerimizi ele geçirme tehdidiyle karşı karşıyaysak, kökleşmiş temel ilkeleri sıfırlamak için öğrenme hakkında bildiklerimizi kullanmalıyız. İş yeri, yarın işin bizim için ne anlama geldiğinden bile emin olamayacağımız kadar hızlı bir şekilde gelişiyorsa, önümüzdeki bilinmeyen geleceğe ancak öğrenme sürecimizin kontrolünü tamamen elimize alarak hazırlanabiliriz.

GÜÇ DÜĞMESİNE BASIN

Şimdi size hızlıca, sık sık anlatılan bir hikâyeden bahsedeceğim: Bir gün bir elektrik santralinde, her şey aniden durur. Tüm makineler çevrimdışı olur. Sessizlik, kulakları sağır edici boyuttadır. Fabrikayı yöneten insanlar çılgına döner ve saatler geçtiği halde hiçbir işçi sorunun ne olduğunu bulamaz. Hal böyleyken, operasyon şefi çaresiz kalır ve bulabildiği en iyi yerel yardım ofisini arar.

Uzman teknisyen gelir, tesise bakar. Bir sürü saha dolabı arasındaki sayısız elektrik aksamı kutusundan birine gider, onlardan birini açar ve içindeki çeşitli vida ve tellere bakar. Sonra bir vidayı döndürür ve sihirli bir değnek dokunmuşçasına her şey yeniden çalışmaya başlar ve tesis tekrar hayata döner.

Operasyon şefi çok rahatlamıştır. Teknisyene teşekkür eder ve kendisine ne kadar borcu olduğunu sorar. Teknisyen "10.000 $" der. Operasyon şefi şoke olur. "Ne demek 10.000 $? Geleli birkaç dakika oldu ve bir tane vida çevirdin sadece. Bunu herkes yapabilirdi. Ayrıntılı bir fatura rica ediyorum, lütfen." der.

Teknisyen elini cebine atar, bir not defteri çıkarır, birkaç saniye bir şeyler karalar ve faturayı şefe uzatır. Operasyon şefi kâğıdı okur ve ona derhal ödeme yapar. Faturada şöyle yazıyordur: "Dönen vida: 1 dolar. Hangi vidayı çevireceğinizi bilmek: 9.999 $." Peki, bu hikâyeden çıkarılacak ders nedir? Sizin de gevşek bir vidanız olduğundan söylemiyorum bunu. Lakin hikâye bize iki ders birden anlatıyor:

Birincisi, sınırsız bir zihnin size ve başkalarına ne kadar katma değer sağlayabileceğidir. Beyin gücünün kaba kuvvetten üstün olduğu uzman bir ekonomi çağına girdik. Kulaklarınızın arasında olan şey, servet yaratabilecek en büyük varlığınızdır. Bilenler olduğu gibi bilmeyenler de var. Ve bu uygulamalı bilgi sadece güç değil, kârdır. Düşünme, problem çözme, doğru kararlar verme, yaratma, yenilik yapma ve hayal etme becerimiz, değer katma şeklimizdir. Ne kadar hızlı öğrenebilirseniz, o kadar hızlı kazanabilirsiniz.

Ve bu öğreti bize ikinci dersin önünü açar. Hikâyede o büyük farkı yaratan tek bir vidaydı. Ben bazı harika beyinlere akıl hocalığı ve koçluk yaptım ve inanın bir dâhinin ipuçları bıraktığını görmek için dâhi olmanıza gerek yok. Bu ipucu örneklerinden biri, seçkin zihin performansı sergileyenlerin, diğer her şeyi bir kenara bırakıp bütün farkı yaratan o bir avuç vidaya odaklanmasıdır. Bu kitap, size çabalarınız karşılığı olan maksimum sonuçları ve ödülleri vermek için keşfettiğim birçok davranış, araç ve stratejiyle dolu.

Dünya size her zamankinden daha fazla meydan okuyor ve bu zorlukların artmaya devam edeceğine dair bir sürü gösterge var. Aynı zamanda, her zamankinden daha iyi ayarlanmış bir beyne sahip olmanız sayesinde elde edeceğiniz daha çok fazla şey var ve artık herhangi bir zorluğun üstesinden gelmek için fazlasıyla yeterli bir potansiyele sahip olduğunuzu biliyorsunuz. Ancak öğreniminizin kontrolünü elinize almanız gerekecek.

Mevcut gerçekliğimizin taleplerine ayak uydurabilmek için insanüstü yetenekler gerekiyormuş gibi görünebilir. Ama zaten gizli bir süper gücünüz var: Beyniniz. Elinizden ağ çıkaramayabilirsiniz ama bundan çok daha iyi bir şeye sahipsiniz: kafanızdaki sinir ağlarına. Kulaklarınız arasındaki o süper güçlü ağ donanımı en büyük armağanınız ve en büyük avantajınızdır. Tek yapmamız gereken, telefonunuzun modelini yükselttiğiniz gibi beyninizin seviyesini de yükseltmek. Peki, yeni bir yazılımı beyninize nasıl yüklersiniz? Benim tercih ettiğim yollardan biri şu anda yaptığınız şeydir. Buna *okuma* denir.

"Sadece sahip olduğum
tüm beyinleri değil,
ödünç alabileceğim
her şeyi kullanıyorum."

WOODROW WILSON

BU KİTAP (YA DA HERHANGİ BİR KİTAP) NASIL OKUNMALI VE NASIL AKILDA TUTULMALI

Zamanınız en büyük varlıklarınızdan biridir. Geri alamayacağınız tek şeydir. Beyin koçunuz olarak, en iyi sonuçları almanızı ve dikkatinizi toplamanızı istiyorum. Öyleyse, işte size bu kitaptan en iyi şekilde nasıl yararlanabileceğinize dair bazı öneriler. Bu tavsiyeyi, öğrenmek ve okumak istediğiniz her şeye uygulayabilirsiniz.

Bir soruyla başlayalım: Hiç herhangi bir şeyi ertesi gün unutmak üzere okudunuz mu?

Yalnız değilsiniz. Psikologlar buna "unutma eğrisi" diyorlar. Bu, bilginin ilk öğrenilişinden sonra unutulma oranını tanımlayan matematiksel formüldür. Araştırmalar, insanların öğrendiklerinin yaklaşık yüzde 50'sini bir saat içinde ve ortalama yüzde 70'ini de 24 saat içinde unuttuğunu gösteriyor.[1]

Aşağıda, grafikteki eğrinin bir adım önünde olmanıza yardımcı olacak birkaç öneri bulunmaktadır. Daha sonra, çalışma, hızlı okuma ve hafıza geliştirme bölümlerinde öğrenmenizi ve akılda tutmanızı hızlandıracak bazı gelişmiş stratejileri paylaşacağım.

Unutma Eğrisi

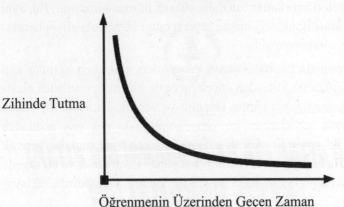

Zihinde Tutma

Öğrenmenin Üzerinden Geçen Zaman

Araştırmalar, doğal olarak konsantre olma kabiliyetimizin 10 ila 40 dakika arasında bir süre kadar azaldığını gösteriyor. Belirli bir göreve gereğinden fazla zaman harcarsak, zaman yatırımımızdaki kârın (avantajın) azaldığını görürüz çünkü dikkatimiz dağılmaya başlar. Bu nedenle, size Francesco Cirillo tarafından geliştirilmiş bir üretkenlik yöntemi olan Pomodoro Tekniği'ni kullanmanızı tavsiye ederim.

Bu teknik, "bir görev için ayrılacak en uygun süre 25 dakika ve bunu takip eden 5 dakikalık mola süresidir" fikrine dayanır.[2] Her 25 dakikalık zaman dilimine bir "Pomodoro" denir. Bu kitabı okurken sizin de bir "Pomodoro" kadar okumanızı ve devam etmeden önce 5 dakikalık bir mola vermenizi öneririm.

Öğrenme konusuna gelince, Pomodoro tekniği hafızayla ilgili gerekçeler, özellikle de öncelik ve yeniliğin etkisi için çalışır.

Önceliğin etkisi, bir öğrenme seansının, bir dersin, bir sunumun ve hatta bir sosyal etkileşimin başında öğrendiklerinizi hatırlama olasılığınızın daha yüksek olması olarak tanımlanabilir. Bir partiye giderseniz, 30 yabancıyla tanışabilirsiniz ama ancak tanıştığınız ilk birkaç kişiyi hatırlamanız kuvvetle muhtemeldir. (Tabii eğer bu kitabın ilerleyen bölümlerinde size öğreteceğim yöntemimle isimleri hatırlama konusunda eğitim almadıysanız.)

Yeniliğin etkisi ise, son olarak (ya da yakın geçmişte) öğrendiğiniz ögeleri hatırlamanızın daha yüksek ihtimal olmasıdır. Bu, aynı partide tanıştığınız son birkaç kişinin adını büyük olasılıkla hatırlayacağınız anlamına gelir.

Hepimizin bir okul sınavı öncesi ders çalışmayı ağırdan alıp ertelemişliğimiz, sınavdan önceki gece de hiç mola vermeden alelacele çalışmışlığımız vardır. Öncelik ve yenilik, bu alelacele sınava hazırlanma seanslarının işe yaramamasındaki pek çok nedenden sadece iki tanesidir. Ancak çalışmanız esnasında molalar vererek daha fazla başlangıç ve sonlandırma yapmış olursunuz ve bu sayede öğrendiklerinizin çok daha büyük bir kısmını hafızanızda saklayabilirsiniz.

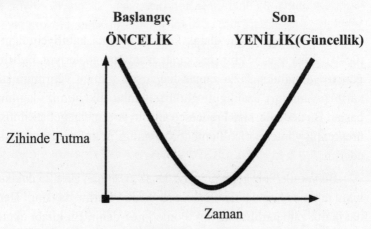

Bir kitabı, oturup iki saati aşkın bir süre boyunca hiç ara vermeden okursanız, okuduğunuz şeyin ilk 20 dakikasını hatırlayabilirsiniz, belki sonrasında 30 dakika hedefinde, hatırlamada ciddi bir düşüş yaşarsınız ama okuduğunuz metnin sonunu hatırlamanız kuvvetle muhtemeldir. Bu noktadan hareketle, başlangıç ve son arasında, okuduğunuz şey hakkında düşünmeden ya da okuduklarınızı özümsemeden geçen durgun sürenin öğrenme açısından ölü bir alan oluşturduğu sonucu çıkar. Öyleyse, bu kitabı her seferinde elinize bir *Pomodoro* kadar alın, böylece okuduklarınızdan en iyi şekilde yararlanabilirsiniz. Bu anlattıklarıma rağmen hâlâ alelacele okumak niyetindeyseniz, yine bu kitapta yer alan "arada kalan" bilgileri (başlangıç ve son arasında) akılda tutma yöntemlerini öğreneceksiniz.

Bu kitabı okuma eyleminin sizi daha zeki yapacağını biliyor muydunuz? Bunun büyük bir iddia olduğunun farkındayım, ancak ben şahsen bunun doğruluğuna tamamen ikna olmuş bulunuyorum. Bir aşamada, size burada paylaştığım araçlar ve taktikler aracılığıyla daha akıllı olmayı öğretecek. Başka bir aşamada ise, kitabı aktif olarak okuduğunuz zaman, zihninizde resimler oluşturacak ve bildiklerinizle öğrendikleriniz arasında bağlantılar kuracaksınız.

Bu kitabı okurken, mevcut yaşantınıza nasıl uyarlayacağınızı ve edindiğiniz bilgi birikimini nasıl kullanabileceğinizi hayal edeceksiniz. Bu arada okuduklarınız nöroplastisiteyi de teşvik ediyor. Mesela Oliver Wendell Holmes diyor ki: "İnsan zihni, ara sıra yeni bir fikir veya hisle büyüyüp gelişir ve bir daha asla eski boyutlarına geri dönmez."[3] Herhangi bir kitabı okuduğunuzda, zihin alanınızı genişletme fırsatınız olacak ve zihniniz bir daha asla aynı olmayacaktır.

> **KWIK BAŞLANGIÇ ÖDEVİ**
> Hemen bir kronometreyi 25 dakikaya ayarlayın ve bu süre boyunca bu kitapta okuduklarınıza konsantre olun. Alarmınız çaldığında, kaldığınız yere işareti koyun ve kitabı kapatın. Sonra da bu 25 dakikalık süre içinde öğrendiklerinizi yazın.

"FASTER" METODUNU KULLANIN

Şimdi size bu kitaptan en iyi şekilde yararlanabilmeniz için, herhangi bir şeyi hızlı bir şekilde öğrenmenin en basit yöntemini anlatacağım. Ben buna "FASTER" yöntemi diyorum ve bu yöntemi şu andan itibaren okumaya devam ederken kullanmanızı istiyorum.

FASTER (DAHA HIZLI) kelimesi şu İngilizce kelimelerin baş harflerinden oluşur: Forget (Unut), Act (Harekete Geç), State (Ruh

Halini Belirle), Teach (Öğret), Enter (Kaydet), Review (Gözden Geçir).

Şimdi bunları tek tek açıklayayım:

"F" Harfi: Forget (Unut)

Lazer odaklamanın anahtarı, dikkatinizi dağıtan şeyi ortadan kaldırmak veya unutmaktır. En azından geçici olarak unutmanızı istediğim üç şey var. Bunlardan ilki, zaten bildiklerinizdir.

Şöyle açıklayayım: Bizler, yeni bir şey öğrenirken, o konuyu gerçekte olduğundan daha fazla anladığımızı varsayma eğilimindeyiz. Oysa konu hakkında bildiğimizi düşündüğümüz şeyler, yeni bilgileri özümseme kabiliyetimizin önünde engel olabilir. Çocukların hızlı öğrenmelerinin nedenlerinden biri boş kaplar gibi olmalarıdır. Onlar bilmediklerinin farkındadırlar. Yirmi yıllık deneyime sahip olduğunu iddia eden bazı kişiler, aslında sadece yılda yirmi kez tekrar ettikleri bir yıllık deneyime sahiptir. Mevcut kısıtlamalarınızın ötesinde bir şeyler öğrenmeniz için, konu hakkında zaten bildiklerinizi veya bildiğinizi düşündüklerinizi geçici olarak askıya almanızı ve yeni bilgilere, Zen felsefesinin "yeni başlayanların zihni" diye adlandırdığı düşünce yapısıyla yaklaşmanızı istiyorum. Zihninizin bir paraşüt gibi olduğunu unutmayın. Bilirsiniz paraşüt yalnızca açıkken çalışır.

İkinci olarak, acil ya da önemli olmayan her şeyi unutmanızı istiyorum. Yaygın inanışın aksine, beyniniz çoklu görev yapmaz (daha sonra bu konuya değinilecektir). Tam olarak (tüm dikkatinizle) orada değilseniz, odak noktanızın ne zaman bölündüğünü öğrenmeniz zor olacaktır.

> **KWIK BAŞLANGIÇ ÖDEVİ**
> Bu kitabı okurken aklınız, kontrolünüz dışında önemli fakat acil olmayan bir şey şeye kaydığında onu düşünmemek için çabalamayın. Direndiğiniz şey kalıcı ve inatçıdır. Bunun yerine, o düşünceyi ya da fikri yazılı olarak muhafaza etmek için yanınızda bir defter bulundurun. Böylece onu, elinizdeki görev tamamlandıktan sonra dönmek üzere geçici olarak serbest bırakabilirsiniz.

Ve son olarak, sınırlarınızı unutun. Hafızanızın iyi olmadığı ya da yavaş öğrenen biri olduğunuz gibi düşünceler kendinizle ilgili edindiğiniz önyargılardır. Neyin mümkün olduğuna dair inancınızı en azından geçici olarak askıya alın. Bunun kulağa zor gelebileceğini biliyorum ama yapabilecekleriniz konusunda açık fikirli olun. Ne de olsa, bu kitabı okuduğunuza göre, derinlerde bir parçanız, hayatta şimdiye kadar deneyimlediğinizden çok daha fazlası olduğuna inanıyor olmalı. Kendi özünüzle konuşurken olumlu olmak için elinizden geleni yapın ve şunu unutmayın: Eğer sınırlamalarınızla savaşırsanız, onları beslersiniz. Oysa yetenekleriniz değişmez değildir ve her şeyi öğrenmek mümkündür.

"A" Harfi: Act (Harekete Geçin)

Geleneksel eğitim birçok insana öğrenmenin pasif bir deneyim olduğu fikrini aşılamıştır. Sınıfta sessizce oturur, yanınızdakiyle konuşmaz ve size verilen bilgileri alırsınız. Ancak öğrenmek seyirci kalınacak bir spor değildir. İnsan beyni, keşif ve yaratma yoluyla dışarıdan hazır alıp edinme yoluyla öğrendiğinden çok daha fazlasını öğrenir. Bunun bilincinde olarak, kendi kendinize öğrenme esnasında nasıl daha aktif olabileceğinizi sormanızı istiyorum. Lütfen not alın: Tüm Kwik Başlangıç egzersizlerini yapın. Sınırsız yeteneklerinizi test etmek ve eğitmek için Kwik Brain uygulamasını indirin ve ilave ücretsiz araçlar edinmek için www.LimitlessBook.com/resources adresindeki kaynak sayfasını ziyaret edin.

Anahtar fikirlerin üstünü fosforlu kalemle çizmenizi tavsiye ederim, fakat lütfen her sayfayı karanlıkta bile parlar hale getiren şu fosforlu kalem bağımlılarından biri haline gelmeyin. Eğer her şeyi önemli addederseniz, o zaman hiçbir şey gerçekten önemli olmaz. Ne kadar aktif olursanız, o kadar iyi, hızlı ve çok öğrenirsiniz.

> **KWIK BAŞLANGIÇ ÖDEVİ**
> Bu kitabı okuma sürecini daha aktif bir deneyim haline getirmek için yapacağınız şey nedir? Lütfen buraya yazınız: ....

"S" Harfi: State (Ruh Halini Belirle)

Öğrenme süreci bütün olarak ruh haline bağlıdır. Ruh haliniz, duygularınızın bir anlık güncel görüntüsüdür ve düşüncelerinizden (psikoloji) ve vücudunuzun fiziksel durumundan (fizyoloji) bir hayli etkilenir. Belirli bir durumda karşınıza çıkacak bir konu hakkında geliştireceğiniz duygularınız veya eksiklikleriniz öğrenme sürecini ve sonrasında alacağınız sonuçları etkiler. Aslında, bir duyguyu bir bilgiye ilişkilendirdiğinizde, bilgi daha akılda kalıcı hale gelir. Bunu kanıtlayan nitelikte bir durum olarak, eminim ki sizi de bir anda çocukluk günlerinize geri götürebilecek bir şarkı, koku ya da yemek vardır. Bilgi; size hissettirdiği duygularla birleşince, uzun vadeli anılar oluşturmanıza yardımcı olur.

Bunun tersi de doğrudur. Okulda hissettiğiniz baskın duygusal durum neydi? Bu soruyu izleyicilere sorduğumda, odadaki çoğu insan "can sıkıntısı" diye bağırıyor! Büyük ihtimalle, siz de okulu bu duyguyla ilişkilendirebilirsiniz.

Okuldaki duygusal enerjiniz düşükse, periyodik tabloyu unutmanıza şaşmamalı. Ancak zihin ve beden durumunuzu kontrol altına aldığınızda, öğrenme deneyiminizi can sıkıntısı bir aktiviteden heyecan verici, merak uyandıran ve hatta eğlenceli bir aktiviteye dönüştürebilirsiniz. Bunu başarmak için, vücudunuzun öğrenme ortamındaki hareket şeklini değiştirmeyi veya öğrenmek için masa başına oturmadan önce farklı ruh hallerine geçiş yapmayı deneyebilirsiniz. Duruşunuzu veya nefesinizin derinliğini değiştirin. Son derece enerjik hissettiğiniz ya da çok yakında gerçekleşecek bir şey için heyecanlandığınız zamanlardaki gibi oturun ya da ayakta durun. Öğrenmek üzere olduğunuz şeyden nasıl yararlanacağınız ve yeni bilgilerinizle neler yapacağınız konusunda heyecanlanın. Unutmayın, öğrenme eylemi bütün olarak ruh halinize bağlıdır. Sevinç, hayranlık ve merak duyma hallerini bilinçli olarak seçin.

> **KWIK BAŞLANGIÇ ÖDEVİ**
>
> Şu anda ne kadar motive olmuş, enerjik ya da odaklanmış haldesiniz? Mevcut durumunuzu 1'den 10'a kadar bir ölçekte değerlendirin. Bu sayıyı artırmak için hemen şimdi yapacağınız şey nedir?

"T" Harfi: Teach (Öğret)

Öğrenme eğrinizi önemli ölçüde düşürmek istiyorsanız, bilgiyi başka birine öğretme niyetiyle öğrenin. Şöyle düşünün: Öğrendikleriniz hakkında bir sunum yapma zorunluluğunuz olsa, öğrenmekte olduğunuz konuya, onu başka birine anlatabilecek kadar iyi öğrenme niyetiyle yaklaşırsınız. Konuyla çok daha yakından ilgilenirsiniz. Ders esnasında aldığınız notlar büyük olasılıkla daha ayrıntılı olur. Hatta daha iyi sorular sorarsınız. Bir şeyi öğrettiğinizde, onu iki kez öğrenirsiniz: bir kez kendi başınıza ve sonra tekrar başka birine öğretirken.

Öğrenme her zaman tek başına yapılan bir eylem değildir; sosyal bir aktivite de olabilir. Başka birini sizinle birlikte öğrenmeye davet ederseniz bu kitaptan daha çok keyif alabilirsiniz. Bir tane de arkadaşınız için satın alın veya daha da iyisi, bu kitaptaki fikirleri ve kavramları topluca tartışabilmeniz için haftalık olarak toplanan bir

Sınırsız

Sınırsız Kitap Kulübü kurun. Bir arkadaşınızla veya arkadaş grubunuzla anılar oluştururken öğrenmekten daha fazla keyif alacaksınız. Başkasıyla çalışmak sadece sorumlu davranışlar sergilemenize yardımcı olmaz, aynı zamanda size bu yöntemi birlikte uygulayabileceğiniz birini kazandırır.

> **KWIK BAŞLANGIÇ ÖDEVİ**
> Bu kitabı birlikte okumak için bir öğrenme arkadaşı bulun ve süreç boyunca birbirinizi sorumlu kılın. O kişi (ya da kişilerin) adlarını buraya yazın:
> ....

"E" Harfi: Enter (Kaydet)

En basit ve en güçlü kişisel performans aracı nedir? Ajandanız. Günlük programımıza önemli şeyler kaydediyoruz: İş toplantıları, ebeveyn-öğretmen toplantıları, diş hekimi randevuları, evcil hayvanı veterinere götürme vb.

Çoğu insanın neyi planlamadığını biliyor musunuz? Kişisel büyüme ve gelişimlerini. Takviminizde yoksa gelişiminizin tamamlanmamış olma ihtimali yüksektir ve günün siz vücudunuzu ve beyninizi çalıştırmayı "unutmuş" haldeyken geçip gitmesi de çok kolaydır.

> **KWIK BAŞLANGIÇ ÖDEVİ**
> Ajandanızı çıkarın ve önümüzdeki yedi gün için Sınırsız kitabı okuma tarihlerinizi girin. Bunu SINIRSIZ BEN, GENIUS TIME, BEYİN EĞİTİMİ, JIM İLE SÖYLEŞİLER veya ajandanızda tutmanızı garanti edecek kadar kışkırtıcı herhangi bir şey olarak etiketleyin.

"R" Harfi: Review (Gözden Geçir)

Unutma eğrisinin etkilerini azaltmanın en iyi yollarından biri, öğrendiklerinizi aralıklı tekrarlarla aktif olarak hatırlamaktır. Bilgileri, çok sayıda oturuma yayacağınız seanslarla gözden geçirerek daha iyi saklayabilirsiniz. Bir unsuru belli aralıklarla gözden geçirmek beynimizin onu hatırlama yeteneğini artırır. Bu ilkeden yararlanmak için, okuma seansınıza başlamadan önce biraz zaman ayırın, birkaç dakika olsun, bir önceki seansta öğrendiklerinizi zihninizde aktif olarak tekrar düzenleyin. Beyniniz tekrar gözden geçirilen materyale daha fazla değer verecek ve zihninizi gelecek yeni bilgiler için hazırlayacaktır.

> **KWIK BAŞLANGIÇ ÖDEVİ**
> Her okumadan önce, önceki okumadan hatırladığınız şeyler hakkında konuşmak veya yazmak için birkaç dakikanızı ayırın.

AKILLICA SEÇİMLER YAPIN

Fransız filozof Jean-Paul Sartre, yaşadığımız hayat doğumun "B"(Birth)'si ile ölümün "D"(Death)'si arasında yaptığımız seçimlerdir, anlamına gelen "Yaşam B ve D arasındaki C'dir" ifadesini kullanmış. Bu sözün derin sadeliği, özellikle burada mücadelesini verdiğimiz yolculukla ilgilidir. Sınırsız olmak bir seçimdir ve koşullarınız ne olursa olsun bu seçim tamamen size aittir.

Bu güçten vazgeçmeyi seçebilirsiniz. Lakin gerçekten engelsiz bir hayat yaşayabileceğinizi bildiğiniz halde neden böyle bir şey yapasınız ki? Öte yandan, seçim yapmak faal bir olgudur ve şimdi bu seçimi yapmanın tam zamanı.

Bu yüzden karar vermeni ve taahhüt etmeni istiyorum. Çoğu insan, gerekli olduğunu bildiği bir şeyi yapmakla gerçekten ilgilenir. Ancak bunu verilmiş bir söz değil de tercih olarak gördüğünden yapmaz.

"Bu senin son şansın.
Bunun geri dönüşü yok.

Mavi hapı alırsan, hikâye biter,
yatağında uyanırsın ve neye inanmak
istiyorsan ona inanırsın.

Kırmızı hapı alırsan,
Harikalar Diyarı'nda kalırsın ve
ben sana tavşan deliğinin
ne kadar derine gittiğini gösteririm.

Unutma: Tüm önerdiğim sadece
gerçek. Daha fazlası değil."

MORPHEUS

Elimizde, bu soruna gerçek bir çözüm üretebilecek muazzam bir güç var. Sizden bu kitabı tamamlama taahhüdünüzü yazmanızı istiyorum çünkü söz verdiğimiz şeyi yapma olasılığımız, yazılı olarak kayda aldığımızda artar.

Biraz ileriye, doldurmanız için bir taahhüt sayfası ekledim. Ekstra puan istiyorsanız, imzaladığınız taahhüdün bir fotoğrafını çekin ve ardından sosyal medyada yayınlayın. Bu şekilde herkese duyurduğunuz kararlılığınız, sorumluluğunuza bağlı kalmanıza yardımcı olacaktır. Beni de @JimKwik #LimitlessBook olarak etiketleyin ki size tezahürat yapayım!

SORULAR CEVABIN KENDİSİDİR

Hiç, bir kitabın bir sayfasını okumaya başlayıp sayfanın sonuna geldiğinizde ne okuduğunuza dair hiçbir şey hatırlayamadığınız oldu mu? Böyle bir durumda, o sayfayı tekrar okuyabilirsiniz ama bu çabanız sadece okuduklarınızı bir kez daha hatırlayamamanızla sonuçlanır. Bu kitabı okurken bu durumu deneyimlemenizi istemiyorum. Öyleyse söyleyin bana. Sizce neden oluyor bu? Cevap, doğru soruları sormuyor olmanızdır. Aslında sorular, cevabın kendisidir.

Duyularınız sizi çevreleyen dünyadan her saniye 11 milyon bit bilgi toplar. Açıkçası, eğer hepsini aynı anda yorumlamaya ve deşifre etmeye çalışırsanız, çabucak ambale olursunuz. Beynin öncelikle bir silme cihazı olmasının nedeni budur. Başka bir deyişle, beyin bilgileri dışarıda tutmak için tasarlanmıştır ve bilinçli bir zihin umumiyetle saniyede sadece 50 bit işler. Filtreden geçecek olan bilgiler, kısaca RAS adı verilen, beynin retiküler aktivasyon sistemi tarafından belirlenir. RAS, uyku ve davranış değişikliği de dâhil olmak üzere bir dizi işlevden sorumludur. Aynı zamanda, beynin anlamsız ve tekrarlayan uyaranları görmezden gelip diğer bilgilere duyarlı kalmasına olanak tanıyan ve habituasyon (alışkanlık) adı verilen bir süreç yoluyla bir tür bilgi bekçisi gibi görev yapar.

RAS'a rehberlik etmenin yollarından biri, kendi kendimize sorduğumuz sorulardır. Bunlar beynimizin o kısmına bizim için neyin önemli olduğunu söyler.

Ben, ..., bu kitabı bitene dek her gün 10-25 dakika kadar okumayı taahhüt ediyorum.

Neyin mümkün olduğuna dair önceki anlayışımı, dikkatimi dağıtan şeyleri ve sınırlayıcı inançlarımı unutarak odaklanmaya kararlıyım.

Süreç boyunca aktif olacağıma söz veriyorum. Tüm Kwik Başlangıç alıştırmalarını yapacağım, notlar alacağım, onları fosforlu kalemlerle vurgulayacağım ve okurken kendime konuya ilişkin sorular sorarak alıştırma yapacağım.

Okurken, enerji seviyemi düzenli olarak kontrol edeceğime ve motivasyonumu gerektiği gibi ayarlama konusunda tedbirli olacağıma ve böylece ruh halimi kontrolümde tutacağıma söz veriyorum.

Öğrendiklerimi, hepimiz faydalanabilelim diye, başkalarına da anlatmaya söz veriyorum.

Okuma zamanımı ajandama kaydetmeyi taahhüt ediyorum, çünkü programımdaysa o işi mutlaka yaparım.

Yeni bir konuya geçmeden evvel, daha önce öğrendiklerimi sonrasında daha iyi hatırlayabilmek adına tekrar gözden geçirmeyi taahhüt ediyorum.

Ve son olarak yukarıdakilerden herhangi birini beceremesem bile, kendimi suçlayıp cezalandırmayacağıma söz veriyorum. Yeniden başlangıç noktasına dönüp elimden gelenin en iyisini yapacağım.

Evet! SINIRSIZ olmaya hazırım.

İmza............................ Tarih......./......./........

"Eğitimin tek gerçek amacı,
kişiyi sürekli olarak
soru sorma durumunda bırakmaktır."

BISHOP MANDELL CREIGHTON

Size örnek olarak küçük kız kardeşimin doğum gününden bahsedeyim. Yıllar önce bir dönem, kız kardeşim bana pug köpeklerin kartpostallarını, resimlerini ve e-postalarını gönderip durmaya başlamıştı. Bilirsiniz, duygusal yüzleri ve iri gözleri olan çok sevimli köpekler bunlar. Çok uysallar; onları balerin gibi giydirseniz bile umursamazlar. Tabii ki bana neden pug fotoğrafları gönderdiğini merak ettim ve sonra doğum gününün yaklaştığını hatırladım ve bu köpeklerden birini istediği için bir çeşit ipucu bırakma niyetinde olduğunu anladım.

O günün ilerleyen saatlerinde, markette bakınırken gözlerim diğer kasanın sırasına kaydı. Sürpriz bir şekilde, "pug" cinsi köpeğini omzunun üstünde taşıyan bir kadın gördüm. "Vay canına, uzun zamandır bu köpeklerden bir tane bile görmüşlüğüm yok. Bu nasıl bir tesadüf?" dedim kendi kendime. Ertesi gün mahallemde koşmaya gittiğimde ise altı adet "pug"ıyla birlikte yürüyen birine rast geldim.

Bu durumda sorum şu? Bu puglar nereden geldi? Sihirle falan mı ortaya çıktılar? Tabii ki öyle olmadı. Aslında onlar hep oradaydı ama ben bir sürü uyaranın seline kapılmış haldeyken daha önce onlara hiç dikkat etmemiştim. Puglar farkındalık zincirimi kırınca da onları her yerde görmeye başladım. Peki, siz hiç bu türden bir deneyim yaşadınız mı? Belki de sizin deneyimlediğiniz şey, her yerde "sihirli bir şekilde" görünmeye başlayan belirli bir tür araba ya da kıyafetti.

Jeannie Mai ile yaptığımız bir röportajda, bu etkiyi, en sevdiğiniz sosyal medya platformunun geçmişte ilginizi çektiğini ifade ettiğiniz ögelere ilişkin postları size daha fazla göstermeye başlamasıyla karşılaştırdık. Bulunduğunuz site bunu daha önce tıkladığınız, beğendiğiniz veya izlediğiniz şeyler sayesinde biliyor. RAS'niz de o sitenin algoritması gibidir. Size ilgilendiğiniz ögeleri daha çok gösterirken hiç meşgul olmadıklarınızı da gizler.

Çoğunlukla istediğimiz yanıtlar oracıkta duruyor, ancak onlara ışık tutup açığa çıkarmak için doğru soruları sormuyoruz. Bunun yerine, gereksiz sorular ya da daha da beteri bizi güçsüzleştiren sorular soruyoruz. Neden yeterince zeki değilim? Neden yeterince iyi değilim? Neden kilo veremiyorum? Neden birlikte olmak istediğim kişiyi bulamıyorum?

Böyle olumsuz sorular soruyoruz ve bu sorular bize cevap olarak karşımıza, pug cinsi köpek örneğinde olduğu gibi, ipuçları çıkarıyor.

İnsan zihni, dünyayı anlamlandırmak için hep genelleme yapıyor. Orada, burada ve her yerde inançlarımızı doğrulayacak ipuçları bulabiliriz.

Düşünme, sorular sorduğumuz ve cevapladığımız bir şey aracılığıyla akıl yürütme sürecidir. "Bu doğru mu?" diye soruyor olabilirsiniz. Bakın işte, yine bir soru sormanız gerekti. Günde on binlerce düşünce geliştiriyoruz ama diğerlerinden daha çok sorduğumuz bir, belki iki dominant sorumuz oluyor. Tahmin edebileceğiniz gibi, bu sorular nasıl hissedeceğimizi ve sonuç olarak hayatımızı nasıl geçireceğimizi belirleyen odak noktamızı yönlendiriyor.

Düşünsel bir deney olarak, birini hayal edin. En sık sorduğu soru, "İnsanların benden hoşlanmasını nasıl sağlayabilirim?" olsun. Bu kişinin yaşını, kariyerini veya fiziksel olarak nasıl biri olduğunu bilmiyorsunuz. Ama muhtemelen onun hakkında sandığınızdan daha fazlasını biliyorsunuz. Sizce karakter olarak nasıl biri? İnsanları memnun edebilmek için çırpınan, ihtiyaçlarını ifade etmekte dolambaçlı yollar tercih eden ve herhangi bir olay karşısında hissettikleri ve düşündükleri konusunda dürüst olmayan bir insan olduğunu tahmin etmeniz için çok fazla şey bilmenize gerek yoktur. Sürekli olarak, kendimi insanlara nasıl sevdirebilirim, diye soran bu tarz insanların asla gerçek benlikleri olamaz çünkü farkında olmasalar bile her zaman çevrelerindeki insanların tercihlerine göre şekilleneceklerdir. Şimdi tüm bu bilgilere sahipsiniz ve bahsi geçen insanların kendi kendilerine sordukları o tek soruyu biliyorsunuz. Peki, sizin kendi kendinize en sık sorduğunuz hangisi?

KENDİNİZE EN SIK SORDUĞUNUZ SORU

Beynimin hasarlı olduğunu hissettiğim zamanlarda, süper kahramanların ve Zindanlar ve Ejderhaların çizgi roman dünyasına kaçmayı severdim. Fantezi dünyası acımı unutmama yardım ediyordu. O sırada benim için en iyi süper gücün görünmezlik olduğuna karar verdim ve kendime en sık sorduğum soru şu oldu: "Nasıl görünmez kalabilirim?" Ortalıklarda görülüp fark edilmektense, sürekli olarak diğer insanları izliyor, onların hayatlarının nasıl olduğunu merak ediyordum.

Örneğin bir tanesinin neden o kadar popüler olduğunu, başka birinin nasıl o kadar mutlu olduğunu ya da bir başkasını o kadar zeki yapan şeyin ne olduğunu merak edip duruyordum. Sürekli acı içindeydim, bu yüzden insanları izledikçe ve çevremdeki dünyadan bir şeyler öğrendikçe, baskın sorum şu soruya dönüştü: "Bu durumu nasıl daha iyi bir hale getirebilirim?" Ve o noktada şu bilmeceyi çözmek istedim: "Zihnim, aklımı işlek hale getirebilmek üzere nasıl çalışır?" Bu yeni keşfettiğim soruları ne kadar çok sorduysam o kadar çok cevap aldım. Bu kitap, yirmi yıl boyunca sormuş olduğum güçlendirici soruların sonucudur.

Will Smith ile ilk olarak Quincy Jones'un 80. doğum günü partisinde tanıştım. Travmatik beyin yaralanmamı duyması üzerine, beni futbol kaynaklı kafa travmalarıyla ilgili bir film olan Concussion'ın galasına kendi konuğu olarak davet etmişti. (Bu arada gelecek bölümde beyin korumasından bahsedeceğim.) Gala bitiminde, film setinde onunla bir hafta geçirmem için beni Toronto'ya gitmeye ikna etti. Bir süper kahraman filmi çekiyordu, bu yüzden benim o sırada ne kadar mutlu olduğumu tahmin edersiniz.

Bana ilginç gelen şey, oyuncu kadrosu ve ekibin, kara kışın soğuğunda her gün akşam 6'dan sabah 6'ya kadar çalışıyor olmasıydı. Hollywood sadece ışıltı ve görkemden ibaret değil; sette beklerken bile çok fazla koşuşturmaca var. Bu arada mola verdikleri bir esnada, Will ve ben onun en sık sorduğu sorularını keşfettik ki bunlardan biri "Bu anı nasıl daha da büyülü hale getirebilirim?" idi.

"Soru soran kişi
cevaplardan
kaçınamaz."

KAMERUN ATASÖZÜ

Biz, Will'in çekeceği bir sonraki sahneyi beklerken, ailesi ve arkadaşları oyuncuların çalışmasını izlemek üzere çadırlarda toplanmıştı. Ve herkesin son derece yorgun ve üşümüş olduğuna emin olduğum gece yarısı saat 3 sularında, onun en sık sorduğu etkin sorusunun işleyişine tanık olduk. Will, herkese sıcak kakao getiriyor, bizi gülümsetmek için şakalar yapıyor ve dinleneceği yerde bize aktif olarak ev sahipliği yapıyor, gerçekten de yaşadığımız anı daha da büyülü hale getiriyordu. Kendi kendine sıklıkla sorduğu soru, odaklanmasına ve davranışlarına yön vermiş ve yaşanılan deneyimi herkes için tamamen değiştirmişti.

> **KWIK BAŞLANGIÇ ÖDEVİ**
> Kendi kendinize en sık sorduğunuz soru nedir? Onu buraya yazınız: ....
> ....
> ....

ZİHNİNİZİ HAZIRLAYIN

Sorular, odak noktanızı yönlendirir, böylece hayattaki her şeyde, okuduğunuzu anlama sürecinde bile rol oynarlar. İnsanlar okudukları sırada genel olarak yeterli soru sormadıkları için odaklanma, anlama ve akılda tutma durumlarından ödün verirler. Okumaya başlamadan önce zihninizi doğru türde sorularla hazırlarsanız, her yerde yanıtları görürsünüz (Benim her yerde pug cinsi köpekleri görmem gibi). Bu yüzden, kitapta özel anahtar sorulara da yer veriyorum.

Başlangıç olarak, işte size birlikte yapacağımız yolculukta sıkça sormanız gereken üç etkin soru. Bunlar, öğrendikleriniz konusunda eyleme geçmenize ve bilgiyi güce dönüştürmenize yardımcı olacak:

- Bunu nasıl kullanabilirim?
- Bunu neden kullanmalıyım?
- Bunu ne zaman kullanacağım?

> **KWIK BAŞLANGIÇ ÖDEVİ**
> Üç sihirli sorunuz: Bunu nasıl kullanabilirim? Bunu neden kullanmalıyım? Bunu ne zaman kullanacağım? Bu kitaptaki bilgileri kafanızla, kalbinizle ve ellerinizle bütünleştirmenize yardımcı olacaklar. Onları özümseyin. Bu soruları görebileceğiniz bir yere, örneğin masanızın üzerine veya telefonunuza not edin.

Bu kitaptaki bilgileri edinirken, pasif bir şekilde okumak yerine bu soruları düşünün. Unutmayın! Sorular aslında cevaptır. Kitabın geri kalanında, her bölümün başında, okurken odaklanmanızı sağlamak için tasarlanmış bir dizi soru bulacaksınız. Her bölümü okumadan önce bu soruları çalışın. Böylece öğrendiklerinizi anlamaya ve hatırlamaya daha iyi şekilde hazırlanmış olacaksınız.

Sorulara odaklanmanızın yanı sıra, kitap boyunca stratejik noktalara yerleştirilmiş "Kwik Başlangıç Egzersizi" alıştırmalarını yapın. Bunlar, sizi öğrenirken ve yaşarken hızlıca harekete geçmeniz için eğitmek üzere tasarlanmış özel etkinliklerdir. Çoğu bir veya iki dakikada yapılabilir. Nöroplastisitenin gücünü hatırlayın: Her soru cevaplayışınızda ve her yeni aktivite yaptığınızda, beyninizde yeni bağlantılar oluşturursunuz. Ayrıca, bu dersleri gerçek anlamda uygulamaya koyabilmeniz için, her bölümü bir sonraki bölüme geçmeden önce yapılacak alıştırmalarla bitireceğim.

"Aslında herkes birer dâhidir.
Ancak bir balığı ağaca tırmanabilme
kabiliyetine göre değerlendirirseniz,
tüm hayatını aptal olduğuna
inanarak geçirir."

ALBERT EINSTEIN

İKİNCİ BÖLÜM
SINIRSIZ ZİHNİYET
Tanımı

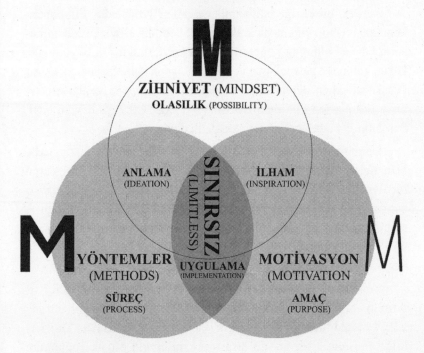

Zihniyet (Düşünce Yapısı)

Kim olduğumuza, dünyanın nasıl işlediğine, neler yapabildiğimize, neyi hak ettiğimize ve neyin mümkün olduğuna dair derinlemesine bağlandığımız inanç, tutum ve varsayımlar.

Üç parçalı Sınırsız Model'in ilk unsuru, bir kişinin durumlar karşısındaki tepkilerini ve yorumlarını önceden belirleyen zihinsel tutum veya eğilim olan *Zihniyet*'tir. Zihniyet, kendimiz ve çevremizdeki dünya hakkında sahip olduğumuz inançlardan, varsayımlardan ve tutumlardan oluşur. Tüm davranışlar inanç tarafından yönlendirilir, bu yüzden nasıl öğreneceğimize değinmeden önce, neyin mümkün olduğuna dair sahip olduğumuz temel inançları ele almalıyız.

Neler başarabileceğimiz konusunda önceden yükleme yapılmış zihinlerle doğmadık. Biz bu sabit ve sınırlı düşünme şekillerini hayatımızdaki insanlardan ve büyürken deneyimlediğimiz kültürden öğreniyoruz.

Yerdeki bir kazığa bağlanmış genç bir fili düşünün. Fil, bebekken kazığı çekip çıkaracak kadar güçlü değildir. Böylece çabalamasının boşuna olduğunu öğrenince denemeyi bırakır. Fil büyüdükçe, kazığı çekmeye yetecek güç ve kuvvetten çok daha fazlasını kazanır ancak bebekken öğrendikleri yüzünden bir parça ip ve dayanıksız bir metal parçası gibi önemsiz bir şeye bağlı kalmaya devam eder. Psikolojide buna öğrenilmiş çaresizlik denir.

Çoğumuz o fil gibi davranıyoruz. Hayatımızın bir noktasında, bize neleri yapabilme kabiliyetimiz olduğuna dair izlenim veren bir deneyim yaşamışız ve potansiyelimiz hakkındaki inancımız o zaman itibariyle belirlenmiş. Ancak çaresizliği öğrendiğimiz gibi, sınırsız olmayı öğrenmemiz de mümkün. Bu bölümde, bize potansiyelimiz hakkında öğretilen yedi yalanı ve bunları yeni inançlarla değiştirmeyi öğreneceğiz.

Şimdiden söyleyeyim, İngilizcede "yalan" anlamına gelen LIE terimini bilinçli olarak kullanıyorum. Öte yandan bu kullanımda LIE, Limited Ideas Entertained'in (Geliştirilmiş Sınırlayıcı Fikirler) kısaltılmışıdır. Eğer siz de dışarıdaki insanların büyük çoğunluğu gibiyseniz, sizi gerçekte var olan başarma potansiyelinizden çok daha azına sahip biriymiş gibi tanımlayan fikirler geliştiriyorsunuz demektir. Bu fikirlere siz enerji veriyor ve zihninizde yer etmelerine de yine siz izin veriyorsunuz ancak bunlar aslında "İnanç Sistemleri"nden (BF: Belief Systems) başka bir şey değiller.

İlerleyen bölümlerde bu yalan yanlış fikirlerin nereden geldiğini, sizi nasıl hapsettiklerini ve bu konuda neler yapabileceğinizi keşfedeceksiniz.

Lütfen kendinize şu soruyu sormaya devam edin: Algıladığım kısıtlamalardan kaç tanesi Geliştirilmiş Sınırlayıcı Fikirlerden (LIE) ve İnanç Sitemlerinden (BS; Belief Systems) başka bir şey değil?

Bence aldığınız cevaplar karşısında şaşkına döneceksiniz ama bu cevaplar sizi aynı oranda özgürleştirecek de.

Söze başlamadan önce size kısa bir hikâye anlatayım: Hayatımın en değerli arkadaşlıklarından biri Stan Lee ile kurduğum dostluktu. Bildiğiniz gibi, Stan'in Marvel karakterleri, gençken hayatımın en büyük zorluklarından bazılarını atlatmama yardımcı olmuştu ve halen benim için ilham kaynağı olmaya devam ediyorlar. Stan ile yaptığım görüşmeler her zaman ilgi çekici ve yoğunlukla aydınlatıcıydı.

Bir akşam birlikte yemeğe giderken arabada aramızda şöyle bir konuşma geçtiğini hatırlıyorum. Stan, cüretkar bir Örümcek Adam kravatıyla tamamladığı takım elbisesinin içinde son derece göz alıcı görünüyordu ve ben bu görüntüden aldığım ilhamla ona ne zamandır sormak istediğim bir şeyi sormaya karar verdim.

"Stan, yıllar boyu Avengers ve X-Men gibi çok sayıda harika karakter yarattın," dedim. "Peki, en sevdiğin karakterin kim?"

Bir saniye bile tereddüt etmeden cevap verdi.

"Iron Man. Ya seninki?"

Kravatını işaret ederek, "Spiderman." dedim.

Stan, onaylar şekilde başını salladı."Büyük güç, beraberinde büyük sorumluluk getirir."

"Bu o kadar doğru ki, Stan. Ama aynı zamanda tam tersi de doğru: Büyük sorumluluk beraberinde büyük güç getirir." dedim.

Söylediklerimden çok hoşlanmış görünüyordu ki onun bu hali bana sonsuz bir mutluluk verdi. Aynı zamanda, daha önce hiç bu şekilde ifade etmemiş olsam da, o sırada sınırsız zihniyetin temel ilkelerinden birini dile getirdiğimi fark ettim: Bir şeyin sorumluluğunu üstlendiğimizde, her şeyi daha iyi bir hale getirebilmek için büyük bir güçle donatılırız.

İşte "sınırsız zihniyet" ifadesiyle anlatılmak istenen de budur. Geçmişimiz ve koşullarımız bugün kim olduğumuza etki etmiş olabilir, ancak nasıl bir insan haline geldiğimizden biz sorumlu olmalıyız. Bu durum, varsayımlarımızdan ve tutumlarımızdan sorumlu olduğumuzu anlamak manasına gelir. Sonuç olarak, tüm potansiyelinizin tamamen sizin kontrolünüzde olduğunu kabul ettiğinizde, bu potansiyelin gücü çarpıcı bir biçimde artar. Öyleyse, haydi süper kahraman! Zihniyetinin sınırlarını kaldırmaya başlayalım. Stan'in de dediği gibi, "Daima daha yukarı, daha yükseğe!"

"Başını derde sokan bilmediğin şey değildir.
Kesin olarak bildiğini iddia ettiğin lakin yanıldığın şeydir."

MARK TWAIN

İNANÇ SİSTEMLERİNİN BÜYÜSÜ

İnançlarınızın hayatınıza neden bu kadar çok etkisi var?
Sınırlayıcı inançlar sizi neden hedeflerinizden
uzak tutuyor?
Sınırlayıcı inançları nasıl reddedersiniz?

Yanınıza biraz hayali patlamış mısır alın, çünkü filmlere doğru kısa bir yolculuğa çıkacağız. Şimdi sahne şöyle akıyor:

Çökmek üzere olan bir köprü var çünkü bir süper kötü kahraman köprünün destek noktalarını ne var ne yok paramparça halde nehre inecek kadar zayıflattı. Köprü çatırdayıp sallanırken, bizim süper kahramanımız krizden haberdar oluyor ve hızla bu sahneye yöneliyor. O, bu felaketi önleyip yüzlerce hayatı kurtarabilecek güce sahip tek kişi.

Süper kahramanımız şimdi köprüden 10 saniyeden az uzaklıkta. Ancak yaklaştıkça, kafasındaki bir ses ona ilkokulda takla atarken kafasını yere çarptığı zamanı hatırlatıyor. Birkaç saniye sonra babasının kendisine geleceğe ilişkin hedef ve beklentilerini düşük tutmasının en iyisi olacağını söyleyişini hatırlıyor. Derken artık köprü görünür hale geldiği sırada, süper kahramanımızın gözleri önünde bir görüntü daha beliriyor: Eski en iyi arkadaşı, büyüklük hezeyanları yüzünden onunla alay ediyor.

Tam o sırada köprüden ayrılan molozlar suya düşüyor. Gıcırtı ve çatırtı sesleri daha da yükseliyor. Birkaç düzine insanın çığlıkları havada yankılanıyor.

Ve bizim süper kahramanımız, duyduğu şüphelere yenik düşmüş bir halde, yolun kenarına oturuyor, yüzünü elleriyle kapatıp kendine acıma duygusu içinde boğulup gidiyor.

"Dur bir dakika! Ne dedin sen?"

Süper kahraman filmlerinde hiç böyle bir sahne görmediniz. Değil mi? Bunun birkaç sebebi var. Birincisi böyle bir şey olsa çok berbat bir hikâye olurdu.

Diğer bir sebep de şudur: Geçmişlerindeki karanlığı veya karşılaştıkları ahlaki çatışmaları bir kenara bırakırsak, süper kahramanlar, sınırlayıcı inançlara teslim olarak gerçek süper kahramanlar haline gelmezler. Süpermen, "İyi bir günümde, yüksek bir binadan aşağı atlarım ya da belki, bilirsiniz işte, en azından birkaç kat aşağı atlayabilirim." diye düşünmez. Tony Stark, "Bu Demir Adam kostümü beni büyük ihtimalle mümkün olabilecek en kötü zamanda yarı yolda bırakacak çünkü ben doğuştan beceriksizin tekiyim." diye düşünmez. Kaptan Marvel, atmosferimizi geçip aniden "Uzayda tek başıma uçmak için duygusal kapasiteye sahip olduğumdan emin değilim." diye düşünmeye başlamaz. Bu kahramanların süper güçleri vardır ve her türlü kısıtlayıcı duyguyu yok sayarlar.

Ayrıca biliyor musunuz? Sizin de süper güçleriniz var. Peki, bunların farkına nasıl varacaksınız? Öncelikle işe zihniyetinizden başlayarak.

KENDİ ROGER BANNISTER'IMI NASIL BULDUM

Ben aşağı yukarı 9-10 yaşlarında bir çocukken, büyük bir aile toplantısı yapmıştık. Büyük, işlek bir restoranda kocaman bir masanın etrafına toplanmış halde yirmi, yirmi dört kişi falan vardık. Cumartesi gecesiydi, bu yüzden mekân ağzına kadar doluydu ve garsonlar ellerinden geldiğince hızlı bir şekilde masadan masaya koşturuyorlardı.

Herkes bir araya geldikten birkaç dakika sonra garsonumuz

siparişimizi almaya geldi. Tahmin edebileceğiniz gibi, bu uzun bir süreçti. Garson, siparişlerin yarısını aldıktan sonra ne yiyip içmek istediğimi sormak için benim yanıma geldi.

İşte tam o sırada akrabalarımın sipariş ettiği hiçbir şeyi yazmamış olduğunu fark ettim ve bu bana son derece ilginç geldi. Biz neredeyse 25 kişiydik ve onun başka masalara da servis yaptığını görmüştüm. Yani onun baktığı tek masanın bizimki olmadığını da anlamıştım. İyi de sipariş ettiğimiz her şeyi nasıl hatırlayacaktı? Ona ne istediğimi söyledim ve masanın geri kalanını dolaşırken onu dikkatle izlemeye koyuldum.

Gelecek olan yemeğimin sipariş ettiğim şeyle uzaktan yakından alakası olacağına dair pek bir güven duymuyordum O yaşta bile sağlıklı düzeyde şüpheci bir tavrım vardı. Şüphem, negatif bir insan olduğumdan ya da insanlara inancım olmadığından değil, bir şeyin mümkün olduğuna inanmadan önce olağandışı bir şey görme gereksinimi duymamdandı. Bulunduğumuz durumdaysa en iyi ihtimalle, garsonun siparişlerimizin çoğunu doğru getireceğini ama onları yanlış yerlere bırakacağını düşünüyordum. Sonrasında bizler kendimizi masanın dört bir yanında tabak değiş tokuşu yaparken bulacaktık.

Önce içkilerimiz geldi ve herkes tam olarak istediğini aldı, kolasında hiç buz istemeyen kuzen ve içkisinin biraz limon, biraz misket limonu ve iki kirazla gelmesini isteyen başka biri bile. "Tamam!" diye düşündüm. "Bu bayağı iyiydi. Ama daha gelecek çok şey var." Birkaç dakika sonra salatalar geldi ve yine her şey mükemmeldi. Soslarını tabağın yanında isteyenler de salatalarıyla karıştırılmış olarak isteyenler de istediğini aldı. Ayrıca herkese kendi istediği sos servis edilmişti. Şüpheciliğim sınanıyordu. Sonra ana yemekler servis edildi. Tek bir hata bile yoktu. Hem de siparişler arasında birkaç çılgın özel istek bile olmasına rağmen. Her şey istediğimiz gibi pişirilmişti ve tüm mezeler de doğruydu.

O noktada yemeğime yöneldim ama garsonun başardığı şeyi düşünmeden edemedim. O yaşta, yetkin bir şekilde okumaya yeni başlamıştım ve beyin hasarım her türlü öğrenme güçlüğünü yaşamama sebep olmuştu. Ve işte oracıkta beynimizin her şeye rağmen hayal edebileceğimizden çok daha fazlasını yapabileceğini gösteren biri vardı.

O garson benim Roger Bannister'ımdı. Bannister, 1950'lerde bir atletizm yıldızıydı. Bannister'ın kariyerinin ilk yıllarında, bir atletin bir mili 4 dakikadan daha kısa bir sürede koşmasının fiziksel olarak imkansız olduğu varsayılıyordu. Bu tamamen, bedenlerimizin o zaman sınırına ulaşmadan önce harcamış olduğu efordan dolayı çökeceğine dair bir histi. Sonra 6 Mayıs 1954'te, Bannister 1 mili 3 dakika 59,4 saniyede koşarak 4 dakikalık engelin gerçekten kırılabilir olduğunu kanıtladı.

Bana en ilginç gelen şey ise iki aydan kısa bir süre sonra birisinin Bannister'ın rekorunu kırması olmuştu. Sonra o rekor da kırıldı ve onu yeni rekorlar izledi ve 1 milin koşulma süresi hâlâ düşmeye devam ediyor.

Bannister'ın yaptığı şey, o engelin aslında gerçek bir engel olmadığını göstermekti. O garsonun bana gösterdiği şey de buydu. Onun sayesinde, beyin kapasitemin algıladığımdan çok daha fazlası olduğunu fark ettim. Bildiğiniz gibi yıllarca öğrenme süreciyle ilgili çabalamaya devam ettim ama o akşam yemeğinden itibaren, artık bana neyin mümkün olduğunu gösterecek bir modelim vardı.

Bu yönden bakıldığında, garson resmen sınırsızdı. Gözlerimin önünde, bir milyon yıl düşünsem bile mümkün olabileceğine inanmayacağım bir başarı sergilemişti. Onu hiç tanımadım ama ona sonsuza dek minnettar kalacağım çünkü bana göre, onun benim için yaptığı şey, kısıtlamalarıma ilişkin algılarımı kalıcı olarak değiştirmekti. O garson benim düşünce yapımı değiştirdi. Başkalarının çok daha fazlasını başarabileceğinin bilincindeyken benim, beynimle sadece mütevazı bir şeyler başarmayı umabileceğim fikrini sorgusuz sualsiz kabullenmem imkânsızdı. Sadece bir yöntem bulmam gerekiyordu.

Bu yöntemin büyük bir bölümünü bu kitapta sizlerle paylaşacağım. Aslında yöntemin özünde tek bir temel kavram var: Sınırsız olmak. Kendinizi sınırsız yapmanın anahtarı, yanlış varsayımları ortadan kaldırmak. Çoğu zaman, bir şeyi kendimizi başaramaya-

Sınırsız

cağımıza ikna ettiğimiz için başaramıyoruz. Şimdi bir dakikalığına Roger Bannister'a geri dönelim. 6 Mayıs 1954'ten önceki günlerde insanlar, 1 mili dört dakikanın altında koşabilmenin insan kabiliyetinin ötesinde bir durum olduğundan kesinlikle eminrdi. Bannister bunu başardıktan kırk altı gün sonra, başka biri onun zaman rekorunu da kırdı ve 1.400'den fazla yarışçı onları takip etti. Dört dakikadan daha kısa bir sürede bir mil koşmak hâlâ olağanüstü bir başarıdır, ancak imkânsız bir hüner değildir. O "engel" bir kez kırılınca, birçok kişi bunu başarmaya devam etmiştir.

Peki, öyleyse sınırlayıcı inançlarınızı nasıl yeneceksiniz?

SINIRLAYICI İNANÇLAR BİZE NELER YAPAR?

Sınırlayıcı inançlar genellikle kendi kendimizle konuşmamız esnasında ortaya çıkar. İç sesinizle yaptığınız bu konuşma, şimdiye kadar başardıklarınızdan, ayrıca bugün ve gelecekte başarmaya devam edeceklerinizden ziyade başaramayacağınıza inandığınız şeylere odaklanır. İçinizdeki ses, onun sizin için ulaşılmaz olduğunu söylüyor diye kendinizi ne sıklıkla bir şeyi yapmaya çalışmaktan veya bir hayalin peşinden koşmaktan men ediyorsunuz? Bu söylediğim duruma bir aşinalığınız varsa, yalnız değilsiniz ama aynı zamanda kendinize herhangi bir iyilik de yapmıyorsunuz.

"Bu dünyaya hayatın zor mu kolay mı, paranın az mı bol mu olduğunu ya da kişisel olarak önemli mi yoksa önemsiz insanlar mı olduğumuzu bilmeden geliyoruz. Ancak her şeyi bilen iki kişiye güveniyoruz: Anne ve babamıza!"[1] diyor podcast röportajımızda inanç değişikliği uzmanı Shelly Lefkoe. Ebeveynler ilk öğretmenlerimizdir ve muhtemel niyetleri bize zarar vermek değilse bile, bizlere bilinçsizce aşıladıkları sınırlayıcı inançlar yüzünden hâlâ çocukluklarımızdan uzak yaşıyoruz.

Sınırlayıcı inançlar, genelde üstün ve başarılı olduğunuz bir şeyi yaparken bile sizi yolunuzdan alıkoyabilir. Hiç, tipik olarak size kolay gelen bir şeyi yapma konusunda (örneğin bir kenara not alma ya da hızlıca bir hesap yapma gibi) baskı altında hissedip de yoğunluk yüzünden kendinizden şüphe etmeye başlayıp nihayetinde işi batırdığınız oldu mu? İşte böyle bir durumda sizi gerileten mutlak sınırlayıcı bir inancınızdır. Kafanızın içindeki sesten kurtulabilseniz, işi yapmakta sorun yaşamazsınız ama iç sesiniz sizi şaşırtıp yanıltır.

Şimdi, bu durumu alın ve hayatınızın tüm hayatınıza uyarlayın. Belki kariyer hedeflerinize veya arkadaş edinme yeteneğinize. Kontrol sınırlayıcı inançlarınızın elindeyse, kendinizi ya neden hiçbir zaman gerçek anlamda ilerleyemediğinizi merak eder ya da bunu hak etmediğinize inanır halde başarısızlığa saplanmış olarak bulabilirsiniz.

Kwik Öğrenme Platformu'nu benimle birlikte kuran Alexis, tıpkı benim gibi çocukken öğrenmekte zorluk çekmiş ama onun güçlüğü çok farklı nedenlerden ötürüymüş. Güney Kore'deki iş dünyasında mücadele eden girişimci ebeveynin çocuğu olarak dünyaya gelmiş. Çok paraları yokmuş ama geçimlerini sağlamak için daima çok çalışırlarmış. Dört kişilik ailesi en azından başlarının üzerinde bir çatıya sahip halde, Kore'de tek odalı bir bodrum katında yaşıyormuş. ABD'den, yedi yıl önce başvurdukları vizenin onaylandığını belirten bir mektup aldıkları sırada, yaptıkları ikinci iş batık durumdaymış. Aile, umutsuzluğun eşiğindeyken, bunun yeni bir şans kapısı olduğunu düşünmüş ve 2.000 dolara eşdeğer meblağda bir parayı borç alıp Amerika'ya göç etmiş.

Alexis ABD'ye geldiğinde tek kelime İngilizce bilmiyormuş. Yaşadığı şey tam bir kültür şokuymuş. Öyle ki çevresinde ne konuşulduğunun hiçbir şekilde farkında değilmiş ve kültürel normlar tamamen farklı gelmiş. Öte yandan ailesi de İngilizce bilmiyormuş ve bu yüzden hep birlikte yeni oluşturdukları dünyalarını anlamakta çok zorlanmış.

Alexis yeni evinin yakınındaki okula kaydolmuş. Utangaç ve içe dönük bir öğrenciymiş ve dili bilmediğinden sırf kendini dışlanmış gibi hissetmemek için sık sık yemek masasında tek başına oturur ya da tuvalette yemek yermiş.

Alexis'in İngilizceyi gerçekten anlayabilmesi altı yıl sürmüş ve sadece okulundaki çocuklar değil öğretmenler de onun neden bu kadar uzun bir mücadele verdiğini anlayamamış. Birkaç yıl sonra, sınıf arkadaşları onu yavaş öğrenen biri olduğu için eleştirmeye başlamış ve "Neyin var senin?", "Aptal mısın?", "Sen tuhafsın" gibi laflar çocukken sık sık duyduğu sözler haline gelmiş.

Okulda çektiği güçlükler, görünüşte öyle pek fazla konuşmaya ihtiyaç duymadığı tek alan olan beden eğitimine kadar sirayet etmiş. Öyle ki aldığı ceza yüzünden tribünlerde oturup "Spor kıyafetlerimi sınıfa getireceğim." sözlerini üst satırı kopyalayarak defalarca yazdığını hatırlıyor. Ancak yazdığının ne anlama geldiğine dair hiçbir fikri yokmuş ve hiç kimse kıyafetini değiştirmesi gerektiğini söylemek üzere onunla iletişime geçmemiş.

Yirmili yaşlarının başlarında, bir kitabı baştan sona okumakta hâlâ zorlanıyormuş. Ne zaman öğrenmeye çalışsa iç sesleriyle mücadele etmesi gerekmiş. Üstünde hâkimiyet yaratan yüksek bir ses, sürekli olarak yeteneklerini eleştirip şüphe uyandırırken, başka bir cılız ses bu eleştiriyi sorguluyormuş. İçinden bir şey "aptal" olduğu fikrini tam olarak kabul edemiyormuş. Ailesi ona ikinci bir şans vermek için çok çalışıyormuş ve Alexis de onları yüz üstü bırakmak istemiyormuş. Hayatı boyunca özel herhangi bir şey yapamayacak kadar kötü olduğunu hissettiği anlar olsa da, hayatta sadece koşulları kabul etmekten daha fazlası olması gerektiğini düşündüğü anlar da varmış.

Alexis bu dış seslerin kendi gerçekliğini şekillendirmesine izin verseydi, bu onu yolundan alıkoyardı. Sorunlarına çözüm aramazdı. Ancak bunun yerine, diğerlerini gözlemleyerek ve onlardan bir şeyler öğrenerek cevaplar aradı. Diğerlerinin başarı ve mutluluğu bulmak için neyi farklı yaptıklarını sorgulamaya başladı.

Bunun tamamen şans ve dehayla mı ilgili olduğunu ya da arkasında belirli bir yöntem olup olmadığını öğrenmek istedi. Nasıl başarılı olunacağını öğrenme arayışında, ilk derslerimden birine katıldı. Neye giriştiğinden emin değildi ama kendisi için farklı bir şey istediğini biliyordu. Bir umut ışığı görmeye ihtiyacı vardı.

Birinci gün, hafızayı ele aldık. Sekiz saatlik yoğun bir eğitimdi, ancak seansın sonunda Alexis öğrendikleri konusunda tazelenmiş ve hatta heyecanlanmış hissediyordu. "Beynimi daha başka şekillerde nasıl kullanabilirim?" diye merak etmeye başlamıştı ve hayatında ilk kez yavaş hissetmediği gibi öğrenme konusunda da heyecan duyuyordu.

İkinci günkü seans, bütünüyle hızlı okuma hakkındaydı. Bu konuda önceden yaşamış olduğu zorluklar nedeniyle başlangıçta heyecanlı değildi. Ancak akıllı okuma alışkanlıklarını öğrenip hızlı okuma egzersizlerini de yaptıktan sonra zihninde bir ampul yandı. Birdenbire okumanın gücünü hatta eğlenceli tarafını gördü. Herhangi bir şeyi anlayamayacak kadar yavaş ya da aptal olmadığını fark etti. Tek sorun şimdiye dek, nasıl öğreneceğinin ve kulakları arasındaki o süper bilgisayarı nasıl kullanacağının gösterilmemiş olmasıydı. Öğrenmenin gücünü deneyimledikçe, yıllarca hüküm süren olumsuz iç sesleri ve sınırlayıcı inançları zihninde tamamen arka plana atıldı.

O dersten sonra Alexis, hayatında ilk kez bir kitabı baştan sona okudu ve okuduklarını anladığını, hatırladığını ve bu deneyimden çok hoşlandığını fark ederek sevinçten çılgına döndü.

Bu olay, onun hayatında muazzam bir dönüm noktasıydı. "Her şey olduğu gibidir ve değiştirilemezdir" noktasındaki sınırlı düşünce yapısını terk edip hedeflerine ulaşabilmek için her şeyi değiştirebileceğini ve zihnini şekillendirebileceğini öne süren bilinci benimsedi. Hayatında ilk kez kendisine inanmaya ve nelerin mümkün olabileceğini hayal etmeye başladı.

Bugün Alexis, artık yeni bir şeyler öğrenmekten çekinmiyor. Ayrıca bir şeyi bilmediği takdirde, yetersiz de hissetmiyor. Cevaplar bulmak için çaba harcıyor ve bulduğu cevapları hemen uygulamaya koyuyor. Öğrenmeye olan tutkusu devam ederken bir yandan da yaşadığı dönüşümü dünyanın dört bir yanından insanlarla paylaşmak için benimle birlikte Kwik Learning Online'ı (Çevrimiçi Kwik Öğrenim) başlattı.

Jan Bruce, Dr. Andrew Shatté ve Dr. Adam Perlman, *Mequilibrium* adlı kitaplarında bu tür inançları bilinçaltımızın yüzeyinin altına katmanlar halinde yerleşmiş olan inançlardan dolayı "buzdağı inançları" olarak adlandırıyorlar. Kitapta "Buzdağı inançları derinlemesine köklü ve güçlüdür ve bunlar duygularımızı besler." diyor ve sözlerine şöyle devam ediyorlar:

"Bir buzdağı ne kadar kök salmışsa, hayatınıza o derece zarar verir. Bunu programınızda kaos yaratarak, bir diyete başarılı bir şekilde bağlı kalmanızın önüne geçerek ya da sizi fırsatları yakalamaktan alıkoyarak ve daha birçok şekilde yapabilir." Ve belki de en önemlisi şöyle diyorlar: "Buzdağlarımıza hâkim olabilirsek, duygularımız ve yaşamlarımız üzerinde muazzam bir kontrol elde ederiz. Şöyle ki bir buzdağını eritirseniz, onun neden olduğu tüm aşağı havza akıntıları da ortadan kalkar."²

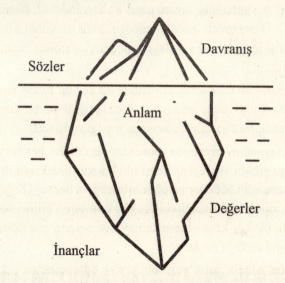

Emory Üniversitesi Tıp Fakültesi Psikiyatri ve Davranış Bilimleri Bölümü, Yetişkin Poliklinik Psikoterapisi Program direktörü Dr. Jennice Vilhauer, içimizdeki eleştirmenle yüz yüze gelmemiz için bize adeta yalvarıyor ve diyor ki: "Kafanızın içinde durmadan sizi yargılayan ses, sizden şüphe ediyor, sizi küçümsüyor ve size sürekli yeterince iyi olmadığınızı söylüyor. Ayrıca size olumsuz, incitici, başka birine söylemeyi hayal bile edemeyeceğiniz şeyler söylüyor: *Ben tam bir aptalım; Ben bir sahtekârım; Hiçbir şeyi doğru yapamam; Asla başaramayacağım.* "

Ve şöyle ekliyor: "İçinizdeki eleştirmen zararsız değildir. Sizi baskılar, sınırlar ve gerçekten yaşamak istediğiniz hayatı sürmenizi engeller. Sizi gönül rahatlığından ve duygusal olarak mutlu olmaktan mahrum eder ve uzun süre kontrolsüz bırakılırsa depresyon veya anksiyete gibi ciddi zihinsel sağlık sorunlarına bile yol açabilir."[3]

Haydi, şimdi bir kez daha bu bölümün başında sözünü ettiğimiz başarısızlığa uğrayan süper kahramanımıza dönelim. Aslında günü kurtarmak için gereken motivasyona sahipti. Ayrıca kesinlikle günü kurtaracak yöntemleri de vardı. Lakin sahip olmadığı bir şey vardı: Zihniyet. İçindeki eleştirmen onu yeterince iyi olmadığına ikna ettiğinden, işiyle ilgilenmek yerine kendine acıyarak bir kenarda oturup kalmıştı.

Elbette ki bu hikâyeden çıkarılacak ana fikir, başarısız süper kahramanımızın bu sebeple işi batırmış olmasıdır. Kendi kafasındaki karmaşadan kurtulamadığı için kritik bir zamanda başarısız olmuştur.

Ancak bu hikâyenin çok önemli başka bir bileşeni daha var: Süper kahramanımız, başarılı olmak adına, içinde her şeye sahipti. Keşke onu engelleyen inançların önüne geçebilseydi. O zaman olağanüstü yetenekleri öne çıkacaktı.

Sınırlayıcı inançlarınızın üstesinden gelmeniz işte bu derece önemlidir.

YA SİZİN DE BİR DÂHİ OLDUĞUNUZU SÖYLERSEM?

Dâhileri düşündüğünüzde, aklınıza ilk gelen isimler kimler oluyor?

Einstein ve Shakespeare'in kesinlikle son eleme listenizde yer alacağını tahmin ediyorum. Diğer isimler Stephen Hawking, Bill Gates, Marie Curie veya Ruth Bader Ginsburg olabilir. Dâhi dendiğinde birçok insanın aklına bu isimler geliyor çünkü her biri deha ile özdeşleştirmeye eğilimli olduğumuz akıl yürütme türlerinde olağanüstü idi. Peki, LeBron James'e listenizde yer verdiniz mi? Ya Beyoncé'ye ya da Oprah'a? Yahut kendinize?

Sonradan söylediğim isimleri listenize eklememiş olmanız hiç de şaşırtıcı bir durum değil çünkü çoğumuz dehayı belirli bir zeka ölçümü ile eşitleme eğilimindeyiz: IQ. Yüksek IQ'ları olan insanlar dâhidir. Daha düşük IQ'ları olan insanlar bir şeyde iyi, hatta harika olabilirler, ancak dâhi kabul edilmezler.

Bu yaklaşım, sizin düşünce tarzınız gibi görünüyorsa dehayı çok çok dar bir şekilde tanımlamak konusunda yalnız olmadığınızı söylemem gerekir. Hatta bu savımı, çoğu insanın dehayı bu şekilde tanımladığını ileri sürme noktasına bile götürebilirim. Ancak bu noktada iki sorun beliriyor. Birincisi, bu düşüncenin sizi bir sürü insanın sahip olduğu dehayı takdir etmekten alıkoyması, diğeri de kendi içinizdeki dehayı tanımanızı engellemesidir.

Pek çok deha biçimi vardır. Birçok uzman bunların sayısı konusunda farklı görüş bildirir, ancak genel olarak dehanın kendisini dört türden birinde gösterdiği kabul edilmektedir. Şimdi binlerce yıldır var olan bir bakış açısıyla bunları gözden geçirelim:

Dinamo Dâhiler: Dehalarını yaratıcılıkları ve fikirleriyle ifade edenlerdir. Shakespeare, bize kendimiz hakkında çok şey anlatan hikâyeler icat etme konusundaki parlaklığı nedeniyle bir dinamo dehasıydı. Galileo ise, gökyüzüne baktığında başkalarının göremediği şeyleri görebildiği için bir dinamo dehasıydı. Dinamo dâhiler, genel olarak dâhiler hakkında düşündüğümüzde en çok aklımıza gelenlerdir.

Alev Dâhileri: Başkalarıyla etkileşimleri sayesinde dehası ortaya çıkanlardır. Oprah Winfrey, toplumun birçok kesiminden gelen insanların kalpleri, zihinleri ve ruhlarıyla bağlantı kurma konusunda gösterdiği olağanüstü yeteneği nedeniyle bir Alev Dâhisi'dir. Malala Yousafzai'nin alev dehası, hikâyesini dünyanın her yerinden birçok insanla ilişkilendirilebilir kılma becerisiyle kendini gösterir. Alev dâhileri iletişim konusunda usta olma eğilimindedir.

Zaman Dâhileri: Zaman dâhileri, kendilerini büyük resmi görme ve doğru bildikleri yoldan şaşmama yetenekleriyle gösterirler. Nelson Mandela bir zaman dâhisiydi çünkü çok büyük zorluklarla karşılaştığında bile vizyonundaki bilgelik yolunu görebilmişti.

Rahibe Teresa'nın zaman dehası, en karanlık dönemlerde bile etrafındakiler için daha iyi koşullar hayal etmesini sağlamıştı. Zaman dâhileri, gelecekte olabilecekleri, etrafındakilerin çoğunun anlayamayacağı şekillerde anlama eğilimindedir.

Azim Dâhileri: Küçük şeyleri fark etmek ve başkalarının gözden kaçırdığı ya da hayal edemediği detaylarla bir şeyler oluşturmak konusunda başarılı olanlardır. Sergey Brin, Google'ı kurmak için dehasını kullanarak büyük miktarda verinin sağlayacağı potansiyeli görebilmiştir. Moneyball kitabını okuduysanız, Billy Beane ve ekibinin, verileri hesaplama konusundaki dehalarını kullanarak beyzbolu yeniden tanımladıklarını biliyorsunuzdur. Azim dâhileri, mümkün olabilecek tüm bilgileri edinmeye bayılırlar ve bu bilgiler aracılığıyla diğerlerinin gıpta edeceği bir şey yapma konusunda muhteşem bir vizyona sahiptirler.

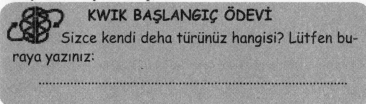

KWIK BAŞLANGIÇ ÖDEVİ
Sizce kendi deha türünüz hangisi? Lütfen buraya yazınız:

....

Kendi dehanızın bunlardan iki veya daha fazlasının kombinasyonu olması çok yüksek bir ihtimal. Çok azımız sadece veri değerlendirmede ya da sadece empati kurmakta ustayızdır. Lakin bu noktada şunu anlamanız önemli: Deha, akademik konularda başarılı olmanın veya öğretmenin komutu üzerine periyodik tabloyu ezberlemenin çok ötesinde bir özelliktir ve tamamen içinizde saklıdır.

Son ettiğim sözü şaşırtıcı bulduysanız, geri dönüp önceki bölümlerden bazılarını tekrar okumak isteyebilirsiniz. Kendinizi sınırsız hâle getirmeniz, doğuştan gelen dehanızı açığa çıkarmanızla ilgilidir. Belki Shakespeare'in dinamo dehasına ya da Oprah'ın alev dehasına sahip değilsiniz, ama içinizde mutlaka kendisini ifade etmeyi bekleyen ya da varlığını daha da ön plana çıkarmayı bekleyen bir deha bileşimi var. Burada anahtar, onu serbest bırakmaktır.

HİÇBİRİ SADECE KAFANIZDA KURDUĞUNUZ ŞEYLER DEĞİL

Size daha olumlu bir zihniyete geçmenize yardımcı olacak bazı araçlar sunmaya başlamadan önce, olumlu düşünmenin ne kadar önemli olduğu hakkında bir dakika kadar konuşalım. Olumlu düşünme ve fiziksel sağlık arasında net bağlantılar vardır.

Bir Johns Hopkins araştırmasında, Dr. Lisa Yanek, "Genel halk nüfusundan pozitif düşünen kişilerin, kalp krizi veya başka bir koroner olay geçirme olasılığının negatif düşünenlere kıyasla yüzde 13 daha düşük olduğunu"[4] buldu.

Bu arada Mayo Clinic, "Genellikle iyimserliğin bir sonucu olarak ortaya çıkan olumlu düşünce, etkili stres yönetiminin önemli bir parçasıdır ve etkili stres yönetimi sağlığa dair birçok faydayı beraberinde getirir." diyor.

Bu faydaların şunları içerdiğini belirtiyorlar:

• Daha uzun yaşam süresi,

• Daha düşük depresyon oranları,

• Daha düşük sıkıntı seviyeleri,

• Soğuk algınlığına karşı daha dirençli olma,

• Daha iyi bir fiziksel ve psikolojik durum,

• Daha iyi bir kalp sağlığı ve kardiyovasküler hastalıklardan dolayı ölüm riskinin azalması,

• Zorlu ve stresli dönemlerle daha iyi baş edebilme becerileri.[5]

SINIRLAYICI İNANÇLARA YENİ BİR PENCEREDEN BAKALIM

İnsanların sınırlayıcı inançlardan uzaklaşmalarına yardım ettiğim zamanlarda her zaman yararlı bulduğum bir metafor var. Onlara sınırlayıcı inançlar ile sınırsız zihniyet arasındaki farkın bir termometre ile termostat arasındaki farka benzediğini söylüyorum. Termometrenin tek bir işlevi vardır: Çevreye tepki vermek. Sadece sıcaklığı okur, daha fazlasını değil. Bu, insanların sınırlayıcı inançlara yaygın olarak verdikleri tepkiye benzer. Kısıtlanma duygusunu hissederler, buna kısıtlı bir şekilde tepki verirler ve yaşamlarını sınırlı bir şekilde yönetirler.

Öte yandan, termostat çevresindeki sıcaklığı ölçer ve ortamın buna tepki vermesini sağlar. Bir termostat bir odanın çok soğuk veya çok sıcak olduğunu fark ederse, ortamı önceden ayarlanmış ideal sıcaklığa uyacak şekilde değiştirir. Benzer şekilde, size kısıtlamalar getirmeye yönelik dış veya iç girişimlerle karşılaşırsanız, bu sınırlayıcı inançları reddetmek ve en iddialı hedeflerinizle uyumlu bir ortam yaratmak için bir termostat gibi hareket edebilirsiniz.

Peki öyleyse, sınırlayıcı inançlarınızı nasıl minimuma indirirsiniz ve süper kahraman zihniyetini nasıl geliştirirsiniz? Bana göre bunun üç anahtarı var.

1. Anahtar: Sınırlayıcı İnançlarınızı Belirleyin

Buraya kadar birkaç sınırlandırıcı inanç örneğinden bahsettik, ancak bunların geldiği yerde daha pek çoğu var (ve öğrenmeye ilişkin en yaygın yedi sınırlayıcı inancı bir dakika içinde gözden geçireceğiz). Bunlar yeteneklerinizle, karakterinizle, ilişkilerinizle, eğitiminizle veya olmak istediğiniz kişi olamayacağınıza dair iç fısıltılara yol açan herhangi bir şeyle ilgili olabilir. Şimdi, bu özel durumun sizin hayatınızda önemli sonuçlar doğurmayacağını düşünüyor olsanız bile, kendinizi beceriksiz diye nitelendirdiğiniz her ana dikkat kesilmenizi istiyorum.

Farz edelim ki kendinize sürekli fıkra anlatma konusunda çok kötü olduğunuzu söylüyorsunuz. Belki de bu sizin için büyük bir mesele değildir, çünkü iyi bir fıkra anlatıcısı olmak kişisel bir istek değildir. Ama aynı zamanda kendinize eğlenceli, hoşsohbet ya da eğlenceli bir arkadaş olmadığınızı ima ediyor da olabilirsiniz ve bu türden bir kendi kendine konuşma, sonuç olarak, önemli bir sosyal durumdayken veya bir grubun önünde konuşmanız gerektiğinde normalin iki katı temkinli davranmanıza neden olabilir. Bu nedenle, kendinizi "yapamam", "yeterli değilim" veya "yapmam" gibi ifade-

Sınırsız

ler kullanırken bulduğunuz her seferinde dikkatlice dinleyin. Çünkü kendinizi suçladığınız şey kişiye özel bir durum olsa da ve görünüşte kendinizi tanımlamanıza ilişkin pek bir önem arz etmese de kendinize genel olarak hayatınız hakkındaki fikrinizi etkiyen mesajlar göndermiş oluyorsunuz.

Aynı zamanda, bu tür kendi kendine konuşmanın kökenini de belirlemeye çalışmalısınız. Sınırlayıcı inançlar genellikle çocuklukta başlar. Bu, otomatik olarak bu düşüncelerin tek kaynağının aileniz olduğu anlamına gelmez. Küçük yaşlarınızda eğitimle ilgili edindiğiniz deneyimleriniz gibi yine erken yaşlarınızda girdiğiniz sosyal ortamlar da sınırlayıcı inançlara neden olabilir. Mesela çocukken herhangi bir konuda yaptığınız ilk birkaç denemede işler sizin için hiç de iyi gitmediyse, bazı düşünceler zihninizde çok kolay bir şekilde tutunmuş olabilir.

Kendi iç konuşmanızla kendinizi nasıl gerilettiğinizin farkına varmak ve bu inançların kaynağına ulaşmak için biraz zaman harcamak son derece özgürleştiricidir, çünkü bu farkındalığı yaşadığınız anda, bunların gerçeklerden ziyade görüşler olduğunu anlamaya başlarsınız ve bu görüşlerin yanlış olma ihtimali çok yüksektir.

Kafanızda yapamayacaklarınıza odaklanan sesleri belirledikten sonra, onlarla konuşmaya başlayın. Kendinizi "Bu tür şeyleri her zaman berbat ederim" diye düşünürken bulduğunuzda, o düşünceye "Bunu geçmişte becerememiş olmam şu anda mükemmel olamayacağım anlamına gelmez. Görüşlerini kendine sakla!" diye karşılık verin.

2. Anahtar: Gerçeklerle Yüzleşin

Sınırlayıcı inançların temel zorbalıklarından biri, bunların size pek çok durumda tamamen gerçek dışı fikirler empoze ediyor olmasıdır. Topluluk önünde konuşma konusunda gerçekten kötü müsünüz? Bir grubu yönetmekte gerçekten kötü müsünüz? Gerçekten nerede olursanız olun odadaki en az ilgi çeken kişi siz mi oluyorsunuz? Peki, bunu destekleyecek kanıtlar nelerdir? Gerçekte kaç kez bu tür durumlarda bulundunuz ve sonuçlar ne oldu?

"Hayatın, sizin kendi
yarattıklarınız dışında
hiçbir sınırlaması yoktur."

LES BROWN

İnançlarımızı sınırlandırmamızın en kötü yanlarından biri, duygularımız üzerinde çok ağır roller oynamalarıdır. Sınırlayıcı bir inançla karşılaştığınızda, bu inançların rasyonel benliğinize karşı savaştığını ve genellikle kazandığını fark edersiniz. Ama sizce bu kendi kendinizle yaptığınız konuşmaların ne kadarının gerçek bir temeli var? Topluluk içinde konuşma deneyimlerinizi düşünün (Bu arada, bu olağanüstü yaygın bir korkudur.) Böyle durumlarda nasıl hissettiğinize odaklanmak yerine, işlerin aslında nasıl gittiğini düşünün. Sahnede yuhalandınız mı? Sonrasında insanlar size gülmek ve ne kadar kötü olduğunuzu söylemek üzere yanınıza geldi mi? Patronunuz hemen ertesi gün, konuşmanızı gerektirmeyecek bir kariyer düşünmek isteyebileceğinizi söylemek için sizi karşılıklı görüşmeye aldı mı?

Bunların hiçbirinin olmadığını tahmin edebiliyorum. Bunun yerine, dinleyici kitleniz muhtemelen söylediklerinize ilişkin bir şeyler hissetmiştir. Konuşmanızı profesyonel bir ortamda yaptıysanız, not almışlardır ve büyük ihtimalle onlara bir şeyler öğretmişsinizdir. Bu, bir sonraki konuşmanızın TED'de olması gerektiği anlamına mı geliyor? Tabii ki hayır. Ama bu kesinlikle bir gruba bilgi aktarma konusunda kafanızdaki sesin size söylediğinden çok daha iyi olduğunuz anlamına geliyor.

Ve sırada sormanız gereken şu soru var: Algıladığım zayıf performansımın ne kadarı kendi iç sesimin beni bir türlü yalnız bırakmamasından kaynaklanıyor? Bu birçok insan için gerçek bir sorundur. Kendilerine güven duymadıkları bir işi yaparlarken içlerindeki eleştirmen o kadar dikkat dağıtıcı davranır ki yaptıklarına odaklanamazlar ve bu nedenle o işi pek iyi yapamazlar. Sınırlayıcı inançlarınızla yüzleşmeyi ve onları susturmayı öğrenmenizin bu kadar önemli olmasının nedenlerinden biri de budur. Bu konuda ne kadar iyi olursanız, en zorlu gelişme mücadeleleriniz esnasında ortaya çıkan dikkat dağıtıcı unsurları bastırma konusunda da o derece başarılı olursunuz.

Bu yüzden, sınırlayıcı inançlarınızın ardındaki gerçekleri incelerken, iki şeyi göz önünde bulundurduğunuzdan emin olun: bu alanda gerçekten engellendiğinizi kanıtlayacak herhangi bir kanıt olup olmadığına ve böyle bir kanıt varsa bile bunun sadece kafanızın içindeki sesten kaynaklanıyor olup olmadığına.

3. Anahtar: Yeni Bir İnanç Sistemi Geliştirin

Artık sınırlayıcı inançlarınıza bir isim verdiğinize ve bu inançların gerçekliğini dikkatlice incelediğinize göre, en önemli adımı atmanızın zamanı geldi: Hem şimdiye dek benimseyip Geliştirdiğiniz Sınırlayıcı Fikirlerinizden (LIE) daha doğru olan; hem de yeni oluşturmakta olduğunuz sınırsız şahsiyetiniz için yararlı olacak yeni bir inanç sistemi yaratmak.

Bu sürecin nasıl işleyeceğini bir sonraki bölümde göreceksiniz ama şimdilik sizinle küçük bir tura çıkalım. Diyelim ki sınırlayıcı inançlarınızdan biri, hayatınızın en önemli anlarında her zaman yetersiz kaldığınıza dair geliştirmiş olduğunuz inanç. Bunu sınırlayıcı bir inanç olarak belirledikten sonra, gerçekte neler olduğunu incelemek üzere adım attınız ve farkına vardığınız şey şu oldu: Ara sıra baskı dolu anlarda ortaya çıkan gerginliğe yenik düşmüş olsanız da, bu durumların çok azı sizin için bir felaketle sonuçlanmış ve derinlemesine incelendiğinizde, birçok sefer tedbiri elden bırakmadan bu durumların dahi üstesinden gelmiş olduğunuzu düşünüyorsunuz. Aslında, şimdi gerçekten bu konuya yoğunlaştığınıza göre, bocaladığınız dönemlere kıyasla çok daha fazla başarı elde ettiniz.

Öyleyse, şimdi yeni bir inanç sistemi yaratmanın zamanı geldi. Bu durumda, yeni inancınız, olağanüstü kritik anlarda hiç kimsenin %100 oranında zafer kazanamayacağı, ancak baskının çok yüksek olduğu zamanlarda bile sergilediğiniz mükemmel performansın sıklığına dayanarak kendinizle gurur duymanız gerektiği olacaktır. Bu yeni inanç bütünüyle eski inancın yerini alır, tamamen gerçeklerle desteklenir ve bir dahaki sefere kritik bir durum ortaya çıktığında, size çok daha sağlıklı bir düşünce yapısı kazandırır.

Size bu aşamada kullanmanız için bir araç daha vereceğim. Yıllar boyunca birçok uzmanla konuştum ve sohbet çoğu zaman dönüp dolaşıp aynı konuya geldi: İçinizdeki eleştirmenin sesinin, gerçek sizin hatta *en bilge sizin sesi* olduğuna inandığınız sürece, sizi daima yönlendirecektir. Birçoğumuz, sınırlayıcı bir inancımızı ifade etmeden önce, "Ben kendimi biliyorum ve..." gibi ifadeler bile kullanıyoruz. Ama içinizdeki eleştirmeniniz için gerçek sizden farklı bir kişilik yaratabilirseniz, onu susturmak konusunda çok daha başarılı olursunuz. Bu size son derece yardımcı olabilecek bir harekettir ve hoşunuza da gidebilir. İçinizdeki eleştirmene saçma sapan bir isim verin ve onu çirkin fiziksel özelliklere sahip biri gibi düşünün. Karton film karakteri gibi, hatta ikinci sınıf bir film için bile değersiz sayılabilecek bir karakter olarak hayal edin. Olumsuzluğa körü körüne bağlı olduğu için onunla dalga geçin. Aklınıza geldiğinde gözlerinizi çevirin. Bu sesi, gerçek sizden ayırmakta ne kadar iyi olursanız, sınırlayıcı inançlarınızın yolunuza çıkmasını önlemekte o kadar başarılı olursunuz.

OLASILIKLAR DA SINIRSIZ HALE GELİYOR

Artık sınırlayıcı inançlarınızı nasıl fethedeceğinizi bildiğinize göre, pozitif zihniyetinizi sınırsız olma arayışınızla birleştirmeye başlayabilirsiniz. Bu cüretkâr bir plan gibi görünebilir, ancak zihniyet ile başarı arasındaki bağlantıyı destekleyen pek çok kanıt var.

Bu kitapta daha sonra da karşılaşacağınız bir isim ve Podcast konuklarımdan biri olan, Atomic Habits adlı kitabın ve New York Times'ın en çok satan yazarı James Clear, North Carolina Üniversitesi'nde pozitif psikoloji araştırmacısı olan Dr. Barbara Fredrickson tarafından yapılan bir çalışma hakkında düşüncelerini yazdı. Söze başlarken, ormanda bir kaplanla burun buruna gelme örneğinden yola çıkarak, olumsuz duygularımızın bize ne yapabileceğinin altını çizdi. "Araştırmacılar, olumsuz duyguların beyninizi belirli bir eylemi yapmaya yönelik programladığını uzun zamandır biliyor." dedi. Örneğin, o kaplan yolunuza çıktığında koşarsınız. O sırada dünya yansa umurunuzda olmaz. Sadece kaplana, onun yarattığı korkuya ve ondan nasıl uzaklaşabileceğinize odaklanırsınız.[6] Clear'ın özellikle üzerinde durduğu mesele, olumsuz duygular yüzünden yapabileceklerimizin kapsamını daraltma yoluna gitmemizdir. Mesele sadece kaplandan (mecazi olarak) uzaklaşmaktır, başka hiçbir şeyin önemi yoktur. Olumsuz duygularımızın (sınırlayıcı inançlarımız gibi) bizi kontrol etmesine izin verirsek, sürekli olarak hayatta kalma modunda çalışırız ve bu nedenle daha dar bir olasılık sahasıyla sınırlı kalırız.

Dr. Fredrickson'ın keşfettiği şey, olumlu bir zihniyetin bunun tam tersi bir sonuca yol açtığıdır. Doktor, katılımcılarını beş gruba ayırarak film klibi seyrettirdiği bir deney yapmıştı. İlk grup neşe uyandıran klipler, ikincisi memnuniyet uyandıran klipler, üçüncü grup korku yaratan klipler, dördüncü grup da öfkeli klipler izlemişti. Beşinci grup ise kontrol grubuydu.

Klipler izletildikten sonra, katılımcılardan az önce gördüklerine benzer durumlar hayal edip bu durumlara nasıl tepki vereceklerini düşünmeleri istendi. Daha sonra da "... yapmak isterim" ile başlayan yirmi maddelik bir formu doldurmaları istendi. Kliplerde korku ve öfke deneyimlemiş olanlar en az cevapla karşılık verirken, sevinç ve memnuniyet deneyimlemiş olanlar tüm grubun verdiğinden bile çok daha fazla sayıda cevapla geri dönüş yaptı. Clear, "Bu deneyin sonucunu başka bir deyişle, sevinç, memnuniyet ve sevgi gibi olumlu duygular yaşadığımızda, hayatımızda daha fazla olasılık görürüz şeklinde özetleyebiliriz."[7] dedi.

Ayrıca burada özellikle dikkate alınması gereken mesele, pozitif bir zihniyetin faydalarının pozitif duygu deneyiminin çok ötesine geçiyor olmasıdır. Clear bu duruma kanıt olarak şu örneği sunuyor:

Dışarıda koşup oynayan, ağaçlara tırmanıp dallarında sallanan ve arkadaşlarıyla oyun oynayan bir çocuk, atletik olarak hareket etme becerisi (fiziksel beceriler), başkalarıyla oynama ve bir ekiple iletişim kurma becerisi (sosyal beceriler) ve etrafındaki dünyayı keşfedip inceleme becerisi geliştirir (yaratıcı beceriler). Böylece, oyun ve neşe sayesinde ortaya çıkan pozitif duygular, çocuğu günlük yaşamı için yararlı ve değerli olabilecek beceriler geliştirmeye sevk eder. Yeni becerilerin keşfedilmesini ve yaratılmasını teşvik eden mutluluk hali çoktan sona ermiş olabilir, ancak o sırada kazanılmış beceriler yaşamaya devam eder.[8]

Fredrickson, bunu "genişlet ve inşa et" teorisi olarak adlandırır çünkü olumlu duygular olasılık hissiyatınızı genişletir ve zihninizi açar, bu da hayatınızın diğer alanlarında değer sağlayabilecek yeni beceriler ve kaynaklar oluşturmanıza olanak tanır. Burada tekrar gözden geçirilen araştırmayla birlikte, bu teori özetle şu görüşleri öne sürüyor:

Olumlu duygular (i) insanların dikkat ve düşünme alanlarını genişletir; (ii) uzun süreli olumsuz duygusal uyarılmayı ortadan kaldırır; (iii) psikolojik dayanıklılığı besler; (iv) önemli kişisel kaynaklar oluşturur; (v) gelecekte daha fazla refaha ermek için hızla yükselme eğilimini tetikler ve (vi) insan gelişiminin ilk tohumlarını atar. Bu teori aynı zamanda ileriye dönük, önemli bir mesaj içerir: İnsanlar kendi yaşamlarında ve çevrelerindeki kişilerin yaşamlarında da olumlu duygular geliştirmelidir. Bunu sadece böyle davranmak onları o anda iyi hissettirdiği için değil, aynı zamanda insanları daha iyi bireyler haline getirdiği için ve onlara refah dolu ve sağlıklı bir ömrün yolunu açtığı için yapmalılar.[9]

İçinizdeki eleştirmeni susturduğunuz için kazandığınız yeni zihniyet, size bir olasılıklar dünyası sunar. Geliştirdiğiniz olumlu duygular arttıkça, daha önce hiç fark etmediğiniz fırsatları görür ve yakalarsınız. Ve yüksek bir motivasyon duygusu (zaten bununla neden motive olamayasınız ki?) ve doğru yöntemlerle, artık neredeyse sınırsız olma yolundasınızdır.

YOLUMUZA DEVAM ETMEDEN ÖNCE

Daha hızlı öğrenmek için, kendimiz için mümkün olduğuna inandığımız şeylerin dar tanımını aşmalıyız. İleriki sayfalarda, insanları gerileten ve en yaygın sınırlayıcı inançlar olan öğrenmeyle ilgili yedi yalanı öğreneceksiniz. İnsanlara nasıl öğreneceklerini öğrettiğim on yıllar boyunca, öğrencilerimin ve müşterilerimin bu tarz inançlara sıkı sıkıya sarılmış olduğunu gördüm. Bu kısıtlamalar, aslında karşılaştığınız yegâne gerçek engellerdir. Sonuçta, insanlar mümkün olabileceğine inanmadıkları sürece daha hızlı okumayı öğrenemezler. Kendilerine sürekli olarak hafızalarının kötü olduğunu söyleyip dururlarsa, bir şeyleri daha verimli bir şekilde ezberlemeyi de öğrenemezler. Bu sözde "sınırlamaların" transından kurtulduğunuz anda ise her şey kendiliğinden yerine oturur. Bahsedeceğim bu yalanların üstesinden gelerek, sizi sınırsız olmaktan alıkoyan temel engelleri aşmış olacaksınız. Ve şimdi size bir sonraki bölüme geçmeden önce deneyebileceğiniz birkaç egzersiz:

• Birinin sizi gerçekten etkileyen bir şeyi başardığına tanık olduğunuz bir anı düşünün. Şimdi bundan hangi kişisel ilhamı alabileceğiniz üzerine kafa yorun.

• İçinizdeki eleştirmeni yeniden hayal edin. Kafanızdaki bu sesin niteliklerini ona daha az itibar ve önem vereceğiniz şekilde değiştirin.

• Hemen şu anda sınırlayıcı bir inancınızdan yüz çevirin. Kendinize sürekli olarak neyi yapamayacağınızı söylüyorsunuz? Size bu inancın doğru olmadığını gösteren kanıtı bulun.

"Sınırlı olduğumuza dair büyük
bir yalan var.

Oysa sahip olduğumuz sınırlar,
sadece varlıklarına inandıklarımızdır."

WAYNE DYER

ÖĞRENMEYE İLİŞKİN 7 YALAN

Kendinize anlattığınız en sınırlayıcı mitler nelerdir?
Bu mitlerin zayıflatıcı etkisinin üstesinden
nasıl gelebilirsiniz?
Bu sınırlayıcı inançlar,
nasıl pozitif inançlara dönüştürülür?

Size yalan söyleniyor. Hem de sürekli olarak. Hatta bazen kendi kendinize yalan söylüyorsunuz. Hepimiz, yeteneklerimizin sınırları hakkında sonsuz bir yanlış bilgilendirmeye maruz kalıyoruz ve bu bilgileri o kadar sık alıyoruz ki çoğumuzun inanmaktan başka seçeneği kalmıyor. Sorun şu ki, bu mesajlar sınırsız olma arayışımıza doğrudan karşı çıkıyor. Zihnimizdeki bu sınırlı fikirler (YALAN-LAR) bizi oyalayabilir ya da istemediğimiz bir yöne doğru yönlendirebilir. Öyleyse, haydi şimdi bunların yedisini de ortaya çıkaralım, ne olduklarını inceleyelim ve onları daha iyi bir şeylerle değiştirelim.

1 NUMARALI YALAN: ZEKÂ SABİTTİR, DEĞİŞMEZ

Rae dışarıdan bakıldığında, oldukça olumlu bir insanmış gibi görünüyordu. Kendi işini yürütüyordu, gelişmekte olan bir sosyal ağa sahipti ve çoğumuzun rüyasında bile göremeyeceği olanakları hayal edebilen büyük fikirleri olan insanlarla çevrili olmayı seviyordu.

Ancak Rae bir kızı olduğunda, sandığı kadar pozitif olmadığını fark etti. Bu gibi şeylerin doğasına uygun olarak, belli belirsiz şekillerde farklı bir düşünce yapısı sergilemeye başladı. Durum, ilk önce kendini Rae'nin, küçük kızının yaptığı bazı şeylere tepki verme biçiminde gösterdi. Rae, kızının davranış biçimi üzerinde kendi etkisi olabileceğine inanmak yerine, "kızın zaten böyle olduğunu" düşünme eğilimindeydi. Kocası, kızına yeni şeyler öğretmeye çalıştığında Rae, içinde hafif bir huzursuzluk hissetti. Kızını, kendisine öğretilen şeyi öğrenemediği takdirde uğrayacağı hayal kırıklığından korumaya çalışır gibiydi. Sürekli olarak kızının, "bütün o anlatılanları öğrenemeyecek kadar genç" olduğunu düşündüğünün farkına vardı.

Bir gün kocası ona bakarak, "Kızımızın daha fazlasını öğrenemeyeceğini, bulunduğu noktadan daha ileriye gelişim gösteremeyeceğini mi düşünüyorsun?" diye sordu. "Hayır, tabii ki!" dedi Rae. Kızını seviyordu. Ayrıca küçük kız zeki ve meraklıydı ve her gün yeni bir şeyler öğreniyordu. Yani durum aslında tam tersiydi. Lakin Rae yine de, derinliklerinde gömülü olan ve kendisine "Hayır, onun olup olacağı bu işte!" diye fısıldayan bir inanç olduğunun farkındaydı. Rae, kızının zekâsı hakkında geliştirmiş olduğu sabit bir düşünceyle mücadele ediyordu.

Bu inançlar inanılmaz derecede belli belirsizdir. Pek azımız bilinçli olarak kendi kısıtlamalarımız veya başkalarının sahip olduğuna inandığımız kısıtlamaları hakkında düşünüyoruz. Ama bu sınırlayıcı inançlar, mutluluğumuzu derinden etkileyen yerlere, ev ve iş yaşantımıza, çocuklarımızla olan iletişimimize sızıyor. Ancak bunları iyileştirmenin mümkün olmayacağını düşünürsek, gerçekten de mümkün olmayacaktır. Bir şeye başlarken onu yapabileceğinize inanmıyorsanız, başarmanız son derece zordur.

Stanford Üniversitesi'nde psikoloji profesörü olan Carol Dweck, sabit zihniyetle gelişen zihniyet arasındaki farkı şöyle açıklıyor:

Sabit bir zihniyette, öğrenciler temel yeteneklerinin, zekâlarının ve hünerlerinin sabit özellikler olduğuna inanırlar. Bu sayılanların ancak belli bir miktarına sahiptirler ve olup olacağı da bu kadardır. Sonrasında yegâne hedefleri her zaman akıllı biri gibi görünmek ve asla aptal görünmemek olur. Gelişen bir zihniyette ise, öğrenciler yetenek ve hünerlerinin çaba, iyi öğretim teknikleri ve azimle geliştirilebileceğini anlamış durumdadırlar.

İllaki herkes aynıdır diye ya da herkes Einstein olabilir diye düşünmezler. Ancak her bir bireyin üzerinde çalıştığı takdirde daha akıllı olabileceğine inanırlar.[1]

Tıpkı Rae gibi çoğumuz, zihniyetimiz sabit mi yoksa gelişen bir zihniyet mi diye kafa yormuyoruz. Birçoğumuz farkında bile olmadan ailemizin benimsediği kalıplar üzerinden düşünmeye devam ettik. Az fark edilir olsalar da, bu iki zihniyet türü arasından benimsemiş olduğumuz hangisiyse, hayata yaklaşımımızı derinden etkiler. Sabit zihniyetle yola çıktıysak, işler olduğu gibidir. Yani onları değiştirecek gücümüz yoktur. Oysa gelişen bir zihniyetle, her şeyi daha iyi bir hale getirme kabiliyetine sahibizdir.

Rae, belli belirsiz bir şekilde kızının gelişemeyeceğini veya büyüyemeyeceğini düşünüyorsa, ona öğretmek yerine ne yapıyor? Muhtemelen onu yatıştırmak, mola verdirmek ve dikkatini başka bir yöne çekmek gibi birkaç şey. Tamam, bunların hepsi o anın stresini hafifletmeye yarar ancak çocuğun gelişmesine katkıda bulunmaz. Aynı şekilde, yetişkinler olarak öğrenme kapasitemiz olmadığına inanıyorsak, istediğimiz veya bilmemiz gereken şeyi kendimize öğretme sorumluluğunu üstlenmek yerine ne yapıyoruz? Kendimize bunun gerekli olmadığını söylüyoruz, mazeretler üretiyoruz, diğer insanları veya koşulları suçluyoruz ve sonra da kendimizi iyi hissetmemizi sağlayan şeylerle oyalanıyoruz.

Bu sınırlayıcı inancın doğuşu muhtemelen sizin hatırlamadığınız bir döneme ya da ilk yaşlarınıza dayanır. Öte yandan, zekaya bakış açınız ve öğrenme kapasiteniz üzerinde derin bir etkiye sahiptir. IQ puanları ve testleri, hangi öğrencilerin okulda en çok zorluk yaşayacağını daha iyi değerlendirmek amacıyla 1900'lerin başında düzenlenmeye başlandı. Fransız psikolog Alfred Binet ve öğrencisi

Theodore Simon, Fransız hükümeti için görevlendirildikten sonra zekâyı ölçen bir test geliştiren ilk bilim insanlarından sadece ikisiydi.² Yetkinlikle ilgili olduğu için yaşı dikkate alan bir test tasarladılar ve testin diğer dillere ve kültürlere kolayca uyarlanabilmesi sayesinde övgü aldılar.³

Üzerinden 100 yıldan daha uzun bir süre geçmiş olsa bile, bu testlerin tecrübe ve bilgi edinme ve bunları özümseme kabiliyeti olarak tanımlanan zekâyı ölçme yeterliliğine sahip olup olmadıkları hâlâ hararetle tartışılıyor. İlginç bir durum ancak, aslında Binet'nin kendisi bile testinin kullanılma şeklinden memnun değildi çünkü yaratıcılığı veya duygusal zekâyı ölçmüyordu.⁴ Dahası, bu testlerle ilgili kültürel anlayışımız, elde edilen puanlara aşırı önem verdiğimiz anlamına geliyor.

IQ puanlarını zekâmızın sabit bir yansıması olarak düşünme eğilimindeyiz, ancak durum böyle değil. Aslında IQ testi doğuştan gelen zekâyı değil, mevcut akademik yetenekleri ölçer.⁵ Günümüze kadar geliştirilmiş hiçbir IQ testi hâlihazırda ne yaratıcılığı ve pratik zekâyı (ki bunu "sokak zekâsı" olarak da düşünebilirsiniz) ne de duygusal zekâyı da ölçer nitelikte değildir.⁶ Oysa sözünü ettiğimiz bu üç zekâ türü, iş hayatında ve günlük yaşamda giderek daha da önemli hale gelmektedir.

Bu noktada gözetilmesi gereken en büyük ayrım, test puanları ile öğrenme yeteneğiniz arasındaki farkı daima hatırlamaktır. İrlanda Ulusal Üniversitesi'nden Bryan Roche, "IQ'nun ömür boyu sabit olduğunu iddia edenler aslında nispeten istikrarlı olan IQ test puanlarımıza atıfta bulunuyor; sürekli artan zekâ seviyelerimize değil."⁷ diyor.

David Shenk bu fikri "Hepimizin İçindeki Dâhi" (The Genius in All of Us) kitabında ileri sürüyor. Herkes dâhi olma ya da en azından mükemmel olma potansiyeline sahiptir. Fakat kesin olarak bir dâhi olup olmadığımıza ya da yetenekli olup olmadığımıza inanmayı tercih etmemizin nedeni, bizi kendi hayatımızın kontrolünü ele geçirme sorumluluğundan kurtarmasıdır. "Doğuştan gelen yeteneklere ve sınırlara duyduğumuz inanç, bize karşı ruhsal açıdan çok daha naziktir. Örneğin bu inançlar sayesinde, harika bir opera sanatçısı olmayışınızın nedeni, böyle biri olmanızın mümkün olmaması, diye düşünürsünüz. Basit ve yalın bir ifadeyle böyle yaratılmışsınızdır. Yeteneğin doğuştan gelen bir şey olduğunu düşünmek, dünyamızı daha yönetilebilir ve daha rahat hale getirir. Kişiyi beklenti yükünden kurtarır."[8]

Zekânız işlenebilir özelliktedir ama durumu, aynı zamanda gelişen bir zihniyet edinmedeki kabiliyetinize de bağlıdır. Tutum ve davranışlarınızı incelemeye başlayın. Konuşma şeklinize kulak verin çünkü sabit bir zihniyetiniz varsa genellikle kullandığınız dilde kendini gösterir. Belki kendi kendinize "Okuma konusunda iyi değilim" diyorsunuzdur. Bu tür bir ifade, bunun sabit bir durum olduğuna ve becerilerinizin geliştirilemez olduğuna dair inancınızı ifade eder. Bunun yerine, "Bu, *henüz* iyi olmadığım bir konu" gibi bir şey söylemeyi deneyin. Dildeki bu değişim, geliştirmek istediğiniz her şeye uygulanabilir.

Zekâ testinden aldığınız puanlar geleceğinizi belirlemez. Ayrıca neleri öğrenip başarabileceğinizi de belirlemez. Eğitim sürecinizde kontrolü kendi ellerinize alın.

Gerçek şudur: Mesele ne kadar zeki olduğunuz değil; nasıl zeki olduğunuzdur. Birden fazla zekâ türü vardır. (Bu konuya daha sonra değineceğiz). Pek çok şey gibi, zekâ da tutum ve eylemlerin bir kombinasyonudur ve duruma bağlıdır.

Yeni inanç: Zekâ değişkendir.

2 NUMARALI YALAN: BEYNİMİZİN SADECE YÜZDE ONUNU KULLANIRIZ

Hepimiz bu efsaneyi biliriz. Bazılarımız bunu bir sınıfta ilk kez bulunduğu sırada, bazılarımız bir arkadaşımızdan, bazılarımız da medyadan, belki bir belgesel, bir TV şovu veya bir film aracılığıyla duymuştur. Bu efsane genellikle özlenen olasılıkları vurgulama amacıyla kullanılır: Keşke beynimizin geri kalanına erişebilseydik, o zaman kim bilir daha neler neler başarabilirdik?

Bu hikayenin kökeni bir dizi farklı kaynağa dayanıyor, ancak çoğunlukla kamuoyu eğilimlerinin şekillenmesinde de olduğu gibi, muhtemelen birbirini izleyen olaylar üzerine kurgulandı. Bazıları bunu, The Energies of Men'de yazan ve "Olası zihinsel ve fiziksel kaynaklarımızın sadece küçük bir kısmını kullanıyoruz." diyen yazar ve filozof William James'e atfediyor.[9] Tabii mesele Pierre Flourens'in çalışmalarından da kaynaklanmış olabilir. Flourens, 1800'lerin sonlarında beyin ve sinir sisteminin nasıl çalıştığı ve sonrasında bunların birlikte nasıl çalıştığı konusunda yaptığı keşifleriyle ünlü bir Fransız fizikçidir.

Bu efsane, Dr. Karl Lashley'nin 1920'lerde yaptığı çalışmasıyla da ilgili olabilir. Lashley, ileri düzeydeki bilişsel işlemlerden sorumlu bir alan olan serebral korteks parçalarını çıkardığında, farelerin bazı görevleri yine de öğrenebildiklerini keşfetti. Bu onun mantıken, ancak tamamen yanlış bir şekilde, beynin tüm bölümlerinin kullanılmadığı varsayımını ortaya atmasına yol açtı.[10] Bazıları, PET ve fMRI taramalarından elde edilen ve ekranda "Bir şeyi yerden kaldırdığınızda beyninizin yaptığı şey budur." gibi basitleştirilmiş açıklamalar eşliğinde parlak lekeler gösteren ilk nöro görüntülemeleri suçluyor. Oysaki bu görüntüler tipik olarak beynin sadece bir kısmının aydınlandığını göstererek, meslekten olmayan kişinin bir seferde beynimizin sadece küçük bir bölümünü kullandığımız sonucuna varmasına yol açmıştır.[11]

Bu varsayım, son yüz yıldır sayısız reklam ve filmde de desteklenerek sürdürüldü. 2011 yılında "The Dark Fields" kitabının uyarlaması olarak "Limitless" adıyla piyasaya çıkan filmde, beyin fonksiyonlarımızın yüzde 20'sini kullanabildiğimiz söylendi; 2014 yapımı "Lucy" adlı filmde ise, belirlenen herhangi bir zaman diliminde beynimizin sadece yüzde 10'unu kullanabildiğimiz iddia edildi.

2017 yılında, araştırmalara dayanıyor olmasının yanı sıra gerçeklerin ve istatistiklerin kullanılmasıyla, üzerinde çok düşünülmüş bir yapım olarak ünlenen Black Mirror adlı dizinin bir bölümünde, yine bu efsane öne çıkarılarak, "İyi bir günde bile, beyin kapasitemizin yalnızca yüzde 40'ını kullanıyoruz." denmişti. Tüm bu hikâyeler, gizli de olsa en büyük potansiyelimizi ortaya çıkarma fikrine odaklanmıştı.

Bu efsanenin yine de gerçek olmadığını söylememe gerek yok sanırım. Ulusal Halk Radyosunun (NPR) veciz sözler bölümünde sunucu, Morgan'ın bir videosunu oynattı. Freeman, dramatik bas sesiyle, Lucy filminin ana fikrinin dayandığı, "Peki ya?" senaryosunu şöyle ortaya koydu: "Ya beynimizin yüzde 100'üne erişebilmemizin bir yolu olsaydı? O zaman neler yapmaya muktedir olurduk?"

Sinirbilimci David Eagleman bu soruya şu isabetli cevabı veriyor : "O zaman da şu anda ne yapabiliyorsak onu tam olarak yapabilirdik, yani biz zaten beynimizin kesinlikle yüzde yüzünü kullanıyoruz."[12]

Her birini burada dile getiremeyeceğim kadar çok sayıda kanıt da bu fikri destekliyor. Ancak British Columbia'daki Simon Fraser Üniversitesi'nde psikoloji profesörü olan Barry Beyerstein, bu efsaneyi çürüten bazı önemli bilimsel keşifler ortaya koydu. Bunları size şöyle özetleyeyim:[13]

- Hasar görmüş beyinler üzerine yapılan çalışmalar, daha önceki teorilerin aksine, beyinde yetenek kaybına yol açmaksızın hasara dayanabilecek tek bir alan bile olmadığını göstermektedir. Beyin taramaları, aktivite ne olursa olsun, tüm beyin alanlarının aktif olduğunu göstermiştir. Beynimizin tüm bölümleri uyurken bile hareketlilik gösterir.

- Beyinlerimiz enerji oburudur. Beyin, ağırlık olarak tüm vücudumuzun yalnızca yüzde 2'sini işgal eder ama yine de tükettiği enerji, tüm diğer organlardan daha fazla olmak üzere, yüzde 20'ye tekabül eder. Maksimum yüzde 40 veya daha az kapasiteyle çalışan bir organ için bu kadar inanılmaz miktarda enerjiye ihtiyacımız olmazdı.

- Bilim adamları ayrıca beynin bölümlerinin birlikte çalışan belirgin işlevlere sahip olduğunu da belirlediler. On yıllar boyunca beyni kapsamlı bir şekilde haritalandırdıktan sonra, beynin hiçbir işlevsiz bölgesi olmadığı sonucuna vardılar.

- Son olarak, öğrendiğimiz üzere, beyin sinaptik budama adı verilen bir işlem kullanıyor. Yani beynimizin büyük bir bölümünü kullanmıyor olsaydık, bozulmuş bir sürü alan görmeyi beklerdik (beyinle ilgili bir rahatsızlık olmadığı sürece böyle bir durum beklemeyiz.[14]

Özetlemek gerekirse, bu efsane kesinlikle doğru değil. Baltimore'daki Johns Hopkins Tıp Fakültesi'nden nörolog Barry Gordon da, Scientific American ile yaptığı röportajda, bu fikrin "çok yanlış, hatta neredeyse gülünç" olduğunu söyledi.[15]

Gerçek şudur: Bu noktadan hareketle anlamanızı istediğim şey, beyninizin tüm gücüne zaten hâlihazırda sahip olduğunuzdur. Bu filmlerin ve dizilerin her birinin tasvir ettiği ütopya sizin için şimdiden mümkün. Hepimiz beynimizin tamamını kullanıyor olsak da bazılarımız beynini diğerlerinden daha verimli kullanır. Bu tıpkı çoğu insanın vücudunun yüzde 100'ünü kullanıyor olmasına rağmen bunlardan bazılarının diğerlerinden daha hızlı, daha güçlü, daha esnek ve daha enerjik bedenlere sahip olması durumuna benzer. Anahtar, beyninizi olabildiğince verimli ve etkili bir şekilde kullanmayı öğrenmektir ve siz bu kitabın sonuna geldiğinizde bunu yapacak araçlara sahip olacaksınız.

Yeni inanç: Beynimin tamamını mümkün olan en iyi şekilde kullanmayı öğreniyorum.

3 NUMARALI YALAN: HATALARINIZ BAŞARISIZLIKLARINIZDIR

Einstein adını duyduğumuzda çoğumuzun asla başaramayacağını düşündüğü zekâ ve entelektüel beceriler aklımıza gelir. Buna tamamen hak edilmiş bir ilgi diyebiliriz. Einstein, genel olarak bilim alanını ve özellikle fiziği ilerletmek için zamanımızın diğer bilim adamlarından çok daha fazlasını yaptı. Onun keşifleri, günümüzün en önemli teknolojilerinden bazılarını mümkün kıldı.

Böylesine şanlı bir şöhretle, Einstein'ın nadiren hata yaptığını varsaymak kolay olurdu ama işin aslı böyle değildi. Başlangıç olarak, küçükken gelişimi "yavaş" olarak tanımlanmış bir çocuktu ve ortalamanın altında bir öğrenci olarak kabul edilmişti.[16] Düşünme ve öğrenme tarzının sınıfındaki diğer öğrencilerden farklı olduğu küçük yaşlarından beri belliydi. Örneğin matematikte daha karmaşık kabul edilen problemleri çözmeyi seviyordu, ancak "kolay" problemlerde pek iyi değildi.[17]

Einstein, kariyerinin ilerleyen safhalarında, en önemli çalışmalarının bazılarında ortaya çıkan basit matematiksel hatalar yaptı. Sayısız hataları arasında, izafiyet teorisinin her versiyonunda karşımıza çıkan yedi büyük gafı, deneyleriyle ilgili saat senkronizasyonundaki hataları ve sıvıların viskozitesini belirlemek için kullanılan matematik ve fizik hesaplamalarındaki birçok hata bulunmaktadır.[18]

Einstein, hataları yüzünden başarısız biri olarak mı görüldü? Neredeyse hiç. En önemlisi, hatalarının onu durdurmasına izin vermedi. Alanında deneyler yapmaya ve katkıda bulunmaya devam etti. "Hata yapmamış kişi, hiç yeni bir şey denememiş kişidir." sözü çok meşhurdur. Dahası, bugün kimse onu hatalarından dolayı hatırlamıyor. Bizler onu sadece katkılarından dolayı hatırlıyoruz.

Öyleyse neden hata yapmaktan bu kadar korkuyoruz? Aslında bu içimize yerleşmiş bir korku olabilir. Öğrenciyken, hatalarımız konusunda yargılandık ve tabi tutulduğumuz testlerdeki hatalarımızın sayısı o dersten geçip geçmeyeceğimizi belirledi. Sınıfta bir soruya cevap vermemiz için adımız okunduğunda yanlış bir cevap verdiysek, çoğumuz daha sonrasında bir kez daha parmak kaldıramayacak kadar utanmışızdır. Ne yazık ki, hatalar genellikle bir öğrenme aracı olarak kullanılmıyor; kişinin yeteneklerini ölçmenin bir yolu olarak kullanılıyor. Çok fazla hata yaparsanız sınavınızda başarısız oluyor ya da sınıfta kalıyorsunuz.

Bunu değiştirmemiz gerekiyor. Birçoğumuz, hata yapmaktan çok korktuğumuz için gerçek kapasitelerimize yaklaşamıyoruz bile. Hataları başarısızlığın kanıtı olarak görmek yerine, onları çabaladığınızın kanıtı olarak kabul edin.

General Electric'in eski başkan yardımcısı Beth Comstock ve ekibi, şirketin yatırım yaptığı yeni bir ürün grubunu hurdaya çıkarmak zorunda kaldıklarında bu felsefeyi çok iyi öğrenmişler. Aynı zamanda, Imagine It Forward: Courage, Creativity, and the Power of Change (Daha Ötesini Hayal Et: Cesaret, Yaratıcılık ve Değişimin Gücü) kitabının da yazarı olan Comstock, genellikle işletmelerin ve bunların içinde yer alan kişilerin daha hızlı uyum sağlama ve değişme konusunda sürekli artan taleplerinden bahsediyor.[19] Kendisinin ve ekibinin, yaptıkları hataları bir başarısızlık olarak değil de, şirketi ileri götüren yeni bir yol geliştirmelerini sağlayan önemli bir öğreti olarak görmeyi nasıl başardıklarını derinlemesine anlatıyor.[20] Onlar hataların üstünde durmak yerine, kendilerine bu hatalardan ne öğrendiklerini sormuşlar.

Gerçek şudur: Yaptığınız hatalar başarısız olduğunuz anlamına gelmez. Hatalar, yeni bir şey denediğinizin göstergesidir. Mükemmel olmanız gerektiğini düşünebilirsiniz ama hayat kendinizi başka biriyle karşılaştırmanız üzerine değil, kendinizi dün olduğunuz kişiyle kıyaslayarak ölçmeniz üzerine kurgulanmıştır. Hatalarınızdan bir şeyler öğrendiğiniz zaman, öğrendiğiniz şeylerin sizi eskiden olduğunuzdan daha iyi bir bireye dönüştürme gücü olur.

Ayrıca, unutmayın ki siz hatalarınızla eşdeğer değilsiniz. Hata yapıyor olmanız, bir birey olarak sizinle ilgili hiçbir şeyi ifade etmez. Doğuştan değersiz biri olduğunuz sonucuna kapılıp gitmeniz kolaydır, ancak işin aslı hataların kontrolü sizin elinizdedir; hataların değil. Onları ayaklarınızın altına yerleştirdiğinizi ve bir sonraki seviyeye yükselmek için basamak taşları olarak kullandığınızı hayal edin. Bizi tanımlayan, hata yapma şeklimiz değil, onlarla nasıl başa çıktığımızdır.

Yeni İnanç: Başarısızlık diye bir şey yoktur. Sadece başarısızlıklardan öğreneceğiniz şeyler vardır.

4 NUMARALI YALAN: BİLGİ GÜÇTÜR

"Bilgi güçtür" ifadesinin genellikle öğrenmenin bir sebebi olarak lanse edildiğini duymuşuzdur, sanki tek başına bilgi bize güç verecekmiş gibi. Ayrıca bu ifadenin tam tersi amaçla kullanıldığını da duymuş olabilirsiniz: Örneğin bir müzakere esnasında birinden bilgi veya istihbarat saklama nedeni olarak.

"Bilgi güçtür" ifadesi genellikle Sir Francis Bacon'a atfedilir, ancak bilinen ilk kullanımından söz edecek olursak bu ifade, genç yaşlarındayken Bacon'un sekreteri olarak görev yapmış olan Thomas Hobbes, "Bilgi Güçtür" sözünün Latince karşılığı olan *scienceia potentia est*, ifadesini 1651'de basılan Leviathan adlı kitabında kullanana kadar hiç kaleme alınmamıştır. Sonrasında 1655'te yazdığı De Corpore adlı eserinde bu fikri daha kapsamlı ele almıştır fakat ne yazık ki Hobbes'un orijinal düşünceleri yıllar içinde törpülenmiştir. Hobbes eserinin orijinalinde şöyle der: "Bilginin sonu güçtür ve teoremlerin kullanımı problemlerin inşası içindir ve son olarak, tüm spekülasyonların kapsamı, *bir eylemin veya yapılacak bir şeyin gerçekleştirilmesidir."* [21]

Başka bir deyişle, bilgi önemlidir, ancak onu güçlü kılmak için gerekli olan "bir eylem gerçekleştirilmesidir". İşte burası bir kültür olarak sıkışıp kaldığımız yer. Daha önce de tartışıldığı gibi, her gün şiddetli bir bilgi sağanağına tutuluyoruz. Bilgiye erişimimiz, tüm insanlık tarihinde sahip olduğumuzdan da fazla. Lakin bu bilgi bolluğu, harekete geçmemizi gün geçtikçe daha da güçleştiriyor.

Ben de eskiden bu efsaneye inanırdım. "Beyni arızalı çocuk" diye anıldığım zamanlar, sınıfımdaki diğer çocuklar gibi öğrenebilen biri olmaktan daha çok istediğim bir şey yoktu. Bunu başardığımda ise, bilgiye sahip olmanın beni çevremdeki insanlardan farklı kılmayacağını çabucak anladım. Asıl fark yaratacak olan, o bilgiyi kullanma şeklimdi.

Gerçek şudur: Bilgi güç değildir. Yalnızca güç olma potansiyeline sahiptir. Bu kitabı okuyabilir ve içindeki her şeyi öğrenebilirsiniz, ancak onu içselleştirmeyip içindeki bilgiyi hayatınıza uygulamazsanız, size hiçbir faydası olmayacaktır. Siz bilginizi eyleme geçirene dek dünyadaki kitap, podcast, seminer, çevrimiçi programlar ve ilham verici sosyal medya gönderilerinin hiçbiri işe yaramayacaktır.

Öğrendiklerimiz hakkında konuşmak kolaydır ancak ben sizi öğrendikleriniz hakkında konuşmaya değil onları göstermeye sevk etmek istiyorum. Konuşmaktansa yapın. Söz vermeyin, kanıtlayın. Zaten aldığınız sonuçlar her şeyi anlatacak.

Yeni İnanç: Bilgi × Eylem = Güç

5 NUMARALI YALAN: YENİ ŞEYLER ÖĞRENMEK ÇOK ZORDUR

Öğrenme kelimesini duyduğumuzda, genellikle okul aklımıza gelir. Oysa pek azımızın okula dair tatlı anıları vardır. Akademik olarak başarılı olmuş olsak bile, okul tipik olarak ilk kez romantik aşkı tattığımız (ve muhtemelen reddedildiğimiz), ezici bir can sıkıntısı yaşadığımız ve gençliğin verdiği büyüme sancılarıyla ilişkili bir yerdir. Okulda verdiğimiz mücadelenin üzerine eklenen utanç ve şüphe gibi duygular ve zaten hep var olan "hiçbir şey öğrenemeyecek kadar aptalım" duygusu bu kelimenin anlamına renk katar. Öğrenmeyi düşündüğümüzde aklımıza zorluk ve çekişme gelmesine şaşmamalı.

Carol Greider, telomerlerin (kromozomun uçlarındaki dna parçaları) yaş ilerledikçe nasıl değiştiğini keşfetmedeki rolü nedeniyle 2009'da Nobel Ödülü'nü kazanan Amerikalı bir moleküler biyologdur. Bu çalışması sayesinde, bilim dünyasının kanseri anlama ve tedavi etme sürecine muazzam bir potansiyel kazandırmıştır.[22] Greider, Bloomberg'in Seçkin Profesörü ve Daniel Nathans Profesörü olma ayrıcalığına sahiptir ve John Hopkins Üniversitesi'nde moleküler biyoloji ve genetik direktörüdür. Böylesine şanlı bir kariyer göz önünde bulundurulursa Greider'ın okulda bütün derslerden tıkır tıkır geçtiği varsayılabilir ama durum hiç de öyle değildi.

Greider, anılarını anlatırken, "İlkokuldayken, kötü bir heceleyici ve kelimeleri tam olarak söyleyemeyen biri olarak kabul edildim, bu yüzden düzeltme derslerine alındım." diyor ve şöyle devam ediyor: "Bir öğretmenin gelip beni sınıftan çıkarıp farklı bir odaya götürdüğünü hatırlıyorum. O sırada kesinlikle diğer çocuklar kadar iyi olmadığımı hissetmiştim."[23]

Sonrasında beynin, dili işleyen bölümlerini etkileyen bir öğrenme güçlüğü olarak tanımlanan disleksi sorunu olduğu ortaya çıkmış. Disleksi ile mücadele edenler konuşma seslerini tanımlamada ve bunları harf ve sözcüklerle ilişkilendirmede sorun yaşarlar, bu da okumada ve bazen de konuşmada güçlük çekmelerine sebep olur.[24] Greider, kendini aptal hissetmiş ve durumu, üstesinden gelinmesi zor olarak nitelendirmiş ancak pes etmemiş. O günleri şöyle anlatıyor:

Sorunumu telafi etmenin yollarını düşünmeye koyuldum. Bir şeyleri çok iyi ezberlemeyi öğrendim çünkü kelimeleri heceleyemiyordum. Daha sonra kimya ve anatomi gibi, bir şeyleri ezberlemem gereken dersler aldığımda, bu konularda çok iyi olduğum ortaya çıktı. Asla bir kariyer planlamadım. Beni, engel olarak önüme çıkabilecek her şeyden muaf tutan at gözlüklerim vardı. Ben sadece ileri gittim. Sanırım daha önceden sahip olduğum bir beceri sayesinde uyum sağladım.[25]

Okul ilk başta zor gelmiş olsa da Greyder, engelliliğini telafi etmenin başka yollarını buldu ve uyum sağlama yeteneği sayesinde, sadece öğrenmeyi başarmakla kalmayıp aynı zamanda kanseri görüntüleme şeklimizi değiştiren araştırmaya katkıda bulunan bir tür problem çözücü haline geldi. Öğrenmek onun için zordu ama o, engelinin üstesinden nasıl geleceğini çözmüştü. Sonuç olarak, önemli olan ne kadar zeki olduğunuz değil, nasıl zeki olduğunuzdur ve Greider, öğrenme yoluyla problem çözmek zorunda kaldığı için, artık dünyayı etkileyen bir kariyere sahip.

Gerçek şu ki, öğrenmek hiçbir zaman çok kolay olmayacak, ancak gösterdiğiniz çaba size illaki karşılığını verecek. Aslında, öğrenme en azından biraz rahatsız edici olmalıdır; zaten aksi takdirde sadece bildiklerinizi pekiştirmiş olursunuz. Daha önce kör bir bıçakla odun kesmeyi denediyseniz, böyle bir görevi yerine getirmenin gerekenden çok daha fazla zaman ve enerji gerektirdiğini bilirsiniz. Bıçaktaki körlüğe eşdeğer şekilde, motivasyon eksikliği veya yetersiz yöntemlere sahip olmanız sizi yavaşlatacak ve size öğrenmenin çok zor olduğunu hissettirecektir. (Bu konuları nasıl ele alacağınızı ayrıca kitabın ilerleyen kısımlarında göstereceğiz).

Anahtar, küçük ve basit adımlar atmaktır. Bir taş işlemecisinin yaptığı işi düşünün. Taş işlemecisi, bir yerde oturup ve sonsuzluk gibi gelen saatler boyunca taş bloğunun orasında burasında sadece küçük çatlaklar ve oyuklar oluşturmak üzere çekiç sallayabilir. Lakin bir noktada o taş mutlaka çatlar ve açılır. Peki, işlemeci bunu tek bir seferde mi başarmıştır? Tabii ki hayır. Taşı yarılma noktasına getiren sadece adamın sürekli olarak harcadığı çabadır.

Öğrenme sürecinize bir taş işleme ustası gibi yaklaşın. Sabır göstermenizi, olumlu bir tutuma sahip olmanızı ve kendi ihtiyaçlarınıza adapte olmanızı gerektirecektir. Elinde bir kitap olduğu takdirde, en iyi işi çıkaran türden bir öğrenciyseniz, bu harika. Ama bu tarzın sizin için işe yaramadığını çoktan fark ettiyseniz, neden aynı şeyi denemeye devam edesiniz? Öğrenmeniz için işinize yarayacak başka bir yol arayın.

Bunun zor olmayacağını, ancak düşündüğünüz kadar olmasa da bir miktar çaba gerektireceğini bilin. Anahtar, kararlı olmaktır. Gerektiğinde üzerinde çalıştığınız işe tekrar tekrar geri dönmek için sabrınız olmalı. Bunu yaptığınızda, yalnızca zor kazandığınız bilginin ödüllerini almakla kalmayacak, aynı zamanda denemeye devam etme azmi geliştirdiğiniz için daha iyi bir insan olacaksınız.

Gerçek şudur: Bazen yeni şeyler öğrenmek *zordur.* Bu bağlamda doğru olan, öğrenmenin bir dizi yöntem olduğunu ve öğrenmeyi bildiğinizde kesinlikle daha kolay olabilecek bir süreç olduğunu anlamanızdır.

Yeni İnanış: Öğrenmek için yeni yollar keşfettiğinizde, yeni şeyler öğrenme mücadeleniz eğlenceli, çok daha kolay ve zevkli olabilir.

6 NUMARALI YALAN: DİĞER İNSANLARIN ELEŞTİRİLERİ ÖNEMLİDİR

Yıllar önce Deepak Chopra'nın ev sahipliği yaptığı bir etkinlikte açılış konuşmacısıydım. Sunumumdan sonra, programın geri kalanını izlemek için seyircilerin arasında oturdum. Bir süre sonra şaşkınlık içinde, uzun bir figürün yanıma yaklaştığını ve üzerime doğru eğildiğini fark ettim. Başımı kaldırdığımda bu kişinin en sevdiğim aktörlerden Jim Carrey olduğunu gördüm. Ardından lobide yaratıcılıkla ilgili derin bir sohbete daldık. Bir noktada, "Jim, ben şimdilerde *Dumb ve Dumber 2* (Salak ile Avanak 2) filmi üzerinde çalışıyorum ama salak ve avanak olmak için gerçekten zeki olmam gerekiyor." dedi.

Birkaç hafta sonra evinde birlikte bir gün geçirdik. Molalarımızdan birinde mutfakta guacamole (Domates ve avokado ile yapılan bir Meksika mezesi) -ki en sevdiğim, beyne faydalı yemeklerden biridir- yaparken, "Neden bu işi yapıyorsun? Eşsiz bir oyuncusun ve kamera karşısında aşırı uçsun." dedim. Jim, "Bu şekilde davranıyorum çünkü izleyenlere kendileri olma izni vermek istiyorum. Dünyadaki en büyük saçmalık, insanların, başkaları ne düşünür korkusuyla kendilerini gerçekte kim olduklarını ifade etmekten alıkoyması ve sınırlandırması." diye cevap verdi. Bu duygu Jim için neredeyse kutsal bir görev anlamına geliyor ve misyonunu "insanları endişeden kurtarmak" diye adlandırıyor. Bunu Maharishi Uluslararası Üniversitesi'ndeki bir başlangıç konuşmasında ayrıntılı olarak şöyle ele aldı:

"Hayatımın amacı daima insanları endişelerinden kurtarmak olmuştur. Dünyaya nasıl hizmet edeceksiniz? Onların sizdeki yeteneğin sağlayabileceği neye ihtiyacı var? Tüm anlamanız gereken bu. Başkaları üzerinde sahip olduğunuz etki, dünya üzerinde var olan en değerli para birimidir. Hayatta kazandığınız her şey bir gün çürüyüp parçalara ayrılacak. Sonunda sizden geriye kalan sadece kalbinizdekilerdir."[26]

Gezegendeki en hızlı öğrenen kişiler çocuklardır ve bu kısmen başkalarının onlar hakkında ne düşündüğünü umursamamalarından kaynaklanır. Başarısızlık konusunda hiçbir şekilde utanç duymazlar. Yürümeyi öğrenirken 300 kez düşer, 300 kere de kalkarlar ve bundan hiç utanmazlar. Sadece yürümek istediklerini bilirler. Büyüdükçe, bu kadar açık kalpli davranmakta zorlanıyoruz. Bir şarkı söyleme ya da belki bir kodlama dersi alabiliyoruz ama şarkıyı yanlış bir tondan söylersek veya kodlama öğrenirken herhangi bir hata yaparsak, utançtan büzülüp olduğumuz yerde kalıyoruz.

Sınırsız olma sürecinin bir parçası da diğer insanlar tarafından eleştirilme korkusunu bir yana bırakmayı öğrenmektir. Tarih, etrafındaki insanların olumsuz görüşlerinin üstesinden gelmeyi başarmış insan örnekleriyle doludur. Wright kardeşler, bir makineyi havada uçurma konusunda inanılmaz bir başarı elde ettiler ama ilk başlarda bu makineyle ilgili hiç övgü almadılar. 17 Aralık 1903'teki açılış uçuşlarından eve döndüklerinde, bando mızıkalarla ve flamalarla değil, şüpheyle karşılandılar.

Onların biyografilerini yazan Fred Kelly, komşularının bile olanlara inanmakta zorlandığını yazmıştı. Mesela bir tanesi şöyle demiş: "Sizlerin dürüst gençler olduğunuzu biliyorum. Bu yüzden bir makinenin içinde havada uçtuğunuzu söylüyorsanız size inanırım ama zaten Carolina sahilinde, size yardımcı olan özel koşullar vardı. Elbette bunu başka hiçbir yerde yapamazsınız."[27]

İnsan böyle bir durumda coşkulu bir karşılık bekliyor, değil mi? Oysa gazeteler ve medya da onların başarıları hakkında hiç bilgi vermedi. Kelly'ye göre, o zamanın tanınmış bilim adamları, insanın neden uçamayacağını çoktan açıklamışlardı ve bu sebeple gazete muhabirleri de aşağılanma korkusuyla hikâyeyi rapor etme konusunda istekli olmamıştı.[28] Ayrıca hiçbir editör, saygın bir bilim adamının uçmanın bilimsel olarak mümkün olmadığına dair beyanlarını doğrudan çürüten bir hikâye basmak istemedi. Öte yandan halk tarafından tanınmıyor olmaları, Wright kardeşleri rahatsız etmedi. Hâlihazırda yapacak çok işleri olduğunu biliyorlardı ve uçan makinelerini mükemmelleştirmeye karar verdiler ki bu da sonunda onlara hak ettikleri takdiri kazandırdı.

Çoğumuz yeni bir şey denemeyi düşündüğümüzde diğer insanların bu konudaki fikirlerinden korkarız. Wright Kardeşlerin öyküsünün gösterdiği şey, ne yazık ki halkın hayal gücünün yetersiz olduğu ve insanların gerçekte olanla mümkün olduğuna inandıkları şeyi uzlaştırmakta zorlandıklarıdır.

Gerçek şudur: İstediğiniz hayatı yaratmak korkutucu olabilir. Ama ne daha korkutucudur, biliyor musunuz? Pişmanlık. Bir gün son nefesimizi vereceğiz ve o zaman başkalarının fikirlerinin veya korkularımızın hiçbir önemi olmayacak. Nasıl yaşamış olduğumuzun önemi olacak. Tavsiye almayacağınız birinden eleştiri almayın. İnsanlar, ne yaparsanız yapın sizden şüphe duyacak ve sizi eleştirecektir. Kendinize uygun gördüğünüz adaletsiz yargıları kırana kadar gerçek potansiyelinizi asla bilemeyeceksiniz. Başkalarının fikir ve beklentilerinin hayatınızı yönetmesine ya da mahvetmesine izin vermeyin.

Yeni İnanış: Benden hoşlanmak, bana sevgi ya da saygı duymak senin işin değil. Bunların hepsi benim.

7 NUMARALI YALAN: DÂHİ OLARAK DOĞULUR

Bruce Lee, bugün bir film yıldızı, filozof ve spor tarihindeki en başarılı savaş sanatları dövüşçülerinden biri olarak biliniyor. O zamanlar, "Dâhi doğulur" düşüncesinde olsaydınız bile, geçmişini göz önünde bulundurarak, onu geleceğin ikonu olarak göremezdiniz.

Lee'nin ailesi, o doğduktan kısa bir süre sonra San Francisco'dan Hong Kong'a taşındı.[29] Onlar geldikten kısa bir süre sonra Hong Kong Japonya tarafından işgal edildi, bu da şehri politik ve sosyal açıdan çalkantılı bir yer haline getirdi. Küçük bir erkek çocuğu olarak Lee, her açıdan yabancı olmanın zorluğuyla karşı karşıya kaldı. Sadece Çin asıllı değildi, bu yüzden gittiği okullardaki öğrenciler hep onunla dalga geçtiler. Ayrıca gittiği özel okuldaki diğer çocuklar gibi İngiliz de değildi, böylelikle "doğulu" olduğu için de sık sık alay konusu oldu. İçinde sürekli olarak bir gerginlik hissi olduğundan, bu duyguyla savaşabilmek için dövüş sanatlarına yöneldi.[30] Ve yaptığı dövüşler kimliğini belirlemeye başladı. Notları düşüktü ve okulda o kadar çok kavga etti ki farklı bir ilkokula gönderildi.

Lee 13 yaşındayken, ona Wing Chun dövüş sanatını öğreten öğretmeni Yip Man ile tanıştı. Bu ünlü öğretmenin okuluna kabul edildi ve Kung Fu'nun bu tarzını öğrenmeye başladı. Eğitiminin sonraki evrelerinden farklı olarak, ilk başlarda onu bu tekniği öğrenmek konusunda kendileri gibi yeterli bulmayan Çinli çocuklar tarafından alaya alındı. Sürekli kendini ve yeteneklerini kanıtlamak zorunda kaldı ve mücadelesi sokaklara kadar sıçradı. Hong Kong'un çete şiddetine teslim olmasıyla birleşen bu iç gerilim, Lee'nin dövüşmeyi öğrenmekten çok kavga etmesine sebep oldu. Dövüşmeye olan istekliliği ve eğilimi sayesinde sokak kabadayısı olarak ünlendi. Ancak özellikle kötü bir sokak kavgasından sonra, yüksek rütbeli bir polis memuru Lee'nin ailesine gidip onlara oğullarının tutuklanacağını söyledi. Bir gece önce dövdüğü çocuk, bu polis memurunun oğluydu. Lee'nin babası hemen oğlunun Amerika'ya dönme işlemlerini ayarladı; sonuçta hâlâ vatandaşlığı vardı. Böylece Lee, cebinde 100 dolarla yollara düştü. Lee, sonraki yıllarda yaptığı bir röportajda, "Gemiden henüz inmiş Çinli çocukların çoğu gibi, benim ilk işim de bulaşıkçılık ve garsonluk oldu."[31] demişti. Kendini geçindirebilmek için garip işlerde çalıştı ve bu sürecin sonunda da dövüş sanatları öğretmeye başladı.

Lee sadece yetenekli değildi, aynı zamanda diğer insanlara öğretmeye de istekliydi ve kendisine öğrenci olarak gelen herkesi, ırkına veya geçmişine bakmaksızın kabul etti.

Bu durum, kısa süre sonra Oakland'da yaşayan ve bu tekniklerin Çinli olmayanlara öğretilmemesi gerektiğini düşünen Çinli nüfusu sinirlendirdi. Ve en sonunda Lee öğretme hakkını savunmak zorunda kaldı. Çinli gelenekçiler onu bir dövüşe davet ederek meydan okudular ve o dövüşü kazanırsa okulunu koruyabileceğini söylediler. Ancak kaybederse, okulunu kapatmak ve kendi etnik grupları dışındaki insanlara öğretmeyi bırakmak zorunda kalacaktı.

Lee'nin tarzı, herhangi bir dövüş sanatından farklıydı. Hong Kong'da yaşadığı sırada dans dersleri almıştı ve 1957 yılında bu konuda o kadar iyi bir noktaya gelmişti ki cha-cha şampiyonluğunu kazanmıştı. Dansta öğrendiği hareketleri dövüş tekniklerine ekledi. Diğer dövüşçülerin ayaklarıyla yalnız bir duruş sergiledikleri çoğu yerde, kendi hareketlerinin akışını sürdürdü ve bu da rakibinin hareketlerine uyum sağlama yeteneğini artırdı. Lee bunu daha sonra hayatında öğrendiği her şeye uyguladı. Son olarak geliştirdiği tarzı sadece Wing Chun'u değil, boksu, eskrimi ve dansı da içeriyordu.

Bu onun yaşamında büyük bir dönüm noktasıydı: eski öncüyle yeni öncü karşı karşıya. Lee'nin karısı Linda o sırada sekiz aylık hamileydi ve sahneyi neredeyse tuhaf sayılacak derecede canlı bir şekilde hatırlıyor. Şöyle ki Lee'nin rakibini yere indirmesinin üç dakika sürdüğünü ve rakibinin bu yenilgiden önce, odanın etrafında koşarak Lee'den kaçmaya çalıştığını anımsıyor.

Dövüşten sonra Linda, Lee'yi zaferine rağmen kafasını ellerinin arasına almış halde bulmuş Ve Lee ona eğitiminin onu bu tür bir savaşa hazırlamadığını söylemiş. Linda'nın betimlediği gibi, bu evre tam olarak, Lee'nin kendi dövüş sanatlarını geliştirmesine yol açan evrimin başlangıcıydı.

Bu savaştan sonra Lee artık bilgi ve öğretilerini tek bir hazneye sığdırmaya çalışmadı ve orijinal eğitiminin çoğunu bir kenara bıraktı. Wing Chun ve Kung Fu dışındaki dövüş alanlarından da açıkça etkilendi ve bunları bir dövüş sanatları felsefesi oluşturmak için kullandı. Daha sonraki bir röportajında, şöyle diyordu: "Artık stillere inanmıyorum. Çin dövüş stili, Japon dövüş tarzı diye bir şey olduğuna inanmıyorum."[32] Bunun yerine Lee'nin yaklaşımı, en gelişmiş şekilde kendini ifade etme yolu olarak dövüşmeye odaklandı. "İnsanlar öğrenmek için bana geldiklerinde, kendilerini savunmayı öğrenmek için bana gelmiyorlar. Hareket, öfke veya kararlılıkla kendilerini ifade etmeyi öğrenmek istiyorlar." demişti. Sonuç olarak Lee, bireyin herhangi bir tarz veya sistemden daha önemli olduğuna inanıyordu.

Hiç kimse Lee'yi akademik çalışmalarından ötürü anımsamıyor. Lee, azmiyle, rakiplerini yenme yeteneğiyle, felsefesiyle ve geleneksel düşünme kabuğunu kırıp tamamen yeni bir felsefe yaratmak üzere farklı dövüş stillerini bir araya getirmesiyle hatırlanıyor. Peki, öyleyse sizce Lee, fiziksel, zihinsel ve felsefi alanlarda büyük başarılara ulaşmak için dünyaya gelmiş, doğuştan dâhi biri miydi?

The Talent Code (Yeteneğin Kodu) adlı kitabında yazar Daniel Coyle, yeteneğin doğuştan olup olmadığını veya geliştirilip geliştirilemeyeceğini irdeliyor. "Büyüklük doğurulmaz, yetiştirilir." diyor. Yoğun egzersiz, doğru motivasyon ve usta bir eğitmen sayesinde herkes, dâhi gibi görünecek kadar derin bir yetenek geliştirebilir.[33]

Bruce Lee'nin kızı Shannon, yıllık konferansımızda babasının hafıza ve öğrenmeye olan yaklaşımı hakkında konuştu. Lee'nin bir film yıldızı ve ünlü bir öğretmen olduğu sırada, sokaklarda dövüştüğü ilk gençlik günlerinden dolayı, en azından binlerce saat yoğun pratik yapmışlığı olduğunu söyledi. Lee, hayatının ilerleyen dönemlerinde şu meşhur bir inçlik yumruk konusunda da bir günde ustalaşmadı. Sadece bu yumruk tekniğinde ustalaşması bile yıllarca zorlu tekrar ve pratik gerektirdi. Sırtını incitmesine rağmen kendini eğitmeye ve kondisyonda tutmaya devam etti çünkü bu onun her gün için verdiği bir taahhüttü. Ateşleme, motivasyondur; yaptığınız her neyse onu yapabilmeniz için yakıttır. Görünüşe göre Lee'nin ilk yakıtı, Çinli bir Amerikalı olarak her iki uyruğunu da kabul etmeyen bir çevre yüzünden hissettiği gerilimdi. Sonrasında, bu yakıtın tutuşması, salt bir *kendini ifade etme* dürtüsüyle ortaya çıkmış gibi görünüyor. Ve son olarak Lee, kendisi de çocukluğundan beri birkaç usta öğretmen tarafından eğitilmiş bir usta öğretmen olan Yip Man'den eğitim aldı. Lee onun öğrencisi olduğu sırada, Yip Man onlarca yıldır Kung Fu öğretmekteydi.

Lee'nin yeteneği, başka birini yenilgiye uğratmış olsalar da, ona iyi hizmet etmiş olan deneyimlerin ve koşulların bir araya gelmesinden doğmuştur. Kaçımız kavgaya eğilimli ve notları düşük genç bir çocuğa bakıp onun gelecekte usta bir öğretmen ve filozof olacağını tahmin edebilirdik ki?

Gerçek şudur: Deha daima ipuçları bırakır. Sihir gibi görünen şeyin arkasında her zaman bir yöntem vardır.

Yeni İnanış: Dâhi doğulmaz. Yoğun egzersiz sayesinde dâhi olunur.

> **KWIK BAŞLANGIÇ ÖDEVİ**
> Bu kitabı okumadan önce yukarıda anlatılan yalanlardan kaç tanesine inanıyordunuz? Ekleyeceğiniz başka bir tane daha var mı? Şimdi onları buraya yazınız:..........................

DEVAM ETMEDEN ÖNCE

Yaygın olarak kabul gören bu sınırlayıcı inançların efsaneden başka bir şey olmadığını anlamak, sınırsız olma sürecinin önemli bir parçasıdır. Kendinizi bunlardan herhangi birinin doğruluğuna inandırdığınızda, üzerinize taşıması zor bir yük almış olursunuz. Bahsettiğim bu yedi yalan en yaygınları olsa da, potansiyelinize kısıtlamalar getirebilecek etkiye sahip herhangi bir "geleneksel türden özlü söz"le daha karşılaşabilme ihtimaline karşı, radarınız hep alarm halinde olsun ve bu özlü sözü, doğruluğuna onay vermeden önce çok dikkatli bir şekilde inceleyin. Çoğu durumda, bu tür kısıtlamaların, onların ötesine geçmek isteyenler için geçerli olmadığını göreceksiniz. Sonraki bölüme geçmeden önce şunları deneyin:

• Yaptığınız bazı hataları iyice bir gözden geçirin. Hiç bunların sizi tanımlamasına izin verdiğiniz oldu mu? Bu hatalarla ilgili hissettikleriniz bu bölümü okuduktan sonra ne yönde değişti?

• Yakın zamanda (hatta bugün) öğrendiğiniz bir şeyi eyleme geçirmenin bir yolunu bulun. Bilgiyi güce dönüştürdüğünüzde yarattığı farkı fark edin.

• Başkalarının fikirlerinin eylemlerinizi etkilemesine izin verdiğiniz bir durumu düşünün. Tek önemli olan fikir seninki olsaydı, aynı duruma ne derece farklı bir yaklaşımda bulunurdun? Sınırlı inançları değiştirmek için daha fazla strateji de dâhil olmak üzere sınırsız zihniyet için verdiğim genel destek taktiklerine LimitlessBook.com/resources adresinden ulaşabilirsiniz

"Kültür, bazen
hafife alınabilen
sınırsız bir kaynak olan
insan
motivasyonuyla beslenir."

LYNNE DOUGHTIE

ÜÇÜNCÜ BÖLÜM

SINIRSIZ MOTİVASYON

Amaçlanma Sebebi

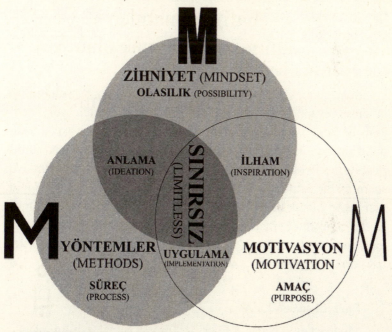

Motivasyon

Kişinin harekete geçmek için sahip olduğu amaç. Birinin belirli bir şekilde davranması için gereken enerji.

Limitless (Limit Yok, 2011) filminde yazar Eddie Morra tamamen motivasyondan yoksundu, odaklanamıyordu ve hiç enerjisi yoktu. Aniden harekete geçmesine neden olan hapı aldığında, hayatı büyük ölçüde iyi yönde değişti çünkü artık bir şeyler yapabiliyordu.

Haydi şimdi genelde motivasyon konusunda inanılagelmiş birkaç YALANIN sınırlayıcılığını kaldıralım. Popüler inanışın aksine, zihniyetiniz gibi motivasyonunuz da sabit değildir. Kimsenin kesin hatlarla belirlenmiş bir motivasyonu yoktur. Ve insanlar motive olmadıklarını söylediklerinde, bu tamamen doğru değildir. Sadece, o sırada yatakta kalmak ve televizyon izlemek için yüksek motivasyonları olabilir.

Motivasyon, yapmanız gereken bir şeyden keyif almanız gerektiği anlamına da gelmez. Mesela arkadaşım, girişimci Tom Bilyeu, spor yapmaktan nefret ediyor ama bunu yapması için açık ve ikna edici bir nedeni var, bu yüzden her sabah yapıyor. Ya da ben aslında soğuk duş almayı gerçekten sevmiyorum ama bunu her gün yapıyorum (Nedenini 8. Bölümde açıklayacağım).

Sonuç olarak, motivasyon, onunla birlikte güne başladığınız ya da onsuz uyandığınız bir şey değildir. "Motivasyonum yok" dediğimizde kendi kendimizi bir tür transa sokarız. Motivasyon sahip olduğunuz bir şey değildir; yaptığınız bir şeydir. Ve tamamen sürdürülebilirdir. Ilık bir banyodan farklı olarak, bir an için deneyimleyip sonra tekrar ısıtmadığınız sürece kaybettiğiniz bir şey de değildir. Sizi geçici olarak heyecanlandıran bir seminerden de elde edilmez. Bu bir süreçtir. Ayrıca motivasyon geliştirmek bir strateji olduğu için, onun üzerinde kontrole sahip olursunuz ve doğru yöntemleri izleyerek onu tutarlı bir şekilde yapılandırabilirsiniz.

Formül şu şekildedir:

Motivasyon = Amaç × Enerji × KBA (Küçük Basit Adımlar)

Amaç, enerji ve küçük, basit adımları (KBA) birleştirdiğinizde sürdürülebilir motivasyon elde edersiniz. Ve en üst düzey motivasyon biçimi, akıcı halde olandır. Bunu enerji yönetimi olarak düşünün. Onu yaratmak, ona yatırım yapmak ve israf etmemek gerekir. Net bir amaç veya sebep size enerji verir. Yaptığınız uygulamalar beyniniz ve vücudunuzun geri kalanı için enerji geliştirir ve küçük basit adımlar çok az enerji gerektirir.

Bu bölümde, öğrenme ve devam etmekte olan yaşam çerçevesinde güçlü ve sürdürülebilir motivasyonu nasıl geliştireceğinizden bahsedeceğiz. Bunu amacınızı netleştirerek, sizi ayakta tutacak zihinsel ve fiziksel enerjiyi geliştirerek ve küçük basit adımlar atarak başaracağız. Ayrıca motivasyonunuzun akıcılık durumuna hafifçe dokunarak aktive edeceğiz.

Amaç bizi harekete geçirir ve amacımız, neden eyleme geçtiğimizi ve ne kazanmayı umduğumuzu bileceğimiz derecede net olmalıdır. Yeterli enerji üretmek hayati önem taşır. Eğer yorgun veya uykuluysanız ya da aklınız bulanıksa, harekete geçecek yakıtınız olmayacaktır. Küçük basit adımlar asgari çaba harcar ve sizi, bunalarak felç olmaktan korur. Ve son olarak, akıcı olmayı keşfetmek, bizi motive olmaya götürecek en büyük nimettir.

"Sonuçlar,

sebeplerden doğar."

JIM KWIK

AMAÇ

Kesin tanımlayıcı ifadeler kim olduğunuzu nasıl belirler?
Değerleriniz sizi nasıl tanımlar?
Amaç anlayışınız kim olduğunuz hakkında neler söylüyor?

Benim kriptonitim, hayatımın çok uzun bir dönemi boyunca, uykusuzluktu. Uyumak benim için hiçbir zaman kolay bir mesele olmamıştır. Çocukluk dönemimde yıllar boyunca, öğrenme güçlüklerimi telafi edebilmek için tüm gece süren projeler alıyor ve ders çalışıyordum. Bu yüzden uyku problemleri geliştirmiştim. Okulda her zaman yorgun olurdum ama her şeye rağmen yorgunluğun üstesinden gelirdim çünkü içimde çok çalışıp ailemi gururlandırmak için güçlü bir istek vardı. Amacım ve nedenlerim çok açıktı, bu yüzden fazlasıyla motive olmuş durumdaydım. 18 yaşımda hızlandırılmış öğrenme becerilerini öğrendikten ve artık çalışarak çılgın saatler geçirmek zorunda olmadığım bir sürece ulaştıktan sonra bile, uykusuzluk sorunum geçmedi. Yetişkinliğe kadar devam etti ve giderek kötüleşti. Yaklaşık 20 yıl boyunca günde iki ila dört saat bölük pörçük uyku uyuyabildim.

Ne kadar uzun süre uykusuz kalırsanız, gerçeklik duygusunu veya bu konudaki motivasyonu sürdürmek o derece güçleşir. Uyku eksikliği tüm bilişsel becerilerinizi, odaklanmanızı, hafızanızı ve genel beyin sağlığınızı tehlikeye atar. Depresyona ve daha birçok duygu durum bozukluğuna katkıda bulunan ortak faktör, uykusuzluktur.

Uykusuzluğumun sonucu olarak kendimi içinde bulduğum zindana ben şahidim. Yoğun konuşma ve küresel seyahat programım dahi kesinlikle yardımcı olmadı ki ben bir yılın 235 günü yollardaydım. Saat dilimi farklılıkları, uçak yolculuğu sonrası sersemlik, alışılmadık eski püskü otel odaları vs. vs. Durumumu anlamışsınızdır. Üstelik beynim de tüm bunlardan payını alıyordu. Hangi şehirde uyandığını unutan bir hafıza uzmanı hayal edebiliyor musunuz?

Bu durum beni şaşkına çevirdi, çünkü uzun süredir bir meditasyon öğrencisi olmama rağmen zihnim geceleri uzun uzun düşünmeyi ya da hızlı çalışmayı reddediyordu. Bilakis olabildiğince sakindi. Bundan birkaç yıl önce, dinlenemeden geçen birçok gecenin sonunda hastaneye kaldırıldığımda, bir gece uyku çalışmasına katıldım ve sorunuma şiddetli obstrüktif uyku apnesi teşhisi kondu. Görünüşe göre bu, her gece 200'den fazla kez nefes almayı bırakmama sebep olan fiziksel bir rahatsızlıktı.

Bugün, birçok tedaviden sonra uykumun dünyalar kadar iyi olduğunu söylemekten dolayı çok mutluyum. Fiziksel tıkanıklığı ameliyatla düzelttirdikten sonra, 8. Bölüm'de ele alacağım bir dizi araçla uyku düzenimi en iyi seviyeye getirebildim.

En zor anlarımda, kendi kendime yapmakta olduğum bu işi neden yapmaya devam ettiğimi sordum. Kendime kolayca bu iş için enerjim olmadığını söyleyebilecekken neden mücadele ettim? Çocukken, amacım ve motivasyonum (harekete geçme nedenim) yetenek eksikliğimi sıkı çalışma ile telafi etmek ve kendime yetenekli olduğumu kanıtlamaktı. Ama öğrenme becerim yüksek bir seviyeye getirdikten sonra, neden bu kadar çok çalışmaya devam ettim? Yorgunluktan bitap, uykudan mahrum ve içine kapanık bir halde olmama rağmen, neden konuşma üstüne konuşma, video üstüne video ve internette yayın üstüne yayın yapmaya devam ettim? Beni çocukken harekete geçiren şeyle aynı sebepten: Net ve kesin bir amacım var. Kimsenin benim gibi mücadele etmesini ve acı çekmesini istemiyorum. Beni motive eden görev daha iyi ve daha parlak beyinlerin kilidini açmak.

Çoğu zaman en büyük mücadelelerimiz en büyük güçlerimizi ortaya çıkarır. Çocukken çektiğim en büyük güçlükler, öğrenme ve topluluk önünde konuşmaydı. Hayatın kendine has bir mizah anlayışı var çünkü şimdilerde zamanımın çoğunu topluluk önünde öğrenim üzerine konuşarak geçiriyorum. Okumayı başaramamıştım ancak şimdi dünyanın her yerinden insanlara nasıl daha iyi okuyabileceklerini öğretiyorum. Beynimi anlamakta zorlanmıştım ama şimdi sahip oldukları o muhteşem aracı anlamalarına yardımcı olmak için binlerce izleyicinin önünde konuşuyorum. Çoğu zorluğun bir ödülü olduğunu öğrendim. Aynı şekilde, uykusuz geçen onlarca yıl bana çok önemli iki ders verdi:

Birincisi, beni bu kitaptaki her şeyi deneyimlemeye zorladı. Bu süreçte öğrendiğim araçlar olmasa, bugünkü seviyemde performans gösteremeyecektim. Yine bu sayede öğrettiğim her şeyde iki kat daha kararlı davranabildim. Konuşma yapmak için nadiren hazırlık yapmam gerekiyor çünkü bu becerileri her gün kullanıyorum. Öğrendiğim araçları yaşayarak deneyimliyorum. İşte ben buyum.

İkincisi; amacım, kimliğim, değerlerim ve her gün yaptığım şeyi yapma nedenlerim konusunda gerçekten netleşmek zorunda kaldım. Uykusuzken ve çok sınırlı miktarda enerjiniz ve dikkatiniz kalmışken, hiçbir şeyi israf etmezsiniz. Taahhütlerinize ve bunları neden gerçekleştirdiğinize öncelik verir ve netleşirsiniz. Yaptığım tüm bu seçimler bende sonsuz bir motivasyon sağladı. İşte bu bölümde bundan bahsedeceğiz.

İŞE NEDENLERLE BAŞLAYIN

En sevdiğim kitaplar arasında şovumda defalarca röportaj yaptığım Simon Sinek'in yazdığı Start with Why (Nedenlerle Başla) kitabı da var. Sinek, kitabında sıklıkla yaptığınız işi yapma sebeplerinizi başkalarına anlatabilmenizin önemini vurguluyor ve eğer sizi yönlendiren inancınızı (nedeninizi) açık bir şekilde ifade ederseniz, insanlar sunduğunuz şeyi isteyeceklerdir, diye açıklıyor. Ya da sık sık şöyle diyor: "İnsanlar yaptıklarınızı satın almazlar, neden yaptığınızı satın alırlar. Bu durumda, siz yaptığınız şeyi neden yaptığınızı bilmezseniz başkaları nasıl bilecek?" Sihirli sorulardan ikincisinin "Bunu neden kullanmalıyım?" olmasının bir sebebi var. (Bu arada diğer iki soruyu da hatırlıyor musunuz?) Çoğu çocuğun, sürekli sorduğu ve en sevdiği kelime 'Neden?'dir. Periyodik tabloyu veya tarihi olayların tarihlerini ezberlemenizin neden önemli olduğunu biliyor musunuz? Bilmiyorsanız, muhtemelen onların büyük bir kısmını hatırlamıyorsunuzdur. Amaç ve hedef kelimelerinin iş dünyasında sıklıkla kullanıldığını duyuyoruz. Peki, bunların ne anlama geldiklerini ya da ne yönden aynı veya farklı olduklarını gerçekten biliyor muyuz? Hedef, kişinin ulaşmak istediği noktadır. Amaç ise, kişinin bir hedefe ulaşmayı amaçlamasının nedenidir.

Amacınız ister haftada bir kitap okumak, ister başka bir dil öğrenmek, ister forma girmek ya da ailenizi görmek için ofisten vakitlice çıkmak olsun, bunların hepsi başarmanız için gereken şeylerdir.

Peki, bunu nasıl yapacaksınız? Popüler yöntemlerden biri SMART (akıllıca) hedefler belirlemektir ve evet, bu da bir kısaltma:

Specific (Belirgin) için S: Hedefiniz iyi tanımlanmalıdır. Sadece zengin olmak istediğinizi söylemeyin; kazanmak istediğiniz para miktarını harfiyen belirtin.

Measurable (Ölçülebilir) için **M:** Hedefinizi ölçemezseniz, yönetemezsiniz. Fit olmak ölçülemez ama bir dakikada altı mil koşmak ölçülebilir bir değerdir.

Actionable (Elverişli) için A: Yol tarifi sormadan yeni bir şehre gitmezsiniz. Hedefinize ulaşmak sizin için elverişli olacak eylem adımları belirleyin.

Realistic (Gerçekçi) için R: Hâlihazırda ailenizin bodrum katında yaşıyorsanız, milyoner olabilmeniz zordur. Hedefleriniz sizi zorlamalı ve esnetmeli, ancak bu zorlama sizi onlardan vazgeçirecek düzeyde olmamalı.

Time-based (Zamana dayalı) için T: Bu noktada, "Hedef, son teslim tarihi olan bir rüyadır" ifadesi geliyor akla. Hedefinize ulaşmanız için bir tarih belirlemeniz, ona ulaşma olasılığınızı fazlasıyla arttıracaktır.

Pek çok insan için zorluk, bu sürecin mantıklı olmasına rağmen çok güç ve kafa yorucu olmasıdır. Hedeflerinizi düşünce boyutun-

Sınırsız

dan alıp elle tutulabilir bir düzeye çekebilmeniz için, bunların duygularınıza ve KALBİNİZE (HEART) hitap ettiğinden emin olunuz. HEART (Kalp) kısaltmasının açılımı ise şöyle:

Healthy (Sağlıklı) için H: Hedeflerinizin daha iyi ve mutlu olmanızı desteklediğinden nasıl emin olabilirsiniz? Hedefleriniz zihinsel, fiziksel ve duygusal sağlığınıza katkıda bulunur özellikte olmalıdır.

Enduring (Dayanıklı) için E: Hedefleriniz, vazgeçmek istediğiniz zor zamanlarda size ilham vermeli ve desteklemelidir.

Alluring (Cazip) için A: Sürekli olarak kendi kendinizi, hedefleriniz üzerinde çalışmaya zorluyormuş gibi hissetmemelisiniz. O kadar heyecan verici, baştan çıkarıcı ve ilgi çekici olmalılar ki onlara doğru çekildiğinizi hissetmelisiniz.

Relevant (Sizinle ilgili) için R: Nedenini bilmeden hedef belirlemeyin. En ideali, hedeflerinizin karşılaştığınız bir zorluk, hayatınızın amacı veya temel değerlerinizle ilgili olmasıdır.

Truth (Doğru) için T: Sırf ebeveynleriniz sizden bekliyor ya da komşunuz da aynısını yapıyor diye bir hedef belirlemeyin. Hedefinizin istediğiniz bir şey olduğundan ve sizin için doğru olan bir durum olduğundan emin olun. Amacınızı doğru bulmadığınız takdirde, kendinizi erteleme ve sabote etme olasılığınız çok daha yüksek olacaktır.

AMAÇ VE TUTKU ÜZERİNE

Hayattaki amacınızı bilmeniz, bütünlük içinde yaşamanıza yardımcı olur. Hayattaki amaçlarını bilen insanlar, kim olduklarını, ne olduklarını ve neden öyle olduklarını bilirler. Ayrıca kendinizi tanıdığınızda, temel değerlerinizle örtüşen bir hayat yaşamanız çok daha kolay hale gelir.

Yaşam amacınız, hayatınızın merkezindeki motive edici amaçlardan, yani sabah kalkıp güne başlama nedenlerinizden meydana gelir . Amaç, yaşam kararlarına rehberlik edebilir, davranışı etkileyebilir, hedefleri şekillendirebilir, bir yön duygusu sağlayabilir ve anlam kazandırabilir. Örneğin benim yaşam amacım, daha iyi ve daha parlak beyinlerden oluşan bir dünya yaratmaktır.

İngiliz dili, sanki aynı şeyi kastediyorlarmış gibi birbiri ardına kullanılan sözcüklerle doludur. Mesela güzel (*nice*) ve kibar (*kind*) kelimelerini ele alalım. Bu iki kelime genellikle aynı şekilde kullanılır, ancak kökleri farklı bir hikâye ortaya koyar. Güzel (*nice*) kelimesinin kökeni Latince *nescius* kelimesinden gelir ve "cahil" anlamına gelir. Kibar kelimesi (*kind*) ise Cermen kökenlidir ve *kin* (akraba) kelimesiyle ilintilidir. Aslında bu kelimenin orijinal anlamı "doğa, doğal düzen" ve "doğuştan gelen karakter, biçim veya durum" idi. "Birbirleriyle akraba olma duygusu"ndan etkilenerek biçimlendi ve "arkadaşça ve kasten başkalarına iyilik yapma" anlamına gelen bir kelime haline geldi.[1]

Tutku ve amaç aynı gruba ait kelimelerdir ve çoğu zaman birbirleriyle karıştırılır. Her iki kavram da internette, motivasyon kitaplarında ve TED konuşmalarında tartışılmakta. Hayatınızda alevlenmiş bir tutku ya da amacın varlığını hissetmediğiniz takdirde, kendinizi eksik olarak duyumsamanız çok kolaydır. Ancak benim deneyimime göre, tutku ve amaç aynı şey değildir; aslında bunlardan biri sizi diğerine götürür. Tutkunuzu keşfetmeniz, doğru yolu seçmenizle veya sizin için mükemmel olan mesleki alın yazınızı deşifre etmenizle ilgili değildir.

Tutku, sesini kısıp diğer insanların beklentilerinden oluşan bir yığının altına gömülmüş olan otantik ve canlı benliğimizi yeniden keşfettiğimizde ortaya çıkar. Keşfedilecek veya açığa çıkarılacak doğru yol sadece bir tane değildir. Bunun yerine, 6. Bölüm'de mitlerle ilgili kısımda tartıştığımız gibi, sabit ve değişmez bir zihniyeti, gelişen bir zihniyetle değiştirdiğimiz takdirde, ilgi alanlarının deneyim, yatırım ve mücadele yoluyla geliştirilebilir olduğunu öğreneceğimize inanıyorum.

Dahası, aynı anda farklı tutkular geliştirilebilir. Keşif yaparken birini diğerine tercih etmek zorunda değilsiniz. Tutkunuzu keşfetmeniz, gerçek aşkı bulmanıza benzer, çünkü mükemmel eşleşmeye ulaşmak için de birçok randevuya çıkmanız gerekir. O özel kişiyi bulmuş olmanız da tek başına sihirli bir şekilde "işe yaramaz" çünkü ilişki kurmak çaba gerektirir. Tutkunuzu keşfetme süreciniz de bundan farklı değildir. Sizi neyin harekete geçirdiğini bulmanız için deney yapmanız ve çaba sarf etmeniz gerekir.

Özetleyecek olursak, tutku içinizi aydınlatan şeydir. Örneğin benim öğrenmeye olan tutkum öyle bir mücadeleden doğdu ki hayatımın vazgeçilmez bir parçası haline geldi.

> **KWIK BAŞLANGIÇ ÖDEVİ**
> Şu anki tutkularınız neler? Üç tanesini buraya listeleyin:..
> ....
> ....
> ....

Öte yandan amaç, diğer insanlarla nasıl ilişki kurduğunuzla ilgilidir. Amaç, dünyayla paylaşmak üzere burada olduğunuz şeydir. İşte tutkunuzu da bu şekilde kullanırsınız. Bunun kökenine inersek, hepimizin amacının aynı olduğunu görürüz: Tutkumuz aracılığıyla diğer insanlara yardım etmek. Hayattaki en büyük görevimiz, edindiğimiz bilgi ve becerileri diğer insanlarla paylaşmaktır ve inanın meselenin bundan daha karmaşık olması da gerekmiyor.

Örneğin tutkunuz su altında sepet dokumak olabilir, ancak amacınız su altı sepet dokumasının gereklerini diğer insanlarla paylaşmaktır. Keza benim tutkum öğrenmek. Amacım ise öğrenmeyi diğer insanlara da öğretmek.

Bu amaç o kadar içime işlemiş ki kendimi bunu yapmaya zorlamam da gerekmiyor. İstek, doğal olarak geliyor. İnsanların öğrenmesine yardımcı olmak için hazır, motive olmuş ve heyecanlı bir şekilde uyanıyorum.

Good Life Project'in kurucusu ve podcast konuğum, Jonathan Fields, hayatımız boyunca doğal olarak birçok tutkuya sahip olduğumuz inancında. Siz zaman içinde değişeceğiniz için, tutkularınızı ifade ettiğiniz ortam da değişecektir. Kendinizi çok özel bir tutku ile tanımlarsanız ve hayatınız artık bu tutkunun peşinden gitmenize izin veremeyecek şekilde değişirse, kaybolmuş hissedebileceğinize inanıyor. Anahtar, ifadenizi yönlendirmenin yeni bir yolunu bulmak için tutkularınızın altında yatan anlamı bulmaktır, diyor.

> **KWIK BAŞLANGIÇ ÖDEVİ**
> Hayattaki amacınızın ne olduğunu biliyor musunuz? Henüz bilmiyorsanız bile, neler olabileceği hakkında birkaç satır yazınız: ....

KİM OLDUĞUNUZU DÜŞÜNÜYORSUNUZ?

Motivasyon arayışında pek sık tartışılmayan şey kimliğinizdir, yani kim olduğunuz ve özde kim olduğunuzu düşündüğünüzdür. İngilizcedeki en güçlü iki kelimenin en kısa olanlar olduğunu söylüyorlar: I am (Ben). Bu iki kelimenin ardına ne getirirseniz, o sizin kaderinizi belirler.

Diyelim ki sigarayı bırakmak istiyorsunuz. Belki doktorunuzdan birkaç uyarı aldınız ve sonunda bırakmanız gerektiği fikrine sıcak bakmaya başlıyorsunuz. Kendinizi sigara içen biri olarak tanımlar ve düzenli olarak "Ben sigara içiyorum" derseniz, sigarayı bırakmanız bu kimliği ortadan kaldırana kadar çok zor olacaktır. Belirli bir eylem tarafından tanımlandığınızı söylediğinizde, aslında kendinizi belirli bir davranışla tanımlamaya ve bu davranışınızı haklı çıkarmaya hazırlamış oluyorsunuz.

Bu, davranış değişikliğinin o kadar ayrılmaz bir parçasıdır ki abartılmış olması mümkün değil. Stanford Üniversitesi'nde yapılan muhteşem bir çalışma, söz konusu hazırlama sürecinin katılımcılar üzerindeki etkilerini gözler önüne serdi.

Araştırmacı Christopher Bryan, katılımcıları iki gruba ayırdı.

İlk grup, "oy vermek" gibi ifadeler ve "Oy vermek sizin için ne kadar önemli?" gibi sorular içeren bir ankete yanıt verdi. İkinci grubun anketinde ise "Seçmen olmak sizin için ne kadar önemli?" gibi nispeten değiştirilmiş sorular vardı.[2] Katılımcılara ayrıca önümüzdeki seçimlerde oy kullanmayı planlayıp planlamadıkları soruldu. Araştırmacılar, sonrasında katılımcıların oy kullanıp kullanmadıklarını doğrulamak için halka açık oylama kayıtlarından yararlandılar. Bryan ve ekibi, cevapladıkları anketleri "seçmen" gibi kişisel olarak tanımlayıcı ifadeler içeren katılımcıların, sadece oy kullanma olasılıkları sorgulanan katılımcılara kıyasla yüzde 13 daha fazla oy kullanma olasılığı olduğunu keşfetti.[3]

Yaratmak veya elde etmek istediğiniz alışkanlık veya hedefle özdeşleşmeye bilinçli olarak karar verdiğinizde veya artık istemediğiniz bir alışkanlıkla bilinçli olarak özdeşleşemediğinizde, muazzam bir güç deneyimleyeceksiniz. Hayatınız boyunca kendinize yavaş bir öğrenci olduğunuzu veya öğrenemeyeceğinizi söylediyseniz bunun yerine kendinize "Ben hızlı ve yetenekli bir öğreniciyim" demeye başlayabilirsiniz. Sahip olduğumuz en büyük dürtü, kendimizi nasıl algılıyorsak ona paralel şekilde hareket etmemizdir ve bu, evrendeki en muazzam güçlerden biridir. Lütfen bu gücü kendi yararınız için kullanın.

KWIK BAŞLANGIÇ ÖDEVİ

60 saniyenizi ayırın ve duygu ve düşüncelerinizin bilincinizdeki akışını değiştirmeksizin bu satırları "Ben" diye başlayan ifadelerle doldurun. ....

BİR DEĞERLER HİYERARŞİSİ

Ardından, değerlerimizi dikkate almalıyız. Kılı kırk yararak düşünülmüş alışkanlıklar edinebilirsiniz, ancak değerleriniz varacağınız hedefle uyumlu değilse, bunu yapamazsınız. Örneğin, insanların adlarını hatırlamak isteyen biri, ilişkilere ve diğer insanlarla olan bağlantılarına değer vermelidir. Davranışınız ve değerleriniz bir şekilde birbirlerini destekliyor olmalıdır, yoksa içinizde o eylem için hiçbir dürtü oluşmaz.

Değerlerimizin kendilerine has bir hiyerarşisi vardır. Size hayatta sizin için en önemli şeyin ne olduğunu sorsaydım, bana ailenin temel değerlerinizden biri olduğunu söyleyebilirdiniz. O zaman ben de ailenizin sizin için ne yaptığını sorardım. Mesela benimki bana sevgi veriyor. Sizin aileniz de size aidiyet hissi veriyor olabilir. Buradaki önemli ayrım, ailenin bir aracı değer, başka bir deyişle bir amaca ulaşma aracı olmasıdır. Nihai değer aslında sevgi ya da aidiyettir. Değerlerimizi dikkatle incelediğimizde, bahsettiğimiz değerin varılacak son nokta olup olmadığına ya da başka bir değere giden yolu açan bir araç görevi görüp görmediğine karar verebiliriz.

Değerleri öncelik sırasına koymak gerekir. Benim değerlerimin öncelik sırası şöyle: Sevgi, geliştirme, katkı ve maceradır. Her değer bir sonraki değerin üzerine inşa edilir ve ona katkıda bulunur. Kişinin değerleri, çocuk sahibi olmak, sevdiği birini kaybetmek veya bir ilişkiyi sonlandırmak gibi, onun değişmesine yol açan yaşam koşullarını deneyimlemedikçe yıldan yıla değişme eğilimi göstermez.

Kendi değerlerimizden ve bize en yakın olan insanların değerlerinden habersiz olmamız, bir çatışma ortamının ortaya çıkmasına sebep olur çünkü uyumsuzluk genellikle birbiriyle çelişen değerlerden kaynaklanır. Diyelim ki sizin değerleriniz macera ve özgürlük içeriyor. Öte yandan partneriniz de emniyet ve güvenliğe değer veriyorsa, sıklıkla anlaşmazlık içinde olmanız şaşırtıcı bir durum değildir. Bu bir değer kümesinin doğru ve diğerinin yanlış olduğu anlamına gelmez, sadece ikisinin paralel bir çizgide olmadıkları anlamına gelir. Ya da diyelim ki ikiniz de saygıya çok değer veriyorsunuz, ancak saygı çerçevesinde veya saygısızca olduğunu dü-

Sınırsız

şündüğünüz şeyler farklılık gösteriyor. Saygı içeriğindeki ögelerden bahsetmediğiniz sürece, anlaşmazlığa düşmeniz mümkündür.

NEDENLERİNİZİ KEŞFEDİN

Hayatta herhangi bir şey yapma meselesine gelince, sebepler daima ödüllendirilerek karşılık bulur. Benim hikayem, harekete geçmek için iyi hissetmek gerekmediğinin bariz kanıtıdır. İyi hissettiğim güne kadar bekleyecek olsaydım, uyku sorunlarım arttığında başkalarına nasıl daha iyi öğrenebileceklerini öğretmeyi bırakırdım. Ayrıca, söyleyin bana: Kim bilir kaç kez kendimizi iyi hissetmemize rağmen yapacağımızı söylediğimiz işi yapmamışızdır? Sonuç olarak, bir işi yapma nedenleriniz yeterince güçlü değilse, muhteşem hissetseniz bile hiçbir şey yapamazsınız.

Amacınıza, kimliğinize ve değerlerinize bağlı nedenler, hayatın önünüze koyduğu tüm günlük engellere karşın sizi harekete geçmeniz için yeterince motive edecektir. 70 yaşındaki sağlıklı bir kişi, sabahın 4.35'inde spor salonuna keyfinden gitmez ama aslında o saatte uyumayı tercih ediyor olsa bile, bu cefaya katlanır çünkü sağlığını koruduğu müddetçe ailesiyle birlikte olmaya devam edebilecek olması onun için yeterli bir motivasyon kaynağıdır. İyi bir öğrenci, ruh hali iyi olduğu için ders kitaplarını elinden bırakmaz. Bunu yapar çünkü o sınavda çok başarılı olmak istiyordur ve böylece onu hayalindeki işe götürecek olan staj yapma şansını en yüksek seviyede tutacaktır.

Tatsız olanlar da dâhil olmak üzere, başarmanız gereken her görevin arkasında büyük olasılıkla iyi bir neden vardır. Akşam yemeği hazırlamayı sevmiyorsunuzdur ancak ailenizin iyi beslenmesini istersiniz ve paket servis ve fast food ürünlerine aşırı bağımlı olmanın tehlikelerinin farkındasınızdır. Konuşma yapmaktan rahatsız oluyorsunuzdur, ancak ekibinizin konferansta projenizin arkasındaki tüm organizasyonu bir araya getirmeniz konusunda size güvendiğinin bilincindesinizdir. Ekonomiyi ürkütücü ve biraz sıkıcı buluyorsunuzdur, ancak pazarlama derecenizi almak için o derse ihtiyacınız vardır ve pazarlama becerilerinizin gerçek dünyada işe yaraması için sabırsızlanmaktasınızdır.

Hayatınızda öğrenmeyi veya başka herhangi bir şeyi başarmak için motivasyon bulmakta zorlanıyorsanız, henüz görevinizin nedenini ortaya çıkaramamış olma ihtimaliniz yüksektir. Tutkunuzu, arzuladığınız kimliği ve değerlerinizi düşünün: Bütün bunlar nedenlerinizin temelini oluşturma konusunda nasıl görev yaparlar? Hatırlamaya motive olduğunuzda bir şeyi hatırlama olasılığınızın çok daha yüksek olduğunu zaten biliyorsunuz. Buna karşılık, birinin adını öğrenmek konusunda herhangi bir motivasyon bulamadıysanız, başka biriyle konuşmaya başladığınız anda onun adını unutursunuz. Diyelim ki tutkunuzu, insanların daha iyi ilişkiler kurmasına yardımcı olmak, kendinizi bir "birleştirici" olarak tanımlıyorsunuz ve değerlerinizden biri de sevgi. İsimleri hatırlamayı öğrenme nedenlerinizi bulmak çok basit olabilir: "Topluluğumdaki insanlarla daha iyi bağlantı kurabilmek ve değer verdiğim insanları içeren daha güçlü bir ağ oluşturmaya yardımcı olması için adları hatırlamayı öğrenmek istiyorum."

Hemen şu an durun ve bir şeyleri daha iyi öğrenmek istemenizin üç nedeni düşünün. Sebepleriniz somut olmalıdır: Mesela "Sonunda kayınpederimle konuşabilmek için İspanyolca öğrenmek istiyorum" veya "Çocuğumun okulda daha iyi öğrenmesine yardımcı olmak için Amerikan tarihini öğrenmek istiyorum" ya da "Nasıl daha iyi araştırma yapabileceğimi öğrenmek istiyorum, böylece iş planımı bitirebilir ve şirketim için iyi bir yatırımcı bulabilirim."

Lütfen bu üç nedeni aşağıya yazın:

....
....
....
....
....

Nedenlere sahip olmak, taahhütler söz konusu olduğunda çok net olmama yardımcı oldu. Kendinizi sevmeniz büyük ölçüde, zamanınızı ve enerjinizi korumanız anlamına gelir. Zamanınız, duygularınız, zihinsel sağlığınız ve yaşam alanınız konusunda sınırlar belirlemeniz her zaman inanılmaz derecede önemlidir, özellikle de uyuyamadığınız zamanlarda. Uyku veya yemek gibi sağlığınız için gerekli yakıtlardan yoksun olduğunuzda, kaynaklarınız diğer zamanlarda olduğu kadar bol olmaz, bu nedenle sahip olduklarınızı korumanız çok önemli hale gelir. Evet ya da hayır, her ne dediysem, bir şey yapmaya karar verdiğim anda, benim ruh halim ya cennettir ya cennettir. (Bu deyimle ifademe netlik kazandırmaya çalışıyorum.) Kendime yakın bulmuyorsam o işi yapmam çünkü benim boşa harcayacak enerjim yok. Ve dürüstçe söyleyebilirim ki bir şeyleri kaçırma korkusundan da muzdarip değilim. Son birkaç hafta içinde bir sürü sosyal meclise ve iş toplantısına davet edildim ancak bu kitabı yazarken zaman geçirme amacım ve motivasyonum konusunda çok net olduğum için hepsini reddettim. JOMO (joy of missing out) diye kısalttığım bir şeyleri kaçırmanın neşesini kutlarken de bana katılmanızı çok isterim.

Çoğumuz bu günlerde kendimizi yorgun ve bitkin hissediyoruz. Bunun nedeni, yolumuza çıkan her fırsata, davete veya talebe "evet" dememiz gerektiğini düşünmemizdir. Açık fikirli olmak ve seçenekleri göz önünde bulundurmak çok iyi bir davranış şekli olsa da bir şeye evet dediğiniz zaman, kendinize ve kendi ihtiyaçlarınıza istemeden hayır demediğiniz konusunda dikkatli olmalısınız.

NEYİ KAYBETMEK ZORUNDA KALACAKSINIZ?

Motivasyon nedir? Motivasyon, eylemlerimiz için yakıt görevi yapan birtakım duygular kümesidir (acı verici veya zevkli). Peki, kaynağı nedir? Motivasyon amaçlarımızdan ve eylemlerimizin (veya eylemsizliklerimizin) sonuçlarını tam anlamıyla hissetmemizden ve bunlarla ilişki kurmamızdan ileri gelir.

Hadi şimdi bir egzersiz yapalım. Bu kitaptaki materyalleri kullanmayı öğrenmediğiniz takdirde karşılaşmak zorunda kalacağınız tüm dezavantajları yazın. Bu durum size şu anda ve gelecekte neye mal olacak? Örneğin, "Sıkı çalışmaya devam etmem ve aynı vasat notlara veya işe razı olmam gerekecek" yazabilirsiniz. Veya "Sevdiklerimle vakit geçiremeyeceğim" ya da "O zammı alamayacağım" gibi ifadeler de yazabilirsiniz. Burada anahtar, o duyguları hissettiğinizden emin olmanızdır. Bunu entelektüel bir şey olarak düşünmeyin. Kararlarımız hissettiklerimize göre şekillenir. Bu konuyla ilgili bir şey yapmadığınız takdirde, maruz kalacağınız acıyı gerçekten hissedin. Bu, nihai değişikliği yapmanızın ve bunun devamını getirmenizi sağlamanızın tek yoludur.

Acı, onun sizi kullanmasına izin vermeyip siz onu kullanırsanız, öğretmeniniz olabilir. Sizi bir şeyler yapmaya yönlendirmesi için acıyı kullanın. Dürüst biriyseniz, şöyle bir şey yazabilirsiniz: "Nefret ettiğim, çok az para kazandığım, kendime veya başkasına ayıracak boş zamanımın olmadığı bir işe razı olmak zorunda kalacağım ve hayatımın geri kalanında yaşamaktan sıkılmış ve hayal kırıklığına uğramış bir halde buna katlanmak zorunda kalacağım." Böylesine içtenlikle yazabilmeniz, kesinlikle bu konuda bir şeyler yapmanızı sağlayacak!

Lütfen bunu şimdi yapın:

....
....
....
....
....
....

İşte şimdi, daha da heyecan verici olan kısma başlıyoruz. Bu kitaptaki beceri ve teknikleri öğrenerek elde edeceğiniz tüm faydaları ve avantajları yazın. Sizi gerçekten heyecanlandıracak ve motive edecek şeylerin bir listesini yapın. Örneğin: "Sınavlarımda başarılı olacağım, ailemle birlikte olmak için daha fazla zamanım olacak, şu işi kuracağım ve dünyayı dolaşmak için yeni diller öğreneceğim."

Veya "Egzersiz yapıp sağlıklı olmak, bahar tatiline gitmek ve erkek/kız arkadaşımla daha fazla zaman geçirmek için daha fazla boş vaktim olacak!" Ya da belki "Nihayet, yarım kalan işlerimi tamamlamak ve rahatlamak için biraz boş zamanım olacak!"

Ve lütfen yine, nedenlerinizin gerçek duygularla desteklenecek kadar ikna edici olduğundan emin olun. Bu materyali öğrenmenin faydalarını gerçekten görmeli ve hissetmelisiniz.

Bunu hemen şimdi yapınız:

....
....
....
....
....
....

HEPSİ BİRBİRİNE BAĞLI

Şimdi tüm bunları öğrenme sürecine uygulayalım. Kitabın bu "Motivasyon" bölümünde ilerlerken, öğrenmenin tutkularınıza, kimliğinize, değerlerinize ve nedenlerinize hangi noktalarda uyum sağladığını düşünmenizi istiyorum.

Ben kendi tutkularımı ve nedenlerimi yetişkinlik dönemime kadar keşfedememiştim. Öğrenme mücadelem sayesinde öğrenmeye yönelik bir sevgi geliştirdim çünkü sınırsız olmama yardımcı olan oydu. Şimdi amacım, öğrenmeyi başkalarına da öğretmek böylece onlar da kendilerini sınırsızlaştırabilecekler.

Çocukken, en azından ortalama düzeye gelmek için kendimi çalışmaya zorladım. Çözmem gereken birçok kimlik sorunum vardı; Ben arızalı beyinli çocuktum ve aptal olduğuma inanıyordum. Kendimi görüş şeklimi değiştirmem ve beni öğrenememe durumuna hapseden kimlikten vazgeçmem gerekiyordu. Artık "Arızalıyım ya da beynim hasarlı" demek yerine, "Ben bir öğreniciyim" demem gerekiyordu.

Jim Kwik

Değerlere gelince, daha önce de bahsettiğim gibi gelişmeye ve macera yaşama hissine değer veriyorum. Benim için öğrenme her ikisini de çatısı altına alıyor çünkü gelişimime doğrudan katkıda bulunuyor ve özellikle yeni ya da zorlayıcı bir şey öğrendiğimde bana gerçek bir macera hissi tattırıyor. Bu noktada hiçbir belirsizlik yok çünkü öğrenme süreci, değerlerimin gerçekleşmesine doğrudan katkıda bulunuyor.

Ayrıca nedenlerimin her biri de beni motive ediyor, böylece daha fazla insanın öğrenmesine yardımcı olabiliyorum. Her yazarın bildiği gibi, kitap yazmak zor bir iştir. Ancak bu kitabı yazma nedenim yani internet üzerinden verdiğim kurslarıma erişim imkanı olmayan dünyanın her yerine yayılmış daha geniş bir kitleye yöntemlerimi öğretebilme isteğim bu misyonumu devam ettirip tamamlamamı sağladı.

Motivasyonu zorlamaya çalışıyorsanız, ancak bu görünmez, sınırlayıcı kimlikleri ele almıyorsanız, çok mesafe kaydedemezsiniz. Sıkışıp kaldığınızı hissettiğinizde, hedefinizin değerlerinizle uyumlu olduğu noktaya geri dönün ve sonra kendinize neyin yeniden paralel ve uyumlu hale getirilmesi gerektiğini sorun.

Bir önceki bölümde yer verdiğimiz sizi gerileten yedi yalan listesine geri dönersek, belki de sekizinci olarak, her gün uyandığınızda mutlaka motivasyonunuz olduğu ve azimli hissettiğiniz yalanını da ekleyebiliriz. Lakin gerçek şu ki, motivasyonu yaratan sizsiniz. Nihayetinde motivasyon, değerleriniz ve kimliğiniz tarafından yönlendirilen ve her gün yerine getirdiğiniz bir dizi alışkanlık ve rutindir.

DEVAM ETMEDEN ÖNCE

Tutkunuzu bulmanız, kendinize yenilik şansı tanımanız ve sizi neyin aydınlattığını görmek için kendinizi yeni ortamlara sokmanızla ilgilidir. Kendinizi yetenekleri sınırlı biri gibi hissediyorsanız veya kötü görünme korkusu yüzünden içinize kapandıysanız bunu yapmanız zordur, o yüzden her şeyi akışına bırakın ve bu deneyimin tadını çıkarın. Yaşadığınız bu ilk rahatsızlık anları, sizi hayatınızda yer alacak tamamen yeni bir tutkuya ve amaca götürebilir. İşte size bir sonraki bölüme geçmeden önce deneyebileceğiniz birkaç şey:

• En yaygın olarak kullandığınız "Ben" kelimesiyle başlayan ifadelerinizin bir listesini yazın. Bu ifadelerin sizi tanımlama şekilleri hakkında ne düşünüyorsunuz?

• En çok değer verdiğiniz şeylerin bir listesini oluşturun. Bu listeyi önem sırasına göre hazırlayın ve bunun kendinizi tanımlama şeklinizle ne derece örtüştüğünü düşünün.

• Herhangi bir işe girişmeden önce "Bunu *neden* yapıyorum?" diye sorma alışkanlığı edinin.

"Sizin de anladığınız üzere,
bedeninize mümkün olan en iyi
yakıtı verdiğinizde
daha fazla enerjiniz olur,
daha güçlü olur ve daha hızlı
düşünürsünüz."

MICHELLE OBAMA

ENERJİ

Beyninizin olabildiğince sağlıklı ve enerjik olduğundan nasıl emin olursunuz?

Beynimin olabileceği en güçlü potansiyele sahip olmasını istiyorsam beslenmemde nelere kesinlikle yer vermeliyim?

Gece uykularımın devamlı olarak iyi olmasını nasıl sağlarım?

Bir şeyi yapmak için net bir amacınız var ve projenizi veya hedefinizi küçük, basit adımlara böldünüz. Peki, bu kadarı sürdürülebilir ve sınırsız bir motivasyonu garanti ediyor mu?

Örneğin, her gün okumak için bir sebebiniz olsa, hatta günde sadece beş dakika okumak üzere plan yapmış bile olsanız, yorgunluk sizi bunu yapmaktan alıkoyabilir. Eylemlerinizi yönetmeniz için gereken yakıt, zihinsel ve fiziksel canlılıktır. Zaman yönetiminin önemini biliyoruz. Eh, zaten motivasyon da tamamen enerji yönetimi ve mevcut enerji kaynaklarını en elverişli şekilde kullanmayla yakından ilgili bir konudur.

İşte benden size sınırsız beyin enerjisi üretebilmeniz için 10 tavsiye. Lütfen verdiğim her ipucunu o alana ne kadar önem verdiğinizi göz önüne alarak, 1'den 10'a kadar bir ölçekte derecelendirin. Vereceğiniz cevaplarınız sizi bile şaşırtabilir.

1. İYİ BİR ZİHİN DİYETİ

Dayanıklılık uzmanı Dr. Eva Selhub, beyni sıklıkla yüksek performanslı bir araca benzetiyor. Yazısına "Beyin, pahalı bir araba gibi..." diye başlayarak şöyle devam ediyor: "Beyniniz sadece birinci sınıf yakıt aldığı zaman en iyi performansı gösterir. Bol miktarda vitamin, mineral ve antioksidan içeren yüksek kaliteli yiyecekler yemek, beyni besler ve onu oksidatif stresten yani vücut oksijen kullandığında üretilen ve hücrelere zarar verebilecek olan "atık"tan (serbest radikallerden) korur."[1] Selhub ayrıca, beyninizin kalitesiz yakıtla çalışmaya zorlandığı takdirde, büyük ihtimalle yapması için yaratıldığı şeylerin tamamını yapamayacağına dikkat çekiyor. Örneğin rafine şeker, beyin fonksiyonlarının bozulmasına katkıda bulunur, iltihaplanmaya neden olur, hatta depresyona bile neden olabilir (Bu bir dahaki sefere zor bir günle başa çıkmak üzere bir dondurma fıçısına uzandığınızda göz önünde bulundurmanız gereken bir şey).

Sinirbilimci, tamamlayıcı beslenme uzmanı ve Brain Food ve The XX Brain'in yazarı Dr. Lisa Mosconi birlikte yaptığımız podcast röportajında, beynin beslenme ihtiyaçlarının diğer organlardan farklı olmasının sebebini açıkladı: "İnsan beyni, en iyi şekilde çalışabilmesi için 45 farklı besine ihtiyaç duyar. Bu besinlerin çoğu beynin kendisi tarafından üretilirken, geri kalanı beslenme yoluyla dışarıdan sağlanır."[2]

İyi bir beslenme biçimi ve sağlıklı bir beyin arasında doğrudan bir bağlantı olduğunu kesin olarak bildiğimizden, beyninizi doğanın sunduğu en iyi yiyeceklerle beslemeniz çok önemlidir. Bir sonraki sayfada en sevdiğim 10 zihin yemeğine ait bir liste göreceksiniz.

(Bu listeyi nasıl ezberleyeceğinizi anlatan kısa video için www.LimitlessBook.com/resources adresini ziyaret edin.)

Sebze yemeniz gerektiğini duymaktan nefret eden biriyseniz, bu listeyi uygulamaya koymakta bir miktar uyum sorunu yaşayabilirsiniz. Lakin size bu konuda verebileceğim güzel haberlerim de var. Şöyle ki bu muhteşem karışıma biraz bitter çikolata ilave ettiğiniz takdirde beyninizin gayet iyi çalışacağını gösteren kanıtlar var. Unutmayın, yedikleriniz çok önemli, özellikle de zekânız için.

Sınırsız

> **KWIK BAŞLANGIÇ ÖDEVİ**
> En sevdiğin zihin yiyecekleri hangileri? Günlük diyetinize nasıl bir tanesini daha dâhil edebilirsiniz?

ZİHNE FAYDALI EN İYİ ON GIDA

Avokado: Sağlıklı kan dolaşımını sürdürmeye yardımcı olan mono (tekli) doymamış yağ sağlar.

Yaban mersini: Beyninizi oksidatif stresten korur ve beyin yaşlanmasının etkilerini azaltır. Hafızaya yardımcı olabileceğini gösteren çalışmalar da vardır.

Brokoli: Bilişsel fonksiyonları ve hafızayı geliştirdiği bilinen harika bir K vitamini kaynağıdır.

Bitter çikolata: Odaklanmanıza ve konsantrasyonunuza yardımcı olur, endorfinleri de uyarır. Ayrıca çikolata, bilişsel işlevi iyileştirdiği ortaya konmuş olan flavonoidler de içerir. En koyu renk çikolata en az şeker içeren tür olduğu için zihne faydalı olması açısından çikolatanın rengi ne kadar koyu olursa o kadar iyidir. Hatırlarsanız biz zaten şekerin ne kadar az miktarda yenmesi gerektiğinden bahsetmiştik.

Yumurta: Hafızayı geliştiren ve beyni güçlendiren kolin sağlar.

Yeşil yapraklı sebzeler: Bunlar beynin yaşlanma etkilerini azaltan kaliteli E vitamini ve hafızayı geliştirdiği kanıtlanmış olan folat kaynağıdır.

Somon, Sardalya, Havyar: Beynin yaşlanma etkilerini azaltmaya yardımcı olan omega-3 esansiyel yağ asitleri bakımından zengindirler.

Zerdeçal: Enflamasyonu azaltmaya ve antioksidan seviyelerini artırmaya yardımcı olurken aynı zamanda beyninizin oksijen alımını geliştirir.

> Zerdeçalın bilişsel bozulmayı azaltmaya yardımcı olduğuna dair bazı bulgular da vardır.
>
> **Ceviz:** Bu kuruyemiş, nöronlarınızı muhafaza eden ve beyninizi yaşlanmaya karşı koruyan yüksek düzeyde antioksidan ve E vitamini sağlar. Ayrıca, ruh halinize gerçekten iyi gelen yüksek seviyede çinko ve magnezyum içerir.
>
> **Su:** Beyninizin yaklaşık yüzde 80'i sudur. Dehidrasyon bilinç bulanıklığına, yorgunluğa, daha yavaş reaksiyon vermeye ve düşünme hızının düşmesine sebep olabilir. Araştırmalar, bol su tüketen insanların beyin gücü testlerinde daha iyi puan aldığını gösteriyor.

Mona Sharma ile Facebook Red Table Talk'ta Dr. Mark Hyman ile birlikte Will Smith ve ailesinin beslenme uzmanı olarak görev yaptığı sırada tanıştım. Benimle, yediğimiz yiyeceklerin enerjimiz, sağlığımızın kalitesi ve beyin fonksiyonlarımız üzerinde büyük bir etkisi olabileceğine dair fikirlerini paylaştı: "İyi kalitede omega-3 bakımından zengin yağlar, antioksidan ve bitkisel besinler içeren sebzeler ve sindirimimizi ve odaklanmamızı güçlendirmeye yarayan baharatlar gibi temel bileşenlere odaklanmak beynin hem kısa hem uzun vadeli fonksiyonlarını destekleyebilir."

İşte size Sharma'nın beyin gücünü ve canlılığını en üst seviyeye çıkarmak için kullandığı bir günlük örnek tariflerden bazıları:

GÜNE BAŞLANGIÇ İÇİN ZİHİN TONİĞİ

2 Kişilik

İçindekiler:

5-6 cm uzunluğunda soyulup dilimlenmiş zencefil parçaları

5-6 cm uzunluğunda soyulup dilimlenmiş zerdeçal parçaları. (Not: Bunlar leke bırakacaktır, o yüzden kıyafetlerinize ve tezgâha dikkat ediniz.)

4 su bardağı içme suyu

1/2 organik yeşil çay (2 porsiyon için plastik içermeyen demlik çay poşeti ya da sallama çay poşeti kullanabilirsiniz.)

1/2 organik limon, çekilmiş bir tutam karabiber ve çiğ bal (isteğe bağlı)

Zerdeçal, zencefil ve suyu küçük bir tencereye koyun.

Orta-yüksek arası bir ateşte yavaş yavaş kaynatın. Yeşil çayı ekleyin ve en az 5 dakika daha pişirin.

Ateşten alın. Limon suyunu, karabiberi ve bal (kullanılıyorsa) ekleyin.

Süzün ve sıcakken servis edin. Bu toniği içtikten sonra 20 dakika kadar yemek yemekten kaçının.

Not: Ayrıca büyük miktarda tonik karışımını önceden de hazırlayabilirsiniz. Bir meyve sıkacağı kabına daha fazla miktarda zerdeçal, zencefil ve limon suyu koyun. Bu karışımı buzdolabında ağzı sıkıca kapalı halde 7 gün süreyle bekletebilirsiniz. Servis yaparken sadece sıcak su ve yeşil çayı ekleyiniz.

SİHİRLİ BUZLU SABAH İÇECEĞİ
1 Kişilik

İçindekiler:

1/2 su bardağı dondurulmuş yaban mersini

1/2 su bardağı doğranmış Meksika patatesi (kabuğu soyulmuş)

Bir avuç organik ıspanak (Daha fazlasını da ekleyebilirsiniz!)

2 yemek kaşığı kenevir tohumu

1 çay kaşığı MCT yağı

1 çay kaşığı organik spirulina tozu

1/2 su bardağı şeker ilavesiz Hindistan cevizi suyu

1/2 su bardağı şekersiz badem sütü

Buz (isteğe bağlı)

Tüm malzemeleri bir blendıra ekleyin, karıştırın ve güne muhteşem bir zihin ve vücut yakıtıyla başlayın!

ZİHİN GÜÇLENDİRİCİ SALATA

2 Kişilik

Salata için:

2 su bardağı organik roka

2 su bardağı organik ıspanak

1/4 su bardağı nar tanesi

1/4 su bardağı çiğ ceviz,

Soyulup doğranmış 1 avokado

4 organik yumurta. Kaynatılacak, soğuyunca dilimlenecek. (Vegan salatası yapacaksanız yumurtaları 2 yemek kaşığı kenevir tohumu ve 1 çorba kaşığı kabak çekirdeği ile değiştiriniz.)

Sosu için:

3 yemek kaşığı çiğ elma sirkesi

1/4 su bardağı sızma zeytinyağı.

İçine 1/2 limon sıkınız.

1 çorba kaşığı çiğ bal

1/4 çay kaşığı Himalaya deniz tuzu

2 çay kaşığı siyah susam tohumu (Garnitür için)

Tüm salata sosu malzemelerini (susam tohumları hariç) bir kâseye veya karıştırma kabına koyun ve iyice karıştırın, alt üst edin ve bir kenara alın. Rokayı, ıspanağı, nar tanelerini ve cevizleri geniş bir salata kâsesine ekleyin. Salatanın üzerine salata sosunu dökün ve karıştırın. Karıştırdığınız salatayı iki tabağa bölün. Her iki salata tabağının üstüne ½ dilimlenmiş avokado ve 2 adet dilimlenmiş yumurta ekleyin. Üzerlerini susamla süsleyin ve tadını çıkarın. Afiyet olsun!

FIRINDA SOMON & PAZILI BROKOLİ

2 Kişilik

İçindekiler:

2 çorba kaşığı taze limon suyu

2 çay kaşığı doğranmış sarımsak

5 yemek kaşığı sızma zeytinyağı (ikiye bölünecek)

2 somon fileto. Çiftlik balığı değil doğal ortamda yetişmişini tercih ediniz. (Her biri 125gr ila 185 gr ağırlığında olacak)

2 - 4 limon dilimi

1 büyük demet organik brokoli. Isırık büyüklüğünde çiçekler halinde doğranacak.(3 ila 4 su bardağı kadar)

2 çay kaşığı Himalaya deniz tuzu

1 küçük arpacık soğan. İnce ince doğranmış olacak.

1 küçük demet organik ince doğranmış pazı

1 çay kaşığı organik hardal tohumu tozu

Büyük bir fırın tepsisini pişirme kâğıdıyla kaplayın ve fırını önceden 205 dereceye gelecek şekilde ayarlayın.

Küçük bir kapta limon suyunu, doğranmış sarımsağı ve 2,5 yemek kaşığı zeytinyağını karıştırın.

Somonları fırın tepsisinin ortasına koyun ve limon-sarımsak-zeytinyağı karışımını her filetonun üzerine eşit olacak şekilde gezdirin. Sonra yine her filetonun üzerine limon dilimleri yerleştirin.

Brokoli çiçeklerini, 2,5 yemek kaşığı zeytinyağını ve 1 tatlı kaşığı deniz tuzunu geniş bir kapta karıştırın. Karışımı somon filetolarını çevreleyecek şekilde fırın tepsisine yerleştirin.

Tepsiyi önceden ısıttığınız fırına yerleştirin ve 20 dakika kadar pişirin.

Somon ve brokoli pişerken kalan 1 çorba kaşığı zeytinyağını tavaya alıp kısık ateşte ısıtın. Doğranmış arpacık soğanı ekleyin ve rengi berraklaşana kadar sık sık karıştırın. Pazıyı 2 yemek kaşığı su ile birlikte tavaya ekleyin ve 3-5 dakika, pazı yumuşayana kadar ara sıra karıştırarak pişirin ve ateşten alın. Ateşten alın.

Somon, brokoli ve pazıyı iki servis tabağına da ekleyin. Antiinflamatuar özelliğinden yararlanmak için brokoliye hardal tohumu tozu serpin. Servis yapın. Afiyet olsun!

KAKAOLU, TARÇINLI VE ZENCEFİLLİ "SICAK ÇİKOLATA"

2 Kişilik

İçindekiler:

4 su bardağı şekersiz badem veya Hindistan cevizi sütü

5-6 cm uzunluğunda soyulup uzunlamasına dilimlenmiş bir zencefil parçası

3 yemek kaşığı şekersiz organik çiğ kakao tozu

1 çay kaşığı toz tarçın

1-2 yemek kaşığı hindistan cevizi şekeri (isteğe göre tatlandırın)

1/2 çay kaşığı vanilya özütü

Küçük bir tutam deniz tuzu

Garnitür olarak iki tarçın çubuğu

Badem sütünü ve zencefil dilimlerini orta boy bir tencerede fazla harlı olmayan bir ateşte ara sıra karıştırarak ısıtın. Hafif hafif kaynamaya başlasın. Kakaoyu, tarçını, hindistancevizi şekerini, vanilyayı ve deniz tuzunu da ekleyin ve eriyene kadar çırpın. Ateşten çıkarmadan önce bir kez daha hafifçe kaynatın. Zencefilin bardaklara girmesini önlemek için bir süzgeç kullanarak içeceği iki kupaya paylaştırın. Her kupaya bir tarçın çubuğu ekleyin ve içeceğinizin tadını çıkarın!

Not: Bu içecek yaz aylarında soğuk olarak servis edilebilir. Ayrıca, eğer bunu tatlı olarak servis ediyorsanız, içine bir parça hindistancevizi kreması ekleyin ve daha tatlı, daha köpüklü bir tat elde etmek üzere karıştırın.

2. ZİHNE FAYDALI BESİNLER

Daha önce de bahsettiğimiz gibi, beslenme beyin fonksiyonlarını etkiler. Peki ya çalışma programınız veya yaşam tarzınız nedeniyle zihninize iyi gelecek türden düzenli bir zengin beslenme planınız yoksa? Araştırmalar, belli başlı bazı besinlerin bilişsel yeteneğiniz üzerinde doğrudan bir etkiye sahip olduğunu göstermiştir. Ben beslenmemde her zaman saf, işlem görmemiş ve organik gıdaları tercih ederim. Lütfen siz de bu konudaki muhtemel eksiklerinizi öğrenmek için uzman bir hekimle görüşün.

Genius Foods (Dahi Yiyecekleri) kitabının yazarı Max Lugavere ile yaptığım podcastte, beynimizin sağlıklı hücre zarı oluşturmada kullandığı phos-pholipid DHA takviyesi almanın yararlarını konuştuk.[3] Bu önemli bir konu çünkü ruh halimiz, yürütücü işlevimiz, dikkat ve hafıza ile ilgili tüm reseptörlerimizi hücre zarlarımız oluşturur. B vitaminlerinin kadınların hafızalarını iyileştirdiği ortaya konmuştur. Zerdeçalın besin maddesi olan kurkumin de bilişsel bozulmayı önleyebilir. Besinlerin ve bunların beyin üzerindeki etkilerinin listesini Ulusal Sağlık Enstitüleri web sitesinden alabilirsiniz.[4]

Tabii ki tüm bu besinler için doğal kaynaklar da var ancak bunların hepsini diyetinize almanız yaşam tarzınıza veya damağınıza uymayabilir. Lakin bu konuda iyi haber şu ki, bunların tümü için takviyeler mevcuttur (Ancak tüm takviyeler eşit kalitede üretilmemiştir; mutlaka biraz araştırma yapın). Beyninize ihtiyaç duyduğu yakıtı vermek için takviyeleri bu bölümde anlatılan zihne faydalı yiyeceklerle de birleştirebilirsiniz. En sevdiğim zihne faydalı takviyeler listesi ve bunların linkleri için www.LimitlessBook.com/resources adresini ziyaret ediniz.

3. EGZERSİZ

Harvard Health Letter'ın yönetici editörü Heidi Godman, "Egzersiz, beyni; hafızayı ve düşünme becerilerini koruyacak şekilde değiştirir." diyor. British Columbia Üniversitesi'nde yapılan bir çalışmada araştırmacılar, kalbinizin ve ter bezlerinizin pompalanmasını sağlayan düzenli aerobik egzersizlerinin, beynin sözel hafıza ve öğrenmeden sorumlu alanı olan hipokampüsün boyutunu da artırdığını buldular."[5]

Son paragrafı okurken bazılarınızın şikâyet ettiğini ya da bahane uydurduğunu duyar gibi oluyorum: Egzersiz sıkıcı. Bunun için vaktiniz yok. Spor salonu üyeliğine de paranız yetmiyor.

Ancak basit gerçek şu ki, eğer beyninizi zincirlerinden kurtarmak istiyorsanız egzersiz son derece değerlidir. Düşünün bir kere: Aktif olduğunuzda ve hareket ettiğinizde daha zeki hissediyorsunuz, öyle değil mi? Hatta bazılarımızın beyninin en yüksek verimlilikte çalışmasını sağlamak için hareket etmesi gerekiyor. Bunun nedeni, egzersiz ile beyin fonksiyonları arasında doğrudan bir ilişki olmasıdır. Ayrıca beyninizi zinde tutmak için bir olimpiyat atleti olmanıza gerek yok. Günde 10 dakikalık aerobik egzersizin bile muazzam faydaları olduğunu gösteren pek çok kanıt var.

Vücudunuz hareket ettikçe beyniniz mükemmelleşir. Dilerseniz www.LimitlessBook.com/resources adresini ziyaret edip en sevdiğim egzersiz videolarından birkaçına göz atabilirsiniz.

> **KWIK BAŞLANGIÇ ÖDEVİ**
> Telefonunuzun alarmını, her saat başı birkaç dakika hareket etmenizi hatırlatacak şekilde ayarlayın.

4. KATİL KARINCALAR (ANTS)

En çok satanlar listesine giren Beynini Değiştir, Hayatını Değiştir (Change Your Brain, Change Your Life) kitabının yazarı ve sık sık konuğumuz olan klinik nörolog Dr. Daniel Amen, kliniğinde intihar riskleri, anksiyeteden muzdarip gençler ve bozuk aile düzenine sahip birkaç çiftle uğraştığı gerçekten kötü bir günün ardından evine döndüğünde mutfağında binlerce karınca bulmuş. "İğrenç bir şeydi!" diyor. "Ancak onları temizlemeye başladığım sırada sonradan kullanmaya başladığım o kısaltma (ANT: İngilizce'de karınca) aklıma geldi. Hastalarımın beynini o berbat durumla özdeşleştirmeye başladım. Onların beyni de tıpkı benim karıncalarca istila edilmiş mutfağım gibi sevinç ve mutluluklarını ellerinden alan olumsuz düşünceler tarafından istila edilmişti. Ertesi gün kliniğime, görsel bir yardımcı olarak kullanmak üzere bir kutu karınca spreyi götürdüm ve o zamandan beri hastalarımın ANT'larını ortadan kaldırmalarına yardımcı olmak için büyük bir gayretle çalışıyorum."[6]

"ANT"lar "otomatik olumsuz düşüncelerdir" (Automatic Negative Thoughts) ve siz de çoğu insan gibiyseniz, en azından bazı zamanlarda kendinize bu olumsuz düşüncelere yönelik sınırlamalar getirirsiniz. Belki kendinize gerçekten sahip olmak isteyeceğiniz bir beceriyi öğrenecek kadar akıllı olmadığınızı söylüyorsunuz. Ya da belki de kendinizi bir şeyi başarmaya zorlamanın sadece hayal kırıklığına yol açacağını tekrarlayıp duruyorsunuz.

Karıncalar her yerdedir ve dünyada hepsinden kurtulmaya yetecek kadar karınca spreyi yoktur ama onları hayatınızdan çıkarmak, beyninizi sınırsızlaştırmanızın önemli bir parçasıdır. Bunun nedeni basittir: Sınırlarınız için savaşırsanız, onları oldukları gibi korur, sabitlersiniz. Kendinize düzenli olarak bir şeyi yapamayacağınızı veya bir şeyi yapmak için çok yaşlı olduğunuzu ya da bir şeyi yapacak zekâya sahip olmadığınızı söylerseniz, o şeyi yapamazsınız. Ancak bu tür yıkıcı iç konuşmalardan vazgeçtiğiniz takdirde, başarmak istediğiniz şeyi gerçekten başarabilirsiniz.

> **KWIK BAŞLANGIÇ ÖDEVİ**
> Sizin en zorlu Otomatik Olumsuz Düşünceniz (ANT) nedir? Onu hangi olumlu düşünceyle değiştirebilirsiniz?

5. TEMİZ BİR ÇEVRE

The Lancet adlı tıp dergisinde yer alan 2018 tarihli bir makale, "Hava kirliliğinin tüm felçlerin yüzde 30'una neden olabileceğini ve bu nedenle küresel felç yoğunluğunun önde gelen sorumlularından biri olabileceğini" ortaya koydu. Makale şöyle devam ediyordu:

"İnme, vasküler risk faktörleri ve demans arasındaki güçlü ilişkiye bakılırsa, hava kirliliği ve demans arasında da bir bağlantı olması gayet olasıdır."[7] Soluduğunuz hava, beyninizin çalışma şekli açısından çok önemlidir. Sigara içen birinin bulunduğu bir odada sıkışıp kaldıysanız, o zehirli havayı solurken düşünmenin bile ne kadar zor olduğunu bilirsiniz. Tersine, dağlarda yürüyüş yapıyorsanız ve o canlı, temiz atmosferden derin bir nefes alırsanız, duyularınızın geliştiğini hissedebilirsiniz.

Her yerde çevreyi kirleten maddelerin bulunduğu bir fabrika kasabasında veya büyük bir şehirde yaşıyorsanız, çevrenizdeki hava ile ilgili yapabileceğiniz pek fazla bir şey yoktur. Neyse ki, evinizdeki ve ofisinizdeki havayı temizlemek için üretilmiş cihazlar var ve siz de daha temiz alanlara daha sık gitmek için daha yoğun bir çaba gösterebilirsiniz.

Temiz ve derli toplu bir çevre, hava kalitesinden de büyük önem taşır. Çevrenizdeki dağınıklığı ve dikkat dağıtıcı unsurları ortadan kaldırmanız sizi daha hafif hissettirecek ve odaklanma yeteneğinizi geliştirecektir, bu yüzden zihninizi Marie Kondo (Japon düzenleme uzmanı ve yazar) gibi sadeleştirmek için vakit ayırın ve gereksiz şeyleri ortadan kaldırın.

KWIK BAŞLANGIÇ ÖDEVİ
Bugün çevrenizi temizlemek için yapabileceğiniz bir şeyi söyleyin.

6. OLUMLU DÜŞÜNEN BİR AKRAN GRUBU

Beyin potansiyeliniz sadece biyolojik veya nörolojik ağlarınızla ilgili değildir; aynı zamanda sosyal ağlarınızla da ilgilidir. Kiminle zaman geçiriyorsanız o olursunuz. Motivasyon konuşmacısı Jim Rohn, en çok vakit geçirdiğiniz beş kişinin ortalaması olduğunuzu söylüyor. Buna inanın ya da inanmayın, çevremizdeki insanların yaşamlarımız üzerinde anlamlı bir etkiye sahip olduğu fikrine kimsenin itiraz edeceğini sanmıyorum. Yakın zamanda yapılmış bir

Temple Üniversitesi araştırması, insanların (bu araştırmada özellikle gençlerin), yalnız olduklarında, başkalarıyla olduklarından farklı davrandıklarını ortaya koydu. The New York Times için yapılan çalışma hakkında rapor veren Tara Parker-Pope, "Dr. Steinberg [çalışmanın yazarlarından biri], ödül sürecinde görev alan beyin sisteminin sosyal bilgilerin işlenmesinden de sorumlu. Bu durum da insanların akranlarının karar vermede ne sebeple bu kadar belirgin bir etkiye sahip olabildiğini açıklıyor."[8]

Bu etki nedeniyle, birlikte vakit geçirdiğiniz kişilerin beyin fonksiyonlarınız üzerinde hakiki bir etkisi vardır. Çoğumuz inançlarımızın en azından bir kısmını başkalarının bizim hakkımızdaki inançlarına bağladığımızdan, şüphesiz bunlar iç sesimizi etkiler. Bununla birlikte, ne yediğinizden ne kadar egzersiz yaptığınıza ve ne kadar uyuduğunuza kadar her şeyi etkileyebilirler. Sizin için iyi olan insanları, iyi olmayanlardan ayırt etmenize yardımcı olmaya yönelik pek çok kitap var, ancak şimdilik sadece kitabın bu bölümünün amacı açısından, akranlarınızın kim olduğunu ve bu kişilerin hayatınız üzerinde ne kadar etkili olduğunu ve bu etkinin kendinizi sınırsızlaştırma arzunuzu nasıl etkilediğini düşünmek üzere birkaç dakikanızı ayırın.

> **KWIK BAŞLANGIÇ ÖDEVİ**
> Daha fazla vakit geçirmeye ihtiyaç duyduğunuz kişi kim? Hemen o kişiye ulaşın ve bir randevu ayarlayın.

7. BEYNİ KORUMAK

Muhtemelen bunu söylemeye gerek yok ama beyninizden en iyi şekilde yararlanacaksanız onu korumanız çok önemlidir. Sadece bir beyniniz var. Size hayatınızın geri kalanında kullanmanız için sadece bir araba verilmiş olsaydı, kim bilir o arabaya ne kadar iyi davranırdınız? Onunla hayatınız ona bağlıymışçasına ilgilenirdiniz.

Kazalar kaçınılmazdır, ancak kendinizi beyin hasarının daha az olası olduğu durumlara dâhil etmeniz, en kötüsünden kaçınma şansınızı artırır. Çok kıymetli olan bu varlığınızdan en iyi şekilde yararlanmak istiyorsanız, sert temaslar veya tehlikeli sporlar ideal değildir. Motosikletinizle sürekli olarak hız sınırının üzerinde saatte 20 mil araç kullanmanız da tavsiye edilmez. Bunları vazgeçemeyecek kadar çok seviyorsanız, en azından olabildiğince çok önlem alın ve mümkün olduğunca çok güvenlik aracı kullanın.

8. YENİ ŞEYLER ÖĞRENMEYE DEVAM

Beyin sağlığınız için yapabileceğiniz en önemli şeylerden biri de öğrenmeye devam etmektir. 3. bölümdeki nöroplastisite konusunda konuşup üzerinde durduğumuz gibi, hepimiz, yaşımız ilerlese dahi, beyin kapasitemizi genişletme yeteneğine sahibiz.

Bu, öğrenmeye devam ettiğimiz sürece beynimizde yeni yollar ve patikalar yaratmaya devam edeceğimiz anlamına gelir. Zihnimizi yeni bilgileri uygun şekilde işleyebilecek yeterlilikte, esnek ve kıvrak tutarız. Bu durum, özellikle öğrenme konusunda önümüze gerçekten zorlu hedefler koyarsak gerçekleşir. Yeni bir beceride ustalaşmak, yeni bir dil keşfetmek, kendi kültürünüzün bazı kısımlarını veya sizin için yeni olan başkalarına ait kültürleri kucaklamaya çalışmak, bu nöronların ateşlenmesini ve kendilerine yeni yollar yaratmasını sağlar. Beyninizi kullanma yollarınızı çoğalttıkça, beyninizin yeteneklerini artırırsınız.

> **KWIK BAŞLANGIÇ ÖDEVİ**
> Sürerliği olan bir "ÖĞRENİLECEKLER" listesi oluşturun. Bu listede neler var? İki tanesini buraya yazınız:..
> ....
> ....

9. STRES YÖNETİMİ

Hepimiz günlük hayatımızda bazen birazcık bazen de çok fazla stres yaşarız. Her stres yaşadığımızda, stresin vücudumuzda yarattığı fiziksel zorlukları hafifletmek üzere kortizol olarak bilinen bir hormon salınımı olur. Bu durum ara sıra meydana gelirse, sorun değildir, ancak çok düzenli bir şekilde gerçekleştiği takdirde, beynimizde kortizol birikmesi onun düzgün çalışmamasına neden olabilir.

Ancak dahası da var. Harvard Sağlık Blogunda yayınlanmış bir makale, "Aslında kronik (kalıcı) stresin beyninizi yeniden düzenleyebileceğine dair kanıtlar var." diyor. "Bilim adamları, uzun süreli stres yaşayan hayvanların, beyinlerinin daha yüksek düzeydeki görevleri yerine getiren kısımlarında, örneğin prefrontal kortekste, daha az aktiviteye ve beyinlerinin hayatta kalmaya odaklı, amigdala gibi ilkel kısımlarında daha fazla aktiviteye sahip olduğunu öğrendiler. Bu durum vücudunuzun bir bölümünü çalıştırıp diğer bölümünü çalıştırmadığınızda olacaklara çok benzer. Daha sık çalıştırılmış olan kısım daha güçlü hale gelir ve daha az ilgilendiğiniz kısım zayıflar. Sürekli stres altındayken beyinde gözlenen durum da budur: Esasen beynin tehditlerle başa çıkmak için tasarlanmış bölümü gelişip güçlenir, beynin daha karmaşık düşüncelerden sorumlu kısmı ise arka koltukta dinlenmede kalır."[9]

Stresin beyninizi zayıflatabileceğine dair bu kadar net kanıtlar varken, stresi azaltmanın veya önlemenin yollarını bulmak çok ciddi önem kazanıyor. Size kitap boyunca bu alanda yararlanabileceğiniz bir dizi öneri sunacağım.

> **KWIK BAŞLANGIÇ ÖDEVİ**
> Stresle başa çıkmak için en çok ne yapmayı seversiniz? Bunu en son ne zaman yaptınız?

10. UYKU

Daha iyi odaklanmak istiyorsanız, iyi bir uyku çekmeniz gerekir. Daha net düşünen biri olmak istiyorsanız, iyi bir uyku çekmeniz gerekir. Daha iyi kararlar vermek veya daha iyi bir hafızaya sahip olmak istiyorsanız da, yine iyi bir uyku çekmeniz gerekir. Ulusal Sağlık Enstitüleri'ne göre:

Kaliteli uyku ve doğru zamanda yeterince uyku uyuyabilmek hayatta kalmak için yiyecek ve su kadar önemlidir. Uyku olmadan beyninizde öğrenmenize ve yeni anılar yaratmanıza izin veren yolları oluşturmayı sürdüremezsiniz. Ayrıca hızlı bir şekilde konsantre olup tepki vermeniz de zorlaşır. Uyku, sinir hücrelerinin (nöronların) birbirleriyle iletişim kuruş şekli de dâhil olmak üzere bir dizi beyin fonksiyonu için önemlidir. Aslında, siz uyurken beyniniz ve vücudunuz oldukça aktif kalır. Son bulgular, uykunun beyninizde siz uyanıkken biriken toksinleri yok eden bir temizlikçi rolü oynadığını göstermektedir.[10]

Ana fikir: Beyninizden mümkün olan en iyi şekilde yararlanmak istiyorsanız, yeterli ve *kaliteli* düzeyde uyku almanız çok önemlidir.

Uyku Bir Seçenek Değildir

Biliyorum ortalıkta çok sayıda uykuya ihtiyacı olmadığını ya da uykuya ayıracak zamanı olmadığını söyleyen insan var. Hatta söz konusu bu insanlar hayatlarında çok fazla aktivite olduğundan uykudan fedakârlık yapmaktan başka seçenekleri olmadığını öne sürerek bu durumu bir gurur vesilesi haline getiriyorlar. Bu bir hata. Aynı zamanda, eğer siz de bu insanlardan biriyseniz, hemen şu dakikada yeniden düşünmenizi istediğim bir şey.

George Washington Üniversitesi'nde psikiyatri profesörü olan Dr. Jean Kim, "Uyku, genel sağlık ve günlük işleyiş için çok önemlidir." diyor ve sözlerine şöyle devam ediyor: "Sayısı gittikçe artmakta olan pek çok kanıt, uyku eksikliğini ağırlaşan depresyon, sinirlilik, dürtüsellik (dürtülerine hâkim olamama), kardiyovasküler hastalıklar ve çok daha fazlası da dahil olmak üzere bir dizi zihinsel ve fiziksel bozuklukla ilişkilendirmiş durumda.

Yine bu konuda yapılan bir çalışma, uykunun aslında beyin için bir tür çamaşır yıkama döngüsü işlevi gördüğünü, uyku sırasında beyindeki kan damarlarının (ve lenfatik kanalların) hiperperfüzyonu ve metabolik birikimi temizlediğini ve günden kalan nörotoksinleri dışarı attığını, ayrıca hücresel onarımı artıran bileşenleri dağıttığını ortaya koydu."[11]

Oregon Sağlık ve Bilim Üniversitesi'nden Dr. Jeff Iliff, uyku hakkındaki TED konuşmasında "çamaşır yıkama döngüsü" metaforunu daha da ileri götürdü ve "Biz uyanıkken beyin başka işler yapmakla o kadar meşgul ki kendini atıklardan temizleme yetisine sahip olamıyor. Amiloid-beta adlı bu atığın birikmesi şimdilerde Alzheimer hastalığının gelişimiyle ilişkilendiriliyor. Beyin uyanıkken ve çok meşgul olduğu zamanlarda, atıkları hücreleri arasındaki boşluklardan uzaklaştırmayı daha sonrasına erteliyor ve daha sonra uykuya daldığında ve başka bir şeyle meşgul olması gerekmediğinde, gün boyunca biriken atıkları hücreleri arasındaki boşluklardan arındırmak için bir tür temizleme moduna giriyor."[12]

Iliff, konuşmasının ilerleyen bölümlerinde, bizi çoğumuzun sıklıkla yaptığı bir şeyi yapmamamız için uyarıyor: Mümkün olan son ana kadar uykudan fedakârlık etmek. "Tıpkı ev işleri gibi, bu da kirli ve nankör bir iş, ama aynı zamanda çok önemli. Mutfağınızı bir ay kadar temizlemeseniz, eviniz çok kısa sürede tamamen yaşanmaz hale gelecektir. Fakat beyninizin gerilemesinin sonuçları kirli tezgâhlarınız yüzünden duyacağınız utançtan çok daha büyük olabilir, çünkü konu beynin temizlenmesi olduğunda, söz konusu olan zihin ve beden sağlığınız ve bunların işlevidir. İşte bu nedenle bugün beynin bu çok temel temizlik işlevlerinin anlaşılması, yarın karşılaşacağımız zihinsel hastalıkları önlemek ve tedavi etmek açısından kritik derecede önemli olabilir."[13]

Dolayısıyla, kendisini azıcık uykuyla idare etmekte bir asalet olduğuna inandırmış birçok insandan biriyseniz, bu düşüncenizi bir kez daha gözden geçirmenizin zamanı geldi. İyi bir gece uykusundan kazanılacak çok şey vardır (Rüyalarınızdan öğrenebileceklerini de dâhil olmak üzere).

Geceyi Atlatmak

İyi bir gece uykusu çekeceğinizi söylemek başka bir şeydir; tamamen başarmak başka bir şey. Amerikalıların yaklaşık dörtte biri her yıl belli bir düzeyde uykusuzluk yaşıyor.[14]

Bununla birlikte, kronik uykusuzluktan muzdarip hastalar arasında bile egzersizin uykuyla ilişkili olduğunu ortaya koyan çok güçlü kanıtlar vardır. Dr. Kathryn J. Reid ve diğerleri tarafından yapılan bir araştırma, aerobik egzersizlerin sürekli olarak uyku problemleri yaşayan bir grup katılımcı üzerinde güçlü ve olumlu sonuçlar verdiğini keşfetti.

"Bu çalışmadan elde edilen sonuçlar şunu gösteriyor: On altı haftalık orta yoğunlukta aerobik fiziksel aktivite ve uyku hijyeni eğitimi kişisel olarak beyan edilen uyku kalitesini, ruh halini ve kronik uykusuzluk çeken yaşlı insanların yaşam kalitesini iyileştirmekte etkili oluyor." diyor yazarlar.

"Bu sonuçlar, yapılandırılmış fiziksel aktivite programlarının, özellikle hareketsiz bir yaşam süren yaşlı nüfustaki uykusuzluğun tedavisi için standart davranışsal yaklaşımların etkinliğini artırma potansiyelini vurguluyor."[15]

Northwestern Üniversitesi Feinberg Tıp Fakültesi'nden bir grup, toplanan verileri derinlemesine inceleyerek ve sonrasında egzersiz ve uyku arasındaki bağlantıyı irdeleyerek bu çalışmaya destek verdiler.

Buldukları, "Egzersiz sihirli bir hap değildir." sonucunun dikkate alınması çok önemlidir. Uyumakta güçlük çekiyorsanız, bu sorunu spor salonundaki tek bir seansla çözemezsiniz çünkü bu grup, egzersizin uyku üzerindeki etkilerinin iki ay sonrasında bile minimum düzeyde olduğunu keşfetti. Ancak 16 haftalık çalışmanın sonunda, katılımcıların her gece fazladan bir buçuk saat uyku uyumaya başlamasıyla sonuçlar dikkate değer bir hal aldı.[16]

Yani, egzersiz ve uyku arasında net bir bağlantı var, ancak bunun işlemesi için biraz zaman tanımanız gerekiyor. Ancak, egzersizin sağlık üzerindeki genel faydaları göz önünde bulundurulursa, bir egzersiz rutini belirlemek, uykunuza faydasını hemen hissetmeseniz bile, her zaman iyi bir fikirdir.

Uykuya etki etmesi için ne kadar egzersiz yapılması gerektiğine dair çeşitli fikirler var, ancak genel olarak belirtilen miktar, birkaç dayanıklılık egzersizi ile birlikte haftada 2,5 saat aerobik egzersizidir. Pittsburgh Üniversitesi'nden Dr. Christopher E. Kline, "Egzersiz yaparken hâlâ konuşabilir durumda olup sadece birkaç cümlede bir nefes almanızı gerektirecek düzeyde nabzınızı hızlandıran tempolu yürüyüş, hafif bisiklet egzersizi, eliptik aletle çalışma veya herhangi bir aktivite orta düzeyde egzersiz olarak kabul edilir." diyor.[17]

Zihninize Mola Verdirin

İnsanların uyumakta güçlük çekmesinin çok sayıdaki nedenlerinden biri de, zihinlerini kapatamamalarıdır. Hepimiz böyle bir durum deneyimlemişizdir: Yarına çok önemli bir toplantınız vardır ya da gün içinde rahatsız edici (olumlu ya da olumsuz) bir şey olmuştur veya yatmadan hemen önce sizi kızdıran bir telefon görüşmesi yapmışsınızdır. Başınızı hızla yastığa koyarsınız ama belki evinizin etrafında turlasanız sizin için daha iyi olacaktır çünkü zihniniz o kışkırtıcı olayla meşguldür. Yatağınızda saatlerce dönüp durursunuz ve uyku size o sırada Everest dağı kadar ulaşılmaz gelir.

Neyse ki, bununla başa çıkmanıza yardımcı olabilecek ve her daim kullanabileceğiniz bir araca sahipsiniz: Meditasyona!

Meditasyonun faydaları bir hayli fazladır (ve bunları detaylı bir şekilde anlatan pek çok kitap vardır). Bu faydalara, bağışıklık fonksiyonunu güçlendirmekten kaygıyı azaltmaya ve gri maddenizi gerçek anlamda artırmaya kadar her şey dâhildir. Ancak çok çeşitli faydalarından biri de uykusuzluğa yardımcı olmasıdır.

Dr. David S. Black ve birkaç doktor tarafından yapılan bir çalışmada, uyku sorunları olan bir grup yaşlı yetişkin, iki saatlik seanslarla altı kez farkındalık meditasyonuna tabi tutuldu. Bu seansların sonunda bu grubun uykusuzluk sorununda anlamlı iyileşme gözlendi.[18]

Meditasyon size yabancı geliyorsa (eğer öyleyse, büyük çoğunluktansınız çünkü Amerika'da meditasyon yapanlar yüzde on beşten de az)[19] muhtemelen meditasyonun zor olduğunu veya meditasyon yapmanın zihni tamamen boşaltmayı gerektirdiğini duymuşsunuzdur. Meditasyona yapmaya yardımcı bir kafa bandı olan Muse'un yaratıcısı Ariel Garten, meditasyonun zihninizi boşaltmakla ilgili olmaktan çok "zihninizi yaşadığınız anın farkında olacak şekilde eğitmekle"[20] ilgili olduğunu açıklıyor.

Ariel Garten, bana meditasyon yapmak için herhangi bir zaman ve yeri seçebileceğinizi ve bunun faydalarını, gözleriniz kapalı olarak geçirdiğiniz üç dakika kadar kısa bir sürede, derin nefesler alıp bu nefesleri sayarak bırakırken hissedebileceğinizi söyledi. Savunduğu bir başka araç da odaklanılmış dikkat. Bu, tüm dikkatinizi nefesinize vermekten ibaret olan son derece basit bir süreç. Zihniniz nefes alışınıza odaklanmışken (çünkü sürekli öyle olacak), dikkatinizi sadece buna ve bu ritüeli yerine getirmeye verin. Bu teknik, meditasyondan bir şeyler elde etmek için Zen ustası olmak gerektiğini düşünen herkes için meditasyonun gizemini çözmeyi vaat ediyor. Pek azımız uzun bir süre boyunca tek bir şeye odaklanma yeteneğine sahibiz, bu nedenle yeniden odaklanmanın da eşit derecede değerli olduğunu bilmek güzel.

Nefes alıp vermeniz esnasında dikkatinizi tekrar kazandığınızda, önemli bir beceri sergiliyorsunuz çünkü düşüncelerinizi gözlemlemeyi öğreniyorsunuz, diyor Garten. Düşüncelerinize kapılıp gidemezsiniz ama düşünüyor olduğunuzu gözlemleme sürecindesiniz. Düşünceleriniz üzerinde kontrol sahibi olabileceğinizi ve düşüneceğiniz şeyleri seçebileceğinizi fark etmeye başlıyorsunuz.[21]

Meditasyon, bu basit yöntemlerle bile uykunuzu iyileştirebilir. Meditasyon koçum, *Stress Less, Accomplish More*'un (Daha Az Stres, Daha Fazla Başarı) yazarı Emily Fletcher'ın, Ziva Meditation adında benzersiz bir metodu var. LimitlessBook.com/resources adresini ziyaret ederek onun metodunu nasıl uyguladığımızı anlatan eksiksiz videomuzu izleyebilirsiniz. Bu videoda size adım adım yol gösteriyoruz.

> **KWIK BAŞLANGIÇ ÖDEVİ**
> Sizin uyguladığınız en iyi uyku taktiği hangisi?
> Lütfen buraya yazınız:..
> ....

DEVAM ETMEDEN ÖNCE

Beyni beslemek, sınırsız olmanın temelidir ve bunu gerçekleştirmek için önümüzde daha çok basamak var. Ancak önce biraz duralım ve bu bölümdeki birkaç şeye odaklanalım:

• Şu anda evinizde bulunmayıp beyne faydalı olan tüm gıdalar için bir alışveriş listesi oluşturun. Bu yiyeceklerin hepsinin damak zevkinize uygun olamayacağının farkındayım, ancak onlara listenizde elinizden geldiğince çok yer vermeye çalışın. Ardından bu listeyle markete gidin.

• Kendi Otomatik Negatif Düşüncelerinizi (ANTs) tanımlamak üzere biraz zaman ayırın. Kendinize ne tür sınırlamalar getiriyorsunuz? Bu konuya birkaç dakika kadar eğilin. Kendinize neyi ya da neleri yapamayacağınızı söylüyorsunuz? Lütfen bunları yazınız.

• Öğreniminizi ne kadar ileri seviyeye taşımak istediğinizi düşünün. Hangi konuda hep uzmanlaşmak isteyip de bunun için bir türlü vakit bulamadınız? Farklı bir dil mi? Bilgisayar kodlama mı? Yeni bir satış veya pazarlama tekniği mi? Bu çalışmayı hemen şu anda programınıza almak için neler yapabilirsiniz?

• Uykunuzun miktarını ve kalitesini artırmak için bu bölümde bahsettiğimiz araçlardan birini kullanın. Bu süreci en az bir hafta kadar takip edip gelişmeleri gözlemleyin.

• Sizin için beyne en faydalı 10 yiyeceği nasıl kolayca ezberleyebileceğinizi ve beyninize enerji verecek 10 tavsiyemi içeren bir video hazırladım. İzlemek için www.LimitlessBook.com/resources adresini ziyaret ediniz.

"Önce biz alışkanlıklarımızı
yapılandırırız,
sonra onlar bizi…"

JOHN DRYDEN

KÜÇÜK, BASİT ADIMLAR

Şu anda atabileceğim en basit küçük adım nedir?
İyi alışkanlıklar nasıl edinilir ya da kötü olanlar nasıl bırakılır?
Hangi günlük rutin beni sınırsız hale getirir?

Bir şeyler yapmak için bir sebebiniz veya amacınız var. Bunu yapmak için gerekli enerjiye de sahipsiniz. Peki, eksik olan ne?

Küçük, basit bir adım. Sizi hedefinize yaklaştırmak için yapabileceğiniz küçücük bir eylem. Minimum çaba veya enerji gerektiren bir hareket. Zamanla bunlar alışkanlık haline gelecektir. Bu kitabı Kwik Başlangıç Egzersizleri adını verdiğim küçük basit adımlarla doldurmamın nedeni de budur.

1920'lerde, bir Rus psikolog olan Bluma Zeigarnik, çok yoğun iş yapan bir Vietnam lokantasında otururken bir şey fark etti. Etrafında dönüp duran garsonlar müşterilerin siparişlerini hatırlama konusunda oldukça yetkindi ancak siparişleri sahiplerine teslim eder etmez kimin ne yediğini unutmaya meylediyorlardı.

Gözlemlediği bu durum ilgisini çektiğinden, katılımcıların basit işler yapmakla görevlendirildiği ama insanların çalışmalarını ara ara böldüğü bir çalışma yürüttü. Daha sonra, katılımcılara hangi görevleri hatırladıklarını ve hatırlamadıklarını sordu.

Görevleri ara sıra kesintiye uğrayanların, kesintiye uğradıkları anda yaptıkları şeyleri hatırlama olasılıklarının, kesintiye uğramadan tamamlayabileceklerinden iki kat daha fazla olduğunu keşfetti. Ve sonradan Zeigarnik etkisi olarak tanımlanan ve yarıda kesilen bir görevin, tamamlanacağı ana dek o görevi zihnimizin ön planında tutan bir gerilim seviyesi yarattığı sonucuna vardı.

Büyük olasılıkla, bu gerilime, geçmişte yaşadığınız bir şeyleri erteleme deneyiminizden aşinasınızdır. Bir şeyi yapmak zorunda olduğunuzu bildiğinizde, onu erteleyip durursunuz. Bu durum üzerinizde ciddi bir ağırlık yapar, hatta bu görev tamamlanmadığı sürece başka bir şey yapmanızı bile zorlaştırır. Yapmanız gereken şey zor gelir ya da yapabileceğiniz diğer işlerden daha az eğlenceli görünür. Rahatsız edici olabilir ya da kendinizi o işi tamamlamanız için önünüzde daha çok zaman olduğuna inandırmışsınızdır. Yaşam vizyonumuz konusunda net olduğumuzda ve kim olmak istediğimizi bildiğimizde bile görevlerimizi tamamlamak konusunda zorlanıyoruz. Motivasyonumuzu sürdürüyor olmamıza rağmen, harekete geçmek neden bu kadar zor?

İnsanların harekete geçmemelerinin en önemli nedenlerinden biri, yapmaları gereken işlerden bunalmış hissetmeleridir. Bazen bir proje ya da görev size o kadar büyük ve zaman alıcı görünür ki, onu bitirebileceğinizi hayal bile edemezsiniz. Projeye baştan sona bütünüyle bakar ve hemen elimizdeki görevin çok büyük olduğu hissine kapılırız. Bu yüzden de onu durdurur veya erteleriz. Psikolog Hadassah Lipszyc, "Tamamlanmamış görevler ve bunları ertelememiz çoğu zaman bunaltıcı sıklıkta ve hiç de yardımcı olmayan düşünce kalıplarına yol açar." diyor ve şöyle devam ediyor: "Bu düşünceler uykuyu etkileyebilir, anksiyete belirtilerini tetikleyebilir ve kişinin zihinsel ve duygusal kaynaklarına negatif şekilde tesir edebilir."[1]

KENDİNİZE NAZİK DAVRANIN

Bir şeyleri düzenli bir şekilde yapmakta zorlanırsanız, büyük ihtimalle suçlu hisseder ve kendinizi yiyip bitirirsiniz. Muhtemelen kendinize yardımcı olmaktan ziyade zor zamanlar yaşatırsınız. Tamamlanmamış görevlerin beyninizde gerginlik yarattığından az önce bahsetmiştik. Bunun üzerine bir de suçluluk ve utancı eklerseniz, o görevi bitirmeyi daha da zorlaştırırsınız ve kendinizi perişan etmiş olursunuz.

Teksas, Austin Üniversitesi'nde psikoloji ve pazarlama profesörü olan Dr. Art Markman, "İşten uzakta olduğunuzda ve bu konuda yapabileceğiniz bir şey olmadığında suçlu hissetmeniz size hiçbir şekilde yardımcı olmaz, bilakis acı verici olabilir." diyor ve ekliyor: "Genel olarak kendinizi işinizle ilgili daha kötü hissetmenize neden olacak, ayrıca arkadaşlarınızla ve ailenizle geçirebileceğiniz veya keyifli bir faaliyette bulunabileceğiniz zamanı berbat edecektir. Utanç ise farklı bir hikâye. İnsanların utançtan kaçınmak için bariz bir biçimde bir şeyleri erteleme yoluna gittiklerine dair kanıtlar var. Tamamlamadığınız bir iş hakkında utanç duymanız, neredeyse hiçbir zaman yardımcı olamayacak bir duygu haline gelerek, sorunu asla iyiye götürmez, bilhassa kötüye götürür."[2]

İlerlemeden yoksun olmanız konusunda kendinizi kötü hissetmeniz, ertelemeyi bırakmanızı muhtemelen daha da zorlaştıracaktır. Bu yüzden, şimdi kendinize bir mola verin. Kendinizi yiyip bitirmeniz hiçbir şeye yaramayacak. Ayrıca bu kitabı okuyor olduğunuz için, zaten şimdiden gelecekteki ertelemelerinizin önünü almanız için gereken adımları atıyorsunuz.

Deneyimlerime göre, bununla baş etmenin en iyi yolu, görevi küçük parçalara ayırmanın bir yolunu bulmaktır ki bu da bizi başarıya götüren alışkanlıklara yol açar. Zeigarnik etkisine geri dönersek, bu küçük görevlerden birini her tamamlayışınızda, o kadar ağırlığı zihninizin üzerinden alırsınız. Ve bu alt görevlerin her biri tamamlandığında, görevi bütünüyle tamamlamaya da o kadar yaklaşmış olursunuz.

BEBEK ADIMLARIYLA İLERLEYİN

Podcast konuğum, Stanford Üniversitesi Davranış Tasarımı Laboratuvarı'nın kurucu yöneticisi ve Tiny Habits (Küçücük Alışkanlıklar) kitabının yazarı olan Dr. B. J. Fogg, yirmi yıldan fazla bir süredir insan davranışını inceliyor. Sonuç olarak öğrendiği şey ise bir kişinin davranışını uzun vadede yalnızca üç şeyin değiştirebileceği olmuş. Bunlardan bir tanesi, pek az insanın istediği anda deneyimleyebileceği türden bir aydınlanma yaşaması. Bir diğeri, kişinin ortamını değiştirmesi ki bu neredeyse herkes için mümkündür, ancak uygulaması her zaman elverişli değildir. Üçüncüsü ise Dr. Fogg'un dediği gibi kişinin "bebek adımları atmasıdır."[3]

Bakın ben bu hikâyenin küçük, basit adımlar ilkesini açıklama şeklini çok seviyorum: Bir kral, büyük bir sihirbazın gösterisini icra edişini izliyormuş. Kalabalık da kral da gördüklerinden büyülenmiş. Sonunda seyirci beğeniyle alkış tutmaya başlamış. Ve Kral demiş ki: "Bu adamın yeteneği, Tanrı vergisi. Ama kralın bilge bir danışmanı Kral'a, "Efendim, dahi doğulmaz, dahi olunur. Bu sihirbazın yeteneği, disiplininin ve çalışmasının sonucudur. Bu beceriler, kararlılık ve disiplinle zaman içinde öğrenilmiş ve geliştirilmiş." demiş. Kral bu mesajdan rahatsız olmuş çünkü danışmanının bu şekilde meydan okuması, sihirbazın sanatından aldığı zevkin tadını kaçırmış. "Seni sığ beyinli ve kindar adam. Gerçek bir dehayı nasıl eleştirirsin? Dediğim gibi, bir insanda hüner vardır ya da yoktur. Ve sende kesinlikle yok!" diyerek onu terslemiş. Ardından korumasına dönüp "Bu adamı en derin zindana atın." demiş ve sonra danışmanın yararına bir şey söyleyecekmiş gibi devam etmiş: "Bu arada yalnız da kalmayacaksın. Sana hücrende eşlik etmesi için kendi türünden iki yaratık daha olmasına izin vereceğim. Yanında hücre arkadaşı olarak iki domuz yavrusu olacak."

Bilge danışman, hapsedildiği ilk günden itibaren iki eline de birer domuz yavrusu alıp hücresinin basamaklarından hapishane kapısına kadar koşarak egzersiz yapmış. Günler haftalara ve haftalar aylara kavuşurken, domuz yavruları adım adım gelişerek güçlü kuvvetli domuzlara dönüşmüşler. Ayrıca bilge danışman da her gün vücut egzersizleri yaparak gücünü ve dayanıklılığını arttırmış. Kral bir gün bilge danışmanı hatırlamış ve hapis cezasının onun kibrini ne kadar kırdığını merak ederek onu yanına çağırtmış. Mahkûm, kralın karşısına çıktığında, iki kolunda birer yaban domuzu taşıyan son derece güçlü bir fiziğe sahip bir adam görüntüsündeymiş. Kral haykırmış: "Bu adamın Tanrı vergisi bir yeteneği var." Bilge danışman hemen cevap vermiş, "Efendim, dahi doğulmaz, dahi olunur.

Yeteneğim disiplinimin ve çalışmamın sonucudur. Bu beceriler, kararlılık ve disiplinle zaman içinde öğrenildi ve geliştirildi."[4]

Davranışınızı değiştirmesi olası olan tek şey, adım adım ilerleme kaydetmenizdir. Gerçekten akşam yemeği hazırlamak istemiyor musunuz? Ailenizin atıştırması için basit bir şeyler pişirin. Akşam yemeğini sonra halledersiniz. Gelecek ay katılacağınız konferans için o çok önemli konuşmayı yazmakta sıkıntı mı yaşıyorsunuz? Şimdilik sadece konuşmanızın açılış bölümünü yazın, yeter. Ekonomi dersiniz için okumanız gerekenlerin yoğunluğundan bunaldınız mı? Kendinize okunacakların ilk bölümünü okumayı hedef belirleyin. Bilge danışman gibi, her seferinde bir adım atmalısınız, her seferinde bir günlük adım.

Tüm bu senaryolarda fark edeceğiniz iki ortak yön var. Birincisi, size başarılabilir bir şey, bir işi tamamlama şampiyonluğuna giden yolda kazanılacak bir galibiyet sunmalarıdır. Diğeri ise, hepsinin sizi daha da başarılı olma ihtimalinizin olduğu bir duruma sokmasıdır. Şöyle açıklayayım: Mesela şu anda zaten mutfaktasınız, o yüzden akşam yemeği hazırlama işini bitirebilirsiniz. Ya da konferans konuşmanızın açılış bölümünü tamamladınız ve şimdiden iyi gidiyorsunuz, bu yüzden belki birkaç sayfa daha taslak hazırlamanız mantıklı olabilir. Okuma meselesine gelince, Ekonomi metninizin ilk bölümü dışarıdan göründüğü kadar sıkıcı değildi ve zaten kitabın kapağını açtınız bile; birkaç bölümü daha halledebilirsiniz.

Ertelediğiniz bir görevi küçük parçalara böldüğünüzde, onu tamamlamanıza giden yol açılır.

İstediklerinizle şimdiye kadar yaptıklarınız arasındaki gerilimle baş etmenin en iyi yolu, Zeigarnik etkisinin bize öğrettiklerini hatırlamaktır. Bu görevi tamamlayana kadar zihninizi rahatlatamayacaksınız, bu yüzden kendinizi işi tamamlama yolunda ilerletin. Bir yerden başlayın. Herhangi bir yerden. Tüm işi halletmek için gereken enerjiye veya motivasyona sahip olmasa bile, bitirme yolunda bir adım atın, bitirmeye başlayın. Sonrasında hissedeceğiniz rahatlama için minnettar olacaksınız.

> **KWIK BAŞLANGIÇ ÖDEVİ**
> Sürekli ertelediğiniz önemli bir görevi düşünün. Bu ne görevi? Bunu her gün üstesinden gelebileceğiniz daha basit ve küçük adımlara nasıl bölebilirsiniz?

OTOMATİĞE BAĞLAMIŞ HALDEYİZ

Tekrarlanan küçük basit adımlar alışkanlıklara yol açar. Alışkanlıklarımız, benliğimizin özünü oluşturur. Çeşitli araştırmalar, her gün yaptığımız hareketlerin yüzde 40 ila 50'sinin bir alışkanlığın ürünü olduğunu göstermiştir. Bu, hayatımızın yarısının bilim adamlarının "otomatiklik" dediği şey tarafından yönetildiği anlamına gelir. Bu yüzde size yüksek gelebilir. Bunu ilk duyduğumda bana da kesinlikle öyle gelmişti ama her gün hiç düşünmeden kaç tane şey yaptığınızı düşünsenize. Düşünmeden dişlerinizi fırçalıyorsunuz. Telefonunuzu tahmin edilebilir aralıklarla kontrol ediyorsunuz. Ofise gidiyorsunuz ve oraya gidişinizi pek de detaylı hatırlamıyorsunuz. Dahası montunuzun fermuarını çekiyor, dolaptan bir bardak çıkarıyor ve otomatik bir hareketle televizyonun uzaktan kumandasına basıyorsunuz.

Bu durum, elbette, hayatlarımızı idame ettirmemiz açısından çok önemli. Yaptığınız *her bir şeyi* düşünmeniz gerekseydi bu ne kadar bunaltıcı olurdu hayal edebiliyor musunuz? En basiti dişlerinizi fırçalamak bilinç düzeyinde bir hesaplama gerektirse, sabah 10 itibariyle bitkin düşmüş olurdunuz.

Charles Duhigg, en çok satan kitabı Alışkanlığın Gücü (*The Power of Habit*) adlı kitabında "Alışkanlık döngüleri olmasaydı, beyinlerimiz, günlük hayatın ufak tefek ince detaylarıyla uğraşmaktan ambale olmuş halde, kendisini kapatırdı." diyor. "Bazal gangliyonları yaralanma veya hastalık nedeniyle hasar gören insanlar genellikle zihinsel olarak felç olur. Bir kapıyı açmak veya ne yiyeceklerine karar vermek gibi temel faaliyetleri yerine getirmekte bile güçlük çekerler. Önemsiz ayrıntıları görmezden gelme yeteneklerini kaybederler.

"Sınırsız benliğinize adım attığınızda, hakikate dayanması gerekmeyen eski alışkanlık ve davranış kalıplarıyla karşılaşabilirsiniz. Bu eski varoluş biçimleri, bunların çoğunu binlerce kez tekrarladığınız için ortaya çıkıyor."

DEBBIE FORD

Örnek vermek gerekirse, bu konuda yapılan bir çalışma, bazal gangliyon yaralanması olan hastaların, yüzün hangi kısmına odaklanacaklarından tam olarak emin olamadıklarından, korku ve tiksinti gibi yüz ifadelerini tanıyamadıklarını ortaya çıkardı."[5]

En çok satanlar listesine giren Atomik Alışkanlıklar (Atomic Habits) kitabının yazarı James Clear, "Her gün tekrarladığınız (veya tekrar etmediğiniz) alışkanlıklarınız, sağlığınızı, servetinizi ve mutluluğunuzu büyük ölçüde belirleyici rol üstlenirler. Alışkanlıklarınızı nasıl değiştireceğinizi bilmeniz, yaşamınızı güvenle sahiplenip yönetmeyi, en yüksek etkiye sahip davranışlara odaklanmayı ve istediğiniz hayatın işlevsel özelliklerini keşfetmeyi bilmeniz anlamına gelir."[6]

Clear, bir keresinde bana, "Tüm alışkanlıklar bize bir şekilde hizmet ediyor." dedi. "Hayat devam ederken, çeşitli sorunlarla karşılaşıyoruz. Örneğin, ayakkabımızı bağlamanız gerekiyor ve beyniniz bu sorunun çözümünü hemen otomatikleştiriyor. İşte alışkanlık budur. Hayatınız boyunca karşılaştığınız ve sürekli tekrar eden problemlerin çözümüdür ve bu çözümü yaşamınızda o kadar çok kez deneyimlemişsinizdir ki artık hiç düşünmeksizin uygulamaya devam edersiniz. Çözüm bir süre sonra işe yaramaz olsa bile, beyniniz onu güncelleyecektir."[7]

Clear, alışkanlık döngüsünü dört bileşene sahip olarak tanımlar. Bu bileşenler: İşaret, istek, tepki ve ödüldür. Bir odaya girdiğinizde ışığı açma hareketine yönelmenizden yola çıkarsak, işaret odaya girip orayı karanlık bulmanızdır. İstek, odanın karanlık olmamasının faydalı olacağını hissetmenizdir. Tepki, lamba anahtarını çevirmenizdir. Ödül ise odanın artık karanlık olmamasıdır. Bu döngüyü, işten eve geldiğinizde posta kutunuzdan postanızı almanız benzeri alışkanlıklarınızdan herhangi birine uygulayabilirsiniz. İşaret, günün sonunda garajınızın önündeki yola veya ön kapınıza gelmenizdir. İstek, posta kutusunda bir şeyler olmasını ummanızdır. Tepki, öğrenmek için posta kutusuna gitmenizdir. Ve ödül, gelen postalarınızı posta kutunuzdan almanızdır. Açıkçası posta elinize geçene kadar yaptığınız bütün hareketleri muhtemelen hiç düşünmeden yaparsınız.

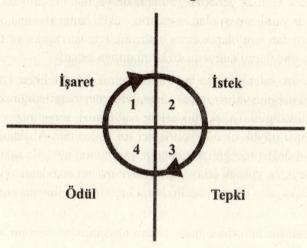

Hayatımızın önemli parçalarını otomatikleştirmek için alışkanlıklar yaratmak, büyük ölçüde bilinçsizce ve çoğunlukla kendi yararımıza uyguladığımız temel bir düzenleme tekniğidir. Tabii ki, alışkanlık haline getirmememizin muhtemelen çok daha iyi olacağı her türden hareketi de otomatikleştiriyoruz. Sizin de bunun bir versiyonunu bildiğinizden eminim. Belki de şu anda bir işaret mutfak kilerinizden size göz kırpıyordur. İstek, en sevdiğiniz cipslerin kilerde olduğunu bilmenizden ve doğuştan gelen onları yeme arzunuzdan kaynaklanır. Tepki, kilere gitmeniz, cips çantasını açmanız ve bir avuç dolusu cips almanızdır. Ve ödül, gevrek, tuzlu ve yağlı lezzettir ki bu sağlığınıza hiçbir şekilde fayda sağlamaz. Negatif alışkanlıklarımız da sağlıklı olanlarla aynı düzeyde otomatik olarak işler. O cipsler, daha ağzınıza tıktığınızı fark etme fırsatınız bile olmadan midenize iner. Şimdi, sınırsız olma sürecinde olduğunuz için, olumsuz davranışlar sürdürmenizin süper güçleriniz için büyük bir yük olduğunu biliyorsunuz. Öyleyse, kötü alışkanlıklarınızı nasıl kırarsınız ve en az bunun kadar önemlisi, size yardımcı olacak yeni alışkanlıkları nasıl geliştirirsiniz?

ALIŞKANLIK EDİNMEK

Bu konuya başlamadan önce, bir alışkanlık oluşturmanın ne kadar süreceği hakkında biraz konuşalım. Londra Üniversitesi Akademisi (UCL) için yapılan bir çalışmada Phillippa Lally, Cornelia HM van Jaarsveld, Henry WW Potts ve Jane Wardle, katılımcıları akşam yemeğinden önce koşu yapma veya öğle yemeğinin yanında su içme gibi öğeler eşliğinde yeni bir sağlıklı yeme, içme ve egzersiz alışkanlığı geliştirme sürecine soktu. Onlardan bu yeni davranışı, 84 gün boyunca her gün, belirli durumsal işaretlere göre gerçekleştirmeleri istendi. Sonrasında, araştırmacılar "Çalışmanın yapıldığı günler boyunca katılımcıların çoğunun otomatikliği istikrarlı bir şekilde arttı. Bu durum da bir davranışı tutarlı bir ortamda tekrar etmenin otomatikliği artırdığı varsayımını destekliyor." dediler. Çalışmanın sonunda, yeni davranışın bir alışkanlık haline gelmesinin ortalama 66 gün aldığını, ancak bireysel katılımcılarda bu sürecin en az 18 gün, en çok da 254 gün aldığını keşfettiler.[9]

Ayrıca, kötü bir alışkanlığı bırakmanın bu alışkanlığı sona erdirmekten ziyade, onun farklı ve daha yapıcı bir alışkanlıkla değiştirilmesiyle ilgili olduğu varsayılmaktadır. Oregon Üniversitesi Sosyal ve Duyuşsal Nörobilim Laboratuvarı direktörü Dr. Elliot Berkman, "Yeni bir şey yapmaya başlamak, alışkanlık haline gelmiş bir şeyin yerine bir şey koymadan bırakmaktan çok daha kolay. Zaten nikotin sakızı veya sprey gibi sigara bırakma yardımcılarının nikotin bandından daha etkili olmasının bir nedeni de bu." diyor.[10]

Bu durumda, her gün okumaya zaman ayırma gibi yeni bir alışkanlığa başlama süreci, kilerin önünden her geçişte bir cips kapma gibi temelde olumsuz bir alışkanlığı bitirme süreciyle aynıysa, bu iş nasıl olacak?

Bu kitapta tartıştığımız pek çok şeyde olduğu gibi, motivasyon burada da kilit bir rol oynuyor. Stanford Üniversitesi Tıp Fakültesi Psikiyatri ve Davranış Bilimleri Bölümü'nde yardımcı klinik profesör olan Dr. Thomas G. Plante, özellikle alışkanlıkları kırma çabasından bahsederken şöyle diyor: "Bu, alışkanlığı gerçekten ne kadar kırmak istediğinize bağlı!

"Alışkanlık,
ya hizmetçilerin en iyisidir
ya efendilerin en kötüsü."

NATHANIEL EMMONS

Çoğu insanın duyguları çelişkilidir. Kilo vermek isterler ama hâlihazırda yemekte oldukları yiyecekleri severler. Alkol tüketimini azaltmak isterler ama çakır keyif oldukları o saatleri severler. Tırnaklarını yemeyi bırakmak isterler ama öte yandan bu onlar için stresi azaltıcı bir eylemdir. Bu yüzden, bu noktada en önemli mesele, söz konusu alışkanlığınızı gerçekte ne kadar bırakmak istediğinizdir. İkinci mesele, sorunlu alışkanlığınızın sizde ne kadar yerleşik olduğudur çünkü yeni edinilmiş bir alışkanlığı bırakmak eskisine kıyasla daha kolaydır. Üçüncü ve son olarak da, o alışkanlığı bırakmadığınız takdirde olacaklar düşünülmelidir. Eşiniz ya da sevgiliniz sizi terk edecek mi? Bir iş fırsatı kaybedecek misiniz? Hastalanacak mısınız? Değişmezseniz gerçekten kötü bir şey olacak mı?"[11]

Dr. B. J. Fogg, davranış değişikliğinin meydana gelmesi için var olması gereken koşulları belirlemek için Fogg Davranış Modeli'ni oluşturdu. Fogg diyor ki: "Hedeflenen bir davranışın gerçekleşmesi için, kişinin yeterli motivasyona, yeterli yeteneğe ve etkili bir yönlendirmeye sahip olması gerekir. Ayrıca davranışın gerçekleşmesi için bu üç faktörün de aynı anda mevcut olması lazım."[12] Başka bir deyişle, bir alışkanlık edinmeniz için üç öğe gerekiyor: Öncelikle o hareketi yapma arzusuna ihtiyacınız var, çünkü gerçekten yapmak istemediğiniz bir şeyi alışkanlık haline getirmeniz son derece zordur. Ayrıca o alışkanlık için gerekli becerilere sahip olmanız gerekiyor çünkü başarma potansiyelinizin olmadığı bir hareketi alışkanlık haline getirmeniz neredeyse imkânsızdır. Son olarak alışkanlık döngüsünü tetikleyecek bir şeye ihtiyacınız var (James Clear ve diğerleri bunu "işaret" olarak adlandırıyor). Şimdi sırayla tüm öğeleri tek tek ele alalım:

Motivasyon

Motivasyondan daha önce de bahsetmiştik, ancak bir de Fogg'un bakış açısından görmek için konu burada tekrar gözden geçirmeye değer. Fogg, üç temel motivasyon unsurunu tanımlar:

1. Zevk / Acı: Bu, en hızlı işleyen motivasyon kaynağıdır. Davranışın neredeyse anında, olumlu ya da olumsuz bir karşılığı oluşur.

"Zevk ve acı. Her ikisinin de ilkel tepkiler olduğuna inanıyorum ve ikisi de açlık ya da seks söz konusu olduğunda ve genlerimizin kendini koruması ve yayılmasıyla ilgili tüm diğer faaliyetlerde kendini duruma uyarlayarak işlev görüyor."[13]

2. Umut / Korku: Önceki motive edicinin doğrudan etki edici özelliğinden farklı olarak, bu tamamen beklenti ile ilgilidir. Umutlu olduğunuzda, iyi bir şey olmasını beklersiniz; korktuğunuzda ise içinizde tam tersi bir beklenti oluşur. Fogg, "Bu boyut, günlük davranışlarda da tanık olunduğu gibi, zaman zaman zevk ve acıdan daha güçlüdür." diyor. Örneğin, bazı durumlarda insanlar korkunun üstesinden gelmek için (grip olma endişesi) acıyı (grip aşısı) kabul eder.[14]

3. Sosyal Kabul / Dışlanma: İnsanlar her zaman akranları tarafından kabul görmeyi arzular. Bu durumun geçmişi, dışlanmanın ölüm cezası anlamına geldiği zamanlara kadar uzanır ve bu öğe günümüzde de son derece güçlü bir motivasyon kaynağı olmaya devam etmektedir. "Sosyal motivasyonun gücü, bizim ve hayatta kalmak için gruplar halinde yaşamaları gerektiğine inanmış tarihteki tüm diğer yaratıkların neredeyse içine işlemiş." diyor Fogg.[15]

Yetenek

Fogg, yeteneği basitlikle denkleştiriyor ve bir şeyi basit bulduğumuz zaman, onu yapma olasılığımızın çok daha yüksek olacağına dikkat çekiyor. Basitliği altı kategoride tanımlıyor:

1. Zaman: Bir şeyin basit olduğunu, yalnızca işlevi yerine getirmek için yeterli zamanımız varsa algılıyoruz.

2. Para: Benzer bir durum olarak, bir şey mali kaynaklarımızı zorluyorsa, onun basit olduğunu düşünmeyiz.

3. Fiziksel Efor: Bizim için fiziksel olarak kolay olan şeylerin basit olduğunu düşünürüz.

4. Beyin Döngüleri: Basit şeyler düşünme sürecimize külfet getirmez. Ancak çok fazla düşünmemizi gerektiren şeylerden uzak dururuz.

5. Sosyal Sapma: Bu konu da kabul görme motivasyonuyla ilgilidir. Şöyle ki basit eylemler toplumsal normlara uyar.

6. Rutin Dışı: Bir hareketin normal rutine olan uzaklığı basitlik seviyesini belirler.

Yönlendiriciler:

Sonuç olarak, Fogg üç çeşit yönlendiriciyi işaret ediyor:

1. Kıvılcım: Kıvılcım, kişiyi hızla motive olmaya sevk eden türde bir yönlendiricidir. Örneğin, e-postanızı açmak, orada bulabileceğiniz şeyle ilgili bir korku seviyesine yol açıyorsa, bu korkuyu değiştirecek cinsten bir alışkanlık edinme olasılığınız yüksektir.

2. Kolaylaştırıcı: Bu türden bir yönlendirici, motivasyon yüksek, yetenek seviyesi düşük olduğunda işe yarar. Örneğin, bilgisayarınızda belirli türde bir yazılım kullanmak istiyorsanız, ancak teknolojiden hoşlanmıyorsanız, bu yazılımı kullanmanızı kolaylaştıracak bir araç muhtemelen bu davranışı benimsemenize neden olacaktır.

3. Hatırlatıcı: Bazı durumlarda, hem yüksek motivasyona hem de yüksek yeteneğe sahipsinizdir. Bir davranışı alışkanlık haline getirmeniz için yukarıda anlatılanlar dışında ihtiyacınız olan tek şey, bir tür hatırlatıcı veya işarettir. Beyin fonksiyonlarına iyi gelen smoothieler yapmayı seviyorsanız, gereken tek şey sabahleyin mutfağınıza gitmeniz ve sizi bu içeceklerden bir tanesini hazırlamaya yönlendirecek olan blendırınızı görmenizdir.

> **KWIK BAŞLANGIÇ ÖDEVİ**
> Bırakmak istediğiniz alışkanlıkları belirleyebilir misiniz? Sizi gün içinde diğer önemli şeyleri yapmaktan alıkoyan yegâne alışkanlığınız hangisidir? Buraya yazınız. Ardından, sizi bu alışkanlığınızı devam ettirmeniz konusunda tetikleyen yönlendiricileri belirleyiniz: ....
> ....
> ....

YEPYENİ BİR ALIŞKANLIK GELİŞTİRMEK

Fogg Davranış Modeli, bize belirli bir davranışın alışkanlık haline gelmesi için mevcut olması gereken her şeyi gösteriyor. Bizim için iyi olduğunu düşündüğümüz davranışları alışkanlık haline getirmemizin gelişimimiz için önemli olduğunu biliyoruz. Ayrıca kötü alışkanlıklardan kurtulmanın anahtarının onları daha yapıcı olanlarla değiştirmek olduğunu da biliyoruz. Peki, herhangi bir şeyi nasıl alışkanlık haline getirebilirsiniz? Sadece şu üç öğeyi aklınızda tutarak:

İstek: Gerçek bir istek duyduğunuzdan emin olmanız gerekiyor. O şey, her neyse gerçekten yapmak istemezseniz, alışkanlığa dönüştürmeniz neredeyse imkânsızdır. Bu noktada şu sorular sorulmalı: Fogg Modelindeki motivasyon unsurlarından biri, benimsemeye çalıştığınız bu alışkanlık için geçerli mi? Değilse, benzer bir şeyi başarmanızı sağlayacak bu alışkanlığa benzer başka bir şey var mı?

Uyumluluk: Benimsemeye çalıştığınız yeni alışkanlık, doğuştan gelen yeteneklerinizle uyumlu mu? Unutmayın ki yapmayı genel olarak zor bulduğunuz bir şeyi alışkanlık haline getirme olasılığınız düşüktür. Eğer benimsemeye çalıştığınız alışkanlık, iyi olduğunuz veya iyi olabileceğinizi bildiğiniz bir şeyse, doğru yoldasınız demektir.

Zamanlama: Sizi, edineceğiniz yeni alışkanlığı gecikmeden gerçekleştirmeye teşvik eden bir uyarı sistemi oluşturun. Bu, telefonunuzun alarmını kurmanızdan, ofisinize yerleştireceğiniz ve size yapmayı planladığınız şeye zaman ayırmanızı hatırlatacak bir araca kadar birçok şey olabilir.

HAYATINIZI HER SEFERİNDE BİR ALIŞKANLIK EDİNEREK GELİŞTİRİN

Hâlâ iyi alışkanlıklar edinmenizin hayatınız üzerinde ne kadar etkisi olabileceğini merak ediyorsanız, izin verin sizinle müşterilerimizden biri hakkındaki bir hikâyeyi paylaşayım.

Xiang şizofreni ve depresyondan muzdaripmiş. Sık sık kendisine veya başkalarına zarar vermesini söyleyen sesler duyuyormuş ve bu nedenle psikiyatri servislerinde birçok sınırlamaya dayanması gerekmiş. Xiang, doğru ilacı bulduktan ve son tedavisinden çıktıktan sonra, podcast'imi keşfetti ve okulumda öğrettiğim bazı taktikleri öğrendi. Sonrasında, yayını düzenli olarak dinlemeye başladı ve insanların düşüncelerine yenilikler katarak beyinlerini öğrenmeye hazır tutmak için yaptırdığım bir dizi alıştırmanın yer aldığı, Kwik Challenge'a (Kwik Meydan okuma) katıldı.

İlk başta, bu Xiang için çok zordu, fakat o yalnızca iki özel zorluğa odaklandı: Dişlerini diğer eliyle fırçalamaya ve her sabah soğuk duş almaya. Soğuk su altında geçirdiği zamanı her hafta bir dakika kadar artırdı ve her sabah birkaç dakika buz gibi soğuk su altında ayakta durmak gibi zor bir şeyi yapabilmesi, hayatında sınırları için savaştığı alanlar olduğunu anlamasını sağladı. Ardından bu Kwik Challenge deneyimlerinden yola çıkarak, alışkanlıklar ve davranış değişikliği hakkında öğrendiklerini diğer alanlara uygulamaya başladı.

Sonuç olarak, Xiang'ın hayatı önemli ölçüde iyileşti. Ehliyet sınavına girip geçti. Şekerli içecekleri keserek diyetini değiştirdi ve her sabah parkta beş dakikalık yürüyüşlere başladı. Kitap okumaya başladı. İlk okuduğu kitap, Carol Dweck'in *Mindset* (Düşünce Yapısı) adlı eseriydi. Okurken, okuma hızını artırmak ve halüsinasyonlardan uzaklaşmak için barok müzik dinledi. Kitabı bitirmesi bir ayını aldı ama bitirdiği sırada içinde daha önce hiç sahip olmadığı türden bir güven duygusu hissetti. Kütüphaneye yaptığı ziyaretler sıradan bir alışkanlığı haline geldi. Xiang, öğrenimini bir sonraki seviyeye dahi taşıdı ve yerel bir üniversitede bilgisayar bilimi derslerine kaydoldu. Ve bütün bu olanların en iyi yanı, Xiang artık yaşamı boyunca öğrenmeye devam edeceğine inanıyor.

Alışkanlıklarınızı ve rutinlerinizi değiştirme konusunda başarısızlığa uğradığınız geçmiş girişimlerinizden dolayı, sonsuza dek başarısızlığa mahkûm olduğunuzu düşünebilirsiniz. Ancak Xiang'ın hikâyesi gösteriyor ki, gün içinde sadece bir veya iki küçük alışkanlığı değiştirerek inanılmaz bir ilerleme kaydedilebiliyor. Öteki elinizle dişlerinizi fırçalamak kadar basit bir şey bile, tamamen yeni bir yaşam tarzının başlangıcı olabilir.

SABAH RUTİNİ OLUŞTURMA

Sabah rutininiz neden bu kadar önemli? Beyninizi yeni güne bir dizi basit aktiviteyle hızlı bir şekilde başlattığınız takdirde, son derece avantajlı olacağınıza dair güçlü bir inancım var. Ayrıca, günün erken saatlerine kazanım rutinleri eklerseniz, Tony Robbins'in "momentum bilimi" dediği şeyden de yararlanabilirsiniz.

Robbins, bu kavramı şöyle açıklıyor: Bir kez başarı elde ettiğinizde, o başarıyı ilk başlarkenki durumunuza kıyasla çok daha az çabayla devam ettirebilirsiniz.

Benim, zihnimi güne hazırlama sürecimi içeren ve başarı elde etmeme yardımcı olması için dikkatle geliştirdiğim bir sabah rutinim var. Bunların her birini illaki her gün, özellikle de seyahat ederken yapmıyorum, ancak çoğunu her zaman yapıyorum ve kesin olarak biliyorum ki bu rutin beni zihinsel olarak güne hazırladığı gibi uyandığım andan itibaren performans, üretkenlik ve pozitiflik açısından da dengede tutuyor.

Durun size tipik bir sabahımı anlatayım.

Yataktan çıkmadan önce rüyalarımı düşünmek için biraz zaman harcıyorum. Rüyalar, siz uyurken bilinçaltınızın yaptığı işin bir ifadesidir ve tabiri caizse daima onlardan çıkarılacak bir altın vardır. Tarih boyunca pek çok dahi, devamlı olarak en iyi fikirleri geliştirmelerini ve çoğu kez en büyük keşifleri yapmalarını rüyalarına borçlu olmuşlardır. Örneğin Mary Shelley Frankenstein fikrini rüyaları sayesinde ortaya attı. Paul McCartney'in "Yesterday" (Dün) şarkısının ve Einstein'ın görecelik teorisinin kaynağı da bir rüya idi.

Bu yüzden, kafamı yastığımdan kaldırmayı bile beklemeden, her sabah yaptığım ilk şey, başarmaya çalıştığım işe faydası olabilecek bir fikir, bir algı veya yeni bir bakış açısı var mı diye rüyalarımı yeniden gözden geçirmek oluyor. Bazılarımızın rüyalarını hatırlamakta zorlandığını biliyorum. Bu yüzden size onları hatırlayabilmenize yardımcı olması için tasarlanmış hızlı bir anımsatıcı teknik sunacağım. Sadece DREAMS (RÜYALAR) kelimesini düşünmeniz yeterli olacak:

Decide (Karar Ver) için D: Bir gece önceden, rüyalarınızı hatırlayacağınıza dair bilinçli bir karar verin. Hedef belirlerseniz, şansınız önemli ölçüde artar.

Record (Kaydet) için R: Yatağınızın yanında kâğıt kalem bulundurun veya telefonunuza bir ses kayıt uygulaması indirin. Uyanır uyanmaz, rüyalarınızdan kalan hatıraları kaydedin.

Eyes (Gözler) için E: Uyandıktan hemen sonra gözlerinizi kapalı tutun. Rüyalara dair anılarınız birkaç dakika içinde kaybolabilir. Bu yüzden gözlerinizi kapalı tutmanız düşünmenize yardımcı olacaktır.

Affirm (Onayla) için A: Uyumadan önce hayallerinizi hatırlayacağınızı onaylayın, çünkü onaylama, başarıda çok önemli bir araçtır.

Manage (Yönet) için M: Pek çok nedenden dolayı, ancak özellikle bu noktada rüyalarınızı hatırlamanız adına, uykunuzu iyi yönetmeniz ve verimli uyku rutinleri oluşturmanız önemlidir.

Share (Paylaş) için S: Diğer insanlarla rüyalarınız hakkında konuşun. Bunu yaptığınızda, onları daha fazla yüzeye çıkarırsınız ve daha sonra da üzerinde tartışabilmeniz için bir rüyalara ulaşma rutini geliştirirsiniz.

Yataktan kalktıktan sonra ilk yaptığım şey yatağımı toplamaktır. Bu bir başarı kazanımı alışkanlığı yani benim için günün ilk başarısıdır. Kolay bir galibiyettir ve yatma vaktimi daha keyifli hale getirme avantajını da beraberinde getirir, çünkü o günün gecesinde yapılmış bir yatağa dönmek her zaman daha güzeldir. İşte bu yüzden, sizi orduda, sabahları ilk iş olarak yatağınızı çok düzgün bir şekilde yapmanız konusunda eğitiyorlar, çünkü günün ilk hareketindeki mükemmellik daha sonra yaptığınız her şeyde mükemmel olmanızı sağlıyor.

Ondan sonra sıra uzun bir bardak suyuma gelir. Sabahleyin hidrasyonla hızlıca ilgilenmek çok önemlidir çünkü uyurken vücudumuz basit solunum eylemi sırasında çok fazla su kaybeder. Şunu unutmayın: Beyinlerimizin yaklaşık yüzde 75'i sudur, bu yüzden eğer beynimizi randımanlı bir biçimde çalıştırmak istiyorsak, bol su içmemiz gerekiyor. Ayrıca bağışıklık sistemini güçlendiren, toksinlerin karaciğerden atılmasına yardımcı olan ve böbrek üstü bezlerinin yenilenmesine yardımcı olan bir bardak kereviz suyum var. (Bu fikir için Tıbbi Medyum, Anthony William'a saygılarımla şapka çıkarıyorum). Bundan hemen sonra, ikinci beynimin (bağırsaklarımın) ihtiyacı olanı aldığından emin olmak için probiyotiklerimi alırım.

Sonra ters elimle dişlerimi fırçalarım. Bunu beynimi zor şeyler yapması için eğitmek üzere yapıyorum çünkü bunu yapmak beynimin farklı bir bölümünü uyarıyor ve aklımı sadece orada olmaya zorluyor. Ters elle diş fırçalama işini iyi yapabilmem için herhangi başka bir şey yapmamam ve düşünmemem gerekiyor.

Sonra üç dakikalık bir antrenman yaparım. Vücut çalışmamın tamamı bu kadar değil, ancak uyku ve kilo yönetimine ve beyne oksijen gitmesine yardımcı olduğu için sabah ilk iş olarak kalp atış hızımı yükseltmek istiyorum.

Vücut egzersizimi de bitirince soğuk bir duş alırım. Eminim bazılarınız güne soğuk suyla şoklanarak başlama fikrine korkuyla yaklaşacaktır, ancak bu türden soğuk terapiler sinir sistemini sıfırlama konusunda harika bir iş çıkarır ve herhangi bir iltihaplanmanın üstesinden gelmeye yardımcı olmaları gibi ek bir faydaları vardır.

Duştan çıktığımda, vücuduma bolca oksijen göndermek için bir dizi nefes egzersizi yaparım. Sonra güne başlarken bana açık bir zihin sağlaması için yaklaşık 20 dakika meditasyon yaparım. Uyguladığım, Ziva Meditasyonu adındaki süreç, meditasyon koçum Emily Fletcher tarafından, farkındalık, meditasyon ve dışavurum kademelerini içeren üç aşamalı bir süreç olarak geliştirildi. Videosunu izlemek isterseniz, www.LimitlessBook.com/resources adresini ziyaret edebilirsiniz.

Sonra, gotu kola, ginkgo, aslan yelesi, MCT yağı ve ek birkaç bir şeyin kombinasyonu olan "zihin çayımı" yaparım. Ardından o güne dair ilk düşüncelerimi sayfaya aktarmak üzere oturup günlüğümü yazmaya koyulurum. Her günkü hedefim iş için ve kişisel meselelerim için olmak üzere üçer şey başarmaktır ve bu gündemi o sırada belirlerim. Bunu yaklaşık yarım saatlik bir okuma rutini takip eder. Haftada en az bir kitap okumayı hedefledim ve bunu, beni yolumdan ayırmaması için sabah rutinimin bir parçası haline getirdim.

Son olarak, bu bölümde daha önce sözünü ettiğimiz zihne faydalı gıdaların birçoğunun kombinasyonu olan "zihin smoothie"'mi içerim (Merak ediyorsanız söyleyeyim: Bunda somon yok.)

Şimdi itiraf etmem gerekiyor ki, bu rutin çok fazla zaman gerektiriyor ve daha önce de söylediğim gibi, ben de her gün hepsini yerine getiremiyorum. Bu rutin size üstesinden gelemeyeceğiniz bir şey gibi görünüyorsa, özellikle sabahları başkalarını da güne hazırlamanız gerekiyorsa bunu anlayabilirim. Ancak bu kitabı okumadaki amacınız beyninizi geliştirmekse, bu türden bir sabah rutininde yapacağınız bazı değişiklikler de sürecin ayrılmaz bir parçası olacaktır. İşte size birkaç faydalı anahtar:

• Yataktan kalkmadan önce rüyalarınızı gözden geçirin. Bu aşamada elde edeceğiniz altın değerinde çok fazla çıkarım var, bu yüzden bu adımı atlamamanızı şiddetle tavsiye ediyorum.

• Vücudunuza bol oksijen ve su verin.

• Kendinizi bu bölümde bahsedilen zihne faydalı gıdalardan birkaçıyla besleyin.

• Önünüzdeki gün için bir plan yapın.

En azından bu dört maddeyi yerine getirirseniz, beyninizi dinamik bir seviyede çalıştırmak için hızlandırma yoluna girmiş olacaksınız. Günün başlangıcında bu ögelere mümkün olduğunca çok yer verin. Bu noktada en önemli mesele, verimli bir sabah rutini yaşamaktır. Sabah doğru bir başlangıç yapmanın, günün geri kalan saatlerinin gidişatı konusunda ne kadar etkili olduğunu yeterince vurgulayabilmem mümkün değil.

> **KWIK BAŞLANGIÇ ÖDEVİ**
>
> Yeni sabah rutininizi oluşturun. Unutmayın, çok yoğun olmak zorunda değil. Üç aşamalı basit bir rutin bile sabaha hızlıca başlamanıza yardımcı olabilir. Gününüzü kazanımlar edeceğiniz şekilde düzenlemek adına uyandığınız anda mutlaka yapacağınız üç şey nedir? Bunları aşağıya yazınız:
>
> 1 ....
> 2 ....
> 3 ....

DEVAM ETMEDEN ÖNCE

Elbette hiçbirimiz alışkanlıklarımız olmadan yaşayamayız ama yapıcı ve yeni alışkanlıkları bilinçli olarak hayatınıza dâhil etmek ve kötü alışkanlıkları daha iyi olanlarla değiştirmek için çalışmak süper güçlerinizi yeni bir düzeye taşıyacaktır. Ve işte bir sonraki bölüme geçmeden önce, yapmanız gerekenler:

• Kahvaltı yapmak veya köpeği yürüyüşe çıkarmak gibi en yaygın alışkanlıklarınızdan bazılarının dört bileşeni hakkında düşünerek alışkanlık döngüsü anlayışınızı güçlendirin. Bunların her biri için işaret, istek, tepki ve ödül nedir?

• Daha yapıcı bir alışkanlıkla değiştirmek isteyeceğiniz bir alışkanlık üzerine düşünmek için birkaç dakikanızı ayırın. Fogg Davranış Modelini uygulama aşamasında, modele düzgün bir şekilde uyabilecek hangi yeni davranışı benimseyebilirsiniz?

• İstek, uyumluluk ve zamanlama kriterlerini kullanarak sizin için değerli olabilecek yeni bir alışkanlık edinme sürecini inceleyin.

"Başka bir deyişle:
Trans, Clark Kent'in kıyafetlerini
değiştirdiği telefon kulübesi
ve Süpermen'in ortaya çıktığı yerdir."

STEVEN KOTLER

TRANS

Trans, sınırsız olmanız açısından neden bu kadar önemlidir?
Trans haline nasıl geçerim?
Trans halinin belli başlı düşmanları hangileridir?

Eminim sizin de hayatınızda, yaptığınız işe kendinizi fazlasıyla kaptırdığınız, o iş dışında hiçbir şeyi görmez olduğunuz ve bunun şimdiye kadar yaptığınız en doğal şey olduğunu düşündüğünüz dönemler olmuştur. Bu deneyimler esnasında muhtemelen zaman da size su gibi akıyor gibi gelmiştir. İnsanlar bana sürekli, "Yaptığımız işe bazen o kadar yoğun şekilde odaklanıyoruz ki öğlenin geceye döndüğünü bile fark etmiyoruz, hatta bu süreçte birden fazla öğün atladığımız bile oluyor." diyorlar.

İşte bu deneyime trans halidir.

Psikolog Mihaly Csikszentmihalyi, çığır açan kitabı Flow: The Psychology of Optimal Experience'da (Trans: Optimal Deneyim Psikolojisi) transı, "İnsanların kendilerini bir faaliyete başka hiçbir şeyin önemi yokmuş gibi dâhil etmeleri durumu" olarak tanımlıyor. "Böyle bir durumda deneyimin kendisi bizzat o kadar zevklidir ki, insanlar sırf bunu yapabilmek uğruna büyük maliyetlere dahi katlanırlar." diyor. Csikszentmihalyi'ye göre trans, en tatminkâr deneyimi ifade ediyor.[1]

Dr. Csikszentmihalyi transı sekiz karakteristik özelliğiyle tarif ediyor.²

1. Mükemmel bir konsantrasyon
2. Hedeflere tam odaklanma
3. Zamanın hızlandığı ya da yavaşladığı hissi
4. Deneyim sayesinde kazanılmış bir ödül duygusu
5. Bir şeyi gayretsiz ve kolayca elde etme hissi
6. Deneyimin zor olması lakin bu zorluğun çok da aşırı olmaması
7. Eylemlerinizin neredeyse kendi kendine oluyor gibi görünmesi
8. Yaptığınız iş konusunda rahat hissetmeniz

Muhtemelen sizin de deneyimlemiş olduğunuz gibi, bir trans durumunda olmak üretkenliği önemli ölçüde artırır. Bu konudaki raporlar, transın sizi beş kat daha verimli hale getirebileceğini öne sürüyor. McKinsey'deki insanlar, transın sıradan olduğu bir iş gücünü şöyle hayal ettiler:

Üst düzey performans egzersizine tabi tuttuğumuz sırada yöneticilere, en yüksek performanslarını sergilerken ortalamada olduklarından ne kadar daha üretken olduklarını sorduğumuzda, çok çeşitli yanıtlar aldık ancak üst düzey yöneticilerden aldığımız en yaygın yanıt, zirvedeyken ortalama hallerinden beş kat daha üretken oldukları yönünde oldu. Çoğu, kendilerinin ve çalışanlarının iş yerinde geçirdikleri zamanın yüzde onundan da az bir süre boyunca yüksek enerjiyle çalıştıklarını söylüyor. Oysa bazıları bu yüksek enerjiyle dolu olma duygusunu iş yerinde geçen günün yarısı boyunca yaşadığını iddia ediyor. Yüksek IQ'lu, yüksek EQ'lu ve yüksek MQ'lu bir ortamda çalışan elemanlar, en yüksek performanslarında ortalama hallerinden beş kat daha üretken oluyorsa, şirketçe en yüksek performansla çalışılan zamanlarda, nispeten mütevazı yüzde 20 puanlık bir enerji artışının bile genel iş yeri üretkenliğini nasıl arttıracağını düşünün. Üretkenlik neredeyse iki katına çıkardı.[3]

TRANSLA KAZANMAK

Topluluğumuzun bir üyesi olan Patrick, sürekli olarak DEHB (Dikkat Eksikliği Hiperaktivite Bozukluğu) ve odaklanamama sorunuyla mücadele etti. Odaklanamaması, hayatı boyunca onun için büyük bir problem olmuştu. Dikkati kolayca dağılıyordu ya da tam tersi, etrafındaki her şeyin ve herkesin kaybetmesine aşırı odaklanıyordu. Bunu Brezilya jujitsu turnuvalarında bile yaşadı. Rakiplerine karşı hangi tekniği kullanacağına karar vermekte güçlük çekti ve çoğu duruma uygun olmasa da her dövüş hareketini aynı anda kullanmaya çalışıyormuş gibi hissetti. Odaklanamaması işini, aile hayatını ve en sevdiği sporu etkiledi ve neredeyse hiç aralıksız yüksek düzeyde strese maruz kaldı.

Sonra bir gün podcast'imin bazı bölümlerini dinlemeye başladı. Bu noktada transın aşamalarından (birazdan burada da bahsedeceğiz) ve diğer bazı yüksek performans alışkanlıklarından haberdar oldu. Öğrendiklerini günlük yaşamına uyguladı ve hemen akabinde sonuç aldı. Sonunda neyle mücadele ettiğini tanımlayıp anlayabildi ve kendisini uğraşı ve arayışlarına her zamankinden de çok adadı. Transı anlaması onun anahtarı olmuştu.

Bir sonraki turnuvasında, Patrick yoğun odaklanmasını serbest bırakıp geçmişte dikkatini dağıtan sorunları zihninden uzaklaştırmayı başardı.

Transı hızla yakaladı ve kendisini The Matrix'teymiş gibi hissetti. Öyle ki rakibi hamlelerini gerçekleştirmeden önce onların gelişini görebiliyordu. Dahası, transı hayatının diğer alanlarında da uygulayabildi. Dövüş sanatları turnuvalarında ne kadar başarılı olduysa, hayatta da o derece başarılı oldu. Sonunda çok uzun zamandır peşini bırakmayan stresten kurtulduğunu hissetti ve nihayet rahatlayıp hayattan daha çok zevk alabileceğine inandı.

TRANSIN DÖRT AŞAMASI

Trans durumunun öngörülebilir bir içeriği vardır. Podcast konuğumuz, Flow Research Collective'in kurucusu ve The Rise of Superman'in (Süpermen'in Yükselişi) yazarı Steven Kotler, transın dört aşamasını şöyle tanımlıyor:[4]

1. Aşama: Mücadele

Bu, trans durumuna ulaşmak için ihtiyaç duyduğunuz şey her neyse ona erişmek amacıyla derinlere inip araştırma yaptığınız zamandır. Söz konusu olan bir egzersiz programı, kapsamlı bir araştırma, yoğun bir beyin fırtınası ya da odaklandığınız herhangi başka bir şey olabilir. Uyarı: Bu aşama genellikle mücadeledeymişsiniz gibi hissettirir ve aslında transın tam tersidir.

2. Aşama: Rahatlama

Bu aşama, tamamen transa dalmadan önce aldığınız moladır. Çok önemli bir adımdır, çünkü sizi bir önceki aşamada girdiğiniz mücadelede tükenmekten alıkoyar. Biraz yürüyüş, biraz nefes alma veya rahatlamanıza yardımcı olacak herhangi bir şeyle geçireceğiniz bu mola, başka bir göreve başlamak veya spor skorlarını kontrol etmek gibi dikkat dağıtıcı şeylere hiçbir şekilde benzemez.

3. Aşama: Trans

Bu, Kotler'in "süpermen deneyimi" olarak tanımladığı aşamadır. Bu, umarım sizin de hayatınızın birçok evresinde deneyimleyerek elinizden gelen en iyi işi çıkardığınız ve neredeyse kendiliğinden olmuş gibi duyumsadığınız trans durumudur.

4. Aşama: Birleştirme

Bu son aşamada, trans aşamasında başardığınız her şeyi bir araya getirirsiniz. Çoğu zaman, buna biraz hayal kırıklığı hissi de eşlik eder. Siz trans halindeyken beyninizde her türlü yararlı kimyasal madde akışı olur ama bu aşamada o yükseliş son bulur. Ancak başka bir döngü sizi hemen şu köşe başında bekliyor olabilir.

Kotler, transı keşfetmenin motivasyonun "kaynak kodu" olduğuna inanıyor. Transa eriştiğinizde, belki de beyninizin size verebileceği "en güçlü ödül kimyası dozunu" elde edersiniz. İşte bu sebeple Kotler, transın dünyanın en bağımlılık yapıcı durumu olduğuna inanır. Herhangi bir deneyimde transı hissetmeye başladığımız anda, daha fazlasına sahip olmak için ne gerekiyorsa yapmaya motive oluruz. Ancak bu döngüsel bir ilişkidir. Bir görevi başarmak için motivasyonunuz varsa lakin transınız eksikse, önünde sonunda tükenirsiniz. Motivasyon ve trans birlikte çalışmalı ve iyi uyku ve beslenme gibi sağlam bir iyileşme protokolü ile birleştirilmelidir.

KWIK BAŞLANGIÇ ÖDEVİ

Trans durumunu deneyimlediğiniz oldu mu? O sırada neredeydiniz? Ne yapıyordunuz? Nasıl hissettirdi? Sonunda neyi başardınız? Bu durumu gözünüzün önüne getirin. Gözünüzde canlandıramasanız bile bunu yapabileceğinizi hayal edin.

TRANSI KEŞFETMEK

Sınırsız olacaksanız, kendinizi olabildiğince sık bir şekilde trans durumuna sokmak isteyeceksiniz. Peki, bunu nasıl yapacaksınız? Bunun için size hemen beş tane yol önerebilirim:

1. Dikkat Dağıtıcı Unsurları Ortadan Kaldırın

Daha önce dikkat dağıtıcı unsurları minimumda tutmanın önemi hakkında konuşmuştuk. Kendinizi bir trans durumuna adapte edecekseniz, dikkat dağıtıcı unsurları ortadan kaldırmanız kesinlikle çok önemlidir. Dikkatiniz dağıldıktan sonra yaptığınız işe yeniden odaklanmanız 20 dakika kadar sürebilir. Bir yerlerdeki bir yazı dikkatinizi çektiği için sürekli olarak yaptığınız işi baştan alıyorsanız ya da işe dönmeden önce sosyal medyaya şöyle hızlıca bir bakıvermek istiyorsanız, nasıl transa gireceksiniz? Öyleyse, göreviniz dışında her şeyi bir kenara bırakın ve tamamen yaptığınız işe odaklanın.

2. Kendinize Yeterince Zaman Tanıyın

Transa girmeniz için kendinize belli bir zaman dilimi ayırmayı ihmal etmeyin. Genel olarak, trans durumuna ulaşmanın koşullar uygun olduğu takdirde yaklaşık 15 dakika sürdüğüne ve 45 dakikaya yakın bir süre kadar zirveye ulaşılamayacağına inanılır. Sadece yarım saatlik bir boş vakit ayırmanız, pek fazla bir şey başarmanızı sağlayamayacaktır. Bu iş için kendinize en az 90 dakika, hatta en ideali tam iki saat ayırmayı planlayın.

3. Sevdiğiniz İşi Yapın

Trans halini düşündüğümüzde, aklımıza daha çok bu konuda son derece yüksek seviyelere ulaşan insanlar gelir: Oyununu mükemmel oynayan sporcu, en ideal gitar solosunu yapan müzisyen, kelimeleri sayfalara, olmayan bir şeyi yazıyormuş gibi değil de dikte ediyormuş gibi döken yazar. Tüm bu insanların ortak noktası, kendileri için çok önemli olan bir şeyi yapıyor olmalarıdır. Sıradan bağlarının olduğu bir görevi yerine getirmedikleri için, sadece orta derecede yetkin olmakla yetinmezler. Sevdikleri işi yaparlar.

İnsanlarla yıllardır trans hakkında konuşur dururum ve bir tanesinin bile sadece zaman geçirmek maksadıyla yaptığı bir şeyden bahsederken trans haline geçtiğini duymadım.

Eski bir hurdayı sürmekle yepyeni bir Aston Martin kullanmak arasındaki fark gibi bir şey bu. Her ikisi de sizi ofise götürebilir, ancak sadece biriyle gerçek bir sürüş deneyimi yaşama olasılığınız vardır. Yaptığınız bir şeyde belirgin rahatsızlıklar keşfederseniz veya o işi çoğu zaman sıkıcı bulma eğilimindeyseniz, bu olumsuzluklar sizi gerçek anlamda transa girmekten alıkoyacaktır.

4. Hedefleriniz Net Olsun

Transa engel olan en etkili unsur, netlikten yoksun olmadır. Neyi başarmaya çalıştığınızı tam olarak bilmiyorsanız, kendinize bir görev bulmak üzere etrafta dolanıp durmanız muhtemelen transınızı engelleyecektir. Romancı bir arkadaşım tam da bu sebepten romanının taslağını yazdığı roman metninden ayrı tutuyor. Ona göre roman taslağını hazırlamak, birçok duraklama ve düzensizlik içeren zorlu bir iş, oysa öyküleri için doğru kelimeleri seçmekten ve karakterlerine hayat vermekten büyük zevk alıyor. Yazmaya başlamadan önce romanının planını yaparak, hangi gün ne yazacağını tam olarak biliyor ve bu sayede kendini aralıksız olarak saatlerce işiyle ilgili transın içinde kaybolmuş halde buluyor.

Yani, zaman belirledikten sonra, kendinize o zamanı nasıl kullanacağınıza dair net bir amaç edinin. Her şeyden önce kendinize bir görev belirlerseniz ve bu görev, başarmaktan heyecan duyacağınız bir şey olursa, muhtemelen kendinizi tamamen o görevin içine dalmış halde bulacaksınız.

5. Kendinizi Zorlayın... Ama Fazla Değil!

İnsanlarla trans hakkında konuşurken transa girme olasılıklarının en çok, biraz zorlayıcı bir şey yaparlarken yükseldiğini duyuyorum. Başka bir deyişle, konfor alanlarının dışına çıktıklarında ama tam olarak uzaklaşmadıklarında. Buradaki mantık çok açıktır. Eğer iki eliniz de arkanızda bağlıyken yapabileceğiniz bir şey yapmayı seçerseniz, muhtemelen oldukça kısa sürede sıkılırsınız çünkü can sıkıntısıyla trans birbirleriyle bağdaşamazlar.

Öte yandan, son derece zor bulduğunuz bir şey yaparsanız, büyük olasılıkla hayal kırıklığına uğrarsınız ve bu hayal kırıklığı da transın gerçekleşmesini engeller. Bir beyzbol topunu sahanın tek bir kısmına doğru atmaya çalışmak, gitarınızda yeni bir akort şekli denemek veya yeni bir karakterin bakış açısıyla yazmak gibi orta zorluk seviyesinde, sevdiğiniz bir işi yapmayı tercih ederseniz bu zorluk seviyesi, görevi sizin açınızdan heyecanlı kılacak ve bu nedenle sizi derinlemesine içine çekecektir.

TRANSIN DÜŞMANLARINI YENMEK

Kendinizi düzenli olarak, hatta aynı gün içinde birden fazla seansta transa erişebilecek şekilde eğitmeniz, bir süper kahraman gibi performans göstermenizi sağlayacaktır. Ama hepimiz biliyoruz ki, süper kahramanlara her zaman süper kötü kahramanlar tarafından meydan okunmuştur. Onlardan birkaçı hâlâ her köşede pusuda bekliyor, trans durumunuzu takip ediyor ve onu söndürmeye çalışıyor.

İşte size transınızı geliştirmek istiyorsanız kendinizden uzak tutmanız gereken dört süper kötü kahraman:

1. Çoklu Görev

Bundan daha önce de, bu bölümde de bahsetmiştik ama tekrar etmeye değer. "Çoklu görevde usta" olmak, sınırsız olmakla eşanlamlı değildir. Aslında araştırmalar, çoklu görev yapanların bir seferde tek bir göreve odaklananlara göre çok daha az üretken olduklarını defalarca ortaya koydu. Trans hakkında bildiklerimiz göz önüne alınırsa, çoklu görevin bu hissin ölümcül düşmanı olduğu açıklık kazanır. O sırada iş arkadaşlarınızla görüşüyorsanız, bir arkadaşınıza hızlıca mesaj gönderiyorsanız veya şirket e-postalarınızı okuyorsanız, aynı anda o destansı soloyu ustaca çalmak için trans durumuna giremezsiniz veya o dudak uçuklatan sunumu asla hazırlayamazsınız. Süper kötü ilan ettiğimiz Çoklu Görev'i yenmenin tek yolu onu tamamen görmezden gelmektir. Programınızı onun dışında kalan her şeyden arındırın ve transa girin.

2. Stres

Bu, özellikle ölümcül bir süper kötü kahramandır ve onu yenmek bazen muazzam bir savaş gerektirir. Hayatınızda, son teslim tarihleri, ilişki sorunları, aile sorunları, iş güvenliğinizle ilgili endişeler gibi çok sayıda dış kaynaklı stres unsuru varsa, bu kötü kahramanlar size her an sinsice yaklaşabilirler. Evde karşılaştığımız sorunlar benzeri, endişeli bir hatırlatıcı tarafından pusuya düşürüldüğümüzde, söz konusu durumu tamamen olduğundan farklı düşünmeye başlarız. Sizin de bu türden deneyimler yaşadığınıza eminim. İşte bu tarz bir düşünce kafanıza girdiği anda, tüm trans fırsatları yerle bir olur.

Bu süper kötülüğü yenmek için iki adet ustaca hareket gerekir. Öncelikli hareket, mücadeleye başlamadan önce süper kötü kahramanın gözlerinin içine bakarak kendinize, transa girmeden önce mutlaka halletmeniz gereken bir şey olup olmadığını sormanızdır. Aldığınız cevap büyük olasılıkla hayır olacaktır ama cevabınız evet ise, önce o sorunu ele almalısınız. Stres yaratan faktörler sahicidir, ancak çoğu zaman sizin acil ilginize ihtiyaç duymazlar ve gücünüzü toplayacağınız iki saat sonrasında daha kötü olmayacaklardır. Durum buysa, o süper kötü kahramanla güç alanınızı oluşturarak mücadele edin. Elinizdeki göreve tam anlamıyla konsantre olabilmeniz için alanınızı dış etkenlerden etkilenmez hale getirmelisiniz.

3. Başarısızlık Korkusu

Psychology Today'in eski genel yayın yönetmeni Hara Estroff Marano, bir yazısında, "Mükemmeliyetçilik yaratıcılığı ve yenilenmeyi azaltıyor" diyor ve sözlerine şöyle devam ediyor: "Mükemmeliyetçilik, sürekli olarak olumsuz duygulara kaynaklık eder. Onun kontrolünde olanlar olumlu bir duruma ulaşmaya çalışmaktansa, en çok kaçınmak istedikleri şeye odaklanırlar: Olumsuz değerlendirmeler yapmaya. Bu durumda, mükemmeliyetçilik sonu gelmeyen bir karne süreci gibidir; insanların tamamen kendisine odaklanmasını sağlar ve onları sürekli olarak öz değerlendirme yapmaya sevk eder. Böylece insanlara amansız bir hayal kırıklığı yaşatarak anksiyeteye ve depresyona mahkûm eder."[5] Bir göreve onu kesinlikle mükemmel bir şekilde yapmanız gerektiği ve başarısızlığın yıkıcı olacağı inancıyla girerseniz, başarısız olmamaya o kadar çok odaklanırsınız ki asla gerçekten mükemmel olduğunuz bir duruma gelemezsiniz.

Hatırlıyor musunuz? Önceki sayfalarda, trans için ideal olan koşullardan birinin kendinizi biraz olsun konfor alanınızın dışına itmek olduğundan bahsetmiştik. Böyle yaparsanız, tüm görevlerinizi ilk seferde yanlış yapma ihtimalinizi artırırsınız. Bu noktada mükemmeliyetçiliğin süper kötü kahramanının bu noktada size hâkim olmasına izin verirseniz, transınızı kaybedersiniz. Bu kötü kahramanı alt edebilmeniz için, kendinizi mükemmelliyetçi yaklaşım eksikliğinin faydalı bir durum olmakla kalmayıp bunun aynı zamanda kendinizi gereken şekilde zorluyor olduğunuzun açık bir işareti olduğuna da ikna etmelisiniz.

4. İnanç Eksikliği

İnanç eksikliği, neredeyse mükemmeliyetçilik kadar şeytani bir süper kötü kahramandır. Talent Smart'ın başkanı Travis Bradberry, "Beyin belirsizliği bir tehdit olarak algılıyor ve hafızayı bozan, bağışıklık sistemini baskılayan, yüksek tansiyon ve depresyon riskini artıran bir stres hormonu olan kortizol salgılanmasını tetikliyor." diyor.[6]

Önemli bir şeyi başarabileceğinize inanmazsanız, sonucun bu olmasını garanti etmiş olursunuz. Eğer bir göreve onu tamamlama kabiliyetinizden şüphe ederek başlarsanız, kendinize şu soruları sorun: Bunu yapabilmek için gereken becerilere sahip miyim? Bunu yapabilmek için ihtiyacım olan tüm bilgiye sahip miyim? Bunu yapabilmek için bu projeye yeterince tutkum var mı? Bunlardan herhangi birinin cevabı hayır ise, bu soruların her birine olumlu cevap verene dek görevi rafa kaldırın. Ancak bu üç sorunun cevabı da evet ise, bu süper kötü kahramanı alaşağı edin ve transa girin.

DEVAM ETMEDEN ÖNCE

Trans deneyimi, herhangi birimizin yaşayacağı en büyük zirvelerden biridir. Sınırsız olmak için de esastır. Bu noktada, transın ne olduğuna ve o seviyeye nasıl ulaşacağınıza dair daha iyi bir fikre sahip olmalısınız. Okumaya devam etmeden önce, aşağıdakileri denemek için biraz zaman ayırın:

- Transa ulaştığınız birkaç sefer olanları düşünün. Ne yapıyordunuz? Bu deneyimlerinizde sürekli var olan şey neydi? Trans haline nasıl daha sık nasıl dönebilirsiniz?

- Takviminizi elinize alın ve gelecek birkaç gün içinde kendinize 90 dakika ile iki saat arasında bir zaman ayırabileceğiniz bir tarih bulun. Bu, kendinizi tüm dikkat dağıtıcı şeylerden soyutlayabileceğiniz bir zaman dilimi olmalıdır. Ve şimdi düşünün: Belirlediğiniz tarihte üretkenliğinizi önemli ölçüde artırabilmek için ne yapacaksınız?

- Bu bölümde bahsettiğimiz süper kötü kahramanlardan birinin peşinizi bırakmadığı bir projeye ne sıklıkla giriyorsunuz? Bir sonraki projenize başlamadan önce o süper kötüyü yenmek üzere şu anda ne yapabilirsiniz?

"21. yüzyılın cahilleri,
okuyup yazamayanlar değil;
öğrenemeyenler, unutanlar ve
yeniden öğrenemeyenler olacak!

ALVIN TOFFLER

DÖRDÜNCÜ BÖLÜM

SINIRSIZ YÖNTEMLER

Uygulama Şekilleri

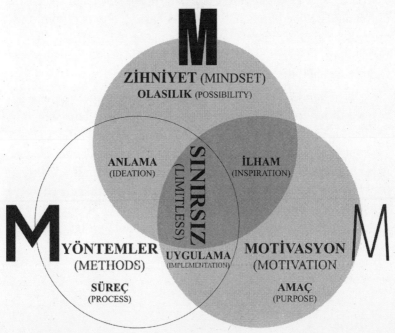

Yöntem

Bir şeyi başarmak için belirli bir süreç, özellikle düzenli, mantıklı veya sistematik bir öğretim yolu.

Şimdiye kadar, sınırsız olmak için gerekli olan iki öğeyi zincirlerinden nasıl kurtaracağınızı ve nasıl serbest bırakacağınızı keşfettiniz. Doğan her güne üretken bir zihniyetle yaklaşmayı ve bunu en yüksek seviyede bir motivasyonla gerçekleştirmeyi öğrendiniz. Ancak, sınırsız insanı, sınırlamaları tarafından engellenen insanlardan ayıran bir öğe daha var: Yöntem.

Yöntemler, bir şeyi başarmaya yarayan prosedürler veya süreçlerdir. Bu bağlamda yöntem, nasıl öğrenileceğini öğrenme sürecidir ve meta öğrenme olarak da adlandırılır. Okul eğitiminden geçerken bize iç seslendirme (özellikle kitap vb. okurken) ve yineleme öğrenimi (ezberleme) gibi çok eski ve verimsiz öğrenme yolları öğretiliyor. Bu kitabın başında da bahsettiğim gibi, "beyni arızalı çocuk" olarak mücadele ederken öğrenme yeteneğinden yoksun değildim. Velhasıl bugün geldiğim nokta bunun en açık kanıtıdır. Sadece bana öğretildiği şekilde öğrenme konusunda başarılı olamıyordum. Beynimi ancak sizin de kitabın ilerleyen bölümlerinde göreceğiniz yeni bir öğrenme yönteminde ustalaşınca başarılı ve mükemmel olmak üzere kullanabildim.

Bu bölümde, beş alanda hızlandırılmış öğrenme ve meta öğrenme bilimini öğreneceksiniz: odaklanma, çalışma, hatırlama, hızlı okuma ve düşünme. Bunlar Kwik Öğrenme Programı'nda (Kwik Learning) bireylere ve kuruluşlara öğrettiğimiz en önemli beş ana programdır. Bu bölümlerin başında yer alan yönlendirici soruları özel olarak not alın ve verdiğim tüm alıştırmaları mutlaka denemeye çalışın. Bence bu araçları kullandığınız ilk günden itibaren, sürekli olarak kullanmaya başladığınızı fark edeceksiniz ve bunların sizin için ne çok şeyin kilidini açtığını görerek şaşıracaksınız.

"Bir şeyi başarmak istediğinizde,
gözlerinizi açık tutun, odaklanın ve
tam olarak ne istediğinizi
bildiğinizden emin olun.

Kimse gözleri kapalıyken
hedefi vuramaz."

PAULO COELHO

ODAKLANMA

**En yoğun şekilde odaklandığım zamanki halimden neler öğrenebilirim?
Odaklanma yeteneğimi nasıl arttırabilirim?
Dikkatimi dağıtan şeyleri nasıl sınırlandırabilirim ve yoğunlaşan zihnimi hangi yolla sakinleştirebilirim?**

Süper kahraman seviyesinde performans gösteren biriyle süper güçlerini keşfetmeyi hiç başaramamış biri arasındaki fark nedir? Çoğu durumda, bu bir odaklanma meselesidir. Hayatınızda pek çok kez bir göreve gerçek anlamda kilitlendiğiniz zamanlar yaşadığınıza eminim. Belki sizin için çok önemli olan bir rapor yazarken, belki sevdiğiniz bir danışmanla olan seansınız esnasında ya da belki de en sevdiğiniz dondurmayla dolu bir kâseye saldırırırken. Peki, bu görevleri nasıl yerine getirdiniz? Muhtemelen, tutkuyla onların hepsinin üstesinden gelerek hayatınızın en iyi raporlarından birini yazdınız, danışmanınızdan çok şey öğrendiniz ve o dondurmayı dünyada kalan son tatlıymış gibi yediniz. Bunun nedeni, elinizdeki göreve odaklanabilmiş olmanız, o göreve derhal başlamış olmanız ve hiçbir şeyin sizi o görevden uzaklaştırmasına izin vermemiş olmanızdır. Öyleyse neden çoğumuz sadece odaklanmayı sürdürmek için bu kadar çok yetenek geliştirmiş durumdayız? Açıkçası, odaklanma nasıl sağlanır bize hiç öğretilmedi de ondan. Öyle ya, ilkokuldayken kesinlikle bir odaklanma dersi aldığımı hatırlamıyorum.

Jim Kwik

Çocukken güneşli bir günde elinizde büyüteçle dışarı çıktığınız zamanları hatırlıyor musunuz? Camı bir yaprağın üzerinde gezdirmek, yaprağın üzerinde son derece parlak bir lekenin belirdiğini görmek ve sonra yaprağın dumanlanıp yanmaya başladığını izlemek ne kadar havalıydı? O anda yapmayı başardığınız şey, güneşin yoğunluğunu o yaprağın üzerine daha yüksek bir seviyede odaklamaktı. Ve parlak noktanın göründüğü yerde, her şey en sıcak noktasında oluyordu. İlginç bir şekilde, zeki birinden bahsederken, onu genellikle "parlak" diye adlandırıyoruz. Büyüteç benzetmemize dönecek olursak, belki de gerçekten anlatmak istediğimiz şey o kişinin diğer birçok insandan çok daha zeki olduğu değildir; belki sadece o kişinin diğer herkesten daha fazla odaklanabildiğidir.

Odaklanma, zihin gücümüzü belirli bir görev için eğitmemize ve bu görevi yerine getirmemize olanak tanır. Odaklandığımızda başarabileceklerimiz inanılmazdır. Öte yandan, daha az odaklandığımızda ise, gerçekten yapmak istediğimiz bir şeyi başarmamız bile daha az olasıdır çünkü hem duygusal hem de fiziksel olarak kendimizi onu yapmaya o kadar adamış değilizdir. Odaklanılması gereken birincil düşman, dikkat dağınıklığıdır.

KWIK BAŞLANGIÇ ÖDEVİ

Mevcut odaklanma seviyenizi 0 ile 10 arasında değerlendirin. Sonra da bu seviyeyi artırma isteğinizi derecelendirin. Konsantrasyonunuz kaslarınız gibidir. Egzersiz yaparak daha güçlü olmak üzere eğitim alabilirsiniz.

ODAKLANMA EGZERSİZLERİ YAPIN

Hindu rahip, girişimci ve eski keşiş Dandapani, podcast'lerimden birinde bana "Konsantrasyon, tüm insan başarısının ve çabasının merkezinde yer alıyor" demişti. "Konsantre olamazsan hiçbir şey ortaya koyamazsın."[1]

Dandapani'nin bu sözüyle anlatmaya çalıştığı şey, konsantrasyonun başarmak istediğimiz her şeyin kritik bir bileşeni olduğudur. Ancak, daha önce üzerinde durduğumuz diğer pek çok şey gibi, nasıl konsantre olacağımız da bize hiç öğretilmedi. Elbette, ebeveynlerimiz ve öğretmenlerimiz, bize daha fazla konsantre olmamız için yalvarmış, hatta odaklanma eksikliğimizi "Neden konsantre olamıyorsun?" gibi bir soruyla eleştirmişlerdir. Bu soruya verilecek en basit cevap, "Çünkü çoğumuza bunun nasıl yapılacağı öğretilmedi" olmalı.

Dandapani, konsantrasyonun, egzersiz yaptıkça güçlenen bir kasa benzediğini ifade ediyor. "Konsantrasyon, öğrenebileceğiniz ve daha iyi olmak üzere egzersiz yapabileceğiniz bir şey." diyor.[2] Ancak, çoğumuz odaklanmayı geliştirme egzersizi yapmak yerine, dikkat dağınıklığı pratiği yapıyoruz. Genellikle dikkat dağınıklığı pratiği yapmamıza yol açan teknolojiyi sık sık kullanarak zihnimizin düşünceden düşünceye atlamasına izin veriyoruz ve bunu dikkat dağılması konusunda uzman olana dek sürdürüyoruz. Dikkat dağılmasında uzmanlaştık çünkü bu konuda günde bir düzine veya daha fazla saat pratik yapıyoruz. O zamanın en azından çok küçük bir bölümünde, konsantrasyon pratiği yapsaydık neler olurdu bir düşünün.

Dandapani'nin bu konuya dair oldukça net bir bakış açısı var. Şöyle diyor: "Konsantrasyonu, farkındalığımı bir şey üzerinde uzun süre tutma yeteneğim olarak tanımlıyorum. Odağım kaydığı anda, farkındalığımı geri getirmek için irade gücümü kullanıyorum."[3]

Çoğumuz konsantrasyon eksikliğimizi zihnimizin bir yerden bir yere sıçrama işlevi gibi düşünürüz. Dandapani'nin ise farklı ve daha yararlı bir metaforu var. Ona göre hareket eden zihniniz değil; farkındalığınız. O, farkındalığı, zihnimizin farklı bölgelerine doğru hareket eden parlak bir ışık topu olarak görüyor. Konsantrasyonda mükemmelleşmek için, o ışık topunu uzun bir süre boyunca zihnimizin belirli bir noktasında duracak şekilde eğitmemiz gerekiyor. Bu ilk başta kolay olmayacaktır, ancak irade gücünüzü bu şekilde kullanmak üzere sarf edeceğiniz bilinçli bir çaba, muhtemelen etkileyici sonuçlara yol açacaktır.

Neredeyse her türlü meşguliyetiniz esnasında bunun üzerinde

çalışabilirsiniz. Mesela biriyle sohbet ediyorsanız, dikkatinizi bu konuşmadan başka hiçbir şeye yöneltmemeye özen gösterin. Farkındalığınızın konuşmadan uzaklaştığını hissederseniz, parlayan ışık topunuzu yeniden odaklayın. Bir iş raporu okuyorsanız, gözlerinizi önünüzde o rapordan başka hiçbir şey yokmuş gibi sadece metindeki kelimelere bakacak şekilde eğitin. Yine, farkındalığınızın ışığının başka bir şey üzerinde parlamaya başladığını fark ederseniz, o ışık topunu rapora geri getirin. Günde bir saat kadar konsantrasyon pratiği yapma taahhüdünde bulunursanız, odaklanmanız kısa sürede alışkanlığınız haline gelecektir.

Mümkün olduğunca, her seferinde bir tek şey yapmaya çalışın. Çoklu görev hakkında daha önce de biraz konuşmuştuk, ancak şimdilik sadece çoklu görevin herhangi bir şeyi halletmek açısından fena halde verimsiz bir yol olduğunu hatırlayın. Eğer mümkünse, kendinize, diğer her şeyi bir kenara bırakarak, o an yapıyor olduğunuz işi yapma izni verin. Telefondaysanız, aynı anda sosyal medyada gezinmeyin. Kahvaltı yapıyorsanız, aynı anda o gün için yapılacaklar listeniz üzerinde çalışmayın. Konsantrasyon "kasınız" her seferinde tek bir şey yaparak, inanılmaz derecede güçlenecek ve odaklanmanız sınırsız seviyelere ulaşacaktır.

Konsantrasyonunuzu artırmanın başka bir yolu da çevrenizdeki dağınıklığı ortadan kaldırmaktır. Princeton Üniversitesi'nde yapılan bir çalışma, "Görsel alanda aynı anda mevcut bulunan çoklu uyaranların, görsel korteks boyunca uyarılmış aktiviteleri bastırarak ve görsel sistemin sınırlı işlem kapasitesi için nöral bir uyum sağlayarak karşılıklı bir sinirsel temsil rekabetine giriştiklerini keşfetti."[4] Meslekten olmayan biri için bunun anlamı çevrenizdeki fiziksel dağınıklığın dikkatinizi çekmek için rekabet ediyor olduğudur. Bu da performansınızın düşmesine ve kaygı ve stres seviyelerinizin artmasına neden olur.

Bu nedenle, konsantrasyonda ustalaşmak istiyorsanız, odaklanmanız kritik seviyelere indiğinde, kendinizi dikkatinizin dağılma olasılığından soyutlayın. Bilgisayarınızda çalışıyorsanız, elinizdeki görevi gerçekleştirebilmek için kesinlikle ihtiyaç duyduklarınız dışında her uygulamayı ve her açık sekmeyi kapatın. Fiziksel çalışma alanınızdaki nesnelerin sayısını da sınırlayın. Çoğumuz kitaplar, dergiler, kâğıtlar, çocuklarımızın resimleri ve tatillerde aldığımız hatıra eşyalarıyla dolu bir masanın rahat bir ortam oluşturduğunu, hatta aktif bir aklın işareti olduğunu düşünsek de, bu öğelerin her biri dikkatinizi dağıtan bir çekim yaratır. Aile yadigârları muhteşemdir ve kitaplar hakkında neler hissettiğimi zaten biliyorsunuz. Yalnızca, en üretken olmanız gereken yerle aynı alanı paylaşan bu şeylerin sayısını sınırlamalısınız.

YOĞUNLAŞAN ZİHNİNİZİ SAKİNLEŞTİRİN

Odağınızı sınırsızlaştırmak, elinizdeki görevleri yerine getirmekten daha fazlasını gerektirir. Daha önce de üzerinde konuştuğumuz gibi, odaklanma, dikkat dağıtıcı şeyleri bir kenara bırakma ve tüm dikkatinizi yaptığınız şeye verme becerisi gerektirir. Ama bu, içinde bulunduğumuz zamanda hâlâ mümkün mü? Çoğumuz aynı anda birçok cihazla çalışıyoruz ve bu cihazların her birinde birden fazla uygulama çalışıyor. Hayatımızda katılmamız gereken toplantılar, yanıtlanacak e-postalar ve metinler, güncellenecek sosyal medya durumları ve halletmemiz gereken birden fazla proje var. Yine de, tam da bu sebepten ötürü, zihninizi sakinleştirmenin yollarını bulmanız her zamankinden daha da önemli bir hal alıyor.

Farkında bile olmayabilirsiniz, ancak alelade bir günde zihninize giren tüm bilgiler sizde ciddi ölçüde strese neden oluyor. Pek çok insan gibiyseniz, bunun olumlu bir şey olduğunu bile düşünebilirsiniz, çünkü bu meşgul olduğunuz anlamına gelir ve meşgul olmakla dünyaya anlamlı bir katkıda bulunuyorsunuzdur. Bu doğru olsa da, aslında tüm meşguliyetiniz ve katkılarınız yaşadığınız stresin sonucu olarak değil bu strese rağmen ortaya çıkıyor.

Stress-Proof Brain (Stres Geçirmez Beyin) kitabının yazarı, doktoralı psikolog Melanie Greenberg, "Endişe verici düşünceler karar vermenizi ve canınızı sıkan şeylerle baş etmenizi güçleştirerek sizi bunaltabilir." diyor ve şöyle devam ediyor: "İlave olarak anksiyete, aşırı düşünmeye yol açabilir, bu da sizi daha endişeli bir hale getirir ve yine daha fazla düşünmeye başlarsınız ve durum böyle devam edip gider. Peki, bu kısır döngüden nasıl kurtulabilirsiniz? Kaygılı düşünceleri bastırmak işe yaramayacak; onlar bazen daha da yoğun bir şekilde olmak üzere mantar gibi yeniden ortaya çıkacaklardır."[5]

Juliet Funt, WhiteSpace at Work danışmanlık firmasının CEO'sudur. Boş zamanları "düşünme zamanı ve yoğunluklar arasındaki stratejik duraklama" olarak tanımlıyor.[6] Podcastime katıldığı sırada da, sahip olduğumuz boş zamanı, "her şeyin alev almasına izin veren oksijen" diye tanımlamıştı.

Greenberg ve Funt'ın anlatmaya çalıştığı şey, hepimizin zihinlerimiz dağınık olmadığı zamanlarda, daha fazla zamana ihtiyaç duyduğudur. Bunun akıl sağlığımızı olumlu yönde etkileyeceği aşikârdır. Ancak daha az bilinen tarafı, bunun aynı zamanda odaklanmamızı ve üretkenliğimizi çarpıcı bir şekilde artıracağıdır. Neuroscience'daki bazı ilginç çalışmalar bize bu konunun altını çizer şekilde dikkat dağınıklığının beynimizi gerçek anlamda nasıl değiştirdiğini gösteriyor. Londra Üniversitesi Akademisi'nden (UCL'den) biri, yoğun ortamlarda çoklu görev yapanların beyinlerini sakin ortamlarda çoklu görev yapanların beyinleriyle karşılaştırdı ve odakta yer alan anterior singulat korteksin (ACC) yoğun ortamda çalışanlarda daha küçük olduğunu buldu. Öte yandan, Max Planck Enstitüsü'nde yapılan bir araştırma, dikkatleri artsın diye idman yaptırılan insanların ACC'lerinin kalınlaştığını ortaya çıkardı.[7]

Dikkat dağıtıcı şeyler ciddi zaman kayıplarına yol açabilir. Irvine California yapılan bir araştırma, dikkat dağıtıcı şeylerin gününüzü gerçek anlamda ne kadar bozabileceğini gösteriyor. Çalışmanın başyazarı Gloria Mark, "Düşünce şeklinizi tamamen değiştirmeniz gerekiyor ve kesintiye uğrayan göreve tekrar geri dönüp nerede olduğunuzu hatırlamanız ve tekrar adapte olmanız biraz zaman alıyor." diyor ve şöyle devam ediyor: "Kesintiye uğratılan tüm işlerin yaklaşık yüzde 82'sinin aynı gün devam ettirildiğini gördük. Lakin bu noktada kötü haber şu ki katılımcıların tam anlamıyla göreve geri dönmeleri ortalama 23 dakika 15 saniye alıyor."[8] Bu, her dikkatiniz dağıldığında görevin 20 dakika uzaması demek. Peki, dikkatiniz gün içinde ne sıklıkla dağılıyor?

Meditasyon, yoga ve bazı dövüş sanatları gibi araçlar, yoğun haldeki zihninizi sakinleştirmenize yardımcı olabilecek son derece değerli yöntemler olabilir. Ancak günün ortasındaysanız ve ortamdan birkaç dakikadan fazla uzaklaşma şansınız yoksa dahi yapabileceğiniz birkaç şey var. Bunların en önemli üç tanesi şöyle:

1. Nefes Al

Sabah rutininizin bir parçası olarak derin, arındırıcı nefesler almanın önemi hakkında daha önce de konuşmuştuk. Ancak, yeniden odaklanmanız gerektiğinde de aynı şeyi yapmanız önemlidir. Holistik sağlık uzmanı Dr. Andrew Weil, 4-7-8 adını verdiği bir nefes alma yöntemi geliştirdi. Yöntem şu şekilde işliyor:

• Sadece ağzınızdan nefes verin ve bunu yaparken rüzgâr uğultusuna benzer bir ses çıkarın.

• Ağzınızı kapatın ve içinizden 4'e kadar sayarak sessizce burnunuzdan nefes alın.

• İçinizden 7'ye kadar sayarak nefesinizi tutun.

• 8'e kadar sayarak sadece ağzınızdan nefes verin ve nefes verirken yine uğultu sesi çıkarın.

Bu birinci nefes egzersiziniz"di. Şimdi tekrar nefes alın ve döngüyü toplamda dört nefes egzersizine tamamlamak üzere üç kez daha tekrarlayın.[9]

2. Strese Sebep Olan Bir Şey Yap

Bu başlık, bizi daha önce bahsettiğimiz ertelemeyle ilgili konulara geri döndürüyor. Artık hepimizin bildiği gibi (Bluma Zeigarnik sayesinde), zihnimizde ağırlık yapan şeyler, biz onlarla baş etmeyi başarana kadar zihnimize yük bindirmeye devam edecek. Odaklanmakta güçlük çekiyorsanız veya zihniniz aynı anda bir düzine düzlemde birden çalışıyorsa, bunun nedeninin, yapmaktan kaçınıp ertelediğiniz bir şey olması çok olasıdır. Durum buysa, biraz 4-7-8 yöntemiyle nefes alın ve stresli görevle başa çıkın. Sonrasında istediğiniz her şeye arttırılmış bir konsantrasyonla geri dönebilirsiniz.

> **KWIK BAŞLANGIÇ ÖDEVİ**
> Odaklanmanızı etkileyen ve hep kaçındığınız o önemli şey nedir?

3. Dikkat Dağınıklığın İçin Zaman Ayarla

Odaklanmanız gerektiğinde telefonunuzu ve e-postanızı kapatmak sizin için zor olabilir, ancak kendinizi bunları yapmaya ikna edebilirseniz harika olur. Bunu yapabilmeniz nispeten kolaydır. Muhtemelen daha zor olan şey, endişe ve yükümlülüklerin o sırada başarmaya çalıştığınız görevin önüne çıkmasına izin vermeyerek engel olmaktır. O engelleyiciler her neyse onları endişe ya da zorunluluk olarak görmenizin bir sebebi var ve bu onları aklınızdan çıkarmanızı çok daha zor hale getiriyor. Az önce konuştuğumuz gibi, endişelerinizden birini hemen ve hızla ele almanız tabii ki onunla başa çıkmanın bir yoludur, ancak bunun mümkün olmadığı durumlar da olacaktır. Bunun yerine, bu endişeleri ve zorunlulukları zihninizin ön saflarına taşımak üzere programınızda belli bir zaman ayırırsanız ne olur?

Basitçe, "Bunun için daha sonra endişeleneceğim" diyerek, bu endişenin bulunduğunuz anın 20 dakika sonrasına kaymasını engellemeniz pek olası değildir. Ancak "Bunun için 4.15'te endişeleneceğim" demeniz çok daha iyi olabilir.

> **KWIK BAŞLANGIÇ ÖDEVİ**
> Bir sonraki dikkat dağınıklığınız için zaman ayarlaması yapın.

DEVAM ETMEDEN ÖNCE

Odaklanmanızı sınırsızlaştırmanız, süper güçlerinizi açığa çıkarmanız için bir anahtardır. Zihniniz tam anlamıyla odaklandığında ve kendinizi bir göreve tamamen adadığınızda, dikkatiniz dağıldığında veya düşünceleriniz bölündüğünde ulaşabilmenizin mümkün olamayacağı seviyelere ulaşırsınız. Şimdi, bir sonraki bölüme geçmeden önce birkaç şey deneyelim:

• Yapılacaklar listenize iyice bakın ve siz o listeyi tamamlayana kadar düşüncelerinizi istila etmesi muhtemel olan şeyi (veya şeyleri) belirleyin. Bitirdiğiniz bölümde öğrenmiş olduğunuz erteleme engelleyici araçları kullanarak bu görevin üstesinden gelmek için bir plan oluşturun.

• Hemen şimdi üretkenlik ortamınızı değiştiren bir şey yapın, böylece görevinizin başında kalarak daha iyi bir iş çıkarabilirsiniz.

• Yoğunlaşan zihninizi sakinleştirmek için önerdiğim tekniklerden birini uygulayın. Sizde işe yarıyor mu? Eğer öyleyse, bu tekniği düzenli olarak kullanmayı taahhüt edin.

"Zihin kapasitesini
genişletme söz konusu olduğunda,
hiçbir şey sistematik araştırma
becerisi kadar
güçlü değildir."

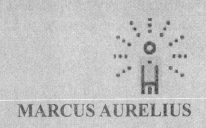

MARCUS AURELIUS

ÇALIŞMA

Ömür boyu öğrenci olacaksam, çalışma saatlerimi hangi yolla en verimli hale getirebilirim?
Bir şeyi öğrenmenin en iyi yolu çılgınca ders çalışmak mıdır?
Nasıl daha iyi not tutabilirim?

Yoğun geçen bir çalışma haftasının ardından bir cuma gecesi telefonum çaldı. Telefonun diğer ucundaki kişi bana ortak bir arkadaşımız olduğunu ve bu arkadaşın ona, bana ulaşmasını tavsiye ettiğini söyledi.

"Tabii ki, nasıl yardımcı olabilirim?" dedim.

Konuşmamızın ilk 30 saniyesi boyunca adam gayet sakindi. Ancak bu soruyla birlikte sesi heyecanlı bir tonda gelmeye başladı.

"Bana yardım edin, lütfen. Konuşmacım acil bir durum sebebiyle yarın konuşmasını yapamayacakmış. Oysa onun açılış konuşmamızı yapması gerekiyordu."

İçinde bulunduğu durumu duyduğuma üzüldüğümü ancak evvelden hazırlık yapmadan konuşmacılık görevi almadığımı söyledim. Konuşmacılık işlerinin rezervasyonunu genelde altı ay önceden aldığımı ve onlara hazırlanmak için mutlaka kendime zaman tanıdığımı da söyledim.

Bu söylediklerim, onu caydırmadı. Ortak arkadaşımızın, izlediği konuşmalarımdan övgüyle bahsettiğini ve bu kadar kısa sürede güçlü bir sunum yapabilecek biri varsa o kişinin ben olduğumu söyledi.

"Lütfen, kurtarın beni!" dedi daha da duygu yüklü bir sesle. Adamın durumu beni yavaş yavaş etkilemeye başlamıştı. Cumartesi günü boştum ve düzenlediği konferans da yaşadığım yer olan Manhattan'daydı. Ona açılış konuşmasının konusunu sormaya karar verdim. Bana söylediğinde, telefona sanki arayan benimle yabancı bir dilde konuşuyormuş gibi baktım.

"Bunun için neden beni arıyorsunuz? Ben bu konu hakkında hiçbir şey bilmiyorum ki!" dedim.

"Evet ama iptal eden konuşmacının bu konuda bir kitabı var." dedi.

"Bunun bir şey değiştireceğini sanmam." diye cevap verdim.

Adam bu sefer o kadar hızlı karşılık verdi ki, argümanını çoktan hazırlamış olduğunu anladım.

"Hızlı okuyan biri olduğunu duydum. Biraz erken gelip kitabı inceleyip konuşmayı yapabileceğini düşünmüştüm."

Bu senaryo baştan sona o kadar tuhaftı ki sonunda bu şartlar altında yapabileceğim tek şeyi yaptım: İşi aldım. Böyle bir meydan okumayı nasıl geri çevirebilirdim? Ayrıntılar üzerinde anlaştık, bana biraz da konuşmamı yapacağım dinleyicilerden bahsetti. Sonra telefonu kapattım ve kendi kendime az önce ne olduğunu sordum.

Ertesi sabah saat 10'da konferans merkezine gittim. Önceki gece telefonda konuştuğum adam bana kitabın bir kopyasını verdi ve bana sessiz bir oda ayarladı. Açılış konuşmasını saat 1'de yapacaktım. Sonraki üç saat içinde kitabı okumayı bitirdim, bir sürü not aldım ve yapmak üzere olduğum sunumun temel parametrelerini hazırladım. Daha sonra sahneye çıktım ve sonradan konferansın en beğenilen konuşması olduğu ortaya çıkan bir açılış konuşması yaptım. Çok yorulmuştum ama kabul etmeliyim ki bu deneyim baştan sona fena halde koşuşturmacalıydı.

Kendinizi böyle bir durumda bulmanız pek olası değil. Ama

arayan adamın isteği ne kadar aşırı olsa da, onu yapabileceğimi biliyordum çünkü yetkinlik beraberinde güven getiriyor. Bunu sizi etkilemek için söylemiyorum, size nelerin mümkün olabileceğini anlatmak için söylüyorum.

Size, bir konuyu tek seferde özümsemeyi öğrendiğinizde her türlü kısıtlayıcı duygunun nasıl kaybolduğunu gösterebilmemiz için, şimdiye kadar neler öğrendiğinizi hatırlayın, en önemli noktaları vurgulama becerisi edinin ve genel olarak insanların nasıl öğrendiklerine dair bir anlayış geliştirin. Başka bir deyişle, bu kitapta konuştuğumuz şeylerin çoğunu göz önünde bulundurun.

Hızlı öğrenen ve çabuk kavrayan biri olmasaydım, o özel açılış konuşmasını asla sunamazdım. Burada ele aldığımız diğer beceriler gibi, bu sizin sahip olduğunuz ya da olmadığınız bir yetenek değil, geliştirdiğiniz veya geliştirmediğiniz bir yetenektir. Çalışmalarınızı sınırsızlaştırmayı öğrenebilirsiniz. Üstelik bunu başardığınızda, hayatınızın geri kalanında kullanacağınız bir süper gücünüz olacak.

> **KWIK BAŞLANGIÇ ÖDEVİ**
> Bu ay öğrenmek istediğiniz bir konu veya ders üzerine düşünün. Onu çalışmaya nasıl başlarsınız? Bu konudaki mevcut yaklaşımınız veya süreciniz nedir?

YETERLİLİĞİN DÖRT SEVİYESİ

Altmışlı yıllardan beri, psikologlar yeterlilik ya da öğrenmenin dört seviyeden oluştuğunu belirtmişlerdir. "Bilinçsiz yetersizlik" olarak bilinen birinci seviye, neyi bilmediğinizi bilmediğiniz zamanı içerir.

Örneğin, hızlı okuma gibi bir şeyin var olduğunun farkında bile olmayabilirsiniz. Yani, bu evrede hızlı okuma yapamayacağınızın da farkında değilsinizdir.

"Bilinçli yetersizlik" olarak bilinen sonraki seviyede, bilmediklerinizin farkındasınızdır. Örneğin, insanların hızlı okuma teknikleriyle çok daha hızlı okumayı ve anlamayı öğrendiklerinin farkındasınızdır, ancak siz bu alanda hiç eğitim almamışsınızdır ve hızlı okuyabilen bir okuyucu olabilmek için hangi araçların gerekli olduğunu da bilmezsiniz.

Üçüncü seviye "bilinçli yeterlilik"tir. Bunun anlamı, bir becerinin farkında olmanız ve aynı zamanda bu beceriyi gerçekleştirme kapasitesine sahip olmanızdır, ancak bunu yalnızca zihninizi aktif olarak o kabiliyete verdiğinizde başarırsınız. Yani yapabilirsiniz, ama çalışma gerektirir. Hızlı okuma örneğinden devam edecek olursak, bu başarılı bir hızlı okuma performansına benzer, ancak bu sadece hızlı okuma tekniğine odaklandığınızda gerçekleşir. Bu aşamada benzer şekilde yazı yazma veya araba kullanma gibi başka aktiviteler de yapabilirsiniz, ancak her biri bilinç düzeyinde dikkatinizi gerektirir.

Dördüncü seviye, hayat boyu öğrenen bir kişinin ulaşmaya çalıştığı seviye olan "bilinçsiz yeterlilik"tir. Bu durumda, bir beceriyi nasıl şekillendireceğinizi bilirsiniz ve bu sizin için bir alışkanlık haline gelir. Hızlı okuma örneğine göre değerlendirirsek, bu teknikle okuma, genel okuma şekliniz haline geldiğinde bilinçsiz yeterlilik noktasına ulaşmış olursunuz. Bu seviyede kendinizi daha hızlı okutmazsınız, bunu doğal olarak yaparsınız. Mesela hâlihazırda yazı yazma ve araba kullanma gibi işleri dikkat seviyenizi planlamadan yapıyorsunuz.

Öncelikle bilinçli yeterlilikten bilinçsiz yeterliliğe geçişin anahtarı açıktır, pratiktir ve egzersiz yapmanız bu konuda ilerlemenizi sağlar.

Model psikologlar seviyeleri dördüncüyle sonlandırıyor ama ben beşinci bir seviye daha ekleyeceğim: Gerçek ustalık. Bu, bir beceriyi yetkin şekilde gerçekleştirmenin alışkanlık haline geldiği bilinçdışı yeterliliğin de ötesinde bir adımdır. Bu, sınırsız olma noktasına ait bir seviyedir. Sonuç olarak, usta olmak niyetindeyseniz, bir süper kahraman gibi çalışmanız gerekecek.

BİR KONUYU NASIL DAHA İYİ ÇALIŞIRSINIZ

Çoğumuzun çalışma yeteneği neden kısıtlı? Birçok insan etkili bir şekilde çalışmayı bilmiyor çünkü bu onlara hiç öğretilmedi. Doğal olarak, pek çoğu da nasıl öğrenileceğini zaten bildiğini varsayıyor. Bu noktadaki güçlük, şu anda kullanmakta olduğunuz tekniklerin çoğunun eski ve etkisiz olmasıdır. Öyle ki birçoğu yüzlerce yıl öncesine dayanıyor.

Artık bilginin her yerde olduğu, oldukça rekabetçi bir bilgi çağında yaşıyoruz. Yine de bu bilgileri özümsemek ve işlemek için aynı yöntemleri kullanıyoruz. Bugün öğrenme gereksinimlerimiz çok farklı. Ancak çoğumuza çalışmanın materyalleri defalarca gözden geçirmek şeklinde olması gerektiği öğretildi ve biz bu sayede sınav esnasında o bilgileri kâğıda dökebildik. Biraz sonra çılgınca bilgi depolamanın ne sebepten ötürü son derece kötü bir fikir olduğu hakkında konuşacağız, ancak özetlemek gerekirse, sürecin ideal olmaktan çok uzak olduğunu söylemek bile yeterli.

Dünyadaki en başarılı insanlar ömür boyu öğrenci olmayı seçenlerdir. Bu, sürekli olarak yeni beceriler öğrendikleri, seçtikleri alanlardaki en son gelişmeleri takip ettikleri ve diğer alanların onlara neler sunabileceği konusunda bilgi sahibi oldukları anlamına gelir.

Bu kitapta daha önce de değindiğimiz gibi, hayatınızı öğrenerek yaşamanızın muazzam faydaları vardır. Bu nedenle sınırsız bir öğrenci olma hedefinize doğru ilerleyecekseniz, çalışmayı hayatınızın bir parçası haline getirmek istemeniz gerekiyor.

Bu, öğrencilerimizden James'in belli bir süre almasına rağmen nihayetinde keşfettiği bir şey. James eğitim hayatında büyük güçlükler çekmiş ve liseden sonra, hep başarılı bir iş adamı olmayı hayal etmiş olmasına rağmen, üç yılını bir içki dükkânında çalışarak geçirmiş. Sonra hayalini gerçekleştirmek için üniversiteye gitmesi gerektiğini fark etmiş. O günlerini bana şöyle anlattı: "Diş çektirmek gibiydi. Sonunda muhasebe derecemi almıştım. Ardından bir muhasebe firmasına sonra da bankacılık sektörüne girdim ama oldukça uzun bir süre servet yöneticisi olamadım. Analist pozisyonunda çalıştım ve bu görev çok fazla öğrenme ve çalışma gerektirdi. Açıkçası zar zor dayanabilmiştim. Genel çalışan becerilerine ve disiplinine sahiptim, ancak çalışma kısmı benim için gerçekten zordu. Şu anda bir sürü unvana sahibim ama bu unvanları almadan önce testlerde birkaç kez başarısız oldum. Bankada çalışırken bir de CFP sınavıma girme zamanım gelince, yüküm üstesinden gelemeyeceğim kadar ağırlaşmıştı."

James, hızlı okuma programımdan haberdar olduğunda, normalde 12 haftalık çalışma gerektiren büyük sınavına sadece altı hafta kalmıştı. Bu program, onun o kritik günleri atlatmasını, çalışmalarını geliştirmesini, "yoğun çalışma süreci boyunca zihin sağlığını korumasını" sağladı ve sınav gününde ona büyük çapta destek oldu.

Sonuç olarak James, CFP unvanını aldı ve bu, bir varlık yöneticisi olarak doğrudan müşterilerle çalıştığı yeni bir pozisyonda çalışmaya başlamasını sağladı. Okuması ve anlaması gereken çok sayıda prospektüsü incelerken, yeni geliştirdiği öğrenme becerilerini kullanmaya devam ediyor.

James, öğrenmeye dair eski kısıtlayıcı yöntemlerin önünü kesmesine kolayca izin verebilirdi. Bunun yerine, kariyerindeki engelin üstesinden gelmek için eski çalışma yöntemlerini bir kenara bırakmayı benimsedi.

PEKİ, YA DERS ÇALIŞARAK SABAHLAMA?

Ders çalışarak sabahlama, birçok insanın okul günleri bittikten çok sonra dahi devam ettiği çok eski bir çalışma geleneğidir. Bu tarz çalışmaların çoğunu, o büyük sınav veya o büyük sunum için yapmamız gereken çalışmayı erteleyip durduğumuz için yaparız. Ancak alelacele bilgi depolayarak sınava hazırlanmanın en etkili hazırlık şekli olduğuna inanan çok sayıda insan da var. Şansları yaver giderse güzel olur tabii ama pek de öyle olmuyor.

Gazeteci Ralph Heibutzki, *Seattle Post Intelligencer* gazetesinde şöyle yazmış: "Gerçekte, alelacele bilgi depolayarak çalışmak bedenin çevresiyle başa çıkma yeteneğini azaltan duygusal, zihinsel ve fiziksel bozuklukları beraberinde getirir." Heibutzki bu ifadesini,

Harvard Tıp Fakültesi'nin hızla bilgi depolamanın zihinsel işlev bozukluğu da dâhil olmak üzere birçok istenmeyen yan etkiye yol açtığını ortaya koyan bir çalışmasından alıntı yapmış.[1]

Ek olarak, sabahlayarak ders çalışma, genellikle kişinin normal uyku miktarının tamamından ya da en azından büyük bir kısmından feragat etmesini gerektirir ve bu durum sabahlayarak çılgınca çalışmanın gerçek amacını baltalayabilir. Los Angeles Kaliforniya Üniversitesi (UCLA) psikiyatri profesörü Andrew J. Fuligni, ders çalışarak sabahlama üzerine bir çalışma kaleme aldı ve bu tarz ders çalışmanın yan etkileri ve muhtemel sonuçları arasında net bir bağlantı olduğunu ortaya çıkardı. Fuligni diyor ki: "Kimse öğrencilerin ders çalışmamaları gerektiğini öne sürmüyor. Ancak yeterli miktarda uyumaları da, akademik başarıları için çok önemli. Ortaya çıkan sonuçlar, uykusuzluğun öğrenmeyi engellediğini öne süren yeni araştırmalarla uyumlu."[2]

Her yaş grubundan öğrenciyle çalışırken, ders çalışarak sabahlamanın nadiren arzu edilen düzeyde işe yaradığını öğrendim. Saatlerce tek bir konu üzerinde yoğunlaşmak, bilgiyi hafızanızda tutma olasılığınızı azaltır. Daha önceki bölümlerde, önceliğin ve güncelliğin hafıza üzerindeki etkisinden bahsetmiştik.

İlk olanı ve en son olanı hatırlama eğilimindeyseniz, o ilk ve en son edindiğiniz bilgi arasında büyük miktarda bilgi biriktirmek, yalnızca az sonra unutacağınız daha fazla bilgiye sahip olmanıza yol açacaktır. Birazdan bundan daha iyi bir alternatif üzerine konuşacağız.

İster en iyi üniversitelerden birine kabul edilmek amacıyla beş AP dersi (İleri düzey yerleştirme dersi) alan bir lise öğrencisi olun, ister hızla değişen sektörünün zirvesinde kalma ihtiyacıyla yüzleşen bir şirket yöneticisi, aynı anda iki zorlukla karşı karşıya kalırsınız: Ölçeklendirilecek dağ gibi bir bilgi yığını ve onu ölçeklendirmek için çok az zaman. Böyle bir durumda kalacak olursanız, elinizden geldiğince verimli bir şekilde çalıştığınızdan emin olmak istersiniz.

Yıllar boyunca insanların daha hızlı öğrenmesine ve daha iyi çalışmasına yardımcı oldum. Şimdi size ders verdiğim kişilere çalışmalarını sınırsızlaştırmaları amacıyla önerdiğim ve en sevdiğim yedi basit alışkanlığımdan bahsedeceğim:

1. Alışkanlık: Aktif Çağrışım Yöntemini Kullanın

Aktif çağrışım, bir materyali inceledikten sonra ne kadarını hatırladığınızı belirlemek için hemen kontrol etme sürecidir. Bu, basit tanıma (bir sayfada geçen kelimelere aşina olmak gibi) ile hatırlama (materyali hafızanızın aktif bir parçası haline getirme) arasında bir ayrım yapmanıza olanak tanır.

Texas A&M Üniversitesi'nden nörolog Dr. William Klemm, "Çoğu öğrenci kendilerini bir şeyleri hatırlamaya zorlamalarının ne kadar önemli olduğunun farkında değil" diye yazmış ve sözlerine şöyle devam etmiş: "Bunun nedeni kısmen, çoktan seçmeli testlerle pasif olarak hatırlamaya koşullandırılmış olmalarıdır. Yani ilk etapta doğru cevabı oluşturmanın aksine doğru bir cevap sunulduğunda onu fark etmeye koşullandırılmış haldeler. Öğrencilerin öğrenme uygulamaları üzerine yapılan araştırmalar, ezberlemeye çalıştığınız bilgiyi yeniden çağırabilmenin hafıza oluşumu için ne kadar önemli olduğunu ortaya koymaktadır."[3]

Aktif çağrışım yöntemini kullanmak için aşağıdakileri yapınız:

• Üzerinde çalıştığınız materyali gözden geçirin.

• Ardından kitabı, videoyu veya online dersi kapatın ve az önceki gözden geçirmenizden hafızanızda kalan her şeyi yazın veya ezberleyin.

• Şimdi materyale tekrar bakın. Ne kadarını hatırladınız?

Bu süreci birçok kez deneyimlemenizi sağlayacak kadar yeterli çalışma süreniz olduğundan emin olun. Klemm'in de işaret ettiği gibi, bu konuda yapılan araştırmalar şunu gösteriyor: "En verimli öğrenme, ilk öğrenme denemesi, tüm öğelerin arka arkaya en az dört kez tekrarlandığı bir çalışmayı ve zorunlu hatırlama testlerini içerdiğinde gerçekleşiyor."[4] Bu da beni benimsemem gereken bir sonraki önemli alışkanlığa götürüyor.

2. Alışkanlık: Aralıklı Tekrar Yöntemini Kullanın

Bu bölümde daha önce de değindiğimiz gibi, zihne alelacele bilgi tıkıştırmanın birçok olumsuz yönü vardır. Bir işi daha sonra yapmak üzere ertelemek doğal bir davranış olsa da, kendinizi çok fazla miktarda materyali tek seferde çalışmak zorunda bırakmanız, muhtemelen o materyali hiç öğrenemeyeceğiniz anlamına gelir. Bunun nedeni, bu şekilde çalışmaya çabalamamızın, beynimizin çalışma prensibiyle ters düşmesidir.

Alternatif olarak, geçmişte hafızanıza alamadığınız bilgilere daha yoğun bir şekilde odaklanıp, materyalle ilgili incelemelerinizi aralıklı olarak yaparsanız, beyninizi en iyi performansını gösterecek şekilde kullanmış olursunuz. Synap çevrimiçi öğrenme platformu CEO'su James Gupta, "Aralıklı tekrar basit ama oldukça etkilidir çünkü beyninizin çalışma şeklini kasıtlı olarak bozar." diyor ve sözlerine şöyle devam ediyor: "Öğrenmeyi efor gerektiren bir eylem olmaya zorlar ve sonuç olarak tıpkı kaslar gibi beyin de, sinir hücreleri arasındaki bağlantıları güçlendirerek bu uyarana yanıt verir. Materyal incelemelerinizi aralıklı şekilde yaparak, bu bağlantıları her seferinde daha fazla kullanmış olursunuz. Aralıklı tekrar, bilginin uzun vadede kalıcı olarak saklanmasını sağlar ve şahsi deneyimlerime göre, insanlar bu yöntemi adamakıllı kullanmaya başlayınca onu, üzerine yemin edebilecek kadar benimserler."[5]

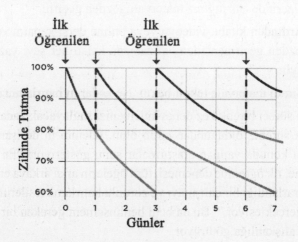

Aralıklı tekrar yöntemi, en etkili etkili performansını, materyali benzer aralıklarla gözden geçirdiğiniz zaman sergiliyor gibi görünüyor. Bu nedenle, kendinize yeterince zaman ayırmanız çok önemli. Belki de incelemeyi dört gün üst üste sabah kahvaltısından ve akşam yemeğinden hemen önce yaparsınız ve ardından benzer aralıklarla çalışmanız gereken diğer materyallere yönelirsiniz. Yalnız lütfen bu tekniği aktif hatırlama tekniği ile uyumlu bir şekilde kullanın. Materyali gözden geçirin, sonra ona ilişkin neler hatırladığınıza dair kendinizi test edin. Ardından bu özel materyal üzerinde çalışmaya geri dönmeden önce biraz ara verin.

3. Alışkanlık: İçinde Bulunduğunuz Durumu Siz Kontrol Edin

Bu kitapta daha önce de bahsettiğimiz gibi, herhangi bir eylemde bulunurken içinde bulunduğunuz durum, başarınıza dair en büyük etken olacaktır. Örneğin, gerçekten kötü geçen bir günün ardından sizden işiniz için bir sunum yapmanız veya bir sınava girmeniz istenirse, elinizden gelen en iyi performansı göstermeniz büyük olasılıkla mümkün olmaz. Bunun nedeni, zihin durumunuzun en iyi şekilde performans göstermenizi desteklememesidir. Öte yandan aynı fırsat, kendinizi iyi hissettiğiniz bir dönemde ortaya çıkarsa kesinlikle daha iyi sonuçlar elde edersiniz. Ruh haliniz ne kadar olumlu ve yetenek sergilemeye yatkın olursa, alacağınız sonuçlar da o derece mükemmel olur. Çalışma sürecindeki durum da bundan farklı değildir.

Aynı zamanda duruşunuz da zihinsel durumunuzu kontrol eder. Şimdi, tüm yaşamınızı değiştirecek hayati derecede önemli bilgileri öğrenmek üzereymiş gibi oturun. Duruşunuzu ayarlarken, kıpırdanmanız mı gerekti? Eğer öyleyse şimdi de, duruşunuzu söylediğim ruh haline uyacak şekilde değiştirdikten sonra nasıl daha konsantre bir hale geldiğinizi fark etmenizi istiyorum. Dik oturduğunuzda, nefes almanız ve gerekli miktarda oksijenin beyninize ve vücudunuzun geri kalan kısımlarına dağılımı kolaylaşır. Öne doğru yığılmış gibi oturursanız, bu duruş nefes almanızı baskılayarak sizi yorgun düşürebilir.

> **KWIK BAŞLANGIÇ ÖDEVİ**
> Sandalyede otururken öne doğru eğilin, yere bakın, kısa kısa nefesler alıp verin ve kaşlarınızı çatarak yüzünüze kızgın bir ifade verin. Bunu lütfen hemen şimdi yapın. Bu haldeyken, başarıya ulaşmanız açısından ne kadar motive olmuş hissediyorsunuz? Peki, kendinizi ne kadar üretken hissediyorsunuz? Bu, birçok öğrencinin okurken aldığı duruştur. Çalışmaktan hoşlanmamaları ve asgari sonuçlar almak için dahi çok çalışmak zorunda olmaları şaşırtıcı mı? Şimdi de dik oturun ve gülümseyin. Bir önceki duruşunuza nazaran ne kadar iyi hissediyorsunuz?

4. Alışkanlık: Koku Duyunuzu Kullanın

Sizin de şimdi anlatacağım gibi bir durum yaşadığınıza eminim:

Bir odaya giriyorsunuz ve odadaki havanın belirgin bir kokuyla dolduğunu fark ediyorsunuz. Belki de fırında pişen yemeğin içindeki bir baharatın kokusudur, diye düşünüyorsunuz. O koku sizi, şakalarına gözünüzden yaş gelene dek güldüğünüz bir çocukluk arkadaşınızla geçirdiğiniz günlere geri götürüyor. O baharatın kokusu neden o anıyı tetikliyor ki? Çünkü hatırladığınız o olay gerçekleştiğinde muhtemelen o koku havadaydı ve kokular, hatıraları beynimizin ön saflarına taşımada kesinlikle çok etkilidir. Ayrıca, biberiye kokusunun hafızayı geliştirdiği kanıtlanmıştır. Nane ve limon ise konsantrasyon artırıcı etki yapar.

Penn State College Tıp Fakültesi'nde doktora sonrası araştırmacı olarak görev yapan Jordan Gaines Lewis, "Bu durumun kaynağı muhtemelen beyin anatomisi." diyor ve bu düşüncesini şöyle açıklıyor: "Dışarıdan gelen kokular öncelikle, burnun içinde başlayan ve beynin altına doğru uzanan koku soğancığı tarafından işlenir. Koku soğancığı, duygu ve hafıza ile güçlü bir şekilde ilişkilendirilen iki beyin bölgesi olan amigdala ve hipokamp ile doğrudan bağlantılıdır. İlginçtir ki, görsel, işitsel (ses) ve dokunsal (dokunma) bilgiler bu beynin alanlarından geçmez. Koku alma duyusunun, duyguları ve anıları tetiklemede diğer tüm duyulardan çok daha başarılı olmasının nedeni bu olabilir."[6]

Bu saptamanın bizlere anlattığı gerçek, kokunun son derece önemli, ancak yeterince kullanılmayan bir hafıza aracı olduğudur. Belirli bir koku bizi çocukluğumuza geri götürebiliyorsa, hatırlama sürecimizi hızlandırmak için de farklı bir koku kullanılabiliriz demektir. Şu günlerde önemli bir sınava çalışıyorsanız, ders çalışırken bileğinize bir çeşit uçucu yağ sürün. Bunu sınava girmeden önce de tekrarlayın. Ayrıca büyük bir toplantıya hazırlanırken de aynı şeyi yaparsanız, benzer sonuçlar elde edersiniz. Ancak çevrenizdekilere rahatsızlık vermemek için o kokuyu lütfen duş yaparcasına kullanmayın. Anımsama potansiyelinizi artırmak için küçük bir dokunuş yeterlidir.

5. Alışkanlık: Zihniniz için Müziği Kullanın

İlk öğrenme deneyimlerinizdeki detayları hatırlayın. Pek çok insan gibi, siz de alfabeyi bir şarkı aracılığıyla ezberlediniz? Dahası, belki de bir tasarının Kongre'den nasıl geçeceğini Schoolhouse Rock şarkısı sayesinde öğrendiniz. Düşünün ki anne babalar bile, ortamda bir müzik varsa, yürümeye yeni başlayan çocuklarına temel kavramları öğretmek için onu kullanıyorlar. Bunun işe yarayacağını düşünüyorlar ve müzik gerçekten de işe yarıyor çünkü arkasında güçlü bilim var.

Çok sayıda araştırma; müziği, öğrenmeyle ilişkilendiriyor. Dr. E.Glenn Schellenberg tarafından ortaya atılan uyarılma ve ruh hali hipotezi, müzik ile ruh hali arasındaki bağlantıyı ve ardından ruh hali ile öğrenme arasındaki bağlantıyı tanımlayarak, müziğin bizi öğrenme yeteneğimizi geliştirebileceğimiz şartlara uyumlu hale getirebileceğini öne sürüyor.[7]

Özellikle barok müziğin bu bağlamda değerli nitelikleri var gibi görünüyor. Müzik ve öğrenme uzmanı Chris Boyd Brewer, "Müzik, büyük miktarda içerik bilgisinin işlenip öğrenilebildiği derin bir konsantrasyon ve odaklanma durumuna ulaşılması için zihinsel, fiziksel ve duygusal ritimleri dengeler." diyor ve sözlerine şöyle devam ediyor: "Bach, Handel veya Telemann tarafından bestelenen ve dakikada 50 ila 80 vuruşa sahip olan barok müzik, öğrencileri alfa beyin dalgası durumunda derin bir konsantrasyona yönlendiren bir odaklanma atmosferi yaratıyor. Bu müzik eşliğinde kelime öğrenmek, bulgular ezberlemek veya okumak oldukça etkili sonuçlar verir."[8]

Sonuçların, rap veya K-pop müzik türlerinde de aynı olacağına dair buna benzer bir kanıt yok, ancak kişinin müziğe tepkisi çok kişisel bir şey olduğundan sizin için bu tarz müziklerin de işe yaraması mümkündür. Ancak müzik yayınına ulaşım son derece kolay olduğundan, çalışma seanslarınıza arka plan olarak barok müziğinden oluşan bir çalma listesi eklemenizi tavsiye ederim. Amazon Müzik, Apple Müzik ve Spotify'da barok müzik içeren çalma listeleri var. Ayrıca daha fazlasını keşfetmek isterseniz de, bu saydıklarımın her birinin ders çalışmak için özel olarak derlenmiş klasik müzik çalma listeleri (büyük ölçüde barok müzikten oluşan) mevcut.

6. Alışkanlık: Zihninizin Tamamıyla Dinleyin

Öğrenmenizi sınırsızlaştıracaksanız, dinleme becerilerinizi eksiksiz bir verimlilikle kullandığınızdan emin olmalısınız. Dinleme ve öğrenme arasında çok güçlü bir bağ vardır ve dörtte birimizden fazlası işitsel olarak öğrenme eğilimindedir. Yani öğrenmenin birincil yolu bir şeyleri adamakıllı duymaktır.[9]

Dinlemek, öğrenme açısından çok büyük önem taşır ve uyanıkken zamanımızın büyük bir kısmını dinleyerek geçiririz. Ancak maalesef pek çoğumuz bu konuda pek de iyi değiliz. Bob Sullivan ve Hugh Thompson, The Plateau Effect (Plato Etkisi) adlı kitaplarında diyorlar ki: "Pek çok çalışma bu fenomeni inceliyor. Sıradan bir yetişkin konuştuğunun neredeyse iki katı kadar dinliyor. Bu durumda, dinlemek, iletişimlerimizin çoğunun özünü oluşturuyor olsa da, çoğu insan bunu gereği gibi yapamıyor. İşte size tipik bir örnek: Sınava giren kişilerden 10 dakikalık sözlü bir sunum boyunca oturup sunumu dinlemeleri ve sonrasında dinlediklerinin içeriğini açıklamaları istenmiş. Yetişkinlerin yarısı sunum bittikten hemen sonra bile isteneni yapamamış. Dahası aradan 48 saat geçtikten sonra dinleyicilerin yüzde 75'i sunumun konusunu bile hatırlayamamış."[10]

İyi dinleyemememizin nedenlerinden biri, dinleme egzersizini tüm zihin gücümüzü kullanarak yapma eğiliminde olmamamızdır.

Carnegie Mellon Üniversitesi ile dijital dikkat dağıtıcı unsurların doğası üzerine bir çalışma yürüten Sullivan ve Thompson diyor ki: "İnsan beyninin bilgiyi dakikada 400 kelimeye kadar sindirme kapasitesi var. Ancak New York City'den bir konuşmacı bile dakikada yaklaşık 125 kelime kullanarak konuşuyor. Bu, beyninizin dörtte üçünün, birisi sizinle konuşurken başka bir şey yapıyor olabileceği anlamına gelir."[11]

Bu sorunu hafifletmeye yardımcı olmak için zihninizin tamamıyla dinlemenize yardımcı olacak bir araç geliştirdim. Sadece "Dur-Empati Kur-Umut Et-Gözden Geçir" yöntemini hatırlayın yeter:

Durun: Birisinin konuşmasını dinlerken, büyük olasılıkla aynı ortamda olup biten başka şeyler de olacaktır. Belki ortalıkta dolaşan insanlar vardır. Yahut telefonunuz vız vız vızlayarak size bir kısa mesaj aldığınızı haber veriyordur. Belki odada müzik çalıyordur veya arka planda bir televizyon vardır. Bu arada, yapılacaklar listenizi, bir sonraki toplantınızı veya o gece akşam yemeğinde ne yiyeceğinizi düşünüyor da olabilirsiniz. Tüm bu saydıklarımı duymazdan gelmek ve karşınızdaki kişiyi her şeyinizle dinlemek için elinizden geleni yapın. Dinlemenin, bir kişinin söylediği kelimelere dikkat etmekten daha fazlasını gerektirdiğini unutmayın; ses tonu değişmeleri, vücut dili, yüz ifadeleri ve bunun gibi pek çok detay, sizin için ekstra bir kaynak oluşturarak ek bilgi sağlar. Tüm bunları ancak dinlediğiniz kişi hariç her şeyi bir kenara bırakırsanız özümseyebilirsiniz.

Empati Kurun: Kendinizi konuşmacının yerine koyduğunuz takdirde, bu dinleme deneyiminden, duygusuzca dinleyeceğiniz bir konuşmaya kıyasla, çok daha fazla şey öğrenmeniz olasıdır. Konuşmacının nereli olduğunu ya da söylediklerine hangi sebepten eklemeler yaptığını anlamaya çalışmanız, onu kendi bakış açısından inceleyerek anlamanızı sağlar.

Umut Edin: Deneyime belirli bir beklenti duygusuyla katılın. Öğrenmenin duruma bağlı olduğunu ve bu konuşmacıdan öğreneceklerinizin onlara duygu yüklediğiniz takdirde hafızanızda uzun süre kalabileceğini unutmayın. Duyacaklarınız hakkında coşkulu hissetmeniz, onları gerçek anlamda duyma potansiyelinizi büyük ölçüde artıracaktır.

Gözden Geçirin: Konuşmacı ile doğrudan iletişim kurma fırsatınız varsa, bunu mutlaka yapın. Cevap olarak açıklama gerektiren hatta belli bir noktanın tekrar anlatılmasını gerektiren sorular sorun. Not alabilecek durumdaysanız, mutlaka alın. Ve daha sonra, konuşmacının söylediklerini düşünün. Bunu kendi zihninizde kendi ifadelerinizle yorumlayın ve başka birine öğrettiğinizi hayal edin. Bunları yapmanız, duyduklarınızın zihninizdeki yerini iyice sağlamlaştıracaktır.

7. Alışkanlık: Not Almaya Dikkat Edin

Mümkün olabilecek en iyi koşullar altında çalışmanız, arzuladığınız kalıcılığı büyük ölçüde artıracaktır. Ayrıca, not alma becerinizi çalışma hazırlığı sürecinizde çalışmalarınıza uyumlu olacak şekilde geliştirmeniz son derece önemlidir.

Not almanın en büyük avantajı, saklamanız gereken bilgileri kelime dağarcığınıza ve düşünme tarzınıza göre özelleştirmesidir. İşin en güzel tarafı ise not almanın, bilgileri daha sonra kullanma olasılığınızı artıracak şekilde düzenlemenizi ve işlemenizi sağlamasıdır.

Ancak birçok kişi çok beceriksizce not alıyor. İnsanların bu aşamada en çok karşılaştıkları tuzakları size şöyle anlatayım: Not almaya o kadar çok yoğunlaşıyorlar ki bilgiyi dinlemeyi bırakıyorlar, sadece duydukları her kelimeyi yazıyorlar ve sonuç olarak bir gün sonrasında bile onlara yardımcı olamayacak notlar almış oluyorlar. Aslında farkına vardığınız takdirde tüm bu tuzaklardan kaçınmanız hiç de zor değildir. Bu yüzden haydi şimdi sizinle not alma becerinizi geliştirmek üzere bir plan yapalım.

Öncelikle, bu notları almanızın amacını anladığınızdan emin olmalısınız. Örneğin, dönemin ortasında gördüğünüz bir derste aldığınız notların amacı, büyük final öncesi son tekrar dersinde aldığınız notlarınkinden çok farklı olabilir. Benzer şekilde, ekibinizle birlikte yaptığınız haftalık bir toplantıda aldığınız notlarla başarmaya çalıştığınız şey, büyük bir müşteri sunumuna giderken hafta boyunca aldığınız notlardan büyük olasılıkla farklı olacaktır.

Not almadaki niyetinizi netleştirerek, sizinle ilgili olan bilgilerle sizi alakadar etmeyen bilgileri ayırt edebilirsiniz. Benim bir yazar arkadaşım var. Yaptığı her röportajın suretini kendisi çıkarıyor. Oysa bu işi bir transkripsiyon servisine yaptırsa zaman kaybetmemesi açısından çok daha verimli olurdu. Sebebini sorunca, suret çıkarma işini kendi kendine yaparken röportajın yalnızca kullanabileceğini bildiği kısımlarını yazıya döktüğünü, dolayısıyla bu alıntıların yazdığı kitapla alakalı olmayan diğer tüm konuşmalar arasında kaybolma olasılığını ortadan kaldırdığını söylüyor. Yani kitabın sureti olarak hazırladığı dosya şey neredeyse saf içerikten ibaret oluyor. Aynı şekilde, siz de bir amacınız varken not alırsanız, aldığınız her notun bir önemi olacaktır.

Hedeflerinizi netleştirdikten sonra, not alma konusuna aktif bir şekilde yaklaşın. Tam olarak ihtiyacınız olanı alma niyetiyle dinleyin ve notlarınızı daha sonra hatırlamanıza fayda sağlayacak şekilde yazın. Kısaltmalar ve kısa yollar kullanacaksanız, size tanıdık gelenleri kullanmaya gayret edin. İstediğiniz son şey, sonrasında kendinizi notlarınızdan bir şey anlayamaz halde bulmanızdır.

Aynı derecede önemli olan başka bir konu da, mümkün olan her yerde kendi sözcüklerinizi kullandığınızdan emin olmanızdır. Daha önce de belirttiğim gibi, etkili not almanın temel tuzaklarından biri her şeyi kaydetmeye çalışma eğilimidir. Bunun iki bariz dezavantajı vardır. Birincisi, çoğu insanın, konuştuğu hızda yazabilmesinin imkânsız olmasıdır. Ortalamalara bakacak olursak, insanlar, elle yazıda bir dakikada anca 10 ila 12 kelime kaydedebilir. Oysa ortalama bir konuşmacı dakikada yaklaşık 100 kelimeyle konuşur. Notlarınızı laptopınızla alıyor olsanız bile (ki bunu tavsiye etmiyorum ve bu konu hakkında az sonra daha fazla açıklama yapacağım), konuşmacının söylediklerinin anca yarısını anlayabilirsiniz.

Ancak bunun daha da esaslı bir dezavantajı var: Birinin söylediği şeyleri kelimesi kelimesine kopyalıyorsanız, muhtemelen hiçbirini zihninize işlemiyorsunuzdur. Bu, öğrenmenin en önemli anında, beyninizin çoğunu dikte etme görevi için kullandığınız anlamına gelir.

Notlarınızda kendi sözcüklerinizi kullandığınızda, bilgiyi işlemeye başlarsınız ve bu, öğrenmeyi büyük ölçüde etkinleştirir.

Ayrıca özellikle yazma konusuna geldiğimizde, notlarınızı elle yazmanızı tavsiye ediyorum. Notlarınızı kaydetmek için tablet bilgisayar kullanıyor olsanız bile, yazarken mutlaka elektronik kalem kullanın. Bu arada, el yazınızı ileri tarihteki bir organizasyonda kullanmanız için metne dönüştürebilen hazır programlar da var. Ancak en önemlisi, elle yazmak, materyali hemen o anda işlemeye başlamanızı gerektirir ve bunun öğrenme açısından daha etkili olduğu kanıtlanmıştır.

Pam A. Mueller ve Daniel M. Oppenheimer, bu konuyla ilgili yaptıkları çalışmada, "Mevcut araştırmalar, dizüstü bilgisayarların yalnızca not almak için kullanılsalar bile, kullanımları daha sığ bir zihinsel sürece sebep olduğundan öğrenmeye zarar verebileceğini gösteriyor." diyor ve şöyle devam ediyor: "Dizüstü bilgisayarlarda not alan öğrencilerin kavramsal sorularda, uzun süre el yazısıyla not alan öğrencilere göre çok daha kötü performans gösterdiğini gördük. Daha fazla not almanın yararlı olabileceğini, ancak dizüstü bilgisayarlarda not alanların, bilgileri zihinlerine işlemek ve kendi sözcükleriyle yeniden ifade etmek yerine dersleri kelimesi kelimesine yazıya dönüştürme eğiliminin öğrenme açısından zararlı olduğunu öne sürüyoruz."[12]

En önemlisi, gerçekten dinlediğinizden emin olmalısınız. Orada sekreter olarak bulunmuyorsunuz; daha sonra kullanmak üzere bilgi alan biri olarak oradasınız. Bu nedenle, başkalarının söylediği şeyleri gerçekten duymanız çok önemli. Lütfen özellikle vurgulanan şeyleri not alın. Konuşmacının özellikle üzerinde durduğu şeyleri anladığınızdan emin olun ve fırsat bulursanız ona mutlaka sorular sorun. Bu söylediklerimi yapmanız, ancak iletilmekte olan bilgilere, en az o bilgileri not alırkenki kadar dikkat sarf ederseniz mümkün olabilir.

Not alırken "yakala ve oluştur" adını verdiğim bir yöntemi kullanmanızı tavsiye ederim. Kâğıdın sol tarafını dinlerken yakaladığınız bilgileri not alacaksınız; sağ tarafına ise zihninizde yorumlayıp kendi ifadelerinizle oluşturduklarınızın notlarını düşeceksiniz. Yani oraya dinlerken kulağınızda kalanların sizde bıraktığı izlenimleri yazacaksınız. Peki, bunu nasıl kullanabilirim? Bunu neden kullanmalıyım ve bunu ne zaman kullanacağım?

Not alma işleminiz bittikten sonra notlarınızı hemen gözden geçirmelisiniz. Aldığınız notlara günlerce el sürmemenizdense bu şekilde hemen ilgilenmeniz onları zihninizde çok daha etkili bir şekilde korumanıza yardımcı olacaktır. Bu sayede ek bir avantaj olarak, notlarınızı onları harıl harıl kaleme alırken kaçırmış olabileceğiniz herhangi bir şeyle tamamlayabilirsiniz, çünkü bilgiler zihninizde hâlâ taze olacaktır.

NOT ALMAYI GELİŞTİRMEK ÜZERE BİR İPUCU

Not alırken her zaman en iyi sonucu aldığınızdan emin olmak istiyorsanız, anımsatıcı bir ipucu olarak, Düşün-Belirle-Önceliklendir sıralamasını unutmayın:

Düşün: Not almaya başlamadan önce, hafızanızda o derse dair en çok neyi saklamak istediğinizi düşünün. Bu, sizin için çok değerli olan bilgileri hedefinizle daha az alakalı olan bilgilerden ayrıştırmanıza yardımcı olacaktır.

Belirle: Size sunulan bilgileri dikkatlice dinleyin ve hedefinize yönelik olarak en önemli olanları belirleyin. Her şeyi yazmaya çalışmanın bilgiyi o anda zihninize işlemenizi imkânsız hale getireceğini ve muhtemelen çalışmanızı zorlaştıracağını unutmayın. En çok ihtiyacınız olanı belirleyin ve onu yazın.

Önceliklendir: Sunum bittikten sonra aldığınız notları gözden geçirirken, sizin için en değerli olan bilgileri önceliklendirin. Bunu, öncelikli bilgileri daha net hale getirmek için gerektiği kadar ek notlar ekleyerek veya önemli noktaları vurgulamak üzere bir taslak oluşturarak yapabilirsiniz.

DEVAM ETMEDEN ÖNCE

Kendinizi sınırsızlaştırmanızın "yaşam boyu öğrenci" olmanız anlamına geldiğini kabul ediyorsanız, bundan böyle çalışmalarınıza nasıl devam edeceğiniz hayati derecede önem taşır. Şimdi, bir sonraki bölüme geçmeden önce birkaç şey deneyelim:

• Aktif çağrışım döngüsü yöntemini bir kez daha deneyin. Kendinize daha önce hiç aşina olmadığınız bir materyal bulun, inceleyin ve onu gözünüzün önünden kaldırdıktan sonra hemen ona dair ne kadar şey hatırladığınızı değerlendirin.

• Size uygun bir müzik çalma listesi bulun. Onlardan çok var. Doğru müzik muhtemelen bilgiyi özümseme yeteneğinizi artıracaktır, bu nedenle özellikle hoşunuza giden bir müzik listesi bulmak için biraz zaman ayırın. Belki bu kitabın geri kalanını okurken, onun arka planda çalmasını bile istersiniz.

• Yeni öğrendiğiniz not alma tekniklerini deneyin. Belki bu bölümü tekrar gözden geçirip bununla ilgili notlar alabilirsiniz. Veya bir TED konuşmasını izleyin ve o konuşmadan notlar alın. Bu deneyimi iyice geliştirmek için bu bölümde öğrendiğiniz becerileri kullanın.

"Hepimiz gerçekte
yapabileceğimiz şeyleri
yapıyor olsaydık, kendimizi
kelimenin tam anlamıyla
hayrete düşürürdük."

THOMAS EDISON

HAFIZA

Hemen şu anda hafızamı geliştirmek için neler yapabilirim?
Çok büyük miktarda bilgiyi hafızamda nasıl saklayabilirim?
Hafızamda sakladığım bu bilgilere nasıl kolayca erişebilirim?

Birkaç yıl önce, sabah erkenden kalkıp herkesten önce ofisimize gittim. Telefon çalmaya başlayınca ahizeyi kaldırdım ve hemen o anda telefonun diğer tarafında bir kadının şarkı söylüyormuşçasına coşkulu gelen sesini duydum.

"Sizi seviyorum, sizi seviyorum, sizi çok seviyorum!"

İnanın bana, genel olarak telefonu açtığımda duyduğum türden bir şey değildi bu.

"Pardon!" dedim. "Kiminle görüşüyorum?"

"Ben Anne. Kursunuza katılmıştım." dedi ve hemen sonra haberi verdi: "Buldum onu!"

Tamam, onu hatırlamıştım. "Neyi buldun?" dedim.

"Neler oluyor bilmiyorum ama öğrettiğiniz alıştırmaları tek tek yaparken bazı şeyler hatırlamaya başladım. O stratejiyi kullanmadığım zamanlarda bile isimleri ve konuşmaları hatırlıyorum artık."

Sorumun cevabını hâlâ alamamıştım ama hikâyesini istediği şekilde anlatmasına izin vermem gerektiğini hissettim. Sonraki birkaç dakika içinde, birkaç yıl önce kendisine büyükannesi tarafından bir aile yadigârı verilmiş olduğunu öğrendim. Bu, nesilden nesile aktarılan bir kolyeydi ve büyükannesi kendi kızını ve Anne'in üç ablasını atlayarak kolyeyi ona miras bırakmıştı. Anne bu hediye kendisine verildiği için büyük onur duymuş ve onu dikkatle koruyacağına dair yemin etmişti. Yalnız tek bir sorun vardı: Kolyeyi emniyetli bir şekilde saklama konusunda o kadar endişelenmişti ki sonunda onu hiç hatırlayamayacağı bir yere saklamıştı. Kolyenin nerede olduğunu hatırlamadığını fark edince aramaya başlamış ama bir türlü sonuç alamamıştı. Bu durum Anne'de, ailesinin verdiği tepkilerle de birleşince muazzam düzeyde endişeye ve olağanüstü derecede bir suçluluk duygusuna yol açmıştı.

Aradan üç yıl geçtikten sonra, yadigârı sonsuza dek kaybettiği ya da birinin onu çalmış olduğu sonucuna varmıştı. Sonra, bu telefon görüşmesini yaptığımız sabah, saat 2'de derin bir uykudan uyanmış, iki kat merdiven inip bodrum katına koşmuş ve kalorifer kazanının arkasına geçerek kolyeyi, oradaki küçük yarıktan çıkarmıştı. Sonuç olarak olağanüstü şekilde rahatlamış hissediyordu.

"Bu harika bir hikâye, tebrikler!" dedim. "Yine de bu nasıl oldu, merak ediyorum. Size yanlış yerleştirilmiş öğeleri nasıl bulacağınızı öğretmedim. Derslerimizde ele aldığımız şeylerden biri değildi bu."

"Evet, ama çok daha değerli bir şey yaptınız. Tam olarak ne olduğunu bilmiyorum ama son birkaç haftadır her türlü şeyi hatırlıyorum. Sadece yeni olanları değil, yıllardır düşünmediğim şeyleri de. Beynimi bana geri verdiğin için çok teşekkür ederim, Jim!" dedi Anne.

Anne'nin büyük bir heyecanla anlattığı şey, uzun süredir insanlarla paylaştığım bir şeydi. Evet, beyniniz bir organdır ama bir kas gibi davranıyor. En önemlisi, "kullan yoksa kaybedersin" mantığıyla çalışan bir donanım olması açısından kasa benziyor. Beynimiz ancak, onu formda tutmaya yönelik çaba gösterdiğimizde formda kalır. Bizim yerimize düşünmesi için teknolojiye aşırı derecede bağımlı olarak veya kendimizi yeni şeyler öğrenmeye zorlamayarak ya da tembelliğimiz yüzünden beynimizi formda tutmayı başaramazsak, iyice güçsüzleşir.

Şöyle düşünün: Kolunuzu altı ay askıda tutarsanız, daha güçlü bir kola sahip olmayı bekleyemezsiniz. Açıkçası, kolunuz askıdan çıktıktan sonra, muhtemelen çok az işleve sahip olacaktır. Beyniniz için de durum aynıdır. Onu egzersiz yaparak düzenli olarak çalıştırmazsanız, ona en çok ihtiyaç duyduğunuz anda en iyi durumunda olmayabilir. Ancak beyninizi en iyi performans seviyesinde tutmak için çaba sarf ederseniz, tıpkı Anne örneğinde olduğu gibi, onun da her daim sizin için süper kahraman düzeyinde işler yapmaya hazır olacağını keşfedeceksiniz.

Motivasyon - Dikkat - Yöntem Üçlüsüne Daima Güvenebilirsiniz

Hafıza, muhtemelen öğrenme sürecinin en önemli parçasıdır. Hatırlayamazsanız, hiçbir şey öğrenemezsiniz. Bilgi, hafıza olmadan var olamaz. Peki, neden çoğu insanın hafıza becerisi ideal seviyenin altında? Sanırım bu, ezberlemenin öğretiliş şeklinden kaynaklanıyor, yani yineleme öğreniminden. Bugün hâlâ çoğu okul, öğrencilere ezberlemeyi bir gerçeği veya bir alıntıyı geçici olarak hafızalarına alıncaya kadar tekrarlama şeklinde öğretiyor. Ancak insanlar, artık ihtiyaç duymadıkları anda bu bilgileri unutma eğilimindedir ve bu tür bir bellek, ezberlenen malzemeye nadiren hâkim olabilir.

Hafızanız aynı zamanda en önemli varlıklarınızdan biridir. Sizi hayatınızın her alanında destekler. Düşünün bir kere! Hafızanızı kullanmadan ne yapabilirdiniz ki? Hafızanız olmasaydı, en hafif tabirle, hayatınız son derece zorlu olurdu. Her gün bildiğiniz her şeyi unutmuş halde uyandığınızı hayal edin. Yataktan kalkmayı, giyinmeyi, diş fırçalamayı, kahvaltı yapmayı hatta araba kullanmayı kendi kendinize tekrar öğretmeniz gerekirdi ve bu süreç bayağı külfetli olurdu. Neyse ki, muhteşem bir bellekle doğdunuz. Benim sadece size onu nasıl kullanacağınızı göstermem gerekiyor.

Jim Kwik

> **KWIK BAŞLANGIÇ ÖDEVİ**
> Şu anki hafızanızı nasıl buluyorsunuz? Onu hangi yönlerden iyileştirmek istersiniz? Daha detaylı bilgi edinmek için www.LimitlessBook.com/resources adresindeki bellek değerlendirmemize katılın.

Beyninizi ileri derecede geliştirme niyetindeyseniz, hafızanızın sınırlarını kaldırmak isteyeceğiniz kesindir, çünkü hafıza çoğu beyin fonksiyonunun son derece esaslı bir parçasıdır. Durum bu olduğundan, size çok önemli bir gerçeğin ışığında güvence vermek isterim: İyi anı, kötü anı diye bir şey yoktur; sadece eğitimli bir hafıza veya eğitimsiz bir hafıza vardır. İnsanların adlarını hatırlamakta, notlarınız olmadan sunum yapmakta hatta sabah arabanızın anahtarlarını bulmakta dahi güçlük çekiyorsanız, bunun nedeninin bunları yapmaya muktedir olmayışınız olması çok düşük ihtimaldir. Asıl sebep, henüz bunun için eğitim almamış olmanızdır.

Joshua Foer, hafızanın eğitilebileceğinin kati bir kanıtıdır. Joshua, 2005 yılında zihinsel sporcuların az bilinen dünyası hakkında yazma görevini üstlenmiş bir gazeteciydi. Seçkin ezberleme yarışmalarında gördüklerinden büyülenerek, katılımcılar hakkında daha fazla şey keşfetmek istedi. Şaşkınlıkla, röportaj yaptığı hemen hemen her katılımcının, ezberleme ilkelerini öğrenip uygulamaya geçmeden önce kendilerini zayıf veya ortalama hafızaya sahip bireyler olarak tanımlamış olduğunu öğrendi. Oysa artık ezberleme yarışmalarının en üst seviyelerinde yarışıyorlardı.

Böylece Foer hafızanın sınırsız olduğunu ve tıpkı atletik beceriler gibi onun da eğitime tabi olduğunu anladı ve öğrendiklerini uygulamaya başladı. Bir yıl sonra tekrar ABD Hafıza Şampiyonası'na gitti ama bu sefer orada yarışmacı olarak bulunuyordu. Etkinlik günü, yarışmalar arasındaki molalardan birinde birlikte öğle yemeği yedik ve çoğu zaman deha gibi görünen bir şeyin aslında öğrenilebilen bir şey olduğunu kabul ederek bu durum karşısındaki hayranlıklarımızı ifade ettik. O günün ilerleyen saatlerinde Foer bir numaraya yerleşti ve kupayı evine götürdü. Sonrasında çığır açan kitabı *Moonwalking with Einstein: The Art and Science of Remembering Everything*'i (Einstein'la Ay Yürüyüşü: Her şeyi Hatırlama Sanatı ve Bilimi) yazmaya devam etti.

Kendinizi sınırsızlaştırmanız noktasında hafıza neden bu kadar büyük önem taşıyor? Çünkü hafızanız, bugün yapmakta olduğunuz ve gelecekte yapacağınız her eylemin temelini oluşturuyor. Bilgisayarınızda çok az depolama alanı olsaydı veya depoladıklarına da doğru düzgün bir erişiminiz olmasaydı nasıl olurdu düşünün bir kere. Çoğu işlevi gerçekleştirmeniz neredeyse imkânsız olurdu. Örneğin birine mail atmaya kalktığınızda, bilgisayarınızdaki bağlantılarınız arasında göndereceğiniz kişinin mail adresi olmayabilirdi. Siz maili yazdıktan sonra bilgisayarınız onu nasıl göndereceğini hatırlamayabilirdi. Ayrıca bilgisayarınız bütün bunları nasıl yapacağını anlamaya çalışırken, nihayet başarabildiği işler dahi dayanılmaz derecede uzun sürerdi.

Beyinlerimizi süper bilgisayarlara benzetmiş olsam da, hepimiz onların bundan çok daha fazlası olduğunu biliyoruz. Belki de ikisi arasındaki en önemli fark, bizim akıl yürütme, önümüzdeki gerçekleri veya durumu değerlendirme ve bu gerçeklere ve durumlara dayalı koşullara yönelik olarak hareket etme, yenilik yapma veya gidişat belirleme becerimizdir. Akıl yürütme süreci, geçmişte bilgi destekli ve üretken kararlar almak üzere yararlı olduğu kanıtlanmış araçları kullanarak zengin anı depomuzda gezinmemizi gerektirir.

Brandeis Üniversitesi'nde nörobilim profesörü olan Dr. Eve Marder, "Bilinenlere dair bir algı olmaksızın geleceğe yönelik yaratıcı düşünmek imkânsızdır." diyor ve sözlerine şöyle devam ediyor: "Genellikle farklı alanlar arasında bağlantılar kurabilen ve yeni keşif yolları görebilen disiplinler arası yapay düşünürler aradığımızı söylüyoruz. Geleceğe ait bu yaratıcı liderleri, öğrendiği her şeyi unutan öğrenci yığınları arasında bulmayı hayal bile edemiyorum çünkü onlar bilgiye hiç efor sarf etmeden ulaşıyor, sadece bakıp söylüyor ama gerçek anlamda öğrenmiyorlar. İnsan bu kadar çok şeyi unuturken neyi arayıp bulacağını nasıl bilsin?"[1]

Size 12. bölümde tanıştırdığım Dr. William R. Klemm, bize hafızayı geliştirmenin gerekliliğine dair beş sebep sunuyor:

1. Ezberleme zihin için disiplin demektir. Bu kadar çok sayıda zihnin tembelleştiği, dikkatlerin dağıldığı, düşünecek çok az şeyin olduğu ya da dikkatsizce düşünüldüğü bir çağda bu disipline çok fazla ihtiyaç duyulmaktadır çünkü ezberleme, zihnin odaklanmasına ve işler halde olmasına yardımcı olur.

2. Hayır, her zaman her şeyi Google'da bulamazsınız. Bazen internet erişiminiz olmaz. Zaten önemli olan her şey de illa web'de olacak diye bir şey yoktur. (Ve herhangi bir arama yaptığınızda ekranınıza büyük miktarda konuyla alakası olmayan çöp bilgi de gelecektir.) Yabancı dil kullanmayı öğrenirken, hazırlıksız yazmanız veya konuşmanız gerektiğinde ya da bir konuda uzman olmak istediğinizde google'da materyal aramanız da hiç yararlı olmaz.

3. Ezberleme, düşündüğümüz şeyin repertuarını oluşturur. Herhangi bir alanda uzman olmak, hâlihazırda sahip olduğunuz bilgileri gerektirir.

4. Sadece aktif haldeki belleğimizin içinde tuttuğumuz fikirlerle düşünürüz. Bunlar beynin depolanmış belleğinden yüksek hızla ulaşabildiğimiz fikirlerdir. Anlama eylemi, düşündüğünüz gibi işler haldeki belleğinizde tuttuğunuz bilgilerle beslenir ve bu bilgilerin yokluğunda, zihniniz lapadan farksız olur.

5. Hafıza egzersizi, öğrenme yeteneğinin gelişimini destekleyen öğrenme ve hafıza şemasını geliştirir. Ne kadar çok hatırlarsanız, o kadar çok öğrenebilirsiniz.[2]

Bu son noktayı özellikle vurgulamak istiyorum. Belleğinizin bir kap, bardak veya sabit disk gibi çalıştığı doğru değildir, çünkü bu saydıklarım yeterince veriyle doldukları anda daha fazlasını alamazlar. Bellek daha ziyade kasa benzer. Onu ne kadar çalıştırırsanız o kadar güçlenir ve siz de onu o kadar doldurabilirsiniz.

Bu bölümde, hafızayı eğitmek için tasarlanmış bazı araç ve tekniklerden bahsedeceğiz. Zihnin temel ilkelerini uygulayacak ve hafızanızı, öğrenmenizi (hatırlamayı) daha doğal, daha kolay ve daha eğlenceli hale getirmesi için geliştireceksiniz. Bunların en temel olanı şudur: Hafızanızı anında canlandırmak için tasarladığım anımsatıcı bir araç olan Moivasyon-Dikkat-Yöntem üçülüsünü aklınızın bir köşesine yazın:

Motivasyon: Yalın gerçek şudur ki, hatırlamaya motive olduğumuz şeyleri hatırlama olasılığımız çok daha yüksektir. Biri size "Hey, yarın telefonda görüşeceğiz, unutma!" derse, o kişiyle bir görüşme ayarladığınızı hatırlayabilir veya unutabilirsiniz. Bunun yerine, "Bana bak, yarınki telefon görüşmemizi unutmazsan, sana 5.000 $ vereceğim." derse, arama planınızı kesinlikle hatırlarsınız. Güçlü bir motivasyona sahip olduğunuzda bir şeyi hatırlama olasılığınız çok daha yüksektir. Öyleyse, kendinizi daha güçlü bir hafızaya sahip olmak üzere eğitmek istiyorsanız, kendinize bunun için son derece güçlü bir motivasyon vermelisiniz. Sebepler sonuç verir, bu yüzden hatırlama eylemini kişiselleştirin. Kendinizi herhangi bir anıyı hafızanızda tutmanızın değerli ve önemli olduğuna ikna edebilirseniz, bu dediğimi başarma şansınız yükselir.

Dikkat: Birinin adını öğrenir öğrenmez unuttuğunuz oldu mu hiç? Bunun nedeni, o kişinin adını duyduğunuz sırada dikkatinizi tamamen duyduğunuz şeye vermemiş olmanızdır. Belki o sırada salonda daha başka tanıdık var mı diye odanın etrafına bakınıyordunuz. Belki de aklınız hala biraz önce başka biriyle ettiğiniz bir sohbetteydi. Sebep ne idiyse, sonuç olarak tüm varlığınızla orada değildiniz. Bir şeyi hatırlamakta başarısız olduğumuz noktada, mesele çoğu zaman o öğeyi hafızamızda tutamıyor oluşumuzda değil, dikkatimizi vermiyor oluşumuzdadır. Hafızanızı güçlendirme konusunda ciddiyseniz, bir şeyi hatırlamak istediğiniz her durumda kendinizi gerçekten buna hazır olmaya koşullandırın.

Yöntem: Bu bölümde ayrıca size, bir şeyi hatırlamak istediğinizde kullanabileceğiniz bir dizi araç önereceğim. Bunları her daim zihinsel alet çantanızda bulundurun ve alışkanlık haline geldiklerine emin olana kadar da kullanmaya devam edin.

HAFIZADA YER EDEN FIRINCI

İnsanlar hatırlamaya çalıştıkları şeye bir referans noktası ekleyebilirlerse, onu hatırlama şansları çarpıcı bir biçimde artar.

Birkaç yıl önce, insanların yüzlerine isim koyma becerilerini test eden bir çalışmanın ardından araştırmacı Gillian Cohen, Fırıncı ya da Fırıncı Paradoksu olarak bilinen bir yöntem icat etti. Çalışmadaki katılımcılara çok sayıda yüz fotoğrafı gösterilmiş, fotoğraflardaki kişilerin isimleri ve onlara ait çeşitli detaylar verilmiş ve daha sonra o isimleri hatırlamaları istenmiş. Çalışmanın sonucunda, soyadları mesleklerle aynı kelimelerden oluşsa bile, insanların soyadlarını hatırlamakta mesleklerden çok daha fazla sorun yaşadıkları ortaya çıkmış. Örneğin, bir katılımcının fotoğraftakilerden birisinin fırıncı olduğunu hatırlamasının, o kişinin soyadının Fırıncı olduğunu hatırlamasından çok daha kolay olduğu anlaşılmış.

Şimdi bu durumu açıklamak üzere bir süreliğine Joshua Foer'in görüşlerine geri dönelim:

Fotoğraftaki adamın fırıncı olduğunu duyduğunuz anda, bu gerçek zihninizde fırıncı olmanın ne anlama geldiğine dair önceden oluşmuş büyük bir fikir ağına bağlanır: Fırıncı ekmek pişirir, büyük beyaz bir şapka takar, işten eve geldiğinde güzel kokar vs. Fırıncı soyadı ise sadece kişinin yüzüne ait, anlık bir anıya bağlıdır. Bu bağlantı zayıftır ve çözüldüğü anda, isim geri dönüşü olmayan bir şekilde kayıp anılar cehennemini boylar. Ancak iş adamın mesleğine gelince, anıyı geri getirmek üzere bağlanmış birden fazla ip vardır.

Adamın fırıncı olduğunu ilk başta hatırlamasanız bile, belki onun hakkında belli belirsiz bir şekilde ekmeği çağrıştıran bir şey düşünürsünüz veya yüzü ile büyük beyaz bir şapka arasında bir bağlantı kurarsınız ya da belki kendi mahallenizin fırıncısına dair bir anınız aklınıza gelir. Velhasıl bu çağrışım karmaşasında, mesleğinin ne olduğunu hatırlayana kadar izlenebileceğiniz çok sayıda düğüm noktası vardır.[3]

Fırıncı ya da Fırıncı Paradoksu'nun bize gösterdiği şey, kendimiz için çağrışım noktaları yaratabilirsek, anılarımızın dramatik bir şekilde canlanacağıdır. İleriki sayfalarda yer alan alıştırmalar, bu konuda özellikle etkili olduğunu düşündüğüm araçlardır.

BÜYÜK MİKTARDA BİLGİYİ HATIRLAYABİLMEK

Büyük katılımcı gruplarıyla konuşurken düzenli olarak yaptığım şeylerden biri, sonrasında onları baştan sona ve sondan başa sayacağımı söyleyerek, dinleyicilerden çok sayıda (30 ila 100) kelimeyi rastgele kafadan atmalarını istemektir. Bu dediğimi yaptığımda kalabalık daima çok etkilendiğini ve beğendiğini anlatan tepkiler verir fakat benim asıl istediğim bu tepkiyi almak değildir. Ben bu gösteriyi, asıl kilit noktayı gündeme getirmek için yapıyorum. Yani herkesin benim yaptığım şeyi yapabilme kapasitesine sahip olduğunu anlatmak için.

Belleğin, neredeyse tüm beyin işlevlerini yerine getirmedeki önemi hakkında daha önce konuşmuştuk. Beyninizin sınırlarını kaldıracak ve bu yüzden kendinizi sınırsızlaştıracaksanız, hafızanızın sınırlarını da kaldırmanız gerekir. Bu, hafızanızı büyük miktarda bilgiyi koruyabileceği ve bu bilgilere kolay erişim sağlayabileceği noktaya kadar eğitmek anlamına gelir. Sahnede yüz kelimelik bir liste ile yaptığım şey, bir sihirbaz hilesi gibi anlık bir etki yaratabilir ancak kendimi bunu yapabilmek üzere eğitmem herkesin aklında tutabileceği ve bir sürü bilgiye ulaşmak için kullanabileceği bir teknik sayesinde mümkün olmuştur. Belki sizin durumunuzda harfiyen aklınızda tutmanız gereken şey, tüm ürün serinizin spesifikasyonlarıdır. Belki uzunca bir matematiksel formüller dizinidir. Ya da belki yüzme antrenmanına gitmek için bindiğiniz toplu taşıma aracında, bütün durakları gösteren yol haritasıdır. Ezberlemeniz gereken her ne ise, bu yöntem yardımcı olabilir

Bu yöntemi bir alıştırmayla ele almak üzere, herhangi bir kelime listesinin nasıl ezberleneceğinden bahsedelim. Teknik, ezberleyeceğiniz şey ne olursa olsun değişmez ancak ezberlemek üzere belirli bir şeye odaklanırsak bunu size açıklamak daha kolay olacaktır.

Aşağıda sizin için basit kelimelerden oluşan bir liste sunuyorum. Göreviniz, onları verildikleri sıraya göre ezberlemektir. Listeyi incelemek için 30 saniyeden fazla zaman harcamayın ve hemen ardından sayfayı çevirin. İyi şanslar!

Yangın musluğu	Elmas
Balon	Şövalye
Pil	Öküz
Kovan	Diş macunu
Tahta	Tabela

Bu listeyi ezberlemek için hangi yöntemi kullandınız? Kelimeleri zihninizde defalarca tekrarladınız mı? Örneğin, kendi kendinize "yangın musluğu, balon, pil, yangın musluğu, balon, pil, yangın musluğu, balon, pil, kovan vs." falan dediniz mi? Kelimeleri aklınızda kalana kadar defalarca tekrar ederek söylemeniz gerektiğinin farkına vardınız mı? Kelimeleri zihninizde birer resim olarak görmeye çalıştınız mı? Çoğu insan sözünü ettiğim ilk iki yöntemden birini veya birkaçını kullanır. Herhangi bir bilgiyi ezberlemek üzere tekrar tekrar söyleme veya yazma sürecine tekrar ederek öğrenme denir. Ayrıca ezberci öğrenme olarak da bilinir.

İlkokul ikinci sınıftayken çarpım tablosunu ezberlemek için ezberci öğrenme yöntemini kullanmış olabilirsiniz. Kendi kendinize "yedi kere yedi kırk dokuz, yedi kere yedi kırk dokuz, yedi kere yedi..." diye tekrarlayıp durmuş ya da bir kâğıdı baştan sona, "7 × 7 = 49, 7 × 7 = 49, 7 × 7 = 49" yazarak doldurmuş olabilirsiniz. Bu yöntemi muhtemelen ilkokulda hecelemeyi öğrenirken de kullanmışsınızdır. Öğretmeniniz sizden sandalye benzeri bir kelimeyi 50 defa hecelerine ayırarak yazmanızı istemiş olabilir.

Maalesef gerçekte olan şey, doğal öğrenme yeteneğinizin bastırılıyor olmasıydı. Sonunda pes edip *"Tamam. Sen kazandın. Colombus 1492'de karaya ayak bastı. Ezberledim ben bunu. Yeter ki daha fazla tekrarlayıp durma!"* diyene kadar bu yöntemi kullanarak zihninizi bunaltıp durdunuz.

Çoğu insan ezberci öğrenmeyi çok zahmetli ve sıkıcı bir süreç olarak görür. Zihninizi zorlar ve bu yöntemle çoğu şeyi ezberlemeniz pek mümkün olmaz. Öyle ki bu şekilde ezberlemek için zaman ayırdığınız bilgilerin yüzde 85'inin sadece 48 saat içinde kaybolduğunu biliyoruz. Bu yüzden bazı öğrenciler, materyalin belleklerinde çok kısa bir süre içinde kaybolacağını bildiklerinden, bütün gece ders çalışarak sabahlamaya ihtiyaç duyarlar.

İLK ÖĞRENİM

Ezberci öğrenmenin verimsiz olmasının nedenlerinden biri beyninizin yalnızca küçük bir bölümünü çalıştırıyor olmasıdır. Bilgileri işlemek ve öğrenmeniz gerekenleri depolamak için beyninizin daha analitik olan bir bölümünü kullanırsınız. Oysa ezberci öğrenme uygulamasında, zihninizin yalnızca bir bölümünü, potansiyelinizin ise daha da küçük bir bölümünü sürece dâhil edersiniz.

Geleneksel eğitim sisteminde, muhtemelen aşağıdaki gibi konularda muhtemelen şu şekilde ezber yapmışsınızdır:

Tarih: "Calvin Coolidge ABD'nin 30. Başkanıydı. Coolidge 30, 30 Coolidge..."

Kimya: "Glukoz $C_6H_{12}O_6$, Glukoz $C_6H_{12}O_6$, Glukoz $C_6H_{12}O_6$ ..."

Fransızca: *"Comment allez-vous*, 'Nasılsınız?' demek, *Comment allez-vous* 'Nasılsınız?' demek, *Comment allez-vous* 'Nasılsınız?'..."

Ve liste bu şekilde uzayıp gider. Şimdi kendinize sormanız gereken soru şu: "İlkokuldaki öğrenme yöntemim bugünkü öğrenme sürecim için de en iyi yöntem midir?" Cevabınız büyük olasılıkla "Hayır" olacaktır. Okulda, size öğrenmenize ilişkin üç esas öne sürdüler: Okuma, yazma ve aritmetik. Ben her zaman bir de dördüncü olarak, "Hatırlama" olması gerekir diye düşünmüşümdür. Yıllar içinde öğrenme gereksinimlerimiz çok değişti. Tekrarlayarak öğrenmenin, siz küçükken bazı iyi sonuçları olmuştur, ancak günümüz dünyasında bu yöntem, sizin bilgi ve zihinsel yorgunluk içinde boğulmanıza sebep olacaktır. (Not: Ezber kelimesi, kelimenin tam anlamıyla "düşünmeden yapılan tekrar veya mekanik materyal kaydı" anlamına gelir.)

Bu bölümde size, tahmininizden de etkili olan bazı hatırlama becerilerini göstereceğim. Bu beceriler, sahip olduğunuz bilgiyi ihtiyaç duyduğunuz her an kullanabileceğinizin bilincinde olmanızı sağlayarak, daima anımsayacağınız umut duygusunu, özgüven duygusuyla değiştirmenize yardımcı olacaktır.

Şimdi, bir dakikanızı ayırın ve bir kez daha bakmadan listeyi verildiği sırayla hatırlamaya çalışın. Hatırlayabildiğiniz kadarını yazın. Lütfen bir dakikanızı ayırın ve bunu şimdi yapın.

....
....
....
....

Nasıl geçti? Çoğu insan gibiyseniz, muhtemelen listedeki birkaç kelimeyi hatırlayabilmişsinizdir.

> **KWIK BAŞLANGIÇ ÖDEVİ**
> Şimdi başka bir şey deneyelim. Bir dakika kadar gerinin. Birkaç derin nefes alın. Geri verdiğiniz her nefeste zihninizi temizleyin ve daha fazla gevşeyin. Sadece rahatlamak üzere bir dakika daha ayırın. Bu süreç bitince, öğrenme egzersizlerinize devam edin.

Şimdi, iyice rahatlayın ve şimdiye kadar gördüğünüz en büyük yangın musluğunun yanında durduğunuzu hayal edin. Sonra, yangın musluğunun üzerine bir düzine balon takın. O kadar çok balon takmışsınız ki yangın musluğunu yerinden oynatıyor ve musluk balonlarla birlikte göğe doğru havalanıyor. Sonra aniden bir yığın pille çarpışıyor ve patlıyor. Piller, büyük mermi kovanları halinde havaya fırlıyor. Derken kovanlar tahterevalliye benzeyen ahşap bir tahtaya doğru sıçrıyor. Tahta, büyük, parlak bir taş formundaki büyük bir elmas tarafından dengeleniyor. Sonra parlak zırhlı bir şövalye elması alıyor ve kaçıyor. Ancak önüne çıkan bir öküz tarafından hızlıca durduruluyor. Oradan geçmesinin tek yolu öküzün dişlerini diş macunu ile fırçalamakmış. Öküz kenara çekiliyor. Üzerinde "Tebrikler!" yazan büyük neon ışıklı bir tabela ortaya çıkıyor ve hemen sonra büyük bir patlama oluyor.

Şimdi bir dakikanızı ayırın, gözlerinizi kapatın ve bu küçük hikâyeyi baştan sona tekrar gözünüzün önünden geçirin. Gerekirse hikâyeyi tekrar okuyabilirsiniz. Lütfen bunu kitabı okumaya devam etmeden önce hemen şimdi yapın.

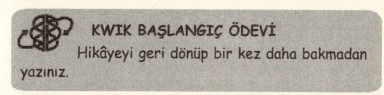

KWIK BAŞLANGIÇ ÖDEVİ
Hikâyeyi geri dönüp bir kez daha bakmadan yazınız.

Fark etmişsinizdir. Yukarıda, size verdiğim listeyi bir hikâyeye dönüştürdük. Şimdi zihninizdeki hikâyeyi tekrar gözden geçirin ve listedeki kelimelerden hatırlayabildiklerinizi not edin. Daha sonra cevaplarınızı kontrol edin ve doğru hatırladığınız kelime sayısını yazın.

İkinci denemeniz nasıl geçti? Çoğu öğrenci gibiyseniz, birinci denemenize kıyasla daha fazla kelime hatırlayabilmişsinizdir. Bu noktada inanılmaz olan şey, hafızanızı bu şekilde eğitmeye başlayınca, büyük miktarlarda bilgiyi ezberlemek için de bu yöntemi kullanabilecek olmanızdır. Bu tekniği, oyuncuların bir senaryoda kendilerine ait tüm satırları ezberlemelerine yardımcı olmak, öğrencilerin periyodik tabloyu ezberlemelerini sağlamak ve satış görevlilerinin, bir ürün hakkında sanki kendi tasarımlarıymış gibi ayrıntılı bir biçimde konuşmasına yardımcı olmak için kullandım. İyi hafıza, kötü hafıza diye bir şey olmadığını, sadece eğitimli ya da eğitimsiz hafıza olduğunu aklınızdan çıkarmayın. Bu yöntemi düzenli olarak kullanmanız size her türlü durumda yararlanabileceğiniz türden bir eğitim verecektir.

ÖĞRENMEYE AKTİF OLARAK ODAKLANMA

Bu çok önemli bir kavramdır. Şöyle ki çoğu insan öğrenmeye pasif bir aktivite olarak yaklaşır. Kitaplarda, notlarda veya derslerde bir sürü bilgiyle karşılaşırlar. Buradaki materyalleri öğrenebilirlerse ne ala! Ama bunu başaramazlarsa, bu konuda yapabilecekleri bir şey olmadığını hissetmeye başlarlar. Bu pasif bakış açısı, tesadüfi bir yaklaşımdır. Bilginin kalıcı olmasının, odaklanma ve beceriden ziyade şans ve tekrarlama sayesinde olduğunu öne sürer.

Öğrenmeye dair daha aktif bir yaklaşım benimseyerek, daha verimli sonuçlara ulaşacak ve katılım ve kişisel farkındalıktan doğan bir tatmin yaşayacaksınız. Pasif öğrenme biçimi zayıftır. Oysa aktif öğrenme fazlasıyla güçlüdür.

Göz Önünde Canlandırma

Görsel hafızanız çok güçlüdür. Resimleri sadece bu resimleri anlatan kelimelerle değil de, bir hikâyenin resmedilmiş şekli olarak belleğinize almaya çalışırsanız, kendinize onları hatırlamanız için çok daha güçlü bir yöntem yaratmış olursunuz. Kısacası düşünme, resimlerin kullanılmasıyla gerçekleşir. Şimdi lütfen şunu yapın: Yatağınızı düşünün. Gözünüzün önüne neler geldi? Belki ahşap başlıklı, lacivert çarşaflı ve devasa yastıklı bir kraliçe yatak gördünüz ama muhtemelen lacivert çarşaflar ve dev yastıklar kelimelerini görmediniz. Gördüğünüz sadece onların resimleriydi. İşte zihniniz böyle düşünüyor. Bundan şüphe duyuyorsanız, kendinize şu soruyu sorun: Hiç rüyanızda kelimeler gördüğünüz oldu mu? Muhtemelen olmamıştır. Lakin bir resmin bin kelimeye bedel olduğunu unutmayın!

"İyi bir hafızanın sırrı dikkattir ve herhangi bir konuya olan dikkatimiz, ona duyduğumuz ilgiden kaynaklanır. Zihnimizde derin izler bırakan şeyleri nadiren unuturuz."

TYRON EDWARDS

İlişkilendirme

Bu, hafızanın ve tüm öğrenme sürecinin kapısını açan anahtardır: Yeni bir bilgiyi öğrenebilmeniz için, bilmekte olduğunuz başka bir şeyle ilişkilendirmeniz gerekir.

Bu konu tekrar edilmeye değer. Herhangi bir yeni bilgiyi hafızanıza kaydedebilmeniz için, onu zaten bildiğiniz bir şeyle ilişkilendirmeniz gerekir. Farkında olmayabilirsiniz ama aslında bunu zaten hayatınız boyunca yaptınız. Şimdi size bu konuda basit bir test uygulayacağım: Kiraz deyince aklınıza ne geliyor? Belki kırmızı, tatlı bir meyve ya da turta, yuvarlaklık, tohumlar vs. Bunlar bir kirazla ilişkilendirmeyi öğrendiğiniz kelimeler ve resimlerdir. Sonuçta bildiğiniz bir şeyi bilmediğiniz bir şeyle ilişkilendirdiniz. İlişkilendirmeyi bisiklete binmek, yemek yemek, sohbet etmek ve daha birçok şeyi yapmayı öğrenmek için kullanırsınız. Aynı şekilde, size daha önceki sayfalarda verdiğim bir dizi kelimeden bir hikâye uydurarak, onları daha kolay hatırlamak amacıyla bilinçli olarak ilişkilendirdiniz. Zihniniz her dakika sürekli olarak pek çok çağrışım yapıyor ve bunların çoğunu bilinçli farkındalığınız olmadan gerçekleştiriyor. Ve işte bu şekilde öğreniyorsunuz. Peki, şimdi size bir soru daha: Size özel bir kişiyi anımsatan bir şarkınız var mı?

Bu anı bir ilişkilendirme yapmanız için bir anahtardır. Size çocukluğunuzdaki bir dönemi hatırlatan bir parfüm var mı? Keza bu anınız da ilişkilendirme yapmanız için muhteşem bir anahtardır. Neden bu bilgileri kullanıp daha etkili öğrenmeler gerçekleştirmek için bilinçli olarak ilişkilendirmeler yapmayalım ki?

Duygu

Bir şeye duygu eklemek, onu unutulmaz kılar. Bilgi tek başına unutulabilir bir şeydir, ancak duygu ile birleştirilen bilgi hafızada uzun süre kalıcı hale gelir. Bir şeye duygu eklediğimizde, onu maceralı, aksiyon dolu ya da komik hale getiririz. Böylece onu hatırlama olasılığımız fazlasıyla yükselmiş olur.

"Tüm düşünceler
birer çağrışımın eseridir:

Gözünüzün önünde olana sahip
olmanız, o ana dek zihninizdeki
varlığından neredeyse
hiç haberdar olmadığınız bir şeyi
gün yüzüne çıkarır."

ROBERT FROST

Yer Belirleme

Yerleri hatırlamakta gerçekten iyiyiz çünkü avcı-toplayıcılar olarak geçmişte sayıları ve kelimeleri hatırlamamız gerekmiyordu. Sadece ihtiyacımız olan şeylerin nerede olduğunu hatırlamamız gerekiyordu. Temiz suyun, verimli toprağın ve yiyeceğin nerede olduğunu bilmek zorundaydık. Bir şeyi bir yerle ilişkilendirebilirseniz, onu hatırlama olasılığınız yükselir.

Bu saydıklarım harika bir hafızaya sahip olmak için gereken anahtarlardan bazılarıydı. Bu bölümün geri kalanını, size farklı durumlarda kullanabileceğiniz belirli teknikler ve uygulamalar göstermeye ayıracağım. Ayrıca kelime ezberlemek için hikâye uydurma konusunda şansınız pek yaver gitmediyse de üzülmeyin. Bu anlaşılabilir bir durum, biraz pratik yapmanız gerekiyor olabilir çünkü çoğumuz çocukluğumuzdan beri hayal gücümüzü yeterince kullanmadık. Zihninize yaratıcılık kazandırmak üzere iyi bir çalışma olacağından hikâyeyi birkaç kez gözden geçirmek isteyebilirsiniz. Bunu lütfen şimdi yapın.

Bu arada, hikâyeyi sondan başa doğru da inceleyebilirsiniz; ilişkilendirmeler size listeyi hatırlamanızda her iki şekilde de yardımcı olabilir. Lütfen bu dediğimi uygulayın ve sonuçlarını kendiniz de görün.

Gerçekten şaşıracaksınız belki ama çoğu insanın, tekrarlama yöntemiyle bu listeyi ezberlemesi 10 ila 30 dakika sürer ve bu sonuçlar son derece geçicidir. Bununla birlikte, öğrenmenizin bir dakikadan fazla sürmeyeceği bu hikâyeyi, üzerinden günler hatta haftalar geçse bile bir kez daha gözden geçirmeniz gerekmeksizin hatırlayacağınızı göreceksiniz. Bu sıkı çalışmanın değil, akıllıca çalışmanın gücüdür. Bu, hayal gücünüzün ve zihninizin gücüdür. Haydi, şimdi bir kez daha deneyelim!

KWIK'TEN BİR HATIRLAMA EGZERSİZİ

Bir arkadaşınızdan size rastgele 10 kelimeden oluşan bir liste vermesini isteyin. Ya da listeyi kendiniz oluşturun: Listenizdeki kelimeleri olabildiğince rastgele seçebilmeniz için en yakınınızdaki yazılı yayın aracından, bir kitap, bir gazete, bir dergiden veya yerel süpermarketinizden evinize gelmiş bir broşürden yararlanın.

Gördüğünüz ilk 10 paragrafta karşınıza çıkan ilk anlamlı kelimeleri listenize ekleyin. (Başka bir deyişle, ben, o, ne zaman, şey gibi kelimeler seçmeyin.) Bu arada hiçbir kelimeyi birden fazla kullanmadığınızdan emin olun ve kelimelerinizi düzgünce not edin.

Şimdi bu kelimeleri yazdığınız kâğıdı ters çevirin ve listeyi sırasıyla tekrar yazmaya çalışın. Sonra orijinal listeyle karşılaştırarak yazdıklarınızı kontrol edin. Nasıl bir sonuç aldınız? Muhtemelen hepsini hatırlayamadınız, ancak büyük ihtimalle tamamını da unutmadınız. Bu öğretici bir süreçtir çünkü deha ipuçları bırakır, yani doğuştan gelen kalıtsal zekânız size zekânız hakkında çok şey anlatır. Hani yaptığınız hareketleri ezberlemenizi sağlayan bir yöntem vardı. Şimdi bir sonraki adıma geçmek için onu kullanabilirsiniz.

Kendi kendinize yüksek sesle, hangi kelimeleri hatırladığınızı ve bu kelimeleri hangi sebepten ötürü hatırladığınızı söyleyin. Bunu yapmanız, bir şeyleri nasıl ezberlediğinizi anlamanıza yardımcı olacaktır. Örneğin, ilk ve son kelimeyi hatırlama şansınız yüksektir. Bu, kitabımızın 4. bölümünde öncelik ve güncellik başlığı altında değindiğimiz, insanların herhangi bir durumda duydukları en son şeyin yanı sıra duydukları ilk şeyi de hatırlama eğiliminde olduklarına dair yaygın bir fenomendir. Peki, başka hangi kelimeleri hatırladınız? Bu kelimelerin ortak bir yanı var mı? Örneğin hepsinin aynı harfle başlaması veya hepsinin eylem anlatan kelimeler olması gibi bir ortak özellikleri var mı? Bu durum size ne anlatıyor? Ezberlediğiniz diğer kelimeler zihninizde bir şekilde organize ettiğiniz kelimeler miydi? İçinizde herhangi bir duygu uyandırdılar mı? Hatırlayabildiğiniz kelimelerin herhangi birinde özgün bir şey var mıydı?

Bu noktaya geldiğinizde büyük ihtimalle öğrenmiş olduğunuz şey, egzersizin ilk seferinde hatırlayabildiğiniz kelimelerin belirli niteliklere sahip olduğu, hatırlayamadığınız kelimelerin ise, sizde yankı uyandırabilecek bir niteliğe sahip olmadıklarıdır. Öyleyse, şimdi listenizde yer alan her kelimenin akılda kalıcı bir niteliğe sahip olduğu bir süreç oluşturalım.

- Listenize aldığınız 10 kelimeyi, her cümlede bir kelimeden diğerine geçecek şekilde kullanarak kendi kendinize bir hikâye anlatın. Bu hikâyeyle bir edebiyat yarışması kazanmaya çalışmıyorsunuz. Bu yüzden uydurduğunuz hikâyenin çok anlamlı olup olmaması hiç önemli değil. Önemli olan, listenizdeki tüm kelimeler için bir tür hayali ayrıntı oluşturmanız (örneğin, kelimelerinizden biri "dışarıda" kelimesiyse, geniş bir alanda olduğunuzu hayal edebilirsiniz) ve onları hikâyenizde, her biri için bir resim hayal ederek, listenizdeki sıralarına göre birbirlerine bağlamanızdır. Unutmayın! Hikâyeniz ne kadar duygusal ve abartılı olurlarsa, kelimeleri o kadar iyi hatırlarsınız.

- Şimdi, ayrı bir kâğıda kelime listenizi tekrar yazmaya çalışın ama bu sefer size kelimeleri ve onların diziliş sıralarını hatırlatması için oluşturduğunuz hikâyeyi kullanın. Şimdiki sonuçlarınız nasıl? Büyük olasılıkla, bir öncekinden daha iyi sonuç aldınız, ancak yine de hepsini hatırlayamamış olma ihtimaliniz yüksek.

- Şimdi kelimelerinizi tekrar yazın (Oluşturduğunuz listenin önceki versiyonlarına bakmadan), ancak bu sefer listenizi sondan başa doğru yazmaya çalışın. Bunu yapmak için icat ettiğiniz hikâyeye farklı bir yoldan erişmeniz gerekecek, ancak bu egzersiz, listenizdeki kelimeleri gerçek anlamda sabitlemenizi sağlayacak.

Bu noktada, listenizdeki kelimelerin tümünü olmasa da muhtemelen büyük bir çoğunluğunu ezberlemişsinizdir. Aynı zamanda, bütün bunların yapacağınız bir sunumdaki tüm ayrıntıları hatırlamanıza nasıl yardımcı olacağını merak ediyorsunuzdur.

ÇOK MİKTARDA BİLGİYİ YANINIZDA NOTLARINIZ OLMADAN NASIL SUNARSINIZ?

Daha önce de konuştuğumuz gibi, hafızanız hemen hemen yaptığınız her şeyin temelini oluşturur. Gerçekten de iyi eğitilmiş bir hafızanız olmadan kendinizi sınırsızlaştırma imkânınız yoktur çünkü hafızanız, akıl yürütme, olası sonuçları hesaplama ve başkalarına kaynak olarak hizmet etme becerilerinizi yönetir. Sonuçta, bazen bir kişiye veya bir grup insana aynı anda önemli miktarda bilgi aktarabilmeniz gerekir.

Böylesi bir gereklilikle, yönetim kurulunuza bir rapor sunma, bir topluluğun önünde konuşma yapma, sınıfınızdaki öğrencilerle bir konudaki uzmanlığınızı paylaşma gibi birçok durumda karşı karşıya kalabilirsiniz. Ve bu durumların çoğunda, bilgi aktarımınızı önünüzde herhangi bir not olmadan yapabilmeniz çok ciddi önem taşır, çünkü notlar yardımıyla konuşma yapmanız, o konuda olması gerekenden daha az bilgiye sahip olduğunuzu gösterir.

İşletme yöneticilerine, öğrencilere, oyunculara ve diğer birçok kişiye sunumlarını notları olmadan yapabilmeleri için eskiden kalma bir teknik öğretiyorum. Bu arada "eskiden kalma" derken, tamamen ciddiyim. Bu insanlara öğrettiğim ve şimdi sizinle de paylaşacağım yöntem, Loci yönteminin başka bir versiyonu ve 2.500 yıldan fazla bir süredir var olan bir teknik.

Loci yönteminin arkasındaki efsane, bir binanın çökmesi sonucu içinde bulunan herkesin ölmesi ancak sadece Yunan şair Keoslu Simonides'in hayatta kalması hikâyesine dayanır. Efsaneye göre, yetkililer kurbanları teşhis etmeye çalışırken, onlara yardım edebilen tek kişi Simonides olmuş çünkü bina çöktüğü sırada kurbanların nerede durduklarını tek tek hatırlayabilmiş. Bu süreçte Simonides, bugün de MÖ. 500'de olduğu kadar etkili olan bir hatırlama yöntemi keşfetmiş.

Loci, "belirli bir nokta veya yer" anlamına gelen *locus* kelimesinin çoğul halidir. O halde Loci yöntemi, hatırlamak istediğiniz şeyleri iyi bildiğiniz belirli noktalara veya yere göre hizalayan bir hatırlama yöntemidir, diyebiliriz. İşte ben bu yöntemi şöyle öğretiyorum:

• Sunumunuzda yer alan belli başlı 10 konuşma noktasını belirleyin. Bunlar anahtar sözcükler, cümlecikler veya dâhil etmek istediğiniz muhtemel alıntılar olabilir. Bununla birlikte, belirlediğiniz noktalar paragraflarca uzunlukta olmamalıdır çünkü böyle bir durum süreci çok külfetli bir hale getirebileceği gibi sunumunuza katı ve aşırı prova edilmiş bir hava verebilir. Bu arada, konunuzu iyi bildiğiniz ve materyalle ilgili bir sorununuz olmadığı varsayılır.

• Öğrenmekte olduğunuz bu yöntem, ihtiyaç duyduğunuz her an, kilit noktaların her birini zihninizin ön planına çıkarmanıza yardımcı olmak için tasarlanmıştır.

• Şimdi iyi bildiğiniz bir yer hayal edin. Bu, evinizin bir bölümü, sıkça yürüdüğünüz bir cadde, yakındaki bir park veya fazlasıyla aşina olduğunuz ve kolaylıkla canlı bir şekilde hatırlayabileceğiniz başka bir yer olabilir.

• Şimdi o konumdan geçen bir yol ya da yer düşünün. Örneğin, hayal ettiğiniz yer evinizdeki bir odaysa, o odaya girip içinde dolaştığınızı hayal edin. Bu odada hızla hatırlayarak zihninizde görebileceğiniz 10 nokta belirleyin. Bunlardan bir tanesi belki de odaya girerken gördüğünüz köşe lambasıdır. Bir diğeri, o lambanın hemen solundaki sandalyedir. Bir sonraki de, o sandalyenin yanındaki yan sehpa vesairedir. Bu aşamayı mümkün olduğunca prosedüre uygun olarak halledin. Belirlediğiniz alanda zikzak çizerek dolaşırsanız veriminiz düşebilir. O alana girdiğinizin tersi yönünde yürüyerek, her bir öğenin önünden geçerken genelde neyin dikkatinizi çektiğini düşünün.

• 10 noktayı belirledikten sonra, bunların her birini önemli bir konuşma yapacağınız yer olarak ayarlayın. Konuşma noktalarınızın sırasının, odada yürüdüğünüz sırayla eşleştiğinden emin olun. Örneğin, az önce anlattığımız odayı göz önünde bulundurursak, söylemek istediğiniz ilk şey tüm sunumunuzun açılış mesajı ise, bu konuşmanızı lambayla eşleştirin. Bir sonraki ana konuşma noktası, önemli bir ürüne dair ayrıntılar veya önemli bir tarihsel gerçekse, bunu da sandalyeyle eşleştirin.

• Şimdi sunumunuzdaki birincil mesajların her birini hatırlamak için konum boyunca belirlediğiniz noktaları bir araç olarak kullanarak sunumunuzu gerçekleştirin. Sunumun her bir bileşeni ihtiyaç duyduğunuz anda aklınıza gelecektir.

Tüm yöntemlerde olduğu gibi, bu hatırlama yönteminde de uzmanlaşmanız için biraz zaman gerekebilir ama bu yöntem size muhtemelen çok kısa bir sürede yardımcı olmaya başlayacaktır. Pratik yaptıkça, büyük bilgi yığınlarını, notlarınıza bakmaksızın hatırlamanızın mümkün olduğunu keşfedeceksiniz. Hafızanız önemli ölçüde gelişecek. Böylece konuşmalarınız ve raporlarınız daha doğal görünecektir. Bu yaklaşımı, çok yoğun miktarda bilgiyi ezberlemeniz gerektiğinde kullanabilirsiniz.

1. İLAVE YÖNTEM: HERKESİN ADINI HATIRLAMANIN HIZLI BİR YOLU

Motivasyon-Dikkat-Yöntem üçlüsünü hatırlamanız bu noktada son derece yardımcı olabilir. Lakin aynı zamanda, isimleri hatırlamanıza yardımcı olmak üzere özel olarak tasarladığım, yararlı bulacağınız bir tekniğim daha var. Buradaki anımsatıcı kelime ise *BE SUAVE*:

İnanın (Believe): Bir şeyi yapabileceğinize inanmanız bu konuda atacağınız ilk temel adımdır. Öte yandan, kendinizi isimleri hatırlayamayacağınıza ikna etmek için yeterince çabalarsanız da, bu konuda başarılı olursunuz.

Pratik Yapın (Exercise): Bu kitaptaki diğer yöntemlerde olduğu gibi, bunu başarmanız da biraz pratik gerektirecek, ancak bu konuda çok hızlı bir şekilde çok iyi bir hale gelebilmelisiniz.

Tekrar Edin (Say it): Bir kişinin adını öğrenir öğrenmez, "Memnun oldum..." şeklinde tekrar telaffuz edin. Bu hem adı doğru duyup duymadığınızı teyit edecek hem de size ismi iki kez duyma fırsatı sunacaktır.

Kullanın (Use it): Bu kişiyle görüşmeniz sırasında ismini kullanın. Bu, o adı hafızanızda sabitlemenize yardımcı olacaktır.

Sorun (Ask): Adını yeni öğrendiğiniz kişiye isminin kökenini sorun. Bu soruyu "Jim" gibi bir isim için soruyor olsaydınız, durum biraz tuhaf olurdu ama bu teknik, özellikle daha az rastlanan bir isim söz konusu olduğunda çok yararlı olur.

Hayal Edin (Visualization): Loci yönteminde de gördüğümüz gibi "Hayal Gücü", inanılmaz derecede güçlü bir hafıza aracıdır. Bu yüzden tanıştığınız kişinin adına dair hayali bir resim eklemeyi deneyin. Örneğin, Mary adında biriyle tanışırsanız, o kişinin evlendiği gün duvak taktığını hayal edebilirsiniz.

Sonlandırın (End): O kişinin yanından ayrılırken, konuşmanızı onun adını söyleyerek bitirin.

2. İLAVE YÖNTEM: KELİMELERİ VE DİLLERİ HATIRLAMANIN HIZLI BİR YOLU

Kelime bilgisi, öğrenmenin temel taşlarından biridir. Kelimelerin anlamını hatırlamak kolaydır. Sadece kullanmakta olduğunuz sistemlerin aynısını kullanmaya devam etmeniz yeterlidir. Bu aşamada en güçlü kavramlardan biri kelime değişimidir. Bunu nasıl yapacağınızı zaten biliyorsunuz. Bunun için elinizde mutlaka bir isim veya bir terim vardır ve siz bunları hatırlayabileceğiniz resimlerle yer değiştirirsiniz. Kelime değişimi, soyut (resimlemesi zor) bilgileri daha somut ve görselleştirmesi kolay bir görüntüye dönüştürme sürecidir.

İşte size birkaç kelime değiştirme örneği:

- Nitrojen, Diyojen kelimesine benzetilebilir.

- Monroe, Moron kelimesine benzetilebilir.

- Washington, bir çamaşır makinesi markası olarak hayal edilebilir.

- Armstrong, üzerinde strong yazan bir arma gibi hayal edilebilir.

Kelime değişiminin dayandığı ana fikir, size kelimenin orijinalini anımsatacak kadar benzer özellikler taşıyan bir resim (veya bir dizi bağlantılı resim) bulmanızdır. Bu sayede, öncesinde size anlaşılması çok zor gelen soyut bir kelime, fikir veya kavram, artık o derece yabancı olmaktan çıkar. Hayalinizde o kelimeye ait bir resim oluşturarak, zihninizde görebileceğiniz çok daha somut bir şeye sahip olursunuz. Hepimizin kendi oluşturduğumuzu hatırlama eğiliminde olduğumuzu unutmayın. Şimdi size birkaç örnek daha:

• Vein (İngilizce), *damar* demektir. Beş yaşlarındasınız. Ağaçtan düşüp yaralandınız. Ailecek hastaneye gittiniz. Hemşire damar (vein) yolunuzu bir türlü bulamıyor. Siz ağlamaya başlayınca da, "O zaman ebe-veynelerini (vein) çağırayım da onlar bulsun damar yolunu!" diye sizi azarlıyor.

• Pain (Fransızca), *ekmek* anlamına gelir. Annenizin sizi ekmek (pain) almanız için fırına gönderdiğini hayal edin. Yeni açılan fırını güçbelâ bulduğunuzda başınızı kaldırıp tabelasına bakıyorsunuz ve adının "Pan" olduğunu görüyorsunuz.

Bu sistem, yabancı dil öğrenimi de dâhil olmak üzere kelime öğrenme süreciyle aynı şekilde çalışan her şey için kullanılabilir. Aslında, İngilizcede karşılaştığınız sözcüklerden bazıları başka bir dile de ait olabilir! Örneğin:

• Kulağa "terbiye" gibi gelen *Très bien* (Fransızca) kelimesi "çok iyi" anlamına gelir. Kendinizi yıllarca bebek bakıcılığı yapmış biri gibi hayal edin. En sonunda çocuğun ailesi ona çok iyi (très bien) bir "terbiye" verdiğiniz için sizi tebrik ediyor.

• Veda konuşması anlamına gelen *Valediction* (İngilizce), kulağa vale ve diksiyon kelimelerinin ard arda kullanımı gibi gelir. 65 yaşına gelmiş bir valenin veda konuşması yaparken diksiyonunun (valediction) arkadaşları tarafından çok düzgün bulunduğunu hayal edin.

• Çalışmak anlamına gelen *Travailler* (Fransızca) kelimesi tramvay kelimesine benzer şekilde kulağa gelir. Arkadaşlarınızın tramvaya binip sizi almak üzere evinize doğru geldiğini hayal edin. Kapınıza kadar geliyorlar ama siz bu nazik teklifi reddediyorsunuz çünkü yarın erkenden işe gidip çalışmak *(Travailler)* zorundasınız.

• Salyangoz anlamına gelen *Escargot* (Fransızca) kelimesini Es Kargo adında bir kargo firması olarak düşünün. Yağan sağanak yağmurlar yüzünden zemin katta yer alan Es Kargo firmasını salyangoz

(Escargot) istila etmiş! Bütün gün döşemelerden salyangoz ayıklıyorsunuz.

• Teşekkürler anlamına gelen *Merci* (Fransızca) kelimesi, Mer-merci kelimesinin son iki hecesinden oluşur. Mutfak tezgâhınızı mermerden yaptırmaya karar veriyorsunuz. Mermerciye gidip son iki mermer siparişinin siyah mermerden olmasını rica ediyorsunuz. Adam, hemen kabul edince içtenlikle "Teşekkürler" *(Merci)* diyorsunuz.

• Öğrenmek anlamına gelen *Aprender* (İspanyolca) kelimesi bir terzilik terimi olan apre ve Ender isminin birleşimi gibidir. Yeni aldığınız kumaşların apreye ihtiyacı var gibi görünüyor. Annenize kime yaptırsam diye sorunca, o da "En iyi apreyi apreci Ender yapar. Ender apre yapmayı en büyük ustadan öğrenmiş (Aprender)." diyor.

• Okul anlamına gelen *Escuela* (İspanyolca) kelimesi eski ve ela kelimelerinin ard arda kullanılmasına benzer seslerden oluşur. Okulunuzun mezuniyet töreninde, annenizin okul *(Escuela)* müsameresinden kalma eski, ela bir kostüm giymeye karar verdiğinizi hayal edin.

• İmdat anlamına gelen *Ayuda* (İspanyolca) kelimesi "Ayıda" kelimesine benzetilebilir. Bir ayı saldırısına uğruyorsunuz. Neyse ki biber gazınız sayesinde ayının pençelerinden kurtuluyorsunuz. Arkadaşlarınız sizin "İmdat!" *(Ayuda)* çığlığınızı duyup yanınıza geliyor. Sonra üşüdüğünüzü fark edip "Palton nerede?" diye soruyor. Mahzun bir şekilde "Ayıda kaldı." diyorsunuz.

• Emretmek anlamına gelen *Mando* (İspanyolca) kelimesi "Manda" kelimesine benziyor. Bir çoban olduğunuzu ve bir manda sürüsünün önüne geçip derhal ahıra girmelerini emrettiğinizi *(Mando)* hayal edin.

• Otoban anlamına gelen *Estrada* (İspanyolca) kelimesi "Ekstradan" kelimesine benziyor. Tatile çıktığınızı ve otoyoldaki *(Estrada)* yoğunluk yüzünden ekstradan bir gün boyunca trafikte sıkışıp kaldığınızı hayal edin.

Şimdi lütfen aşağıdaki İspanyolca kelimelerde isim değişimi tekniğini kendiniz uygulamaya çalışın:

- *Desventaja* (dezavantaj)
- *Pelo* (hayvan tüyü ya da kürk)
- *Bolso* (el çantası)
- *Dinero* (para)
- *Leer* (okumak)

Bu örnekleri size, tekniğin esaslarını daha iyi anlatabilmek için kullandım. Onları daha da geliştirerek ne kadar önemli olduklarını fark edeceksiniz. Bu becerileri neredeyse aklınızda tutmanız gereken her şey için kullanabilirsiniz çünkü hem esnek hem de evrenseldirler. Örneğin, bir kelimenin eril mi yoksa dişil mi olduğunu hatırlamak istiyorsanız, hayalinizdeki resme eril kelimeler için bir silindir şapka, dişil kelimeler içinse bir elbise ekleyin. Hepsi bu. Kural yok. Bu yüzden yaratıcı olun ve absürt şeyler hayal edin. Sonra da onlarla eğlenin!

YÖNTEMLERİ BİRLİKTE KULLANIN

Kendi dilinizde veya yabancı bir dilde yeni kelimeler öğrenmek için yukarıdaki stratejiyi çalışma bölümümüzde öğrendiğiniz yöntemlerle birleştirin. Örneğin, o bölümde aralıklı tekrarlardan bahsetmiştik. O yöntem, bu uygulamayla birleştiğinde bu son derece değerli ve elverişli olacaktır. Ayrıca müziği kullanmaktan bahsetmiştik. Barok müzik, dil öğrenmeye yardımcı olması açısından çok etkilidir. Daha öncesinde araç setinize dâhil ettiğiniz çalışma teknikleri, bu uygulamada da yaratıcı ve yeni bir amaca hizmet edeceklerdir.

DEVAM ETMEDEN ÖNCE

Umarım artık iyi eğitilmiş bir hafızaya sahip olmanın, kendinizi sınırsızlaştırmanızın önemli bir parçası olduğunu görebiliyorsunuzdur. Hafızanıza ince ayar yapıldığında, eğitimsiz bir hafızayla idare etmeye çalıştığınız döneme kıyasla katbekat güçlü hale gelirsiniz.

Bu kitapta hafızanızı hızla canlandırmanız için gereken esasların anlatılması da bu yüzdendir. Size hediye olarak sunduğum üç bölümden oluşan hafıza eğitimi videolarına ulaşmak için www.LimitlessBook.com/resources adresini ziyaret ediniz. Şimdi bir sonraki bölüme geçmeden önce birkaç şey denemenizi istiyorum:

• Kendinize bir şeyleri hatırlamak üzere daha fazla motivasyon sağlamanın yollarını düşünün. Sadece daha iyi bir hafızaya sahip olmanın güzel olacağını düşünmek, büyük ihtimalle yeterli olmayacaktır.

• Bir şeyi hatırlamanızın kritik derecede önemli olduğu bir durumda, dikkat dağıtıcı unsurlardan hangi yöntemle daha az etkilenebileceğinizi düşünün. Bu kitabın ilerleyen bölümlerinde size bu konuda yardımcı olacak bazı araçlar vereceğim. Lakin daha fazla odaklanmanızı sağlamak için hemen şimdi ne yapabilirsiniz?

• Bu bölümde anlattığım hafıza araçlarının her birini en azından bir kez denemek üzere kullanın. Denemelerinizi yaptığınız anda, hafızanızda dikkate değer bir gelişme olduğunu görme olasılığınız çok yüksek.

"İyi kitaplar okumayan bir adamın, okumayı bilmeyen bir adama kıyasla hiçbir avantajı yoktur."

HIZLI OKUMA

Okumak neden bu kadar önemlidir?
Okuma esnasındaki odaklanmamı ve anlama potansiyelimi nasıl artırabilirim?
Her bir okuma deneyimimden nasıl daha fazla kazanım sağlayabilirim?

Oprah Winfrey, Thomas Edison, John F. Kennedy ve Bill Gates'in ortak özelliği nedir? Hemen söyleyeyim: Hepsi harika okuyuculardı. Liderler, okuyanlar arasından çıkar.

Bilgi çağına hoş geldiniz. Tarihte hiçbir zaman böyle bir bilgi bolluğu olmamıştır. Geçtiğimiz 20-30 yıl içinde, önceki birkaç bin yılda olduğundan daha fazla bilgi ortaya çıkarıldı. Google'ın eski CEO'su Eric Schmidt'e göre, "Uygarlığın doğuşundan 2003 yılına kadar 5 Exabayt'lık bilgi oluşturuldu, lakin artık her 2 günde bir bu kadar büyük miktarda bilgi ortaya çıkıyor." Ayrıca bu gelişme giderek hızlanıyor. Sonuç olarak bu, yoğun bilgi birikimi içinde bulunduğumuz çağı, son derece rekabetçi hale getiriyor. En son bilgileri takip edebilen kişiler, yalnızca akademik ve profesyonel olarak değil, aynı zamanda yaşamın diğer kilit alanlarında da başarılı olmak için gereken rekabet gücüne sahip olabilecekler.

Bu konuda yapılan araştırma sonuçları, okuma yeteneğiniz ile hayattaki başarınız arasında doğrudan bir ilişki olduğunu göstermektedir. Nitelikli okuyucular, hayatın her alanında daha iyi işlerin, daha yüksek gelirlerin ve başarılı olunacak daha büyük fırsatların tadını çıkarırlar.

Şöyle düşünün: Okuma becerileriniz ortalama düzeydeyse, o zaman çoğu insanın sahip olduğu kavrayış seviyesine sahipsiniz demektir. Bu size rekabet açısından çok fazla avantaj sağlamaz, öyle değil mi?

Ne yazık ki çoğu insan okumayı sıkıcı, çok zaman alan ve can sıkıcı bir görev olarak görüyor. Hiçbir kitabın sayfasını çevirip kendinizi, "Ben ne okudum şimdi?" diye sorarken bulduğunuz oldu mu? Cevabınız evet ise, bilin ki yalnız değilsiniz.

Kitabın önceki bölümlerinde size, üniversite eğitimimin başlangıcında karşılaştığım zorluklardan bahsetmiştim. Bildiğiniz gibi, bu zorluklar benim için o kadar büyüktü ki okulu temelli bırakmayı dahi ciddi olarak düşünmüştüm. Ama derslerim için yapmam gereken okumalara ek olarak her hafta bir kitap okuma görevini de üstlenince, öğrenme sürecimde önemli ilerlemeler kaydetmeye başladım. Yine de, beni son derece büyük bir şaşkınlığa sürükleyen o özel güne kadar, kesinlikle ne kadar ilerleme kaydettiğimin farkında değildim.

İlk gençlik yıllarımda, kendimi her zaman gözlerden uzak tutmaya çalıştım. Utangaç bir çocuktum ve herhangi bir mekânda önde ya da merkezde olmaktansa kalabalığın arasına karışınca daha rahat hissediyordum. Bu ruh halim okula gittiğimde de devam etti. Özellikle amfilerde yapılan çok sayıda öğrencinin katıldığı dersleri çok cazip buluyordum çünkü o derslerde köşeye bir yere oturup gözlerden uzak kalabiliyordum.

Bir gün birkaç yüz öğrenciyle birlikte böyle bir sınıfta derse katıldım. Profesör, ön tarafta ders anlatıyor ve bazı resimleri göstermek için tepegöz kullanıyordu. Hoca, bir ara, projektörün üzerine birkaç metin koydu ve ben anında kahkahalara boğuldum. Bu benim için tamamen doğal bir tepkiydi çünkü metindeki alıntı gerçekten çok komikti. Ancak beni saymazsak salonun tamamı sessiz kalmıştı. Bu da çok sayıda insanın bakışlarını bana doğru çevirmesine sebep oldu. Bu arada tahminimce o salondaki insanlar o çok özel ana kadar beni asla sınıf arkadaşları olarak tanımlamamışlardır.

Aşırı derecede utanmıştım. Yıllar boyu görünmez olmak için olağanüstü bir çaba sarf etmişken, şimdi özellikle dikkati üzerime çekmek için sahneye çıkmış gibiydim. Yüzüm o kadar çok kızardı ki bir an alev alacağını düşündüm ve elimden geldiğince küçülmeye çalıştım.

Birkaç saniye sonra salondaki öğrencilerden bazıları da gülmeye başladı. İlk başta bana güldüklerini sandım ama gülen gruba yenileri de eklenince aslında bana hiç bakmadıklarını fark ettim. Metni okuyorlardı. Ve işte o anda utancımın kaynağını anladım: Metni, sınıf arkadaşlarımdan çok daha hızlı okumuş, bu yüzden de o komik alıntıya herkesten önce tepki vermiştim. Okuma hızımı ve onu anlama düzeyimi geliştirdiğimi biliyordum ama o ana kadar bunun ne kadar nadir ve aynı zamanda öğrenilebilir bir yetenek olduğu hakkında hiçbir fikrim yoktu.

Planlanmamış kahkaha tufanım hakkında hâlâ biraz garip hissediyor olmama karşın, o sınıftan, öğrenme düzeyimin tamamen yeni bir seviyeye yükselmiş olduğunu anlamış bir şekilde ayrıldım. Kendi kendime öğrettiğim teknikler sayesinde, okumak benim süper güçlerimden biri haline gelmiş ve öğrenim hayatımda deneyimleyeceğim muazzam atılımların yolunu açmıştı. O amfiden dışarıya, ileride bir daha asla bu kadar yüksek sesle gülmemeye yemin ederken, öğrenmeye ve henüz ortaya çıkmış diğer süper güçlerimi keşfetmeye dair duyduğum inanılmaz bir heyecanla çıktım.

OKUMAK, BEYNİNİZİ NASIL SINIRSIZLAŞTIRIR?

Öğrenmenizi sınırsız hale getirmek için yapacağınız her plan, mutlaka okumayı da içermelidir. Hafızanın neredeyse tüm beyin fonksiyonlarının temelini oluşturmasına benzer şekilde, okuma da neredeyse tüm öğrenme sürecinin temelini teşkil eder. Biri size hiç okumadığını söylüyorsa, aslında "Öğrenmek için çabalamayı bıraktım" demek istiyordur. Evet, video izleyerek, podcast dinleyerek veya sinemaya giderek de bir şeyler öğrenebilirsiniz. En saçma sapan sitcomun bile size bir şeyler öğretebilmesi olasıdır. Ancak, okumaya adanmış bir yaklaşım olmadan öğrenmeyi hayatınızın dinamik ve yenilenebilir bir parçası haline getirebilmeniz neredeyse imkânsızdır. Bunun doğruluğunun sebeplerini şöyle sıralayabiliriz:

Okumak beyninizi harekete geçirir.

Okuduğunuzda, beyninizi aynı anda birçok işlev için kullanırsınız ki bu, güçlü ve tatminkâr bir egzersizdir. Haskins Laboratuvarları Başkanı ve Araştırma Direktörü Dr. Ken Pugh'un da belirttiği gibi, "Beynin görme, dil ve çağrışımsal öğrenme gibi işlevler için evrimleşen bölümleri, okuma esnasında belirli bir nöral devreye bağlanır ki bu çok zorlu bir süreçtir. Beyin, her bir cümleyi ortaya çıkarılması gereken pek çok bilginin kısaltılmış formu olarak görür."[1] Başka bir deyişle, okumak eşsiz seviyede zihinsel egzersiz yapmanızı sağlar ve beyin, siz onu ne kadar zorlarsanız o kadar güçlenen bir *kas*tır.

Okumak hafızanızı geliştirir.

Okurken beyninize harika bir egzersiz yaptırdığınız için, beyniniz daha yüksek seviyede çalışır. Bunun hafızaya ilişkin çok önemli bir faydası vardır. Chicago, Rush Üniversitesi Tıp Merkezi'nden Dr. Robert S. Wilson tarafından yapılan bir çalışmada, okumanın hafıza zayıflığı konusunda çok anlamlı bir etkiye sahip olduğu ortaya çıkmıştır. Dr Wilson, "Okuma ve yazma gibi günlük faaliyetlerin çocuklarımız, kendimiz, ebeveynlerimiz veya büyükanne ve büyükbabalarımız üzerindeki etkilerini küçümsememeliyiz." diyor ve şöyle devam ediyor: "Çalışmamız, bir insanın çocukluğundan yaşlılık evresine kadar tüm yaşamı boyunca bu gibi faaliyetlere katılarak beynini çalıştırmasının, yaşlılık dönemindeki beyin sağlığı için çok önemli olduğunu gösteriyor."[2]

Okumak odaklanmamızı geliştirir.

Elimize bir kitap alıp oturduğumuzda ya da gazete okumaya biraz vakit ayırdığımızda bile yaptığımız şeylerden biri odağımızı meşgul olduğumuz o tek olguya yöneltmektir. İnternette gezinirken veya YouTube'daki linklere tıklarkenki durumun aksine, okurken genellikle dikkatimizin çoğunu okuduğumuz şeye veririz. Sonuç olarak yaptığımız bu egzersiz, başka görevler esnasında da aynı odaklanma düzeyine sahip olmamızı kolaylaştırır.

Okumak kelime bilginizi geliştirir.

Bazı insanlar vardır. Söyledikleri kulağa diğerlerininkine göre daha akıllıca gelir. Peki, siz bu insanlardan biriyle karşılaştığınızda nasıl tepki verirsiniz? Büyük olasılıkla, onlara diğer birçok insana duyduğunuzdan daha fazla saygı duyuyor, hatta belli bir düzeye kadar söyledikleri şeylere riayet ediyorsunuz. Konuştuğu zaman diğerlerine göre daha akıllı olduğunu düşündüğünüz insanlar, ortalama bir bireye kıyasla daha fazla kelime dağarcığına ve bunları kullanabilme yeteneğine sahiptirler. Okumak, kelime dağarcığınızı en doğal şekilde yapılandırmanıza olanak sağlar. Ne kadar çok okursanız, birçok dile ve o dillerin çeşitli içeriklerdeki kullanımına olan aşinalığınız o kadar artar. Ayrıca okumak, çok üstün bir odaklanma aracı olduğu için, okuduklarınızın büyük bir kısmını özümsersiniz ve onlara ihtiyacınız olduğu anda kolaylıkla erişebilirsiniz.

Okumak hayal gücünüzü geliştirir.

Okulda veya işte sizden bir hikâyeye yahut bir rapora ilişkin kısa bir başlangıç metni yazmanız istenirse, bu göreve başlamak üzere bir yöntem kullanacaksanız özellikle yaratıcı düşünmenin işinizi kolaylaştıracağını bilirsiniz. Okuma, aslında birbiri ardına gelen kısa başlangıç metinlerinden oluşur. Örneğin okurken aklınızdan, "Bu kişinin yerinde olmak nasıl bir şey olurdu?", "Daha üretken olmak için bu tekniği nasıl kullanabilirim?", "Jim Kwik sınırsız olmama yardım edince ilk olarak ne yapacağım?" gibi sorular geçirir ve cevaplar üretirsiniz. Özet olarak, muhteşem bir hayal gücü, hayatınızda daha fazla olasılık görmenize yardımcı olur ve okumak, hayal gücünüzü son derece canlı ve zinde tutar.

Okumak anlama potansiyelinizi geliştirir.

Öğrenme pek çok biçimde gerçekleşebilir ve bir başarı aracı olarak düşünüldüğünde öğrenmenin pek çok getirisi vardır. Öğrenme yoluyla sağlanan hızlı düşünme ve belirli becerilerde ustalaşma getirileri, başarı için kritik derecede önemlidir. Ancak yine onun sayesinde kazandığımız empati kurma ve anlama potansiyeli de göz ardı edilemez. Okumak, daha öncesinde hiç bilmediğiniz hayatları, asla hayal edemeyeceğiniz deneyimleri ve kendinizinkinden çok farklı olan düşünme tarzlarını keşfetmenizi sağlar. Tüm bunlar hem başkalarıyla empati kurmanızı hem de sizin dahil olmadığınız hayatların nasıl sürdürüldüğünü anlamanızı sağlar.

> **KWIK BAŞLANGIÇ ÖDEVİ**
> Daha fazla kavrayıp daha fazla zevk alarak çok daha hızlı okuyabiliyor olsaydınız, bu ay hangi kitapları okumaya başlardınız? Okumaya başlamak istediğiniz üç kitaptan oluşan bir liste oluşturun.

ÖZ DEĞERLENDİRMENİZİ YAPIN

Bunun için yapmanız gereken ilk şey, taban hızınız olarak da bilinen mevcut okuma hızınızı keşfetmenizdir. Bu okuma hızı, dakika başına kelime sayısı cinsinden ölçülür. Ölçmek için kolay okunan bir romana, bir kaleme ve bir zamanlayıcıya ihtiyacınız olacak.

Ardından şunları yapın:

1. Alarmınızı iki dakika sonra çalacak şekilde ayarlayın.

2. Rahat bir hızda okuyun ve alarm çaldığında durun (Bu sırada kaldığınız yere bir işaret koyun).

3. Rastgele üç satırdaki toplam kelime sayısını belirleyin ve bu sayıyı üçe bölün. Bu, satır başına ortalama kelime sayısıdır.

4. Az önce okuduğunuz satırların sayısını sayın (en azından sayfanın ortasına denk gelen satırları sayın).

5. Satır başına kelime sayısını, biraz önce okuduğunuz satır sayısıyla çarpın (Yani 3. ve 4. adımlardaki yanıtlarınızı çarpın).

6. Bu sayıyı ikiye bölün (çünkü iki dakika kadar okudunuz). Elde ettiğiniz sonuç bir dakikada okuduğunuz kelime sayısıdır. Bunu lütfen şimdi yapın. Kitaba devam etmeden önce bu alıştırmanın tamamlanması çok önemlidir. Lütfen sonucu buraya yazınız:

Mevcut okuma hızınız nedir? Dakikada .... kelime.

Ortalama bir insanın okuma hızı genellikle dakikada 150 ila 250 kelime arasındadır. Bu aralık, okunan materyalin zorluk seviyesine göre değişir. Okuma hızınız dakikada 100 kelimenin çok altında ise, materyal çok zor olabilir veya takviye edici bir yardım almak isteyebilirsiniz. (Ancak burada öğrendiğiniz beceriler sizin için yine de çok faydalı olacaktır).

Diyelim ki bir kişi dakikada 200 kelime okuyor ve günde dört saat okuyup çalışıyor. Dakikada 400 kelime (iki kat daha hızlı) okuyabilen bir kişinin diğer kişinin yarısı kadar bir süre çalışması yeterli olacaktır. Sonuç olarak, daha hızlı olan okuyucu, her gün en az iki saat tasarruf sağlar.

> **KWIK BAŞLANGIÇ ÖDEVİ**
>
> Çalışmanızdan her gün iki saat tasarruf edebilseydiniz, fazladan size kalan bu sürede neler yapardınız? Her gün ekstradan size kalan bu iki saati nasıl geçireceğinizi yazmak için bir dakikanızı ayırın.

OKUMA SÜRECİNDE KARŞILAŞTIĞIMIZ ZORLUKLAR

İnsanlar çeşitli nedenlerden ötürü ya okumuyor ya da çok az okumayı tercih ediyor. Uzun saatler boyunca çalışıyorsunuz ve günün sonunda yorgun düşüyorsunuz. Pasif olarak (televizyon, film, müzik vb. aracılığıyla) eğlenmek, okumak için gereken aktiviteyi yerine getirmekten çok daha kolay geliyor. Ayrıca derdiniz eğlenmekse, bir video oyunu oynamayı tercih ediyorsunuz. Sizi anlayabiliyorum, ancak yukarıda listelediğim faydaları özümsediyseniz, bundan böyle okumak için her gün düzenli olarak zaman ayırmanız gerektiğini biliyorsunuz demektir.

İnsanların okumamasının diğer bir nedeni de, onu zahmetli bir süreç olarak görmeleridir. Herhangi bir kitaptaki bir sayfayı okuyup bitirmeleri beş dakikalarını alabilir. Bu da onların 300 sayfalık bir kitabı okuyup bitirmeyi, New York'tan Georgia'ya kadar yürümek kadar zahmetli bir iş olarak algılamalarına yol açar. İnsanlar birkaç nedenden dolayı yavaş okuma eğilimindedir. Öncelikle, okumayı nispeten erken yaşta, belki ikinci veya üçüncü sınıftayken bırakmışlardır ve okuma seviyeleri (ve daha da önemlisi, okuma teknikleri), bu kısıtlamaya rağmen öğrenmeye devam etmiş olsalar dahi, hiçbir zaman küçük yaşlarındaki o seviyenin ötesine geçememiştir. Başka bir sebep ise okurken odaklanamıyor olmalarıdır. Örneğin okurken dikkatlerinin yarısı sınıftaki diğer çocukların konuşmalarındadır, biraz okur biraz televizyona dalarlar, birkaç dakikada bir e-postalarını kontrol etme derdine düşerler vb. Bütün bu sebeplerden ötürü, okuduklarını anlayacak kadar odaklanamadıkları için de kendilerini aynı paragrafı tekrar tekrar okurken bulurlar.

İnsanların yavaş okumasının birkaç temel nedeni vardır. Okuma yeterliliğiniz iki ana bölümden meydana gelir: Okuma hızınız ve okuduğunuzu anlama beceriniz. Okuma yeterliliğinizi artırmanın çeşitli yollarını incelemeye girişmeden önce, daha hızlı okumamızı engelleyen üç engeli ve sınırlamayı incelememiz gerekir.

1. Geri Dönme

Böyle bir şey yaşadığınız oldu mu? Yani hiç, kitaptaki bir satırı okuduktan hemen sonra kendinizi aynı satırı tekrar okurken buldunuz mu? Ya da okurken dalıp gidip sonrasında durumu fark ederek akılsızca geri dönüp satırları yeniden okuduğunuz oldu mu? "Geri Dönme" gözlerinizin geride bıraktığınız satırlara geri dönüp belirli kelimeleri tekrar okumak zorunda kaldığı on adımlık durumu tanımlamak için kullanılan bir terimdir. Hemen hemen herkes bunu bir dereceye kadar yaşar ve bu durum çoğu zaman bilinçaltı kaynaklıdır. İnsanlar bunu yaparak kavrama potansiyellerini artıracaklarına inanırlar, ancak aslında bilakis bu potansiyellerini engellemiş olurlar. Geri dönerek veya tekrar başlayarak, okuduğunuz materyalin anlamını ve özünü kaybetmeniz çok kolaydır. Sonuç olarak, "Geri Dönme" okuma sürecini ciddi şekilde bozar ve okuma hızını yavaşlatır.

2. Zaman Aşımına Uğramış Beceriler

Okuyabilmek bir zekâ ölçüsü değil, beceridir ve tıpkı tüm diğer yetenekler gibi o da öğrenilebilir ve geliştirilebilir. Şimdi söyleyin bana: En son ne zaman okuma adında bir ders aldınız? Çoğu insan bu soruya, 4. veya 5. sınıftayken diye cevap verecektir. Siz de bu çoğunluk gibiyseniz, okuma beceriniz muhtemelen o dönemdekiyle aynı kalmıştır. Bu noktada sorum şu: O zamandan beri okuduğunuz materyallerin miktarı ve zorluk derecesi değişti mi? Tabii ki materyalin karmaşıklığı büyük olasılıkla çarpıcı bir şekilde artmıştır, ancak okuma beceriniz maalesef aynı kaldı.

3. İç Seslendirme

İç seslendirme, içinizde konuşan sesinizi betimlemek için kullanılmış yaratıcı bir kelimedir. Bu satırları okurken içinizde aynı kelimeleri söyleyen bir ses fark ettiniz mi? İşte bu sizin kendi sesinizdir. İç seslendirme, okuma hızınızı dakikada yalnızca birkaç yüz kelimeyle sınırlar. Bu, okuma hızınızın düşünme hızınızla değil, konuşma hızınızla sınırlı olduğu anlamına gelir. Gerçekte, zihniniz çok daha hızlı okuyabilir.

Peki, iç seslendirme yapmaya nasıl başladık? Çoğumuz, okumayı öğrendiğimiz ilk zamanlarda iç seslendirme yapmaya başladık. O zamanlar, öğretmenimizin materyali doğru okuyup okuyamadığımızı anlaması için yüksek sesle okumamız gerekiyordu. Diğer çocuklarla birlikte sıralarınızı daire olacak şeklinde yerleştirdikten sonra öğretmeninizin sırayla her birinizden yüksek sesle okumanızı istediği zamanları hatırlıyor musunuz? Çoğumuz için bu çok stresli bir olaydı. Kelimeleri doğru bir şekilde söylemeniz gerektiğinden üzerimizde çok fazla baskı hissediyorduk çünkü kelimeyi nasıl telaffuz ettiğiniz çok önemliydi. İşte o zaman beynimiz şu ilişkiyi kurdu: Bir kelimenin anlamını okurken anlamak istiyorsam, onu doğru bir şekilde söyleyebilmeliyim.

Daha sonraları, bize artık yüksek sesle değil, kendi kendimize sessizce okumamız söylendi. İşte bu, o "okuma sesini" içselleştirdiğimiz zamandır ve çoğumuz bunu o zamandan beri yapıyoruz.

Ayrıca esasen, kelimeleri duymazsak, onları anlamayacağımıza inanıyoruz. Ancak işin aslı bu değil.

Bunu hemen bir örnekle açıklayayım: Başkan John F. Kennedy'nin dakikada 500 ila 1200 kelime okuyan çok hızlı bir okuyucu olduğunu biliyoruz. Personelini eğitmek için hızlı okuma eğitmenleri getirtmişti. Ayrıca dakikada yaklaşık 250 kelime kullanarak konuşma yapmıştı. Açıkça belli ki, okurken zihninde iç sesiyle söylemediği pek çok kelime vardı. Kısacası, kelimeleri anlamak için onları yüksek sesle söylemeniz gerekmez.

Bir dakikanızı ayırın ve size veya bir başkasına ait olan belirli bir arabayı gözlerinizin önüne getirin. Nasıl görünüyor? Ne renk? Bunu lütfen şimdi yapın.

Neler geldi gözünüzün önüne? "Mavi renkli, dört tekerleği ve kahverengi deri koltukları var" diyebilirsiniz. Şimdi sorum şu: Mavi, lastik veya deri kelimeleri zihninizde mi belirdi yoksa tüm bunları kullanarak bir araba mı hayal ettiniz? Çoğumuzun zihni kelimelerle değil, imgelerle düşünür. Kitabın önceki bölümünde yer alan "Hafıza" konusunda da değindiğimiz gibi, kelimeler sadece düşüncelerimizle veya kafamızdaki resimlerle iletişim kurmak için kullandığımız araçlardır.

Okurken, materyali görselleştirerek hem hızınızı hem de anlama potansiyelinizi büyük ölçüde artırabilirsiniz. Tüm kelimeleri "söylemek" gerekli değildir çünkü çok zaman alır. Okuyun ama söylemeyin. Tıpkı bir cümlede geçen nokta, virgül ve soru işaretini okuyup söylemediğiniz gibi. Mesela bir cümleyi asla şöyle okumazsınız: "Biraz önce biraz avokado virgül yaban mersini virgül brokoli satın aldım nokta" Yani noktalama işaretlerinin yalnızca çeşitli anlamları temsil eden semboller olduğunu bilir ve anlarsınız.

Kelimeler de aynı zamanda sembollerdir. Okuduğunuz kelimelerin yüzde 95'ini daha önce de görmüşsünüzdür. Tıpkı çünkü *bu, şu* gibi tamamlayıcı kelimeleri sesli olarak telaffuz etmeniz gerekmediği gibi, daha önceden görüp anlamını kavradığınız kelimeleri de telaffuz etmenize gerek yoktur çünkü onları sesinizden duyarak değil, görerek tanırsınız. Önemli olan, kelimenin neyi temsil ettiğinin anlaşılmış olmasıdır ve anlam, genelde kafanızda ona dair oluşturduğunuz resim formunda daha iyi tanımlanır ve hatırlanır. Bu kavramı anlamanız, iç seslendirmeyi azaltma sürecinizin ilk adımıdır.

OKUMA HAKKINDAKİ YANLIŞ FİKİRLER

1. Mit: Hızlı Okuyanlar Okuduklarını İyi Kavrayamazlar

Bu, yavaş okuyanlar tarafından yayılan bir söylentidir ve hiç de doğru değildir. Aslında, hızlı okuyanlar genellikle yavaş okuyanlardan daha iyi kavrarlar. Bir benzetme yapalım: Sakin bir sokakta arabanızla yavaş bir yolculuk yaparken, birçok şey yapıyor olabilirsiniz. Radyo dinliyor, bol yeşillik dolu bir meyve suyu içiyor, bir komşuya el sallıyor ve en sevdiğiniz şarkıyı söylüyor olabilirsiniz. Dikkatiniz tek bir yerde olmaz; o sadece akar ve dolaşır.

Ama bir yarış pistinde keskin viraj alırken son hız pedal çeviriyor olduğunuzu hayal edin. Daha fazla mı yoksa daha az mı odaklanıyorsunuz? Önünüzde, arkanızda ve ilerinizde ne olduğuna yoğun şekilde odaklandığınıza bahse girerim. Kuru temizlemedeki giysilerinizi düşünmüyorsunuz. Aynı şey okumak için de geçerlidir. Okuduğunu daha iyi anlamanın anahtarı odaklanma ve yoğunlaşmadır. Ancak bazı insanlar o kadar yavaş okurlar ki, kendi zihinlerini tamamen sıkıntıya sokarlar. Sıkılmış bir zihin iyi yoğunlaşamaz. Zihniniz büyük miktarda bilgiyi idare edebilir ama yine de çoğu insan okurken zihnini kelimelerle... azar... azar... besler. İşte bu, beyni aç bırakır.

Eğer zihniniz başıboş dolaşıyor ve hayallere dalıyorsa, nedeni bu olabilir. Beyninize ihtiyaç duyduğu uyarıcıyı vermezseniz, dikkat dağıtma amacıyla başka bir yerde eğlence arayacaktır. Kendinizi akşam yemeğinde ne yiyeceğinizi, yarın randevunuzda ne giyeceğinizi düşünürken ya da koridordaki bir sohbeti dinlerken bulabilirsiniz. Daha önce bir sayfa veya paragraf okumak ve sonra ne okuduğunuzu hatırlamamak üzerine tartışmıştık. Çok yavaş okuduğunuz için beyniniz sıkılmış ve ilgisini kaybediyor olabilir. Okumayı sakinleştirici olarak kullanıyor ve uykuya dalıyor da olabilirsiniz. Daha hızlı okuyarak zihninizi harekete geçirir, kendinizi daha odaklanmış hale getirir ve okuduğunuzu daha iyi kavrayabilirsiniz.

2. Mit: Hızlı Okumak Daha Zordur ve Daha Fazla Çaba Gerektirir

Daha hızlı okumak daha *az* çaba gerektirir, çünkü eğitimli okuyucular daha yavaş okuyucular kadar okurken geri dönme eğiliminde değildir. Yavaş okuyanlar kelimelerde dururlar, onları tekrar okurlar, başka bir kelimeye geçerler, önceki kelimeye geri dönerler ve bu, okumaları boyunca devam eder. Bu çok daha fazla çaba gerektirir ve son derece yorucu ve sıkıcıdır. Hızlı okuyanlar, kelimeleri çok daha kolay bir şekilde ve çok daha kısa sürede okur. Bu onları daha verimli kılar çünkü daha az zaman harcarlar ve süreçten daha fazlasını elde ederler!

3. Mit: Hızlı Okuyanlar Okumanın Hakkını Veremezler

Bu da doğru değildir. Bir sanat eserini takdir etmek için tek tek fırça darbelerini incelemeniz gerekmez. Aynı şekilde, değerini anlamak için bir kitaptaki her kelimeyi incelemenize gerek yoktur. Eğitimli bir okuyucu olmanın en iyi yanlarından biri esnekliktir. Hızlı okuyanlar, sıkıcı/gereksiz materyalleri hızlanarak geçme ve heyecan verici/önemli bilgileri okurken yavaşlama ve hatta yeniden okuma seçeneğine sahiptir. Esneklik güçtür. Hızlı okuyanlar çoğu materyali okumaktan zevk alırlar çünkü bunun tüm gün sürmeyeceğini bilirler.

GÖRSEL TAKİP ARACI: OKUMA MATERYALİNİ PARMAĞINIZLA TAKİP EDEREK OKUYUN

Muhtemelen çocukluğunuzda okurken kelimeleri işaret etmek için parmağınızı kullanmamanız söylendi. Geleneksel olarak inanılan, böyle yapmanın okumayı yavaşlatacağı bilgisidir. Ancak çocukların doğal olarak bildiği gibi, parmağınızı bir kılavuz olarak kullanmak gözlerinizin odaklanmasını sağlar ve dalıp gitmesini engeller. Okumak için parmağınızı kullanmak aslında okuma hızınızı artırır çünkü gözünüz parmağınızın hareketinden etkilenir.

Bunu zihinsel anlamda bilmenizle kendiniz deneyimlemeniz

arasında büyük bir fark vardır. Daha önceki değerlendirmeniz için kullandıklarınızı yeniden okuyarak parmağınızı kullanma alıştırması yapın. Baştan başlayın ve kelimeleri takip etmek için parmağınızı kullanın. Başlangıçta kaldığınız yerde bitirin. Okuduğunuzu anlama konusunda endişelenmeyin ve hızınızı ölçmeyin; çünkü bu sadece bir egzersiz. Bu pratiğin amacı, okurken parmağınızı kullanmaya alışmanızdır.

İşiniz bittiğinde alarmı iki dakikaya ayarlayın. İlk değerlendirmeniz sırasında bitirdiğiniz yerden başlayın. Alarm çalana kadar okumaya devam edin. Yeni okuma hızınızı (orijinal formüle göre) bulun ve buraya yazın:

Yeni okuma hızım dakikada .... kelime.

Araştırmalar, okurken parmak kullanımının okuma oranınızı %25'ten %100'e kadar arttırabileceğini gösteriyor. Bu tekniği kullanarak ne kadar çok pratik yaparsanız, sonuçlarınız o kadar iyi olacaktır. İlk başta biraz tuhaf gelebilir, tıpkı araba kullanmayı ilk öğrendiğinizde olduğu gibi. Ancak sabırlı olun ve önce becerilerinizi geliştirmenin her zaman, sonradan öğrenirken dikkatsizce ilerlemekten daha fazla çaba gerektirdiğini unutmayın.

Parmağınızla okumak, öğrenme sürecine dokunma duyusunu da dâhil eder. Koku ve tat alma duyunuzun birbiriyle bağlantılı olduğu kadar, görme ve dokunma duyularınız da çok yakından bağlantılıdır. Bir çocuğa hiç yeni bir şey göstermeyi denediniz mi? Çocuğun doğal içgüdüsü, nesneye dokunmayı istemek olacaktır.

Parmağınızı kullanmak aynı zamanda okurken geri dönmeyi de önemli ölçüde azaltır ve bu alıştırma ile okuma hızınızın artmasının nedenlerinden biri de budur. Gözleriniz doğal olarak hareketten etkilenir, böylece parmağınızı ileri doğru hareket ettirdiğinizde gözlerinizin geriye doğru gitme olasılığı çok daha düşük olur.

Parmağınızla okuma alıştırması yapın, bu teknik tek başına hızınızı ve kavrayışınızı önemli ölçüde artıracak ve öğreniminizde devrim yaratacaktır. Parmağınız yorulursa, tüm kolunuzu ileri geri hareket ettirerek pratik yapın. Kolunuzdaki kas daha büyüktür ve bu sebeple o kadar kolay yorulmayacaktır.

NASIL DAHA DA HIZLI OKUYABİLİRİZ?

İşte hızlı bir okuyucu olmanıza yardımcı olmak için birkaç ipucu daha:

1. Okumak Spor Yapmak Gibidir

Spor yapmaya gittiğinizde, kaslarınıza fazla nazik davranırsanız onların büyümesini bekleyemezsiniz. Büyümeleri için kaslarınızı biraz rahatsız hissedeceğiniz yere kadar zorlamanız gerekir. Aynı şey okumak için de geçerlidir. Kendinizi daha hızlı okumaya zorlarsanız, "okuma kaslarınız" daha güçlü hale gelir ve bir zamanlar zor olan kolaylaşır. Kendinizi daha hızlı okumak için eğitirseniz bunu başarabilirsiniz. Koşanlar bunu bilir. Koşu bandında düzenli olarak egzersiz yaparsanız kendinizi her geçen gün daha üst seviyelerde koşarken bulabilirsiniz. Bir zamanlar zor olan seviyeler bir hafta sonra kolaylaşır çünkü kendinizi daha yüksek bir yetkinlik derecesine itmişsinizdir. Hızınızı daha da artırmak için şu alıştırmayı deneyin: Kolay okunan bir romana, bir kaleme ve bir saate veya zamanlayıcıya ihtiyacınız olacak:

1. 4 dakika boyunca (parmağınızı veya görsel bir takip aracını kullanarak) rahatça okuyun. Alarmı 4 dakika içinde çalacak şekilde ayarlayın ve normalde okuduğunuz hızda okuyun. Alarmınız çaldığında satırı işaretleyin. Bu sizin "bitiş çizginiz" olacak.

2. Şimdi alarmınızı 3 dakikaya ayarlayın. Buradaki amaç, alarmınız çalmadan bitiş çizgisine ulaşmaktır. Ardından (parmağınızı kullanarak) 3 dakika içinde 1. adımdaki satıra kadar okuyun.

3. Alarmınızı 2 dakikaya ayarlayın. Okuduğunuzu anlama konusunda endişelenmeyin. 2 dakika içinde alarmınız çalmadan bitiş çizgisine ulaşmaya çalışın. Görsel bir takip aracı kullanın ve satır sa-

tır ilerleyin. Gözlerinizin olabildiğince hızlı bir şekilde parmağınızı takip etmesini sağlayın.

4. Son düzlüğe geldiniz. Zamanlayıcınızı 1 dakikaya ayarlayın. Bir dakika içinde bitiş çizgisine ulaşmak için elinizden geleni yapın. Hiçbir satırı atlamayın ve şu anda okuduğunuzu anlama konusunda endişelenmeyin.

5. Şimdi nefes alın. Zamanlayıcınızı 2 dakikaya ayarlayın. Yeni bir bölümü okumak için bitiş çizginizden başlayın. Rahat hissettiğiniz bir hızda anlayarak okuyun. Okuduğunuz satır sayısını sayın, satır başına düşen kelime sayısıyla çarpın ve ardından bu sayıyı ikiye bölün. Bu sizin yeni okuma hızınız olacak. Onu buraya yazın: Dakikada .... kelime.

Bu size nasıl hissettirdi? Bu egzersizi yaparak hızınızın arttığını fark edeceksiniz. Bir benzetme yapalım: Otoyolda 100 kilometre hızla giderken sıkışık trafik yüzünden 65 kilometre hızla gidecek şekilde yavaşlarsanız, epey bir fark hissedersiniz. Bunun nedeni, daha yüksek hızda sürmeye alışkın olmanızdır. Ama aslında çok yavaş gitmiş olmazsınız; bu tamamen göreceli bir durumdur.

Aynı prensip okuma için de geçerlidir. Kendinizi alışkın olduğunuzdan iki veya üç kat daha hızlı okumaya zorlarsanız, sonunda hızınızı rahat bir seviyeye düşürdüğünüzde, önceki hızınız size yavaş hissettirir. Bu 4 dakikalık egzersizi, tatmin olduğunuz bir düzeye ulaşana kadar günde en az bir kez yapmanız gerekiyor. Okumanızı planlayın. Tıpkı egzersizde olduğu gibi, sadece bir kez çalışıp ömür boyu gelişmeyi bekleyemezsiniz. Düzenli olarak okumalısınız, aksi takdirde okuma kaslarınız zayıf düşecektir.

2. Çevresel Görüşünüzü Genişletin

Çevresel görüşünüz, gözlerinizin tek bir bakışta görebileceği harfler veya kelimeler aralığıdır. Çevresel görüşünüzü artırarak, tek seferde daha fazla kelime görebilecek ve anlayabileceksiniz. Çoğu insana her seferinde yalnızca bir kelime okuması öğretilir. Ama aslında bundan daha fazlasını okuyabilirsiniz.

Okumayı ilk öğrendiğinizde, size harflerin kelime adı verilen daha büyük yapılar oluşturduğu öğretilmişti. Çocukken bir kelimeyi harflerini seslendirerek söylerdiniz. Örneğin sağlık kelimesi, onu anlayabilmeniz için S-A-Ğ-L-I-K şeklinde harflere ayrılırdı. Artık büyüdüğünüz için, okurken harflerin o kadar farkında değilsiniz, kelimeler olarak bilinen daha büyük birimleri görüyorsunuz.

İnsanların sınırlı bir okuma hızına sahip olmasının nedenlerinden biri, bir seferde tek kelime okumalarıdır. Ancak sağlık kelimesinin sonuna rapor kelimesini koyarsanız SAĞLIK RAPORU kelimesini elde edersiniz. Bu iki kelimenin kendine özgü anlamları vardır, ancak zihniniz onları tek bir birim olarak görür. Zihniniz bu iki kelimeyi bir arada görme yeteneğine sahip olduğu gibi, kelime gruplarını da aynı anda görebilir. Bunu yaparak, okuma hızınızı daha da yükseklere çıkaracaksınız. Tıpkı sizin harfleri değil, kelimeleri gördüğünüz gibi, yetenekli okuyucular da tek tek kelimeleri değil, kelime gruplarını (veya fikirleri) görürler.

3. Sayma

Ana hatlarıyla belirttiğim alıştırmalar kullanıldığında, iç seslendirme sorunu azalmaya başlayacaktır. Daha hızlı okuma süreci doğal olarak, kafanızın içinde tüm kelimeleri söylemeyi zorlaştırır. Belli bir hızı geçtiğinizde (dakikada yaklaşık 300 ila 350 kelime), tüm kelimeleri içinizden söylemek imkânsız olacaktır. Bu eşiği geçtiğinizde, beyniniz kelimeleri söylemekten, onları daha çok imge olarak görmeye geçiş yapmaya başlayacak ve kitap okumak daha çok film izlemeye benzeyecektir.

Saymak, bu iç sesi bastırmak için kullanabileceğiniz başka bir araçtır. Süreç aldatıcı bir şekilde basittir: Okurken yüksek sesle sayın, "Bir, iki, üç..." ve böyle devam edin. Aynı anda yüksek sesle saymanın ve içinizden konuşmanın çok zor olduğunu göreceksiniz. Bu işlemi yapmak; kelimeleri söylemek yerine görmenizi sağlayarak okuduklarınızı içinizden daha az seslendirmenizi sağlar, böylece daha yüksek hızı ve daha iyi kavramayı beraberinde getirir.

İnsanlar, *duyduklarından* çok *gördüklerini* hatırlama ve anlama eğilimindedir. Bu oldukça mantıklı; çünkü çoğu insan gördüğü bir kişinin yüzünü, duyduğu bir isimden daha iyi hatırlayabilir. Bu diğer alıştırmaları uygulayarak okuma hızınız artacak çünkü artık her kelimeyi söylemiyor olacaksınız. Başlangıçta biraz kafanız karışabilir (hatta kavrayışınız azalabilir), ancak çok kısa bir süre içinde zihniniz saymaktan sıkılacak ve sonunda duracak. Pratik yaparak kavrama kabiliyetiniz çok geçmeden artacak ve gelişecek; çünkü okuduğunuz materyali daha kapsamlı bir şekilde görebilecek ve anlayabileceksiniz.

BAŞARI HİKÂYELERİ

Kitabın tamamını öğrencilerin hızlı okuma üzerine başarı hikâyeleriyle doldurabilirim, hatta ben ve ekibim bunları düzenli olarak sosyal medyada yayınlıyoruz. Bugün elimize ulaşan bir hikâyeden bahsedeceğim. Sarah çok yavaş bir okuyucuydu. Odaklanmakta zorluk çekiyordu; isimleri ve olayları hatırlamanın imkânsız olduğunu düşünüyordu. Bu alanda yıllarca süren bir mücadeleden sonra, okuma kabiliyetini veya öğrenme yetisini geliştirme şansının çok az olduğuna ikna olmuştu.

Programlarımda öğrencilerime mükemmeli değil, ilerlemeyi hedeflediğimizi temin ederim. Bu, Sarah'ya da hitap eden bir durum oldu. Sarah, daha önce karmaşık çözümler aramış olduğunu; ancak öğrettiğimiz, basit oldukları için göz ardı edilmesi veya gözden kaçması kolay olan araç ve teknikleri kullanmanın en iyi yol olduğunu fark etti. Adanmışlık duygusuyla kendini göstermeye ve şüpheleri ne olursa olsun elinden gelenin en iyisini yapmaya karar verdi.

Sonuçlar ortada; Sarah'nın okuma hızı artık üç kat daha fazla. Kendisi dakikada 253 kelimeden 838 kelimeye çıktı. Sarah, güne her sabah okuyarak başlıyor. Bu da hayatındaki her bir sabaha pozitif bir ivmeyle başlamasını ve gün ortasına geldiğinde, o ana dek zaten bir şeyler başarmış olduğunu hissetmesini sağlıyor.

Başka bir öğrencim Lou, kendisine gerçekten yardımcı olabilecek bir tekniği öğrendiğinde okuma becerisinde büyük bir fark deneyimledi. Lou, mühendislik ve matematik gibi beynin sol tarafının çalışmasını gerektiren üst düzey konularda çok iyiydi ve elektrik mühendisliği alanında lisans derecesi almıştı; ancak aldığı her İngilizce dersinde zorlanmıştı. Okul yılları boyunca okuduğu kelimeleri anlamakta ve bunların ardındaki dersleri kavramakta büyük zorluklar yaşamıştı. Öyle ki, öğretmenleri ona sempati duyduklarından hak etmediği notlar verdikleri için mezun olabildiğine ikna olmuştu.

OKUMA İPUÇLARI.

• Kitabınızı dik tutun. Kitap masanızın üzerinde düz duruyorsa, aşağıdaki iki şeyden birini yapıyor olabilirsiniz:

1. Yazıya doğrudan bakmak yerine belli bir açıdan bakarak gözlerinize gereksiz baskı uyguluyor ya da

2. Yazıyı net bir şekilde görebilmek için öne eğiliyor olabilirsiniz. Bu, (bildiğiniz gibi) vücudunuzdaki oksijen akışını bozar ve kendinizi yorgun hissetmenize neden olur.

• Bir seferde yalnızca 20-25 dakika okuyun. Önceliği ve yeniliği hatırlayın. Ayrıca, gözleriniz yorulur veya zorlanırsa ara verin. Gözlerinizi kapatın ve dinlendirin.

• Okumayı alışkanlık haline getirin. Hayatta yüksek derecede başarıya ulaşmış insanlar neredeyse her zaman hevesli okuyucular arasından çıkmıştır. İyi okuyucular sık sık okurlar. İşin sırrı, okumayı alışkanlık haline getirmektir. Bu alışkanlığı kendinize hediye edin.

Lou 35 yaşındayken "tam anlamıyla" okumayı öğrenmek için dersler almaya başladı. Bu dersler ona yardımcı oldu, ancak dört yıllık çalışmanın ardından hâlâ ikinci sınıf okuma seviyesinde olduğunu fark etti. Bu daha önce bulunduğu seviyeye göre çok büyük bir gelişmeydi, ancak onun olmak istediği seviyenin yakınından bile geçmiyordu. Kelime ve kavramlara hâkim olamadığı için Lou, hüsrana uğramaya devam etti. Sorunun büyük bir kısmı, yineleyerek ezberleme yöntemiyle -okuduğunu anlayacağı umuduyla aynı pasajları defalarca okuyarak- öğrenmeye çalışmasıydı. Ancak sürekli olarak sayfanın sonuna geldiğinde kendini hiçbir şey öğrenememiş halde buluyordu.

Kayda değer ilerleme kaydetmiş olsa da Lou için çözüm, kendine uygun bir program bulmaktı. Hafıza programımız ona okuduğu materyali nasıl özümseyeceğini öğrettikçe, kelimeleri okurken onları görselleştirmeye biraz daha zaman ayırmaya başladı ve sol elini, beyninin sağ tarafını uyarmaya yardımcı olmak için bir takip aracı olarak kullandı. Sonunda, hayatında ilk kez, kitap okuduğunu ve bunu yaparken okuduğunu anladığını fark etti.

> **KWIK BAŞLANGIÇ ÖDEVİ**
> Her gün okumak için en az 15 dakika ayırın ve bu eylemi önemli bir randevu gibi ajandanıza not edin. Okumayı günlük alışkanlıklarınızın bir parçası haline getirin.

DEVAM ETMEDEN ÖNCE

Okuma ve öğrenmenizin sınırlarını ortadan kaldırmak size benzersiz bir özgürlük düzeyi sunacaktır. Öğrenme kapasitesinden en iyi şekilde yararlanan insanlar, hayatı bir ustalık duygusuyla ve hiçbir görevin veya zorluğun onları yıldırmayacağından emin olarak deneyimliyorlar. Www.LimitlessBook.com/resources adresini ziyaret edin ve burada öğrendiklerinizi pratiğe dökün. Bu yöntemlerle size rehberlik ettiğim bir saatlik hızlı okumada ustalaşma dersini izleyebilirsiniz. Bir sonraki bölüme geçmeden önce, aşağıdaki birkaç şeyi deneyin:

- Değiştirmek istediğiniz mevcut bir okuma alışkanlığı belirleyin. Her bir dönüşüm, sizi engelleyen şeyi kabullenmenizi ve pratik sırasında ortaya çıktığında onu fark etmenizi gerektirir.
- Her gün görsel bir takip aracı ile okuma alıştırması yapın. "Okuma kasınızı" geliştirmek için her gün 10 dakika bile olsa okumayı günlük programınıza dâhil edin.

Jim Kwik

• Bu ay okumak istediğiniz kitapların bir listesini yapın ve onları okumayı bitirdiğinizde hayatınızda nelerin değişebileceğini yazın.

www.jimkwik.com/reading adresine giderek hızlı okumada ustalaşma üzerine çevrimiçi dersimi (ücretsiz) alın.

"Düşünmek,
var olan en ağır iştir;
bu sebeptendir ki pek az insan bu işle
uğraşır."

HENRY FORD

DÜŞÜNME

Çeşitli açılardan bakarak düşünmek neden önemlidir?
İnsanların zekâlarını kullanmalarının çeşitli yolları
nelerdir?
Farklı düşünerek ne tür süper güçlerden
yararlanabilirsiniz?

Büyük bir şeyi başarmak genellikle yeni düşünme yaklaşımları gerektirir. Genellikle Albert Einstein'a atfedilen bir gözlem şu şekildedir: "Sorunları, onları oluştururken kullandığımız düşünce tarzını kullanarak çözemeyiz." Ve bu elbette çok mantıklı.

Çoğunlukla işte, evdeki yaşamımızda ve öğrenimimizde belirli bir bakış açısı benimseriz ve bu bakış açısı, kendisine uymayan her yaklaşımı etkili bir şekilde dışlar. Ancak bununla ilgili iki temel sorun var. Birincisi, tüm bakış açılarının, hâlâ geçerli olduklarını teyit etmek için düzenli olarak sorgulanmaları gerektiğidir. Örneğin, çoğu zaman bir şirket iflas ettiğinde, daha sonra pazara yönelik tamamen tek bir yaklaşıma saplanmış olduğu ve hedeflediği kitlenin artık eskisi kadar duyarlı olmadığını fark edemediği görülür. Sabit bir bakış açısının karşı karşıya kaldığı ikinci sorun, zorlukların genellikle belirli bir düşünce türünün ürünü olması ve yanıtın ancak masaya yeni bir yaklaşım getirilerek bulunabilmesidir.

Neden çoğumuz kısıtlı bir düşünce aralığına sahibiz? Bence yanıt, odak konusunu tartıştığımız bölümdeki ile aynı: çünkü okuldayken bir şekilde "düşünme dersini" kaçırdık. Neyse ki, o derse katılmak için hiçbir zaman çok geç değil ve sizi hemen şimdi bu derse kaydettireceğim.

DÜŞÜNME ŞAPKALARI

Dr. Edward de Bono, "altı şapkalı düşünme" kavramını, insanın içine saplanmış olabileceği herhangi bir tekdüze düşünceden kurtulmak için bir araç olarak geliştirdi.[1] Grupların düzenli olarak daha verimli bir şekilde problem çözmelerine yardımcı olmak için kullanılan bu yöntem, düşünce biçimini taze tutmayı amaçlayan kişiler tarafından kolayca uyarlanabilir. Temel fikir, aşamalı olarak bir dizi hayali şapka takarak düşünceyi ayrı ayrı tanımlanmış altı işleve ayırmaktır:

- Bilgi toplama modundayken **beyaz bir şapka** takın. Bu noktada odak noktanız ayrıntıları toplamak ve değinmeye çalıştığınız her konuyu irdelemek için ihtiyaç duyacağınız tüm gerçekleri elde etmek olacaktır. Bunu hatırlamanıza yardımcı olmak için beyaz bir laboratuvar önlüğü düşünün.

- Düşüncenize iyimserlik kazandırmak için **sarı şapkaya** geçin. Burada, doğası gereği bulunan değeri vurgulayarak, karşılaştığınız herhangi bir sorun veya zorluğun olumlu yönlerini belirlemeye çalışın. Bu noktada hafızanız için ipucu olarak, güneşi düşünün.

- Daha sonra, zorluğun iyi taraflarına bakmayı bırakıp, onun açmazları ve tuzaklarıyla yüzleşmeye dönmek için **siyah bir şapka** takacaksınız. Bir sorunu başarıyla çözememenin sonuçlarıyla yüz yüze geleceğiniz yer burasıdır. Hafıza ipucu: Bir hâkimin cüppesini düşünün.

- Bunu yaptıktan sonra, duyguların devreye girmesine izin vermek için **kırmızı şapkanızı** takın. Bu, sorunla ilgili duygularınızın yüzeye çıkmasına izin verebileceğiniz ve hatta korkularınızı ifade edebileceğiniz noktadır. Burası aynı zamanda tahmin ve sezginin devreye girmesine izin verebileceğiniz yerdir. Bunu hatırlamak için kırmızı bir kalp düşünün.

- Şimdi **yeşil şapka** zamanı! Bu şapkayı taktığınızda, yaratıcılık modunda olacaksınız. Soruna analitik ve duygusal olarak baktınız. Şimdi kendinize sorun, problem hakkında zaten bildiklerinize hangi yeni fikirleri katabilirsiniz? Bu soruna daha önce hiç düşünmediğiniz bir şekilde nasıl yaklaşabilirsiniz? Hafıza ipucunuz: Çimleri düşünün.

- Son olarak, yönetim modunda olmak için **mavi şapkayı** takın ve gündeminize verimli bir şekilde değindiğinizden ve giydiğiniz tüm diğer şapkalardan süreç boyunca fayda sağlayacak şekilde ilerlediğinizden emin olun. Çoğu zaman, organizasyonlar bir toplantı için hedefler belirlemek üzere toplantıya mavi şapka ile başlar ve oturumun sonunda onu tekrar takarlar. Altı şapkayı kendiniz kullanıyor olsanız bile bu, dikkate almak isteyeceğiniz bir şeydir. Bunu hatırlamak için gökyüzünü düşünün.

De Bono'nun problem çözme yaklaşımı, düşüncelerinizden en iyi şekilde yararlanmak için ustaca ve titizlikle geliştirilmiş bir yöntemdir. Bu yaklaşım özünde, bir soruna her yönden bakmanın özenle tanımlanmış bir yoludur. Öncelikle, neyi ele almanız gerektiği konusunda net olduğunuza emin olursunuz. Sonra, tüm gerçeklerin önünüzde olduğuna karar verirsiniz. Ardından, konuyu olumlu bir bakış açısıyla ele aldığınızdan emin olursunuz. Bunun üzerine, karşılaştığınız zorluklar hakkında gerçekçi olursunuz ve bu konuda kendinize ne hissettiğinizi anlamanız için izin verirsiniz. Daha sonra, soruna daha önce düşünmemiş olabileceğiniz perspektiflerden saldırmanıza ve hayal gücünüzün serbest kalmasına imkân verirsiniz. Son olarak, bu aşamalar süresince ele almak için belirlediğiniz konuyu ele aldığınızdan emin olmak için geri dönersiniz.

Tek bir görev için beyninizi kaç farklı şekilde kullandığınıza bakın. Analitik, duygusal ve yaratıcı oldunuz. Hem güneşli hem karanlık tarafı keşfettiniz. Ve neredeyse kesinlikle, her gün otomatik olarak kullanmadığınız yöntemlerle (bundan sonra kullanma ihtimaliniz olsa da) bu soruna saldırdınız. Einstein sizinle gurur duyardı.

> **KWIK BAŞLANGIÇ ÖDEVİ**
> Şu anda çözmeniz gereken bir sorun düşünün. "Bu işi nasıl alabilirim"den "Ailemle nasıl daha iyi iletişim kurabilirim?"e kadar her türlü problem olabilir. Çözmeye çalıştığınız soruna farklı bakış açılarıyla yaklaşmak için "Altı Şapkalı Düşünme" tekniğini kullanın.

ZEKÂ TÜRÜNÜZ NE?

Farklı şekillerde düşünmemize yardımcı olacak araçlara sahip olmak bizim için neden önemlidir? Çünkü insanlar genellikle hangi zekâ türünde baskınlarsa o zekâ türüne yönelirler. Harvard Graduate School of Education'da bilişsellik ve eğitim profesörü olan Dr. Howard Gardner, kapsamlı bir şekilde zekâ üzerine çalıştı ve sekiz farklı zekâ türü belirledi:[2]

1. Uzamsal: Bu, genellikle etrafındaki boşluğun perspektifinden düşünen kişidir. Havayolu pilotları uzamsal düşünme eğiliminde olurlar, satranç oynamakta usta olan insanlar da bu eğilimi gösterirler; çünkü her ikisi de nesnelerin boşluğa nasıl uyduğu konusunda doğuştan bir anlayış gerektirir. Bir başka örnek olarak, resimlerindeki olağanüstü mekân kullanımı nedeniyle sanatçı Claude Monet akla geliyor.

2. Bedensel-Kinestetik: Bu zekâ türüne yatkın olan kişi, bedenini kendini ifade etme veya problem çözme biçimi olarak kullanır. Davulcular ve jimnastikçiler bedensel-kinestetik zekâya sahiplerdir. Bu zekâ biçimini düşündüğümde aklıma gelen ilk isim, dehasını vücuduyla tenis kortunda çok az kişinin gösterdiği biçimde gösteren Venus Williams'tır.

3. Müziksel: Bu zekâ türüne sahip bireyler, "ritim, perde, ölçü, ton, melodi ve tınıya karşı güçlü bir duyarlılığa" sahiptir.[3] Müzisyenlerin müziksel zekâ üzerinde bir üstünlükleri olduğu açıktır, ancak bunu genellikle ölçü ve ritmi sözcükler kadar etkili kullanan şairlerde de görebilirsiniz. Müziksel zekâ için tipik örneğim ise Wolfgang Amadeus Mozart.

4. Sözel / Dilsel: Dilsel zekâsı baskın bir kişi, yalnızca sözlük tanımlarına değil, kelimelerin diğer tüm anlamlarına özellikle aşinadır. Elbette yazarlar bu özelliğe sahiptir, ancak büyük hatipler ve avukatlar da öyle. Dilsel zekâ biçimini düşündüğümde aklıma gelen ilk isim William Shakespeare'dir.

5. Mantıksal / Matematiksel: Bu, "eylemler veya semboller arasındaki mantıksal ilişkileri" görme üzerine bir yetkinliktir.[4] Matematikçiler farklı sayılar arasındaki bağlantıları çok rahat bir şekilde görür ya da ararlar. Bilim insanları da aynı şekilde fiziksel nesneler veya nesnelere etki eden kuvvetler arasında bağlantılar kurarlar. Albert Einstein, bu zekâ türüne yatkın olan kişilere en iyi örneklerden biridir.

6. Sosyal: Sosyal zekâsı baskın olan biri, diğer insanlarla bağlantı kurma konusunda doğuştan gelen güçlü bir yeteneğe ve başkalarının her an nasıl hissedebileceğine dair yoğun bir anlayışa sahiptir. Terapistler ve öğretmenler güçlü sosyal zekâya sahip olma eğilimindedir. Sosyal zekâyı düşündüğümde aklıma, konuştuğu kişilerle ilişki kurma konusundaki inanılmaz yeteneği nedeniyle Oprah Winfrey geliyor.

7. İçsel: Eğer içsel zekânız baskın ise, içinizde neler olup bittiğine dair yadsınamaz bir anlayışa sahip olursunuz. Güçlü içsel zekâya sahip insanlar "kendi ateşlerini ölçmek" konusunda harika bir iş çıkarırlar. Duygularıyla temas halindedirler, onları neyin tetiklediğini bilirler ve bunu nasıl yöneteceklerine dair iyi bir fikirleri vardır. Zor koşullar altında bile sakin kalabilen birini tanıyorsanız, bu kişinin güçlü bir içsel zekâya sahip olması muhtemeldir.

8. Doğasal: Bu tür zekâya yatkın kişiler, doğanın tüm karmaşıklıklarına rağmen içindeki düzeni görme yeteneğine sahiptir. Sizin bir çiçek tarlası gördüğünüz yerde, bu zekâ tipi baskın olan biri dört farklı türde lale, birkaç çeşit lavanta ve sizin yabani ot olduğunu düşündüğünüz nadir yetişen bir bitki görecektir. Zooloji uzmanları ve peyzaj mimarları doğal zekâya sahip olma eğilimindedir. Bu özelliğe sahip olan kişileri düşündüğümde ilk aklıma gelen isim, olağanüstü primatolog Jane Goodall.

Kendinizi bu tanımlardan herhangi birinde görüyor musunuz? Kendinizi birden fazla zekâ türüne yakın hissetme ihtimaliniz yüksektir çünkü insanlar genellikle birden fazla zekâ türüne sahip olurlar. Yukarıda bahsettiğim zekâ türlerinden muhtemelen bir veya birden fazlasına yatkınsınız ve belli aralıklarla kullandığınız birkaç başka zekâ türü de olabilir. Aynı zamanda, listede nadiren kullandığınız bazı zekâ türlerini de kesinlikle bulacaksınız.

Ancak tüm bu zekâ türleri, dünyada faaliyet göstermek için etkili birer yol olarak kullanılabilir ve belirli bir görev veya sorunla karşı karşıya kaldığınızda bunlardan herhangi biri devreye girebilir. Bu zekâ türlerinin sekizinin de farkında olmak ve düşünme şapkalarınızı takarken her birini aklınıza getirmek, düşüncelerinizin sınırlarını ortadan kaldırmanın oldukça etkili bir yoludur.

ÖĞRENME ŞEKLİNİZ HANGİSİ?

Bireylerin sadece zekâ türleri değil, öğrenme şekilleri de kişiden kişiye değişir. GİK öğrenme stilleri modeli 1920'lerden beri kullanılmaktadır ve size yeni şeyleri hangi yolla öğrenmeyi tercih ettiğinizi göstermede yararlıdır:

• **G, yani, "görsel"** öğrenme biçiminde resimler, çizelgeler, videolar ve diğer görsel medya araçları üzerinden öğrenme eğiliminde olursunuz.

• **İ, yani "işitsel"** öğrenme biçiminde öğrenmek istediklerinizi en iyi şekilde; bir dersi, tartışmayı, podcast'i, sesli kitabı vb. dinleme yoluyla öğrenirsiniz.

• **K, yani "kinestetik"** öğrenme biçiminde, fiziksel etkileşim yoluyla öğrenmeyi tercih edersiniz. Kinestetik zekâsı baskın kişiler, öğrenme sürecinde uygulamalı bir yaklaşımdan daha fazla kazanç elde etme eğilimindedir.[5]

"Sorgulanmamış bir hayat, yaşanmaya değer değildir."

Jim Kwik

İşte size ne tür bir öğrenci olduğunuza dair bir fikir vermek için yapabileceğiniz hızlı bir test:

1. Bir şeyi tam olarak anlamadığınızda veya hatırlamadığınızda o şey:

a. Size bir şey çağrıştırmaz

b. Bulanık veya belirsiz görünür

c. Onu somut bir şekilde hissedemezsiniz

2. Bir arkadaşınıza evinizin adresini vereceksiniz. Bunu yapmak için hangi yolu izlersiniz?

a. Kâğıda bir harita çizersiniz

b. Ona yolu tarif edersiniz

c. Onu arabanızla almaya gidersiniz

3. Bir otelde kalıyorsunuz ve kiralık arabanız var. Adresini bilmediğiniz bir arkadaşınızı ziyaret etmek istiyorsunuz. Onun aşağıdakilerden hangisini yapmasını tercih edersiniz?

a. Size bir harita çizmesini istersiniz

b. Size yolu tarif etmesini istersiniz

c. Arabasıyla sizi almaya gelmesini istersiniz

4. Teknik içerikleri öğrenmek sizin için hangi durumlarda daha kolay olur?

a. Birisi size içeriği açıkladığında

b. Kavramları görselleştirdiğinizde ve büyük resmi gördüğünüzde

c. Uygulama yaparak öğrenebildiğinizde ya da fikirleri somut olarak hissedebildiğinizde

5. Aileniz için hoş bir sürpriz olarak tatlı yapacaksınız. Hangi yolu izlersiniz?

   a. Bildiğiniz bir şeyi pişirirsiniz

   b. Fikir almak için bir yemek kitabı karıştırırsınız

   c. Başkalarından tavsiye alırsınız

6. Yeni bir ses sistemi satın alacaksınız. Fiyat dışında, kararınızı en çok ne etkiler?

   a. Cihaz hakkında fikrini paylaşan bir arkadaş

   b. Cihazın sizi nasıl hissettirdiği

   c. Cihazın özgün tasarımı

7. Hayatınızda, yeni bir masa oyunu oynamak gibi bir şeyi nasıl yapacağınızı öğrendiğiniz bir zamanı hatırlayın. Bisiklete binmek gibi çok fiziksel bir beceri seçmekten kaçınmaya çalışın. Onu en iyi nasıl öğrenmiştiniz?

   a. Yönlere, resimlere, diyagramlara veya çizelgelere bakarak

   b. Birinin açıklamasını dinleyerek

   c. Uygulamalı bir şekilde

8. Bu oyunlardan hangisini tercih edersiniz?

   a. Pictionary (Hızlı Resimleme Oyunu)

   b. Bil Bakalım Kim

   c. Sessiz Sinema

9. Bilgisayarda yeni bir programı kullanmayı öğreneceksiniz. Bunun için hangi yolu tercih edersiniz?

   a. Talimatları okursunuz

   b. Bir arkadaşınızı ararsınız ve ona programla ilgili sorular sorarsınız

   c. Programı açar ve deneme yanılma yöntemiyle öğrenirsiniz

10. En çok hangisine dikkat edersiniz?

a. Bir ses sisteminden gelen müziğin kalitesi

b. Renkler, şekiller veya desenlerin uyumu

c. Giysilerin rahatlığı

11. Kelimenin "yalnız" mı yoksa "yanlız" mı yazılması gerektiğinden emin değilsiniz. Aşağıdakilerden hangisini yaparsınız?

a. Kelimeyi zihninizde görselleştirerek en iyi göründüğü şekli seçersiniz

b. Kelimeyi telaffuz edersiniz

c. Kelimenin her iki versiyonunu da yazarsınız

12. Şehre yeni bir film geldi. Gidip gitmeme kararınızı en çok ne etkiler?

a. Film hakkında konuşan arkadaşlarınız/aileniz

b. Film hakkındaki sezgi ya da hisleriniz

c. Filmin fragmanını izlemiş olmanız

13. Bir yerin yol tarifini en kolay hangi yöntemle hatırlarsınız?

a. Yol tarifini duydukça kendi kendinize tekrarlayarak

b. Yol tarifini görselleştirerek

c. Oraya nasıl gideceğinizi sezgisel olarak algılayarak

14. Aşağıdakilerden hangisini kullanmayı seven bir öğretmen veya eğitmen tercih edersiniz?

a. Broşürler, akış şemaları, çizelgeler ve görseller

b. Saha gezileri, deneyler ve uygulamalar

c. Tartışmalar, misafir konuşmacılar ve sohbetler

Sınırsız

15. Yeni bir şey öğrendiğinizde aşağıdakilerden hangisi sizi daha iyi tanımlar?

a. O sizin için artık somut bir kavramdır

b. O artık sesli ve net bir şekilde beyninizdedir

c. Artık onu aklınızda canlandırabilirsiniz

16. En iyi kararları aşağıdakilerden hangisine güvendiğinizde verirsiniz?

a. İçgüdülerinize

b. Size en net görünen şeye

c. Kulağınıza en iyi gelen şeye

17. Bir partide aşağıdaki insanlardan hangisi en çok ilginizi çeker?

a. İlginç ve anlaşılır konuşmacılar

b. Sıcak ve rahatlatıcı bir his uyandıran insanlar

c. Dış görünüşü göze hitap eden insanlar

Cevaplarınızı yazdıktan sonra, hangi öğrenme türünün doğal yollarla gelişerek bir şeyleri anlamanızı kolaylaştırdığını görmek için bu cevap anahtarını kullanın:

```
1: a (İ) b (G) c (K),    7: a (G) b (İ) c (K),    13: a (İ) b (G) c (K),
2: a (G) b (İ) c (K),    8: a (G) b (İ) c (K),    14: a (G) b (K) c (İ),
3: a (G) b (İ) c (K),    9: a (G) b (İ) c (K),    15: a (K) b (İ) c (G),
4: a (İ) b (G) c (K),   10: a (İ) b (G) c (K),    16: a (K) b (G) c (İ),
5: a (K) b (G) c (İ),   11: a (G) b (İ) c (K),    17: a (İ) b (K) c (G)
6: a (İ) b (K) c (G),   12: a (İ) b (K) c (G),
```

Cevaplarınız size nasıl bir öğrenci olduğunuz hakkında iyi bir fikir verecektir. Büyük olasılıkla işitsel (İ), görsel (G) ve kinestetik (K) öğrenme türlerinin birleşimine sahip bir öğrenci olacaksınız. Ancak bunlardan birinde ciddi bir baskınlık görebilirsiniz ve bu, diğerlerini karışıma dâhil etmek üzere bilinçli bir çaba göstereceğiniz için, düşüncelerinizin sınırlarını kaldırmaya başladığınızda son derece yararlı olabilir.

ZİHİNSEL YÖNTEMLER

Zihinsel yöntemler, çevremizdeki dünyayı anlamamıza yardımcı olan düşünme yapılarıdır. Bunları kısayollar gibi düşünün. Örneğin, arz ve talebin ekonomik zihinsel modelini hepimiz duymuşuzdur. Hizmet, ürün veya emtia olsun, arzın bir pazardaki mevcut bir şeyin miktarını temsil ettiği fikrine muhtemelen aşinasınızdır. Bu, söz konusu ürüne olan talep ile yan yana getirildiğinde, değer belirlenir ve bu genellikle ürünün fiyatını belirler. Bu yöntem, bir pazarda neler olduğunu anlamanın hızlı bir yoludur. Her zaman doğru olmayabilir ve işin içindeki her faktörü açıklamaz, ancak bir öğenin fiyatını veya değerini ölçmek için basit bir teknik olarak işlev görür.

Zihinsel yöntemler zihninizi düşünmek için eğitir. Sonuç olarak, beklentilerinizin seviyesine yükselmek yerine eğitiminizin seviyesine inersiniz. Yöntemler, bir fikri değerlendirirken, karar verirken veya bir sorunu çözerken size enerji ve zaman kazandıran birer kısayol görevi görürler.

İlerleyen sayfalarda, daha hızlı ve daha keskin karar verme ve yaratıcı sorun çözme için en sevdiğim zihinsel yöntemlerden bazılarına yer vereceğim.

Karar Verme: 40/70 Kuralı

Hızlı karar vermenin önündeki en büyük engellerden biri, "doğru" kararı vermek için yeterli bilgiye sahip olmadığımız duygusudur. Eski dışişleri bakanı Colin Powell, bu konuyu 40/70 kuralıyla ele alıyor.[6]

Onun kuralı, elde etme olasılığınız olan bilgilerin yüzde 40'ından daha azıyla asla bir karar vermemektir ve mevcut bilgilerin yüzde 70'inden fazlasını toplamamaktır. Powell'a göre yüzde 40'tan daha az bilgiye sahip olmak sadece tahmin yürüttüğünüz anlamına gelir. Yüzde 70'ten fazla bilgi toplamak ise karar verme sürecinizde oyalanmanıza yol açar. Elbette, bu, her durumda gerekli olan, yanılma ihtimaliniz ile ilgili rahat olmanız gerektiği anlamına gelir.

Powell, "Tüm bilgilerin yaklaşık yüzde yetmişine sahip olduğunuzda muhtemelen karar vermeniz gerekir; aksi takdirde bir fırsatı kaybedebilirsiniz. Tecrübelerime göre, yapmanız gereken olabildiğince çok bilgi almak ve ardından sezginize, yani içgüdünüze kulak vermektir. Demek istediğim, bazen analitik zihnimin söylediklerini dikkate almam." demiştir.[7]

Verimlilik: Yapılmayacaklar Listesi Oluşturun

Bu mantık dışı görünebilir, ancak bazen ne *yapılmaması* gerektiğini bilmek ne yapılması gerektiğini bilmek kadar önemlidir. Bu taktik, en çok dikkatinizi temel noktalara yönlendirmek ve o anda önemli olmayan şeylerden kaçınmak için kullanılır. Çoğunlukla bir projenin başlangıcında veya sadece yoğun bir günde, neye odaklanacağınıza karar vermek çok zor olabilir. Yapılmayacaklar listesi, neyi kesinlikle bir kenara bırakacağınıza en baştan karar vermenize yardımcı olur. Günlük görev listemizi yazdığımızda, genellikle yapılacakları bir öncelik sırasına sokmayız ve bu görevlere değer biçmeyiz. Geleneksel bir yapılacaklar listesinin, en yüksek verimi almak için ilk yapılması gereken şeylerin bir dizgisi olması beklenir. Ancak bu listenin o gün yapmamız gerektiğini bildiğimiz her şey için bir "ıvır zıvır torbası" haline gelmesi kolaydır.

Yapılmayacaklar listesinin sosyal medyada vakit geçirmek gibi şeylerle dolu olduğunu düşünmemeniz için, bu listeyi tam olarak nasıl derlemeniz gerektiğinin üzerinde duralım:

• Öncelikle, önemli olabilecek ancak dış koşullar nedeniyle yapılamayacak görevleri yazın. Belki birinden bir e-posta bekliyor veya bir meslektaşınızın bir projenin kendine ait kısmını bitirmesini umuyor olabilirsiniz.

• Ardından, yapılması gerektiğini düşündüğünüz ancak hayatınıza değer katmayan görevleri dâhil edin. Bunları angarya işler olarak da düşünebilirsiniz. Bunları yapmak için başkasını görevlendirme ya da tutma ihtimalinizi değerlendirebilirsiniz. Ayrıca, görevin tamamlanmış olup olmadığını sizden başka kimsenin fark edip etmeyeceğini de sorgulayabilirsiniz. Buradaki amaç; zamanınızı, en iyi şekilde hayatınızı ve hedeflerinizi ileriye taşıyacak görevler için harcamaktır.

• Daha sonra, fazladan ilgi gerektirmeyen, hâlihazırda devam ettiğiniz görevleri listeye dâhil edin. Bu, çocuklara öğle yemeği hazırlamak veya iş gününün başlangıcında ekibinizle kısa bir toplantı yapmak gibi önceden oluşturulmuş rutinleri içerebilir. Bunlar, programınızın bir parçasıdır ve günlük olarak yapılacaklar listenizi gereksiz yere doldurmamalıdır.

• Son olarak, bize genellikle başkaları tarafından verilen işler olan, bir proje hakkında arka plan araştırması yapmak veya telefonda iş takip görüşmeleri yürütmek gibi acil görevleri dâhil edin. Bunlar yapılması gerekli olabilecek ancak belki de sizin tarafınızdan yapılması gerekmeyen görevlerdir.[8]

Yapılmayacaklar listeniz bittiğinde, hazırladığınız sanki bir karşıt listeymiş gibi, zamanınız için uygun olmayan öğelerin bir dizinini oluşturmuş olmanız gerekir. Böylece sizi gerçekten neyin ileriye taşıyacağını kolayca belirleyebilecek ve yapılmayacaklar listenizdekiler yerine bu faaliyetleri gerçekleştirebileceksiniz.

KWIK BAŞLANGIÇ ÖDEVİ

Bunu hemen yapın. Bugün yapılmayacaklar listenizi oluşturmak için bir dakikanızı ayırın. Hedeflerinize odaklanmak ve ulaşmak için bugün nelerden kaçınmanız gerekiyor? Spesifik olun ve listedekileri yapmayarak yazdığınız maddelerin yanına birer tik koyun.

Sorun Çözme: Hatalarınızdan Ders Çıkarın

Yaptığımız hataları, özellikle hayatımızda kalıcı etkisi olanları incelemeye zaman ayırdığımızda, her hatayı bir öğrenme fırsatına dönüştürürüz. Bir dahaki sefere daha iyi bir sonuç alabilmek amacıyla neyin yanlış gittiğini değerlendirmek için bu yöntemi kullanın.

• Önce, neyin olup neyin olmadığını netleştirin. Genellikle olayların nedenini, onların başka olgularla ilintili olma durumuyla karıştırırız, bu nedenle değerlendirdiğiniz hata sürecinde ne olduğunu ve hataya veya yanlışa neyin yol açtığını anladığınızdan emin olun.

• Sonra, bu hataların neden olduğunu kendinize sorun. Olayın ardındaki daha derin katmanları inceleyin. Sorgulayacak katman kalmayana kadar "neden" diye sorabilirsiniz.

• Sonra kendinize gelecekte aynı hatalardan en iyi nasıl kaçınabileceğinizi sorun. Yanlışa neden olan faktörlerden bazıları kontrolünüz dışındaysa, ortadan kaldırılamayan nedenleri nasıl önleyebileceğinizi düşünün.

• Son olarak, bu alıştırmadan öğrendiklerinizi kullanarak, gelecekte istediğiniz sonuçları desteklemek için en iyi koşulları nasıl yaratabileceğinizi belirleyin.[9]

Bu stratejiyi açıklamaya yardımcı olması için, şu senaryoyu gözümüzün önüne getirelim: Çocuğunuzun okulu için düzenlediğiniz bağış toplama projesi beklentilerinizin büyük ölçüde altında performans gösterdi. Öncelikle ne olduğu konusunda net olmanız gerekir. Siz ve ekibiniz insanlara bağış yapma konusunda ilham mı veremediniz, yoksa bağışçılar mı gelmedi? Bu durumda, bağışçıların müsait olduğunu, ancak beklediğiniz kadar katılım göstermediklerini veya bazen de hiç bağış yapmadıklarını varsayalım.

Şimdi, kendinize bunun nedenini sormalısınız. Var olan ihtiyacı sunma şeklinizle mi bir ilgisi var? Yoksa sorun, yılın hangi zamanında olduğunuzla mı ilgili? Peki, sorun; ülkenin içinde bulunduğu ekonomi ile ilgili olabilir mi? Buradaki cevabınızın başka sorulara yol açabileceğini unutmayın. Oynadığımız senaryoda, okulda daha iki ay önce bir bağış toplama etkinliği olduğu için ısrarcı görünmek istemediğinizden bu kampanyanın önemini vurgulayamamış olabileceğinize, böylece aşırı kibar olmanızın potansiyel bağışçıların bu kampanyanın çok da ciddi olmadığını düşünmesine neden olduğuna karar verdiğinizi düşünelim.

Öyleyse, gelecekte bundan nasıl kaçınırsınız? Kampanyayı bir dahaki sefere yürüttüğünüzde, bunu öğretim yılının başlangıcında yapacağınıza ve diğer herhangi bir bağış toplama etkinliğinin zamansal yakınlığına bakmaksızın, kampanyanın önemini ve bağışçıların neden çek defterlerini açmaları gerektiğini vurgulamak için çaba sarf edeceğinize karar verirsiniz. Bunun sonucu olarak, kampanyanızla ilgili mesaj verme şeklinizi geliştirmeniz gerektiğini fark edersiniz ve gelecek yılın bağış kampanyası için çok daha iyi hazırlanmak amacıyla bu konuda ders almaya niyetlenirsiniz.

Strateji: Öngörülü Düşünme

Çoğumuz eylemlerimizin sonuçlarını düşünürüz, ancak çok azımız eylemlerimizin hayatlarımız üzerindeki anlık etkilerinin iki adım ötesini aklımıza getiririz. Ryan Holiday'in, girişimci Peter Thiel'in Amerika'nın en üretken (ve sevilmeyen) çevrimiçi dergilerinden biri olan Gawker'ı alaşağı etmeyi nasıl planladığını ve bunu nasıl başardığını anlatan Conspiracy kitabını ele alalım.[10]

Thiel'in Gawker'la yüzleşme arzusu, derginin onun eşcinsel olduğunu ortaya çıkarmasından sonra doğdu. Fakat Thiel hemen harekete geçmedi. 10 yıl boyunca ekibiyle birlikte, Gawker'ı temelli yok etmek için tasarladıkları bir plana dayanarak stratejik şekilde birbiri ardına hamleler yaptı. Thiel'in yaptıkları hakkında ne düşünürseniz düşünün, bunlar kesinlikle fevri bir düşüncenin ürünü değildi. Bu, bir dizi olayı göz önünde bulundurarak stratejik düşünme yeteneği; yani öngörülü düşünmenin bir örneğidir.

Bu, basit ama yine de uygulaması her zaman kolay olmayan bir yöntemdir. Gelecekteki eylemleri değerlendirirken öngörülü düşünmeyi uygulamak için:

- Kendinize her zaman, "Peki sonra ne olacak?" diye sorun.
- Zaman aralıklarıyla düşünün. Beş gün içinde sonuçlar nasıl olacak? Peki, beş ay içinde? Ya beş yıl sonra?
- Sonuçları düzenlemek için sütunları kullanarak yapabileceğiniz olası eylem planlarını belirleyin.[11]

Olağan ve sıradan düşünme kolaydır, ancak zaman ve sonuçların derinliklerine inmemizi sağlayan şey öngörülü düşünmedir. Dahası, başkalarının göremediğini görmemize olanak tanır.

DEV SIÇRAMALAR YAPMAK

Aşamalı olarak ilerlemek, önemli bir gelişim işaretidir. Sınırsız olma sürecinde atabileceğiniz her adım, doğru yönde atılmış bir adımdır. Peki ya dehanızı katlayarak ileriye taşıyabilseydiniz? Sonuçta, ileriye doğru 30 normal adım atarsak, caddenin aşağısında bir yere varmış oluruz. Ancak her seferinde bir önceki adım uzunluğumuzu ikiye katlayarak 30 adım atsaydık, Dünya'nın etrafında iki düzineden fazla kez tur atabilirdik. İşte bu, üstel düşünmeye bir örnektir. Bu, Albert Einstein Teknoloji Madalyası'nın kazananı ve Moon Express (aya iniş yetkisi verilen ilk özel şirket), World Innovation Institute, iNome, TalentWise, Intelius ve Infospace dâhil olmak üzere dünyanın en yenilikçi şirketlerinden bazılarının kurucusu olan Naveen Jain'in savunduğu türden bir düşünce.

Jain, "Üstel düşünme, olayları farklı bir anlayışla görmeye başladığınızda ortaya çıkan bir düşünme biçimidir; bu, kalıpların dışına çıkmakla ilgili değil, kalıpları tamamen yok ederek düşünmekle ilgilidir." demişti.[12]

Bu, normal dehanın sınırsız dehaya yaklaşmaya başladığı yerdir. Jain'in açıkladığı gibi, doğrusal düşünme (çoğumuzun kullandığı düşünme türü) bir soruna bakmamıza ve buna bir çözüm aramamıza neden olur. Soruna birkaç farklı açıdan bakabiliriz. Sorunu, düşünme kapasitemizi genişletecek şekillerde ele almak için farklı şapkalar takabiliriz. Hatta sorunu etkili bir şekilde ele alan ve bizi ileriye götüren bir çözüm bile bulabiliriz. Bunların hepsi anlamlı ilerlemelerdir.

Peki ya sorunun temel nedenine bakıp ona bir çözüm bulsaydık? Bu, üstel ilerlemeye, yani dünyayı değiştiren gelişmelere yol açacaktır. Jain, dünyanın birçok yerindeki tatlı su eksikliğini örnek olarak kullanıyor. Bu sorun filtrelemeyi geliştirmenin yollarını bulmak ve tatlı suyu bol olduğu yerlerden su kıtlığı çekilen yerlere taşımak için sistemler oluşturmak da dâhil olmak üzere bir dizi farklı bakış açısıyla ele alınmaya çalışılabilir. Peki ya bunun yerine tatlı su kıtlığının çeşitli nedenleri arasından en büyüğünün, tatlı suyun çok büyük bir miktarının insan tüketimi yerine tarım için kullanılması olduğunu tespit ettiyseniz? Sorunu tamamen farklı bir şekilde çözmeye çalışırsınız. Ya aeroponik, akuaponik veya diğer tekniklerin şu anda test edilen veya henüz icat edilmemiş bir kombinasyonu aracılığıyla tarım için önemli ölçüde daha az su kullanabilseydiniz? Bu, tatlı su miktarında öylesine büyük bir ölçüde tasarruf sağlardı ki, sonuçta asıl sorun fazlasıyla çözülebilir hale gelirdi. İşte bu üstel düşünceye bir örnektir ve bunun önemi açık ve nettir.

Jain, şirketi Viome'yi kurduğunda amacı, dünyadaki sağlık krizinin altında yatan neden olarak gördüğü kronik hastalığın yaygın doğasına saldırmaktı. Her bireyin bağışıklık sisteminin farklı olduğunu ve bu nedenle her insanın tükettiği yiyecekleri sindirme şeklinin büyük ölçüde değişebileceğini anlayan Jain ve ekibi, kişilerin bağırsak mikrobiyomunu analiz etmek için bir araç geliştirdi. Böylece insanlar vücutları için hangi yiyeceklerin doğru olduğunu öğrenebilecek ve bağırsak hareketlerini iyileştirmenin, sağlıklarını önemli ölçüde nasıl iyileştirebileceğini keşfedebileceklerdi.[13]

Ben bu satırları yazarken, onlar çok sayıda kullanıcıdan, bu aracı kullanacak her birey için güçlü önerilerin ortaya çıkmasına olanak sağlayacak verileri toplama sürecindeler.

Naveen Jain, çok büyük ölçekli işler yapan biridir. Aynı sektörde iki şirket kurmamış başarılı bir girişimcidir ve ona göre; milyar dolarlık bir şirket kurmak, 10 milyar dolarlık bir sorunu çözme meselesidir. Evet, çoğumuz bu kadar büyük ölçekli düşünmeyiz,

Sınırsız

ancak yine de üstel düşünceyi zihninizi geliştirmek ve kişisel dehanızın sınırlarını ortadan kaldırmak için kullanabilirsiniz.

Viome hakkında daha fazla bilgi edinmek ve Naveen Jain ile yaptığım röportajı izlemek için www.JimKwik.com/Viome adresini ziyaret edin.

ÜSTEL DÜŞÜNMEK

Öyleyse, bir insan nasıl üstel olarak düşünebilir? Belki amacınız dünyanın tüm sorunlarını çözmek, yeni bir teknoloji icat etmek veya milyar dolarlık bir şirket kurmak değildir; ancak üstel düşünmeyi uygulamanın okulunuz, işiniz veya kişisel gelişiminiz için nasıl büyük bir fark yaratabileceğini görebilirsiniz. Daha az doğrusal ve daha fazla üstel düşünmek, hayatınızda nasıl çarpıcı değişiklikler yapabilir?

İlk adım, üstel düşünmenin ne olduğunu iyi anlamaktır. Shift Thinking'in kurucusu ve CEO'su Mark Bonchek, *Harvard Business Review* için yazdığı bir makalede doğrusal zihniyeti, zaman içinde kademeli olarak yükselen bir grafikte görünen bir çizgi olarak tanımlar. Daha sonra bunu, ilk başta yavaşça yukarı doğru kıvrılan ve ardından grafiğin çok dışına çıkmadan önce diğer çizginin üzerinden geçen ikinci bir çizgi ile yan yana koyar. Üstel düşünmenin Bonchek'e göre görsel tasviri budur.

Bir Şirketin Büyüme Aşamaları

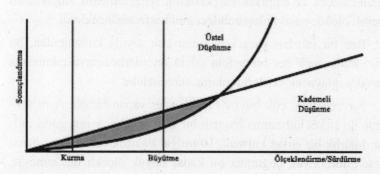

Bonchek, makalesinde "Kademeli düşünme, *daha iyi* bir şey yapmaya odaklanırken, üstel düşünme *farklı* bir şey yapmaya odaklanır" diye belirtiyor. "Kademeli düşünme, yüzde 10 ile yetinebilir, üstel düşünme ise 10X düzeyinde bir ilerlemeyi amaçlar."[14]

Bonchek, "Kademeli düşünme şimdiki zamandan geleceğe düz bir çizgi çeker." diye devam ediyor. "Kademeli şekilde tasarlanmış 'iyi' bir iş planı, mevcut konumunuzdan hedefinize nasıl gideceğinizi tam olarak görmenizi sağlar. Ancak üstel modeller böyle düz bir çizgi çekerek oluşturulmaz. Bunlar, yolda giderken yakını görmenizi engelleyen bir viraj gibidir fakat bu kez grafikteki eğri yukarı doğru çıkar."

Bonchek özellikle üstel düşünceyi iş dünyasına uyarlamaktan bahsediyor, ancak aynı algı hayatın diğer alanlarında da düşünmeye dayandırılabilir. Örneğin, ailenizdeki herkesin haftada en az üç kez yemek masasına nasıl oturabileceğini anlamaya çalıştığınızı hayal edin. Doğrusal bir düşünme modeli, bu aktivite için alan boşaltmanın bir yolunu bulmaya çalışmak üzere herkesin çalışma, okul, etkinlik ve sosyal programlarına bakmayı gerektirir. Ancak üstel bir düşünme modeli, ailenizin karışık programlarını farklı bir şeye dönüştürme yaklaşımını benimseyecektir.

Belki de hedef "akşam yemeği" değil, hafta boyunca herkesin aynı yerde olabileceği ve yalnızca birbirine odaklanabileceği önemli anlar bulmaktır. Belki de mesele sizin programlarınız değil, her birinizin zamanını neye ayırdığıdır. Kaydettiğiniz ilerleme, büyük bir ilerleme gibi görünmeyebilir (üç ay sonra, başladığınızdan pek de iyi bir durumda değilsinizdir), ancak sonra geliştirmekte olduğunuz değişiklikler şekillenmeye başlar ve aniden birlikte çok daha fazla zamanınız olur.

Üstel düşünme yeteneğinizi ateşlemek ve dehanızın sınırlarını ortadan kaldırmak için büyük bir adım atmak istiyorsanız, gelecek sefer çözüme ihtiyaç duyan bir sorun veya görev üzerine kafa yorarken bu dört adımı düşünün:

1. Adım: Altta Yatan Sorunu Bulun

Naveen Jain'in dünyanın su sorununu ele alırken gösterdiği

gibi, asıl mesele yüzeydeki sorun olmayabilir. Jain'in de belirttiği gibi, tatlı su kıtlığının altında yatan sorun suyun olup olmaması değil, tarımsal amaçlarla çok fazla tatlı suyun kullanılmasıdır. Altta yatan problemi çözmek, yüzeydeki probleme çok daha uygulanabilir bir çözüm sağlar.

Akşam yemeği senaryomuza geri dönelim. Yüzeysel sorun, herkesin programı çok dolu olduğu için ailenin nadiren birlikte akşam yemeği yiyebilmesidir. Altta yatan sorun ise; eşinizin kendisini uzun saatler çalışmaya zorlaması, kızınızın seçkin bir sporcu olmak için aşırı çaba sarf etmesi, oğlunuzun kendisini kabul oranı yüzde üç olan bir üniversiteye girebilmek amacıyla çok iyi notlar almak zorunda hissetmesi ve sizin kendinizi kâr amacı gütmeyen üç kuruluşa üye olmaya mecbur hissetmeniz olabilir. Ama belki de bu bile altta yatan gerçek sorun değildir.

Belki de asıl mesele, her birinizin hissettiğiniz baskıyı bu hedefleri kişisel olarak arzu ettiğiniz için değil, bu tür hedefleri olmayan insanları küçümseyen bir toplulukta yaşadığınız için hissetmenizdir.

2. Adım: Yeni Bir Yaklaşım Geliştirin

Üstel düşünmenin püf noktalarından biri düşüncelerinizi "Ya böyle olsaydı?" ifadeleriyle doldurmaktır. John Lewis Partnership'teki İnovasyon Merkezi'nden Evie Mackie, "Ya böyle olsaydı?" ifadelerinin sıradışı senaryoları ortaya çıkarmak için devreye girdiğini söylüyor. Örneğin, 'İnsan ırkının yüzde doksanının su altındaki bir dünyaya adapte olması ve orada yaşaması gerekseydi?' ya da 'Ya artık etkileşime girmek için ellerimizle bir şeye dokunamasaydık?' gibi cümleler olabilir. Bu, daha önce asla başka türlü bir şekilde düşünmemiş olabileceğimiz TAMAMEN farklı bir dizi şeyi kavramsallaştırmaya yardımcı olur ve çok farklı olması muhtemel olan gelecekteki bir dünyada hayatta kalmak için neye ihtiyaç duyacağımızı hayal etmemizi sağlar."[15]

Örneğimizde; altta yatan sorunun, toplumunuzdaki yaygın kavramların sizi günlük yaşamınızı çok fazla zamanınızı alan faaliyetlerle doldurmaya zorladığını fark ettiyseniz, kendinize "Ya kimsenin ne düşündüğünü umursamasaydık?" ya da "Gün içinde ya 24 saat yerine sadece 18 saat olsaydı?" ve hatta "Ya başka bir yerde yaşasaydık?" sorularını sorabilirsiniz.

3. Adım: Bu Konuda Okuma Yapın

Bildiğiniz gibi, olabildiğince çok okumanın son derece güçlü bir savunucusuyum. Okumak, beyninizi hemen hemen diğer tüm aktivitelerden daha fazla özgürleştirir. Üstel düşünme söz konusu olduğunda okumak daha da önemlidir. Bir konuda geniş kapsamlı bir görüşe sahip değilseniz, büyük bilişsel sıçramalar yapamazsınız.

Öyleyse, "Ya böyle olsaydı?" egzersizini tamamladığınıza göre, alternatifler hakkında okuma yapın. Belki eşiniz kurumsal başarı ile mutluluk arasındaki bağlantı hakkında kitaplar okuyabilir. Belki kızınız hem seçkin bir sporcu olma olasılığı hem de seçkin sporcuların yaşamları konusunda blog yazarları ve sosyal medyadaki kanaat önderleriyle bağlantı kurar. Belki oğlunuz, son derece rekabetçi üniversitelerden mezuniyet sonrasında mesleki ve duygusal başarıyı inceleyen bir dizi çalışma okuyabilir. Belki de siz kâr amacı gütmeyen kuruluşlarınız aracılığıyla savunduğunuz amaçlarla ilgili kitaplar okur ve bu amaçların sizin için ne kadar önemli olduğunu tekrar gözden geçirirsiniz.

4. Adım: Sonuca Ulaşın

Artık altta yatan sorunu tanımladınız, sorunsuz bir dünya hayal etmenizi sağlayacak sorular sordunuz ve araştırmanızı yaptınız. Şimdi, bir senaryo deneme zamanı. Burada bir tanesini canlandırabiliriz: Topluluğunuzdaki statünüzü korumak üzere aktivitelere ihtiyacınız olduğu için hayatlarınızı bu aktivitelerle doldurduğunuza ikna oldunuz. "Ya başka bir yerde yaşasaydık?" sorusunu sordunuz ve ailenizdeki herkesin bu fikre ilgi duyduğunu gördünüz. Okumanızı yaptınız ve iş, spor, okul ve hayırsever hedefleriniz gözden geçirilip yeniden tasarlanırsa daha mutlu ve hoşnut olabileceğinizi keşfettiniz.

Öyleyse; 100 kilometre uzağa veya ülkenin öbür ucuna, hatta başka bir ülkeye taşınsanız ne olurdu? Bu kadar köklü bir değişiklik yapmanın anında bir gelişme gibi görünmeyebileceğini biliyorsunuz. Düz ve kavisli çizgiyi gördünüz ve yapmanız gereken tüm ayarlamalar nedeniyle durumun, geriye doğru çok büyük bir adım atmışsınız gibi görünebileceğini fark ettiniz. Ama dördünüzün senaryoları canlandırdığınızı ve harekete geçmenin yapılacak doğru şey olduğuna karar verdiğinizi farz edin. İki yıl sonra, aileniz son derece mutlu ve neredeyse her gece birlikte akşam yemeği yiyorsunuz...

DEVAM ETMEDEN ÖNCE

Bu, yöntemler üzerine tüm bölümlerin sonuncusu ve bu kitapta öğrendiğiniz her şeyi kullanmak için can attığınızdan eminim. Bitirmeden önce, bunların sizin için nasıl işe yarayacağına dair bir fikir ve öğrendiklerinizi hayata geçirmeye hemen başlamak için 10 günlük bir plan vereceğim. Ancak buna geçmeden önce birkaç şey deneyelim:

• Howard Gardner'ın sekiz zekâ türünü tekrar inceleyin. Bu listedeki hangi zekâ türleri sizin zekânızla daha uyumlu?

• Artık öğrenme şeklinizin ne olduğunu bildiğinize göre, diğer öğrenme biçimlerini düşünme sürecinize dâhil etmek için ne yapabilirsiniz?

• Kendinize uyguladığınız bir deneme sırasında altı düşünme şapkasını da deneyin. Kendinize nispeten basit bir görev verin ve ona Edward de Bono'nun yöntemini kullanarak yaklaşın.

"Arayışlardan asla vazgeçmeyiz.
Lakin tüm arayışlarımızın sonunda
başladığımız yere geri dönmüş oluruz
ve orayı yeniden keşfetmeye
başlarız"

T. S. ELIOT

SON SÖZ

MÜMKÜN OLANIN GERİ DÖNÜŞÜ

Eğer dünyadaki insanların ezici çoğunluğu gibiyseniz, bu kitabı okumaya başladığınızda bilinçli, bilinçsiz ya da her iki şekilde, ya kendinize dayattığınız ya da başkalarının size dayattığı bir dizi sınırlama tarafından yönetiliyordunuz.

Belki yeni bir beceri edinmek istediniz ama bunu yapacak kapasiteniz olmadığından emindiniz. Belki de büyük bir iş terfii için aday olmak istediniz ama iç sesiniz size aslında gerekli yeterliliğe sahip olmadığınızı söylüyordu. Belki de evden her zaman telefonunuz olmadan çıkacağınıza, bir sonraki arkadaş toplantınızdaki bütün insanların isimlerini unutacağınıza ya da sonsuza dek konuşmasını bir kâğıttan okuyan sıkıcı insan olacağınıza ikna olmuştunuz. Eğer bu sizi herhangi bir şekilde tanımlıyorsa, artık bu kitabın sonuna geldiğinize göre, umarım o kişiye veda etmeye hazırsınızdır.

Bunun yerine, sınırlarından kurtulan yeni benliğinizle tanışalım.

Sınırsız olduğunuzda, sınırsız bir düşünce yapısına sahip olacaksınız.

Artık olamayacağınız ya da yapamayacağınız binbir çeşit şey olduğuna inanmıyorsunuz. Henüz yapmadığınız veya geçmişte yapmakta zorlandığınız pek çok şey olabilir; ancak sınırsız bensizliğiniz, geçmişinizin geleceğinizle aynı olmadığını biliyor. Sınırlamalarınızı ortadan kaldırdığınız için, beyninizin daha önce hayal ettiğinizden çok daha güçlü bir araç olduğunu ve zihninizi öğrenmek istediğiniz her neyse onu öğrenmeye odaklayarak hemen hemen her beceriyi kazanabileceğinizi anlıyorsunuz.

Sınırsız olan benliğinizin aynı zamanda sınırsız motivasyonu da var. Geçmişte, belki daha tutkulu bir hayat düşünebiliyor ama harekete geçemiyordunuz. Fakat şimdi, alışkanlıklarınızı tutkularınızla nasıl uyumlu hale getireceğinizi biliyorsunuz; hayat boyu öğrenme ve gelişmeye kendinizi adayabilirsiniz ve bu artık sizin için sabahları giyinmek kadar doğal.

Ayrıca, güne en iyi şekilde başlamak için beyninizi yiyecek, uyku ve egzersizle nasıl besleyeceğinizi de biliyorsunuz ve her zaman yeni ve çetin zorlukların üstesinden gelmeye hazırsınız. Bir göreve başladığınızda, kendinizi tamamen ona verebilmek için akıştan nasıl yararlanacağınızı biliyorsunuz. Belki de en önemlisi, sınırsız benliğiniz öğrenmeyi öğrenme yöntemlerinin farkına vardı. Bunu keşfederek, öncekinden katbekat daha güçlü hale geldiniz. Birkaç fiziksel sınırlamanın ötesinde, eğer öğrenebilirseniz, yapabilirsiniz. Artık elinizin altında olan araçlar, her şeyi daha hızlı öğrenmenizi sağlayacak. Bunu; odak noktanızın, hafızanızın, düşüncelerinizin ve okumanızın sınırlarını ortadan kaldırarak edindiğiniz becerilerle birleştirdiğinizde, sonsuz güce sahip olacaksınız.

Bir süper kahraman, yalnızca süper güçlerini keşfeden ve geliştiren biri değildir. Her süper kahraman sonunda kendi dünyasına dönmeli ve ona hizmet etmelidir. Yolculuğu boyunca aldığı dersleri ve edindiği bilgeliği beraberinde getirmesi gerekir. Güçlerini sadece yaşamıyla bütünleştirmekle kalmamalı, aynı zamanda o güçleri başkalarına yardım etmek için kullanmayı öğrenmelidir. Matrix'in sonunda, Neo savaşı kazanır ve sınırlarından kurtularak özgür kalır. Matrix ile yaptığı son telefon görüşmesinde Neo şöyle der: "Bu telefonu kapatacağım ve sonra bu insanlara görmelerini istemediğin şeyleri göstereceğim. Onlara sensiz bir dünya göstereceğim. Kuralların, tahakkümün ya da sınırların olmadığı bir dünya. Her şeyin mümkün olduğu bir dünya." Ardından Neo, sıradan dünyaya geri döner, ancak başkalarına ilham verme ve onların zihinlerini özgürleştirme misyonuyla.

Sizin için umudum, bu kitapta öğrendiklerinizle sadece kendi hayatınızı daha iyi hale getirmekle kalmayıp çevrenizdekilerin de hayatını daha iyi hale getirmenizdir.

Formül şudur: Öğren. Kazan. Geri ver.

Hiçbir kahramanın yolculuğu yalnızca kahramanın yararına değildir. Yeni edindiğiniz bilgilerle, çevrenizdekilerin daha iyi ve daha hızlı öğrenmelerine ve kendi sınırlarını ortadan kaldırmalarına yardımcı olun. Lucy filminde Scarlett Johansson'un canlandırdığı Amerikalı öğrenci, beyninin tam potansiyeli ortaya çıktıktan sonra insanüstü güçler geliştirir. Morgan Freeman'ın canlandırdığı Profesör Norman, Lucy'nin zihninde ve vücudunda meydana gelen şaşırtıcı değişikliklerle başa çıkmasına yardımcı olan bir nörologdur. Lucy, yeni yetenekleriyle ne yapacağını sorduğunda, Profesör Norman, Morgan Freeman'ın eşsiz sesiyle cevap verir:

"Bilirsin... Hayatın doğasını düşünürsen -yani başlangıçta iki hücreye bölünmüş ilk hücrenin gelişimini- hayatın tek amacı öğrenileni aktarmak olmuş ve daha yüce bir amaç hiç olmamıştır. Yani bana biriktirdiğin tüm bu bilgilerle ne yapacağını soruyorsan, sana 'Onları başkalarına aktar' derim."

Şimdi soru şu: Öğrendiklerinizle ne yapacaksınız? İşyerinde zorlu bir sorunu çözerek, meslektaşlarınızla birlikte sektörünüz ve belki dünyanız üzerinde bir etkide mi bulunacaksınız? Bir kitap kulübü mü kuracaksınız? Sehpanızın üzerindeki o büyük dergi yığınına bir el atıp sonra çocuklarınıza az önce öğrendiklerinizi mi öğreteceksiniz? İnsanlarla daha dinamik yollarla mı bağlantı kuracaksınız? Zihne faydalı yiyeceklerle dolu bir ziyafet mi vereceksiniz? Size yeni kapılar açacak olan kursa mı kaydolacaksınız? Ya da belki kendiniz ders vermek üzere bir kursa kaydolursunuz. Siz hangisini seçerdiniz?

Bir süper kahramanın yapacağı şey budur. Sınırsız benliğinizin yapabileceği şey budur.

Bu kitap boyunca, yeni becerilerinizden bazılarını deneme fırsatı yakaladınız. İlerleyen sayfalarda, başlamanız için bir program hazırladım. Şimdi öğrendiklerinizi hep beraber kullanmaya başlamanın tam zamanı.

Küçük bir adım atın ama bir yerden başlayın. Herhangi bir yerden. Bunu yaptığınızda, kendinizle ilgili keşfettikleriniz karşısında şaşkına döneceğinizi düşünüyorum. Sınırsız olan benliğiniz, gerçekten olduğunuz ve zamanla şu anda tasavvur edemeyeceğiniz şeyleri yapacak kişidir.

Kendinizi tanıyın. Kendinize güvenin. Kendinizi sevin. Kendiniz olun.

Ve unutmayın; yaşadığınız hayat, öğrettiğiniz derslerdir.

Sınırsız olun.

Sevgi ve öğrenmeyle,
Jim

Sınırsız

10 GÜNLÜK KWIK BAŞLANGIÇ PLANI

Bu kitabın sonuna kadar gelmeyi başardığınız için tebrikler. Elindeki görevi tamamlayan az sayıdaki kişiden birisiniz. Sizi alkışlıyorum.

Bu kitapta çok şey ele aldık. Tavsiyem öğrendiğiniz her şeyi uygulamanızdır. Nereden başlayacağınızdan emin değilseniz, bu 10 günlük plan, sınırsız yolculuğunuza hızlı bir şekilde başlamanıza yardımcı olmak için burada.

Sizin için hazırladığım bu planı uygulayabilir veya her ana bölümden birleştirmek istediğiniz en önemli üç ipucunu kendiniz seçebilirsiniz: Düşünce Yapısı, Motivasyon ve Yöntemler. Bu şekilde, şu anda eksik olduğunuzu düşündüğünüz ve daha fazla desteğe ihtiyaç duyduğunuz alanlara odaklanabilirsiniz.

Bu 10 Günlük Kwik Başlangıç programını video formatında www.LimitlessBook.com/resources adresinden de indirebilirsiniz.

Bu kitap aracılığıyla zihin koçunuz olmama izin verdiğiniz için teşekkür ederim. Gelişiminizin haberini almayı dört gözle bekliyorum.

1. GÜN: DAHA HIZLI ÖĞRENİN

FASTER (DAHA HIZLI) kelimesinin kısaltmasını birinci günde eyleme geçirin:

- **Unutun (Forget):** Yoğun odaklamanın püf noktası, dikkatinizi dağıtan şeyi ortadan kaldırmak veya unutmaktır. Unutmak istediğiniz üç şey vardır (en azından geçici olarak).

    1. Zaten bildikleriniz
    2. Acil olmayanlar

3. Sınırlarınız

- **Harekete Geçin (Act):** Geleneksel eğitim birçok insanı öğrenmenin pasif bir deneyim olduğunu düşünecek şekilde eğitmiştir. Ancak öğrenmek bir seyirci sporu değildir. İnsan beyni; tüketme yoluyla, yaratarak öğrendiği kadar iyi öğrenmez. Buradan hareketle, öğrenme sürecinizde nasıl daha aktif olabileceğinizi kendinize sormanızı istiyorum. Not alın. Bu kitaptaki alıştırmaları yapın.

- **Ruh Halinizi Belirleyin (State):** Varoluş durumunuz duygularınızın hâlihazırdaki anlık bir görüntüsüdür. Düşüncelerinizden (psikolojinizden) ve vücudunuzun fiziksel durumundan (fizyolojinizden) çokça etkilenir. Duruşunuzu veya nefesinizin derinliğini değiştirin. Bilinçli olarak sevinç, hayranlık ve merak durumlarını seçin.

- **Öğretin (Teach):** Öğrenme eğrinizi önemli ölçüde kamçılamak istiyorsanız, öğrendiklerinizi başkasına öğretme niyetiyle öğrenin.

- **Kaydedin (Enter):** Bir şey ajandanızda yoksa onun tamamlanmamış olma ihtimali yüksektir. Ajandanızı çıkarın ve günde yalnızca 10 veya 15 dakika bile olsa ajandanıza, kendinize yatırım yapmak için zaman aralıkları kaydedin.

- **Gözden Geçirin (Review):** Çoklu oturumlar halinde bilgileri gözden geçirerek daha iyi saklayabilirsiniz. Gününüz hakkında düşünme alışkanlığı edinin ve öğrendiklerinizi günlük olarak gözden geçirin.

2. GÜN: OTOMATİK OLUMSUZ DÜŞÜNCELERİNİZDEN KURTULUN

Size kafanızın içinde sürekli olarak başaramayacağınızı söyleyen sesleri, yani "Otomatik Olumsuz Düşünceleri" belirleyin. Onlarla konuşmaya başlayın.

Bu sinir bozucu "Geliştirilmiş Sınırlayıcı Fikirleri" (LIEs) azaltmayı da unutmayın. Ayrıca sürekli olarak "İnanç Sistemlerinizi" kontrol edin. Kendinizi, *"Bu tür şeyleri her zaman elime yüzüme bu-*

laştırıyorum" diye düşünürken bulursanız, bu düşünceye *"Geçmişte bu konuda her zaman iyi olmamam, şu anda harika olamayacağım anlamına gelmez. Bunu nasıl öğrenebilirim?"* fikriyle karşılık verin.

Zihninize uyması için mümkün olanı küçültmeyin, mümkün olana uyması için zihninizi genişletin.

3. GÜN: SORULARINIZI SORGULAYIN

Baskın soruların gücü üzerine düşünün. Muhtemelen gün boyunca bilinçaltında kendinize sorduğunuz bir soru vardır. Bu soruyu saptayın ve davranışınızı değiştirmek için onu nasıl değiştirebileceğinizi düşünün. Bilginin kendisi güç değildir, sadece onu uygulamaya koyduğunuzda bu potansiyele sahiptir. Gün boyunca ihtiyacınız olan sizi güçlendirecek cevapları almanıza yardımcı olacak soruları sormaya başlayın.

4. GÜN: EN ÇOK NE İSTEDİĞİNİZİ HAYAL EDİN

Bu kitapta öğrendiklerinizi uygulamadığınızda sahip olacağınız tüm dezavantajları yazmak için bir dakikanızı ayırın. Örneğin, "Sıkı çalışmaya devam etmem ve aynı vasat sonuçlara razı olmam gerekecek" yazabilirsiniz. "Kendimden şüphe etmeye devam edeceğim", "Sevdiklerim için elimden gelenin en iyisini yapamayacağım" veya "İyi bir iş bulamayacağım."

Şimdi, öğrendiklerinizi uyguladığınızda sahip olacağınız avantajları yazın, örneğin: "Öğrenmem gerekenleri kendime güvenerek öğrenebileceğim, sevdiğim harika bir iş bulabileceğim ve dünyaya fayda sağlayabilmek için çok para kazanabileceğim.", "Egzersiz yapmak ve sağlıklı olmak, seyahat etmek ve sevdiğim insanla daha fazla zaman geçirmek için daha fazla boş zamanım olacak." veya "Bitirilmemiş işlerimi tamamlamak ve rahatlamak için sonunda biraz boş zamanım olacak!" gibi basit bir şey olabilir.

Spesifik olun. Görün, hissedin, ona inanın ve bunun için günlük olarak çalışın. Kutlama için şampanya patlatacağınız anı görselleştirin.

5. GÜN: AMACINIZI DÜŞÜNÜN

Amaç, diğer insanlarla nasıl ilişki kurduğunuzla ilgilidir. Amaç, dünya ile paylaşmak için burada olduğunuz şeydir. Sizin amacınız ne? Sınırsız olmanıza kimin bel bağladığını düşünün. Aileniz mi? Sevgiliniz mi? Arkadaşlarınız mı? Meslektaşlarınız mı? Komşularınız mı? Hayatınızda sınırlar belirleyerek kimi hayal kırıklığına uğrattığınız konusunda açık olun. Şimdi, potansiyelinizi yüzde 100 oranında kullandığınızda başkalarının hayatını nasıl etkileyebileceğinizi düşünün. İşte amacınızı buldunuz.

6. GÜN: YENİ BİR SAĞLIKLI ALIŞKANLIK EDİNİN

Sizi başarıya götürecek yeni bir sağlıklı alışkanlık oluşturmak için küçük, basit adımlar atın. Bunu sabah rutininizin bir parçası haline getirin. Günlük olarak yaptığınız bir şeyi değiştirmeye karar vermediğiniz sürece hayatınızı asla değiştiremezsiniz.

Günlük kararlarımızın ve alışkanlıklarımızın hem mutluluk hem de başarı düzeyimiz üzerinde büyük etkisi vardır. Eğer ısrarcıysanız, başarabilirsiniz; istikrarlıysanız, başarıyı elinizde tutabilirsiniz. Yavaş yavaş, attığınız küçük adımlar büyük mesafelere dönüşebilir. Unutmayın, her profesyonel bir zamanlar başlangıç seviyesindeydi.

Bugün uygulamaya başlayacağınız yeni bir alışkanlık seçin. Bunu her gün tutarlı bir şekilde uygulayabileceğiniz küçük, basit adımlara nasıl bölebilirsiniz?

7. GÜN: BEYNİNİZE BİRAZ ENERJİ VERİN

Her gün kazanmak için enerjinizden yararlanın. Her gün bu zihne faydalı yiyeceklerden birini veya daha fazlasını yiyin. En sevdiğiniz hangisi? Neden onu seviyorsunuz? Unutmayın; yedikleriniz önemli, özellikle de zihniniz için. Yediğiniz şey size enerji mi veriyor yoksa sizi tüketiyor mu? Aşağıdaki zihne faydalı besinleri kullanarak yapabileceğiniz bazı yaratıcı tarifleri yazın:

Avokado	Yeşil Sebzeler
Yaban Mersini	Somon
Brokoli	Zerdeçal
Bitter Çikolata	Ceviz
Yumurta	Su

8. GÜN: ÇALIŞMANIZI OPTİMİZE EDİN

Ders çalışmak sadece okuldaki insanlar için değildir. Hepimiz hayat boyu bir şeyler öğrenmeye devam ederiz. Çalışmak ve öğrenmek için en uygun durumu ayarlayın. Dikkat dağıtıcı şeyleri kaldırın. Daha önce hiç görmediğiniz bir TED videosunu izlemek ve dinleme becerilerinizi geliştirmek için "Dur - Empati Kur - Umut Et - Gözden Geçir" yöntemini kullanın.

9. GÜN: MOTİVASYON-DİKKAT-YÖNTEM ÜÇLÜSÜNÜ ASLA UNUTMAYIN

Herhangi bir göreve başlamadan önce, daima "Motivasyon-Dikkat-Yöntem" üçlüsüne başvurun. Ayrıca, "nedeninizi" kontrol edin. O kişinin adını hatırlama nedeniniz nedir? Ne gözlemliyorsunuz? Unutmayın, hatırlamak bir saklama meselesi değil; dikkat meselesidir. İlişkilendirme tekniğini kullanarak bugün tanıştığınız herkesin adını hatırlamaya çalışın. Birinin adını unuttuğunuz takdirde, bunun sebebinin motivasyonunuz mu, gözleminiz mi yoksa yönteminiz mi olduğunu yazın. Sonra bunu başka biriyle tekrar deneyin.

Bu beceri üzerine, markette alışveriş yaparken, sokakta yürürken, televizyon veya herhangi bir şey izlerken bile pratik yapabilirsiniz. Gördüğünüz yabancılara isim verin ve kaç tanesini hatırlayabildiğinizi test edin.

10. GÜN: OKUMANIN GÜCÜNÜ KUCAKLAYIN

Günde sadece 10 dakika olsa bile günlük bir okuma hedefi belirleyin. Okumak insana güç katar ve okumaktan elde ettiğiniz faydalar zamanla katlanarak artar. Önemli olan kararlılıktır. Okumak istediğiniz bir kitabı seçin, 10 dakikalığına bir zamanlayıcı ayarlayın, dikkat dağıtıcı şeyleri ortadan kaldırın ve görsel bir takip aracıyla okuma pratiği yapın. Sonra her gün için okuma zamanınızı planlayın; bunu kendinizle bir randevu olarak ajandanıza koyun. Liderler, okuyanlar arasından çıkar. Okumak, zihniniz için harika bir egzersizdir. Unutmayın, sadece bir kitap okuyarak onlarca yıllık deneyimi beyninize yükleyebilirsiniz.

SINIRSIZ ÇOCUKLAR

BU KİTABI *EBEVEYNLİĞE* NASIL UYARLARSINIZ

*"Bir çocuk, bizim **öğrettiğimiz** yoldan **öğrenemiyorsa**, belki de biz onun öğrendiği yoldan **öğretmeliyiz**."*
IGNACIO ESTRADA

Mesele, çocuklarınızın ne kadar zeki olduğu değil, ne tür bir zekâya sahip olduğudur. Geleneksel eğitim çocuklara neyi öğreneceklerini, neye odaklanacaklarını, neyi düşüneceklerini, ne çalışacaklarını ve hatta neyi hatırlayacaklarını öğretir ama nasıl öğrenileceğini, nasıl odaklanılacağını, nasıl düşünüleceğini, nasıl çalışılacağını ve nasıl hatırlanacağını öğretmez.

Kendim de öğrenme güçlükleriyle baş ederek büyüdüğüm için, tutkularımdan biri gençlerimize zihin yapılarını, motivasyonlarını ve öğrenme yöntemlerini öğretmektir.

Peki, nasıl başlayabilirsiniz? En sevdiğim stratejilerimden bazılarını "kwik" bonus bölümüne koydum.

Bu bölümü aşağıdaki adresten indirebilirsiniz:
LimitlessBook.com/parenting

Jim Kwik

SINIRSIZ EKİPLER

BU KİTABI *İŞİNİZE* NASIL UYARLARSINIZ

"Bir kuruluşun öğrenme ve bu öğrenmeyi hızla eyleme dönüştürme yeteneği, en büyük rekabet avantajıdır."
JACK WELCH

Sınırsız modelini işletmenize uygulayabilir misiniz? Kesinlikle! Yirmi yılı aşkın bir süredir bu yöntemleri, girişimci start-uplardan Google, Virgin, Nike, GE, Fox Studios ve Zappos dahil kurumsal müşterilere kadar her boyutta kuruluşu eğitmek için kullandık.

İnsan sermayesi (toplu eğitim, beceriler, bilgi birikimi, çalışma) bir kuruluşun en değerli ve yeterince kullanılmayan servetidir. İşletmenizin büyümesi için önce ekibinizin ortak beyin gücü büyümelidir.

Ekibinizin sınırsız bilişsel potansiyelinden nasıl yararlanabilirsiniz? Size bu yolda yardımcı olacak bir bonus bölümü yazdım.

Bu bölümü aşağıdaki adresten indirebilirsiniz:
LimitlessBook.com/Business

BONUS KAYNAKLARINIZ

Bu kitabı tamamlayan ve sonuçlarınızı daha ileriye götürecek en iyi kaynakları bir araya getirdik.

Bu kaynaklar şunları içeriyor:

• Seçilmiş derslerin video eğitimleri (Örneğin: Size zihne iyi gelen ana yiyecekleri nasıl hızlı bir şekilde ezberleyeceğinizi anlattığım ve isim hatırlama tekniklerini canlı bir izleyici kitlesi önünde gösterdiğim içerikleri izleyebilirsiniz)

• Becerilerinizi test etmek için yazılı alıştırmalar ve değerlendirmeler

• Yemeklerden çaylara kadar beyin gücü sağlayan yemek tarifleri

• Kitap Önerileri

• Bu kitapta ele alınan konuları daha derinlemesine inceleyen en iyi uzmanlarla özel röportajlar (uyku, egzersiz, beslenme, meditasyon ve diğer konular)

• Ve çok daha fazlası!

Ücretsiz erişim tarihi için aşağıdaki adrese gidin:
LimitlessBook/Resources

Jim Kwik

ÇEVRİMİÇİ KWIK ÖĞRENME

5 SINIRSIZLIK YÖNTEMİNİ
DERİNLEMESİNE ÖĞRENMEK İSTER MİSİNİZ?

Kendinizi, ailenizi veya ekibinizi odaklanma, çalışma, hafızayı geliştirme, hızlı okuma ve düşünme becerileri konusunda nasıl eğitirsiniz?

Yeteneklerini bir üst düzeye çıkarmak isteyen herkes için, kanıtlanmış ve hayatınıza adapte etmesi kolay, en iyi çevrimiçi eğitimi sizin için oluşturduk.

Her alanda yeni bir öğrenme alışkanlığı oluşturmak için ihtiyacınız olan tek şey günde 15 dakika.

KwikLearning.com/Online-Courses adresini ziyaret edin ve bu kitabı satın aldığınız için bir teşekkür olarak, kayıt anında % 25 indirim kazanmak için "LIMITLESS" kodunu kullanın.

Bunu yaptığınızda, 195 ülkeden bir araya gelen üyelerimizin oluşturduğu Kwik Brains topluluğumuza katılacaksınız. Sizin başarınız bizim başarımızdır; her program, koşulsuz 30 günlük para iade garantisine sahiptir.

KİTAP ÖNERİLERİ

Topluluğumuz okuma konusunda tutkuludur. Birinin yıllara dayanan deneyimleri varsa, bu bilgi birikimini bir kitapta yayınlıyorsa ve siz bu kitabı birkaç gün içinde okuyabiliyorsanız, onlarca yılı etkin bir şekilde günlere "indirirsiniz".

Liderler okuyanlar arasından çıkar. Kwik okuyucularımızın birçoğu kendilerini #haftada1kitap (her yıl 52 kitap) okumaya adıyor.

Bu kitabı satın aldığınız için bonus olarak, bir saatlik hızlı okumada ustalaşma eğitimi hediye ediyorum. Bu ders, kitap listenizle başa çıkmanızda size yardımcı olacaktır.

JimKwik.com/Reading adresinden ücretsiz erişim tarihi sağlayabilirsiniz.

Aşağıda en sevdiğim düşünce yapısı, motivasyon ve yöntem kitaplarından bazılarının bir listesini bulacaksınız. Bu kitapları belirli bir sıraya göre listelemedim.

Kapsamlı bir okuma listesi için

LimitlessBook.com/resources adresini ziyaret edebilirsiniz.

Büyük Düşünmenin Büyüsü - David J. Schwartz

İnsanın Anlam Arayışı - Viktor Frankl

Understanding - Richard Saul Wurman

The Tapping Solution for Manifesting Your Greatest Self - Nick Ortner

Neden ile Başla - Simon Sinek

Etkili İnsanların 7 Alışkanlığı - Stephen R. Covey

Beyninizi Değiştirin, Hayatınız Değişsin - Dr. Daniel Amen

Motivation Manifesto - Brendon Burchard

Jim Kwik

Tiny Habits - Dr. BJ Fogg

Brain Food - Lisa Mosconi

Me to We - Marc Kielburger & Craig Kielburger

The Promise of a Pencil - Adam Braun

Miracle Mindset - JJ Virgin

The TB12 Method - Tom Brady

Super Human - Dave Asprey

The Infinite Game - Simon Sinek

The Future Is Faster Than You Think - Steven Kotler & Peter Diamandis

Olağanüstü Yaşamlar için Olağandışı Kurallar - Vishen Lakhiani

Mükemmellik Okulu - Lewis Howes

Stress Less, Accomplish More - Emily Fletcher

Beden Saatiniz Nasıl Çalışıyor? - Dr. Michael Breus

Becoming Super Woman - Nicole Lapin

Chineasy Everyday - Shaolan

#AskGaryVee - Gary Vaynerchuk

Doğaüstü Olmak - Dr. Joe Dispenza

Einstein ile Ay Yürüyüşü - Joshua Foer

Kendini Değiştiren Beyin - Dr. Norman Doidge

Aklını En Doğru Şekilde Kullan - Carol Dweck

The Align Method - Aaron Alexander

Süper Beyin - Deepak Chopra & Rudolph Tanzi

Genius Foods - Max Lugavere

Sleep Smarter - Shawn Stevenson

Zihin Detoksu - Dr. Mark Hyman

Spark - Dr. John Ratey

The 4-Hour Chef - Tim Ferriss

Math Doesn't Suck - Danica Mckellar

Boundless - Ben Greenfield

Altı Şapkalı Düşünme Tekniği - Edward de Bono

Thrive, Başarı İçinizdedir - Arianna Huffington

Öz - Sir Ken Robinson & Lou Aronica

TED Talks - Chris Anderson

Atomik Alışkanlıklar - James Clear

Imagine It Forward - Beth Comstock & Tahl Raz

Belong - Radha Agrawal

Disrupt-Her - Miki Agrawal

The Ripple Effect - Dr. Greg Wells

Exponential Transformation - Salim Ismail, Francisco Palao & Michelle Lapierre

Think Like a Monk - Jay Shetty

The Alter Ego Effect - Todd Herman

How to Live a Good Life - Jonathan Fields

Zihin Haritaları - Barry Buzan & Tony Buzan

The Principles - Ray Dalio

Re-Create Your Life - Morty Lefkoe

Duygusal İlk Yardım - Dr. Guy Winch

A Higher Branch – Sam Makhoul

Cancer-Free with Food - Liana Werner-Gray

İyileştiren Yiyecekler - Dr. Mehmet Öz

TEŞEKKÜR

Bu, benim için kitabın yazması en zor kısmı; çünkü bir kitabı ortaya çıkarabilmek için bir köy dolusu insan gerekiyor. Bunun tek kişilik bir tür macera olduğu düşünülebilir ama gerçekte kahramanca bir grup çalışmasıydı.

Teşekküre ayırdığım bu sayfalarda, bu ana kadar beni yönlendiren ve destekleyen herkese isimleriyle teşekkür etmek imkânsız. Liste oldukça uzun. Hatta epey sınırsız olduğunu söyleyebiliriz.

Bunu biliyorum çünkü hepinizin kalbimde özel bir yeri var ve minnettarlık egzersizlerimi yaparken sizin varlığınızı hissediyorum.

SİZİNLE, yani okuyucumuz ile başlayalım. Sadece bu kitabı aldığınız için değil, daha da önemlisi okuduğunuz ve kullandığınız için teşekkür ederim.

Podcast konuklarımıza, dinleyicilerimize ve videolarımızdan birini izlemiş ve paylaşmış olan herkese, her hafta bize bağlandıkları ve benimle zihne dair bir gelişim yolculuğuna çıktıkları için teşekkür ederim.

Dünyanın her yerindeki çevrimiçi öğrencilerimize, bize zaman ayırdıkları ve güvendikleri için minnettarız. Ekibimizin daha iyi, daha parlak beyinler oluşturma amacını gerçekleştirmesine izin verdikleri için teşekkür ederiz.

Konuşma yaptığımız ve eğitim verdiğimiz tüm kurum ve programlara beni izleyicileriyle ve ekipleriyle buluşturdukları için teşekkür ederim.

Özel koçluk müşterilerim; kim olduğunuzu biliyorsunuz, arkadaşlığınız ve aldığınız eğitimler karşılığında bana çok şey öğrettiğiniz için teşekkür ederim.

Uzun süredir iş ortağım olan Alexis Banc. Bu kitap ve bu iş sen olmasaydın olmazdı. Akla gelebilecek her şapkayı takıyorsun, adanmışlığınla yalnızca daha iyi ve parlak bir dünya vizyonun boy ölçüşebilir. Sana daima minnettar kalacağım.

James Banc, bir beyin savaşçısı olduğun için teşekkürler kardeşim.

Asistanım Elena'ya da minnettarım, sağ kolum (ve bazen beynim) olduğun için teşekkürler. Yaptığın her şey için müteşekkirim.

Topluluğumuza hizmet etmek için her gün çok çalışan harika Kwik Ekibimize: Jonie, Sasha, Brittany, Jade, Iris, Denyce, Nicole, Jessica, Kyle, Dallas, Jen, Zareen, Jena, Lauren, Louie, Romario, Elizabeth, Miriam, Julia, Matilda, Alex, Dmitri, Jena, Kristie, LJ, Arthur, Marcin, Angelo, Pawel, Radek, Agata, Natalia, Katia, Hugo, Michal, Chris, Marta, Drew, Kris, Rusty ve ekibimizin geçmişteki, şimdiki ve gelecekteki geri kalanına, ilgileri ve bağlılıkları için teşekkür ederim (Evet, ekibimizin çoğunluğu inanılmaz kadınlardan oluşuyor.)

Hayat yolculuğunda herkesin öğretmeniniz olabileceğine inanıyorum. Haftada bir kitap okumamı sağlayan üniversite arkadaşımın babasından; beynimin arızalı olduğunu söyleyen kişiye kadar, verdiğiniz dersler için teşekkür ederim.

Beni bu kitabı yazmam için cesaretlendiren ve başımın etini yiyen arkadaşlarım Brendon Burchard, Scott Hoffman, Lewis Howes ve Nick Ortner, dünyaya ilham verdiğiniz ve kafamdaki karışıklıkları mesajıma dönüştürmemde esin kaynağı olduğunuz için teşekkür ederim.

Bu kitabın potansiyelini gören Reid Tracy ve Patty Gift'e minnettarım. Hay House ailesinin bir parçası olmaktan onur duyuyorum. Teşekkürler Anne, Mary, Margarete, Lindsay, Patricia, Cathy, Alexandra, Sally, Marlene, Perry, Celeste, Tricia, Julie, Yvette, Diane, John, Karen, Steve ve kitabın oluşturulmasında emeği olan herkes.

Bu kitaba önemli katkılarda bulunan yaratıcı ekibimize de teşekkürlerimi sunuyorum.

Lou Aronica, bu sayfaları hazırlamama yardım ettiğin ve bu kitabı olabileceği en iyi hale getirdiğin için teşekkürler.

Sara Stibitz, kitaba paha biçilmez bir katkı sundun. Tüm araştırmaların, röportajların, kelime ustalığın ve bizi bitiş çizgisine ulaştırdığın için minnettarım.

Clay Hebert, yıllarca bana destek olduğun ve bu projenin A'dan Z'ye oyun kuruculuğunu yaptığın için teşekkür ederim. Kafa karışıklıklarını açıklığa kavuşturmayı başarıyorsun.

Courtney Kenney, kitapta nereye koyacağımı bilemediğim bölümleri profesyonelce düzenlediğin ve yönettiğin için teşekkür ederim.

Jose Alonso, yeni kwik tasarımı için teşekkürler. Nick Onken, olağanüstü bir fotoğrafçı.

Güzel kitap kapağı tasarımları için Rodrigo ve Anna Corral'a teşekkür etmek istiyorum.

Dr. Mark Hyman, çalışmalarımıza inandığınız ve kitabın önsözünü yazdığınız için teşekkür ederiz. Siz ve Mia'ya bu kitapla ilgili desteğiniz için minnettarız.

Michael Robertson ve The Beverly Hilton'daki tüm ekibe bana ve etkinliklerimize ev sahipliği yaptıkları için teşekkürler.

Beyin varlıkları ekibimize: Ne ile ilgileniyorsak onu görürüz. Daniel, Tom, Mitchell, Jakob, Anthony ve tüm ekibimize dünyaya beyin farkındalığı getirdikleri için teşekkür ederim.

Bu yolculuğun başlarında hayal gücüme ilham veren ve yolumu aydınlatan mucizevî insanlara, yani Quincy Jones, Neil Gaiman, Gene Roddenberry, George Lucas, Joseph Campbell, Oprah Winfrey, Piers Anthony, JK Rowling, Napoleon Hill, Bruce Lee, Howard Garner, Tony Buzan, Harry Lorraine, Norman Vincent Peale, Brian Tracy, Jim Rohn, Les Brown, Arianna Huffington, Sir Ken Robinson, Bay Fred Rogers ve tabii ki Stan Lee'ye teşekkür ederim.

En başından beri büyük sorumluluk yüklenerek yanımda olan Michael Fishman, Brian Kurtz ve Ryan Lee'ye de ayrıca teşekkürler.

Meta öğrenmeyi dünyayla paylaşmamıza yardımcı oldukları için Vishen Lakhian'a, ekibimize ve Mindvalley'deki tüm "Süper Beyinlerimize" teşekkür ederim.

Süper kahraman arkadaşlarıma ve yönettikleri topluluklara; Giovanni Marsico ve ArchAngels'a, Tom ve Lisa Bilyeu ve "Impactivistler'e", Ken Rutkowski ve METal kardeşlere, Elliot Bisnow ve Summit'e, Chris Winefield, Jen Gottlieb ve UAL'ye, Chris Anderson ve TED'e, Roman Tsunder ve PTTOW & WORLDZ'e, Michael Fishman ve CHS'e, Jack Canfield ve TLC'ye, JJ Virgin ve Mindshare'a, Cole & Sanja Hatter ve Thrive'a, Dan Fleyshman, Joel Marion ve MME 100 Group'a, Joe Polish ve Genius Network'e, Anthony Tjan ve On Cue'ya, Gareb Shamus ve ACE'e teşekkürler.

Benimle ilgilenmekten öğretilerimizi dünyayla paylaşmamıza yardımcı olmaya kadar her şeyi yapan tüm arkadaşlarım: Aaron Alexander, Adam Braun, Alex Banayan, Alex & Mimi Ikonn, Alex Ortner, Amy Jo Martin, Andres Roemer, Anna Akana, Ari Meisel, Audrey Hagen, Ben Greenfield, Dr. Ben Lynch, Ben Rawitz, Benny Luo, Beth Comstock, Bing Chen, BJ Fogg, Bo & Dawn Eason, Bob Proctor, Branden Hampton, Brandon Routh, Brian Evans, Brian Florio, Brian Grasso, Brooke Burke, Carrie Campbell, Carlos Gardes, Chalene Johnson, Charles Michael Yim, Chervin, Chloe Flower, Chris & Lori Harder, Christina Rasmussen, Christopher Lee, Chris Pan, Claire Zammit, Collin Chung, Craig & Sarah Clemens, Craig Kielburger, Cynthia Kersey, Cynthia Pasquella, Dr. Daniel Amen, Dan Caldwell, Dandapani, Danica McKellar, Dan Schawbel, Dave Hollis, Dave Nurse, David ve Lana Asprey, David Bass, David Goggins, David Meltzer, David Michail, David Wolfe, Dawn Hoang, Dean Graziosi, Derek Halpern, Derek Hough, Dhru Purohit, Donna Steinhorn, Ed Mylett, Elizabeth Gilbert, Emily Fletcher, Emily Morse, Erik Logan, Erin Matlock, Frank & Natalia Kern, Gail Kingsbury, Gary Vaynerchuk, Dr.Halland Chen, Henk Rogers, Hutch Parker, Ian Clark, IN-Q Jack Delosa, Jack Hidary, Jacqueline Schaffer, James Altucher, James Colquhoun, Jason Stuber, Jayson Gaignard, Jay Shetty, Jeannie Mai, Jeff Krasno, Jeff Spencer, Jelena & Novak Djokovic, Jesse Itzler, Jessica Ortner, Jim Poole, Dr. Joe Mercola, Joel & Laurin Seiden, John Assaraf, John Lee, John Romaniello, Jon Benson, Jonathan Fields, Jon Fine, Jules Hough, Jon Levy, Kandis Marie, Katie Wells, Keith Ferrazzi, Ken Hertz, Kerwin

Rae, Kevin & Annmarie Gianni, Kevin Pearce, Kevin Rose, Khaled Alwaleed, Kimberly Moore, Kimberly & James Van Der Beek, Kris Carr, Kute Blackson, Larry Benet, Larry & Oksana Ostrobsky, Laurel Touby, Leigh Durst, Liana Werner-Grey, Lisa Garr, Dr. Lisa Mosconi, Lisa Nichols, Liz Heller, Luke Storey, Manny Goldman, Marc Kielburger, Marie Forleo, Mariel Hemingway, Mari Smith, Mark Anthony Bates, Mark & Bonita Thompson, Mary Shenouda, Matt Mullenweg, Max Lugavere, Mel Abraham, Mel Robbins, Mia Lux, Dr. Michael Breus, Michael Gelb, Michael Lane, Mike Cline, Mike Koenigs , Mike Wang, Mikkoh Chen, Miki Agrawal, Mimi Pham, Mindpump Guys, Mona Sharma, Montel Williams, Naomi Whittel, Natalie & Glen Ledwell, Naveen Jain, Nick Kuzmich, Nicole Patrice, Nikki Sharp, Nina Sugasawa, Nusa Maal, Ocean Robbins, Oz Garcia, Paul Hoffman, Penni Thow, Pete Vargas, Peter Diamandis, Peter Hoppenfeld, Peter Nguyen, Rachel Goldstein, Radha Agrawal, Ramit Sethi, Randy Gage, Randy Garn, Rene & Akira Chan, Richard Miller, Richard & Veronica Tan, Richard Saul Wurman, Rick Barber, Rick Frishman, Robin Farmanfarmaian, Robin Sharma, Rudy Tanzi, Ryan Holiday, Ryan Kaltman, Ryan Levesque, Sabrina Kay, Sam Horn, Sandy Grigsby, Sashin Govender, Sazan ve Stevie Hendrix, Scooter Braun, Scott Flansburg, Sean Croxton, Sean & Mindy Stephenson, Dr. Seeta Narsai, Selena Soo, Shaman Durek, Shannon Elizabeth, Shannon Lee, Seth Godin, ShaoLan, Shawn & Anne Stevenson, Dr. Shefali, Simon Kinberg, Simon Mainwaring, Simon Sinek, Sonia Ricotti, Sony Mordechai, Sophie Chiche, Dr. Stephanie Estima, Stephanie McMahon, Steven Kotler, Steve Sims, Steven Tyler, Sunny Bates, Susan Cain, Tana Amen, Tara Mackey, Thomas Bahler, Tim Chang, Tim Larkin, Tim Ryan, Todd Herman, Tom Ferry, Tony Hsieh, Tracy Anderson, Trent Shelton, Tucker Max, Vani Hari, Whitney Pratt, Will Eppes, Wim Hof, Yanik Silver, Yanjaa Wintersoul, Yue-Sai Kan, Yuka Kobayashi ve daha birçoğu, hepinize çok teşekkür ederim.

Sevdiğimiz ve bu kitabın gelirlerinin bir kısmıyla da desteklediğimiz, çocukların eğitimine katkı sağlayan sivil toplum kuruluşlarına -WE Charity, Pencils of Promise, Unstoppable Vakfı ve diğerleri- inşa ettiğiniz okullar ve çocuklara sağladığınız sağlık hizmetleri ve temiz su için teşekkür ederim.

Alzheimer hakkında araştırmaları finanse eden ve yürütülmesine katkı sağlayarak dünyayı değiştiren, beyin sağlığını gözetmek üzere temelleri atılmış kâr amacı gütmeyen kuruluşlara; Steve Aoki ve Aoki Vakfı, Maria Shriver'ın Kadın Alzheimer Hareketi, Dr. Rudy Tanzi, Cleveland Kliniği Lou Ruvo Beyin Sağlığı Merkezi, Dr. Lisa Mosconi'nin Kadın Beyni İnisiyatifi ve Weill Cornell Tıp Fakültesi'ndeki Alzheimer'ı Önleme Kliniği'ne teşekkürler.

Tüm okul öğretmenlerim (ve dünyanın her yerindeki öğretmenler), çok sayıda eğitimciyle çalışmış ve annesi kısa süre önce bir devlet okulundan emekli olmuş biri olarak biliyorum ki bu hiç de kolay bir meslek değil. İlginiz, şefkatiniz ve bağlılığınız için teşekkür ederim. Sizler gerçek süper kahramanlarsınız, giydiğiniz pelerinlere minnettarız.

Okulumuzun inek takımına; Dakota, Morris ve Dave'e çizgi romanlar, video ve kart oyunları için teşekkür ederim. Sadece arkadaşlığınız için değil, verdiğiniz tüm uzun süreli özel dersler için de size müteşekkirim. Siz olmasaydınız okulu bitiremezdim.

Sensei Rick, yıllarca süren dövüş sanatları eğitiminiz, bilgeliğiniz ve dostluğunuz için çok teşekkürler. Bryan Watanabe, dürüstlüğün ve etrafındakileri olumlu etkileme yeteneğinle beni şaşırtıyorsun.

Sabahın erken saatlerinde yazarken bana eşlik ettiğin için teşekkürler Rocky. Sen gelmiş geçmiş en iyi köpeksin!

Ve canım sevgilim; bu yolculukta seninle birlikte olduğum için çok şanslıyım. Beyin ve süper kahramanlarla ilgili her şeye olan saplantımı hoş gördüğün için teşekkür ederim. Seninle her gün bir öğrenme ve kahkaha serüveninin içerisindeyim. Sınırsız sevginin ve desteğinin önünde saygıyla eğiliyorum. Sen hayatımın en büyük lütfusun.

Ailelerimize teşekkür ediyorum; sevgi, bize değer vermemiz ve saklamamız gereken ömürlük hatıralar bırakarak şiddetle ve yoğun bir şekilde akar.

Kız ve erkek kardeşim, şimdiye kadar yaptığınız ve şu an yapıyor olduğunuz her şey için teşekkür ederim. Bana hem insan hem de ebeveyn olarak ilham veriyorsunuz. Sizi çok seviyorum.

Anne ve baba, asıl kahramanlarım, sadece bu kitap üzerine teşvikleriniz için değil; aynı zamanda başından beri bana inandığınız için teşekkür ederim. Şimdiye kadar dönüştüğüm ve yaptığım, iyi ve düzgün her şeyde sizin payınız vardı. Daha fazlasını yapamadıysam da bu benim hatamdır.

Ve tekrar SİZE, yani okuyucuma teşekkür ederim. Sınırları olmayan bir zihin, yaşam ve dünya yaratmak için birlikte çalışırken size hizmet etmek bizim için onurdur.

YAZAR HAKKINDA

Jim Kwik (bu onun gerçek adıdır) hafıza geliştirme, beyin kapasitesini arttırma ve hızlandırılmış öğrenme alanında dünya çapında tanınan bir uzmandır. Kwik, çocukluk çağında baş etmek durumunda kaldığı bir beyin hasarı yüzünden yaşadığı öğrenme zorluğu sonrasında, zihinsel performansını önemli ölçüde artırmak için stratejiler geliştirmiştir. O zamandan beri hayatını, başkalarının gerçek dehalarını ve beyin güçlerini ortaya çıkarmalarına yardım etmeye adamış durumdadır. Yirmi yıldan fazla bir süredir öğrencilere, üst düzey yöneticilere, girişimcilere ve eğitimcilere zihin koçu olarak hizmet etmektedir. Çalışmaları, Hollywood'da geniş bir çevreyi, profesyonel sporcuları, siyasi liderleri, büyük iş insanlarını; Google, Virgin, Nike, Zappos, SpaceX, GE, Twentieth Century Fox, Cleveland Clinic ve Wordpress'in de içinde olduğu kurumsal müşterileri ve Birleşmiş Milletler, Caltech, Harvard Üniversitesi ve Singularity Üniversitesi gibi kurumları fazlasıyla etkilemiştir.

Açılış konuşmalarıyla her yıl 200.000'den fazla izleyiciye ulaşan yazarın çevrimiçi videoları ise şimdiye kadar yüz milyonlarca kez izlenmiştir. Kwik, Forbes, HuffPost, Fast Company, Inc. ve CNBC dahil olmak üzere medyada düzenli olarak yer almaktadır. Yazar aynı zamanda iTunes'da sürekli en iyi eğitim programı olarak kabul edilen ve geniş kitlelerce beğenilen "Kwik Brain" podcastinin sunucusudur. KwikLearning.com'un çevrimiçi kursları 195 ülkedeki öğrenciler tarafından kullanılmaktadır.

Beyin sağlığı ve küresel eğitimin savunucusu olan Kwik, aynı zamanda Guatemala'dan Kenya'ya kadar birçok okulun kurulmasından, Alzheimer araştırmalarına ve ihtiyaç sahibi çocuklara sağlık

Jim Kwik

hizmetleri, temiz su ve eğitim imkânı sağlamaya kadar uzanan bir dizi projeye finansal destek sağlayan bir yardımseverdir. Onun görevi bellidir: Hiçbir beyni es geçmemek.

Jim Kwik'e ulaşın:
JimKwik.com (konuşmalar, koçluk, podcast)
KwikLearning.com (çevrimiçi programlar)
Twitter: @JimKwik
Facebook: @JimKwik
Instagram: @JimKwik
Kısa Mesaj 310-299-9362

KAYNAKÇA

2. BÖLÜM

1. "Digital Overload: Your Brain On Gadgets," NPR, son değiştirme tarihi 24 Ağustos, 2010, www.npr.org/templates/story/story.php?storyId=129384107.

2. A.g.e.

3. A.g.e; Matt Richtel, "Attached to Technology and Paying a Price," *New York Times*, son değiştirme tarihi 7 Haziran, 2010, www.nytimes.com/2010.06.07/ technology/07brain.html.

4. Paul Waddington, "Dying for Information? A Report on the Effects of Information Overload in the UK and Worldwide," Reuters, erişim tarihi 11 Aralık, 2019, www.ukoln.ac.uk/services/papers/bl/blri078/content/repor~13.htm.

5. "Digital Distraction," American Psychological Association, son değiştirme tarihi 10 Ağustos, 2018, www.apa.org/news/press/releases/2018/08/digital-distraction.

6. Daniel J. Levitin, *The Organized Mind: Thinking Straight in the Age of Information Overload* (New York: Dutton, 2016).

7. Sean Coughlan, "Digital Dependence 'Eroding Human Memory,'" *BBC News*, BBCson değiştirme tarihi 7 Ekim, 2015, www.bbc.com/news/education-34454264.

8. Rony Zarom, "Why Technology Is Affecting Critical Thought in the Workplace and How to Fix It," *Entrepreneur,* 21 Eylül 2015, www.entrepreneur.com/article/248925.

9. Jim Taylor, "How Technology Is Changing the Way Children Think and Focus," *Psychology Today*, 4 Aralık, 2012, www.psychologytoday.com/us/ blog/the-power-prime/201212/how-technology-is-changing-the-way-children -think-and-focus.

10. Patricia M. Greenfield, "Technology and Informal Education: What Is Taught, What Is Learned," *Science,* 2 Ocak 2009, https://science.sciencemag.org/ content/323/5910/69.full.

11. Richard Foreman, "The Pancake People, or, 'The Gods Are Pounding My Head'," *Edge,* 8 Mart 2005, https://www.edge.org/3rd_culture/foreman05/ foreman05_index.html.

3. BÖLÜM

1. Tara Swart, *The Source: Open Your Mind, Change Your Life* (New York: Vermilion, 2019).

2. Suzana Herculano-Houzel, "The Human Brain in Numbers: a Linearly Scaled-up Primate Brain," *Frontiers in Human Neuroscience,* 9 Kasım, 2009, www.ncbi.nlm.nih.gov/pmc/articles/PMC2776484/.

3. Ferris Jabr, "Cache Cab: Taxi Drivers' Brains Grow to Navigate London's Streets," *Scientific American,* 8 Aralık, 2011, www.scientificamerican.com/ article/london-taxi-memory/.

4. Courtney E. Ackerman, "What Is Neuroplasticity? A Psychologist Explains [+14 Exercises]," PositivePsychology.com, son değiştirme tarihi 10 Eylül, 2019, positivepsychology.com/neuroplasticity/.

5. Catharine Paddock, Ph.D., "Not Only Does Our Gut Have Brain Cells It Can Also Grow New Ones, Study," Medical News Today, son değiştirme tarihi 5 Ağustos, 2009, https://www.medicalnewstoday.com/articles/159914.php; Jennifer Wolkin, "Meet Your Second Brain: The Gut," *Mindful,* son değiştirme tarihi 14 Ağustos, 2015, https://www.mindful.org/meet-your-second-brain-the-gut/.

6. Emily Underwood, "Your Gut Is Directly Connected to Your Brain, by a Newly Discovered Neuron Circuit," *Science,* son değiştirme tarihi 20 Eylül, 2018, https://www.sciencemag.org/news/2018/09/your-gut-directly-connected-your -brain-newly-discovered-neuron-circuit.

7. Ken Robinson and Lou Aronica, *Creative Schools: The Gras-*

sroots Revolution That's Transforming Education (New York: Penguin Books, 2016), xxvii-xxvii.

4. BÖLÜM

1. Sonnad, Nikhil. "A Mathematical Model of the 'Forgetting Curve' Proves Learning Is Hard." Quartz, 28 Şubat, 2018, qz.com/1213768/the-forgetting -curve-explains-why-humans-struggle-to-memorize/.

2. Francesco Cirillo, "The Pomodoro Technique," Cirillo Consulting, francesco cirillo.com/pages/pomodoro-technique.

3. Oliver Wendell Holmes, "The Autocrat of the Breakfast-Table," *Atlantic Monthly* 2, no. 8 (June 1858): 502.

5. BÖLÜM

1. "Kwik Brain with Jim Kwik: Break Through Your Beliefs with Shelly Lefkoe," Jim Kwik, 2 Mayıs, 2019, https://kwikbrain.libsyn.com/114-break-through -your-beliefs-with-shelly-lefkoe/.

2. Jan Bruce ve ark., *Mequilibrium: 14 Days to Cooler, Calmer, and Happier* (New York: Harmony Books, 2015), 95.

3. Jennice Vilhauer, "4 Ways to Stop Beating Yourself Up, Once and For All," *Psychology Today*, 18 Mart, 2016, www.psychologytoday.com/us/blog/living -forward/201603/4-ways-stop-beating-yourself-once-and-all.

4. "The Power of Positive Thinking," Johns Hopkins Medicine, www.hopkins medicine.org/health/wellness-and-prevention/the-power-of-positive-thinking.

5. Mayo Clinic Staff, "Positive Thinking: Stop Negative Self-Talk to Reduce Stress," Mayo Clinic, son değiştirme tarihi 18 Şubat, 2017, www.mayoclinic.org/ healthy-lifestyle/stress-management/in-depth/positive-thinking/art-20043950.

6. James Clear, "How Positive Thinking Builds Your Skills, Boosts Your Health, and Improves Your Work," James Clear, erişim tarihi 22 Nisan, 2019, jamesclear.com/positive-thinking.

7. A.g.e.

8. A.g.e.

9. Barbara L. Fredrickson, "The Broaden-and-Build Theory of Positive Emotions," National Center for Biotechnology Information, son değiştirme tarihi 17 Ağustos, 2004, www.ncbi.nlm.nih.gov/pmc/articles/PMC1693418/pdf/15347528.pdf.

6. BÖLÜM

1. Carol S. Dweck, *Mindset: the New Psychology of Success* (New York: Random House, 2006).

2. Daphne Martschenko, "The IQ Test Wars: Why Screening for Intelligence Is Still so Controversial," The Conversation, erişim tarihi 16 Ağustos, 2019, https:// theconversation.com/the-iq-test-wars-why-screening-for-intelligence-is-still-so-controversial-81428.

3. A.g.e.

4. A.g.e.

5. David Shenk, "The Truth About IQ," *The Atlantic*, erişim tarihi 4 Ağustos, 2009, https://www.theatlantic.com/national/archive/2009/07/the-truth-about-iq/22260/.

6. A.g.e.

7. Brian Roche, "Your IQ May Not Have Changed, But Are You Any Smarter?", *Psychology Today*, 15 Temmuz, 2014, www.psychologytoday.com/us/blog/iq-boot -camp/201407/your-iq-may-not-have-changed-are-you-any-smarter.

8. David Shenk, *The Genius in All Of Us* (New York: Anchor Books, 2011) 117.

9. Gabrielle Torre, "The Life and Times of the 10% Neuromyth," Knowing Neurons, son değiştirme tarihi 13 Şubat, 2018, https://knowingneurons.com/ 2018.02.13.10-neuromyth/.

10. Eric H. Chudler, "Do We Only Use 10% of Our Brains?," Neuroscience for Kids, https://faculty.washington.edu/chudler/tenper.html.

11. Gabrielle Torre, "The Life and Times of the 10% Neuromyth," Knowing Neurons, son değiştirme tarihi 13 Şubat, 2018, https://knowingneurons.com/ 2018/02/13/10-neuromyth/.

12. Eric Westervelt, "Sorry, Lucy: The Myth of the Misused Brain Is 100 Percent False," *NPR*, 27 Temmuz, 2014, https://www.npr.org/2014/07/27/335868132/ sorry-lucy-the-myth-of-the-misused-brain-is-100-percent-false.

13. Barry L. Beyerstein, "Whence Cometh the Myth that We Only Use 10% of our Brains?," in *Mind Myths: Exploring Popular Assumptions About the Mind and Brain*, ed. Sergio Della Sala (Wiley, 1999), 3–24.

14. A.g.e.

15. Robynne Boyd, "Do People Only Use 10 Percent of Their Brains?" *Scientific American*, son değiştirme tarihi 7 Şubat, 2008, https://www.scientificamerican.com/article/do-people-only-use-10-percent-of-their-brains/.

16. Thomas G. West, *In the Mind's Eye: Creative Visual Thinkers, Gifted Dyslexics, and the Rise of Visual Technologies* (Amherst, NY: Prometheus Books, 2009).

17. A.g.e.

18. "Einstein's 23 Biggest Mistakes: A New Book Explores the Mistakes of the Legendary Genius," *Discover*, son değiştirme tarihi 1 Eylül, 2008, http://discover magazine.com/2008/sep/01-einsteins-23-biggest-mistakes.

19. "About Page," Beth Comstock, https://www.bethcomstock.info/.

20. 99U, "Beth Comstock: Make Heroes Out of the Failures," video, 12:40, 3 Eylül, 2015, https://www.youtube.com/watch?v=-0GpIlOF-UzA.

21. Thomas Hobbes, *The English Works of Thomas Hobbes of Malmesbury,* ed. William Molesworth (Aalen: Scientia, 1966).

22. "Carol W. Greider," Wikipedia, erişim tarihi 27 Temmuz, 2019, https://en.wikipedia.org/wiki/Carol_W._Greider.

23. "Carol Greider, Ph.D., Director of Molecular Biology & Genetics at Johns Hopkins University," *Yale Dyslexia*, http://dyslexia.yale.edu/story/carol-greider -ph-d/.

24. Mayo Clinic Staff, "Dyslexia," Mayo Clinic, son değiştirme tarihi 22 Temmuz, 2017, https://www.mayoclinic.org/diseases-conditions/dyslexia/symptoms-causes/ syc-20353552.

25. Claudia Dreifus, "On Winning a Nobel Prize in Science," *The New York Times*, 12 Ekim, 2009, Science Bölümü, https://www.nytimes.com/2009/10/13/ science/13conv.html.

26. Jim Carrey, Mezuniyet Konuşması, Uluslararası Maharishi Üniversitesi, Fairfield, Iowa, 24 Mayıs, 2014, www.mum.edu/graduation-2014, erişim tarihi 5 Ocak, 2020.

27. Fred C. Kelly, "They Wouldn't Believe the Wrights Had Flown: A Study in Human Incredulity," Wright Brothers Aeroplane Company, http://www.wright-brothers.org/History_Wing/Aviations_Attic/They_Wouldnt_Believe/ They_Wouldnt_Believe_the_Wrights_Had_Flown.htm.

28. A.g.e.

29. "Bruce Lee," Biography.com, son değiştirme tarihi 16 Nisan, 2019, www.biography.com/actor/bruce-lee.

30. Mouse AI, "I Am Bruce Lee," yöneten Pete McCormack, video, 1:30:13, son değiştirme tarihi 13 Haziran, 2015, www.youtube.com/watch?v=2qL-WZ_ATTQ.

31. "I Am Bruce Lee," Leeway Media, 2012, www.youtube.com/watch?v= 2qL-WZ_ATTQ.

32. Bruce Lee, Bruce Lee Jeet Kune Do: Bruce Lee's Commentaries on the Martial Way, ed. John Little (Tuttle Publishing, 1997).

33. Daniel Coyle, The Talent Code: Greatness Isn't Born. It's Grown (London: Arrow, 2010); "The Talent Code: Grow Your Own Greatness: Here's How," Daniel Coyle, http://danielcoyle.com/the-talent-code/.

7. BÖLÜM

1. "Kind (n.)," İndeks, www.etymonline.com/word/kind.

2. Christopher J. Bryan ve ark., "Motivating Voter Turnout by Invoking the Self," PNAS, , son değiştirme tarihi 2 Ağustos, 2011, https://www.pnas.org/content/108/31/ 12653.

3. Adam Gorlick, "Stanford Researchers Find That a Simple Change in Phrasing Can Increase Voter Turnout," Stanford Üniversitesi, , son değiştirme tarihi 19 Temmuz, 2011, https://news.stanford.edu/news/2011/july/increasing-voter-turnout-071911.html.

8. BÖLÜM

1. Eva Selhub, "Nutritional Psychiatry: Your Brain on Food," Harvard Health (blog), Harvard Health Publishing, , son değiştirme tarihi 5 Nisan, 2018, www.health. harvard.edu/blog/nutritional-psychiatry-your-brain-on-food-201511168626.

2. Jim Kwik, "Kwik Brain with Jim Kwik: Eating for Your Brain with Dr. Lisa Mosconi," Jim Kwik, , son değiştirme tarihi 4 Ocak, 2019, https://jimkwik.com/ kwik-brain-088-eating-for-your-brain-with-dr-lisa-mosconi/.

3. Jim Kwik, "Kwik Brain with Jim Kwik: When to Eat for Optimal Brain Function with Max Lugavere," Jim Kwik, , son değiştirme tarihi 19 Temmuz, 2018, https:// jimkwik.com/kwik-brain-066-when-to-eat-for-optimal-brain-function-with -max-lugavere/.

4. "Table 1: Select Nutrients that Affect Cognitive Function," National Institutes of Health, www.ncbi.nlm.nih.gov/pmc/articles/PMC2805706/table/ T1/?report=objectonly, erişim tarihi 1 Haziran, 2019.

5. Heidi Godman, "Regular Exercise Changes the Brain to Improve Memory, Thinking Skills," Harvard Health (blog), Harvard Health Publishing, 5 Nisan, 2018, www.health.harvard.edu/blog/regular-exercise-changes-brain-improve-memory-thinking-skills-201404097110.

6. Daniel G. Amen, Change Your Brain, Change Your Life: the

Breakthrough Program for Conquering Anxiety, Depression, Obsessiveness, Lack of Focus, Anger, and Memory Problems (New York: Harmony Books, 2015), 109–110.

7. The Lancet Neurology, "Air Pollution and Brain Health: an Emerging Issue," The Lancet 17, no. 2 (Şubat 2018): 103, www.thelancet.com/journals/laneur/article/PIIS1474-4422(17)30462-3/fulltext.

8. Tara Parker-Pope, "Teenagers, Friends and Bad Decisions," Well (blog), The New York Times, 3 Şubat, 2011, well.blogs.nytimes.com/2011/02/03/teen-agers -friends-and-bad-decisions/?scp=6&sq=tara%2Bparker%2Bpope&st=cse.

9. "Protect Your Brain from Stress," Harvard Health (blog), Harvard Health Publishing, , son değiştirme tarihi Ağustos 2018, www.health.harvard.edu/mind-and-mood/ protect-your-brain-from-stress.

10. "Brain Basics: Understanding Sleep," National Institute of Neurological Disorders and Stroke, U.S. Department of Health and Human Services, , son değiştirme tarihi 13 Ağustos, 2019, www.ninds.nih.gov/Disorders/Patient-Caregiver-Education/Understanding-Sleep.

11. Jean Kim, "The Importance of Sleep: The Brain's Laundry Cycle," Psychology Today, 28 Haziran, 2017, www.psychologytoday.com/us/blog/culture-shrink/ 201706/the-importance-sleep-the-brains-laundry-cycle.

12. Jeff Iliff, "Transcript of 'One More Reason to Get a Good Night's Sleep,'" TED, son değiştirme tarihi Eylül 2014, www.ted.com/talks/jeff_iliff_one_more _reason_to_get_a_good_night_s_sleep/transcript.

13. A.g.e.

14. Sandee LaMotte, "One in Four Americans Develop Insomnia Each Year: 75 Percent of Those with Insomnia Recover," Science Daily, 5 Haziran, 2018, https://www.sciencedaily.com/releases/2018/06/180605154114.htm.

15. Kathryn J. Reid ve ark., "Aerobic Exercise Improves Self-Reported Sleep and Quality of Life in Older Adults with Insomnia," Sleep Medicine, U.S. Nation-al Library of Medicine, son değiştirme tarihi Ekim 2010, www.ncbi.nlm.nih.gov/ pmc/articles/ PMC2992829/.

16. Michael J. Breus, "Better Sleep Found by Exercising on a Regular Basis," Psychology Today, 6 Eylül, 2013, www.psychologytoday.com/us/blog/sleep-newzzz/201309/better-sleep-found-exercising-regular-basis-0.

17. Sandee LaMotte, "The Healthiest Way to Improve Your Sleep: Exercise," CNN, son değiştirme tarihi 30 Mayıs, 2017, www.cnn.com/2017/05/29/health/exer-cise-sleep-tips/index.html.

18. David S. Black, et al., "Mindfulness Meditation in Sleep-Disturbed Adults," JAMA Internal Medicine 5 (Nisan 2015): 494–501, jamanetwork.com/jour-nals/jamainternalmedicine/fullarticle/2110998.

19. Karen Kaplan, "A Lot More Americans are Meditating Now than Just Five Years Ago," Los Angeles Times, 8 Kasım, 2018, www.latimes.com/sci-ence/sciencenow/la-sci-sn-americans-meditating-more-20181108-story.html.

20. Jim Kwik, "Kwik Brain with Jim Kwik: How to Make Meditation Easy with Ariel Garten," Jim Kwik, , son değiştirme tarihi 8 Kasım, 2018, https://jimkwik.com/kwik-brain-080-your-brain-on-meditation-with-ariel-garten/.

21. A.g.e.

9. BÖLÜM

1. Sarah Young, "This Bizarre Phenomenon Can Stop You from Procrastinating," The Independent, son değiştirme tarihi 9 Mart, 2018, www.independent.co.uk/life-style/procrastinating-how-to-stop-zeigarnik-effect-phenomenon-at-work-now-a8247076.html.

2. Art Markman, "How to Overcome Procrastination Guilt and

Turn It Into Motivation," HBR Ascend, 7 Ocak, 2019, hbrascend.org/topics/turn-your-procrastination-guilt-into-motivation/.

3. B. J. Fogg, "When you learn the Tiny Habits method, you can change your life forever," Tiny Habits, son değiştirme tarihi 2019, www.tinyhabits.com/.

4. Deepak Agarwal, *Discover the Genius in Your Child* (Delhi: AIETS.com Pvt.Ltd., 2012), 27-28.

5. Charles Duhigg, *The Power of Habit: Why We Do What We Do in Life and Business* (New York: Random House, 2012), 20–21.

6. James Clear, "The Habits Academy," The Habits Academy, habitsacademy.com/.

7. Jim Kwik, "Kwik Brain with Jim Kwik: Understanding Habit Triggers with James Clear," Jim Kwik, 18 Ekim, 2018, https://jimkwik.com/kwik-brain -075-understanding-habit-triggers-with-james-clear/.

8. A.g.e.

9. Phillippa Lally ve ark., "How Are Habits Formed: Modelling Habit Formation in the Real World," *European Journal of Social Psychology*, 40. cilt, no. 6 (Temmuz 2009): 998–1009, doi:10.1002/ejsp.674.

10. Alison Nastasi, "How Long Does It Really Take to Break a Habit?" Hopes&Fears, erişim tarihi 20 Kasım, 2015, www.hopesandfears.com/hopes/ now/question/216479-how-long-does-it-really-take-to-break-a-habit.

11. A.g.e.

12. B. J. Fogg, "A Behavior Model for Persuasive Design," Persuasive '09: *Proceed-ings of the 4th International Conference on Persuasive Technology*, no. 40 (April 26, 2009), doi:10.1145/1541948.1541999.

13. A.g.e.

14. A.g.e.

15. A.g.e.

10. BÖLÜM

1. Mihaly Csikszentmihalyi, *Flow: the Psychology of Optimal Experience* (New York: Harper Row, 2009).

2. Mike Oppland, "8 Ways To Create Flow According to Mihaly Csikszentmihalyi," PositivePsychology.com, erişim tarihi 19 Şubat, 2019, positivepsychologyprogram.com/mihaly-csikszentmihalyi-father-of-flow/.

3. Susie Cranston & Scott Keller, "Increasing the 'Meaning Quotient' of Work," *McKinsey Quarterly*, Ocak 2013, www.mckinsey.com/business-functions/ organization/our-insights/increasing-the-meaning-quotient-of-work.

4. Entrepreneurs Institute Team, "A Genius Insight: The Four Stages of Flow," Entrepreneurs Institute, son değiştirme tarihi 12 Şubat, 2015, entrepreneurs institute.org/updates/a-genius-insight-the-four-stages-of-flow.

5. Hara Estroff Marano, "Pitfalls of Perfectionism," *Psychology Today*, 1 Mart, 2008, www.psychologytoday.com/us/articles/200803/pitfalls-perfectionism.

6. Travis Bradberry, "Why the Best Leaders Have Conviction," World Economic Forum, son değiştirme tarihi 7 Aralık, 2015, www.weforum.org/agenda/2015/12/ why-the-best-leaders-have-conviction/.

11. BÖLÜM

1. Jim Kwik, "Kwik Brain with Jim Kwik: How to Concentrate with Dandapani," Jim Kwik, 8 Ekim, 2019, https://jimkwik.com/kwik-brain-149-how-to -concentrate-with-dandapani/.

2. A.g.e.

3. A.g.e.

4. "A Clean Well-Lighted Place," *BeWell,* erişim tarihi 7 Ocak, 2020, https:// bewell.stanford.edu/a-clean-well-lighted-place/.

5. Melanie Greenberg, "9 Ways to Calm Your Anxious Mind," *Psychology Today*, 28 Haziran, 2015, www.psychologytoday.com/

us/blog/the-mindful-self-express/ 201506/9-ways-calm-your-anxious-mind.

6. Donald Miller, "The Brutal Cost of Overload and How to Reclaim the Rest You Need," *Building a StoryBrand*, buildingastorybrand.com/episode-40/.

7. Markham Heid, "The Brains of Highly Distracted People Look Smaller," *VICE*, 12 Ekim, 2017, tonic.vice.com/en_us/article/wjxmpx/constant-tech -distractions-are-like-feeding-your-brain-junk-food.

8. Kristin Wong, "How Long It Takes to Get Back on Track After a Distraction," *Lifehacker*, 29 Temmuz, 2015, lifehacker.com/how-long-it-takes-to-get-back-on -track-after-a-distract-1720708353.

9. "4-7-8 Breath Relaxation Exercise," Council of Residency Directors in Emergency Medicine, Şubat 2010, www.cordem.org/globalassets/files/ academic-assembly/2017-aa/handouts/day-three/biofeedback-exercises -for-stress-2---fernances-j.pdf.

12. BÖLÜM

1. Ralph Heibutzki, "The Effects of Cramming for a Test," *Education*, 21 Kasım, 2017, education.seattlepi.com/effects-cramming-test-2719.html.

2. Mark Wheeler, "Cramming for a Test? Don't Do It, Say UCLA Researchers," UCLA Haber Merkezi, 22 Ağustos, 2012, newsroom.ucla.edu/releases/cramming -for-a-test-don-t-do-it-237733.

3. William R. Klemm, "Strategic Studying: The Value of Forced Recall," *Psychology Today*, 9 Ekim, 2016, www.psychologytoday.com/us/blog/ memory-medic/201610/strategic-studying-the-value-forced-recall.

4. A.g.e.

5. James Gupta, "Spaced Repetition: a Hack to Make Your Brain Store Information," *The Guardian*, 23 Ocak, 2016, www.theguardian.com/ education/2016/jan/23/spaced-repetition-a-hack-to-make-your-brain-store -information.

6. Jordan Gaines Lewis, "Smells Ring Bells: How Smell Triggers Memories and Emotions," *Psychology Today*, 12 Ocak, 2015, www.psychologytoday.com/ us/blog/brain-babble/201501/smells-ring-bells-how-smell-triggers-memories -and-emotions.

7. Wu-Jing He ve ark., "Emotional Reactions Mediate the Effect of Music Listening on Creative Thinking: Perspective of the Arousal-and-Mood Hypothesis," *Frontiers in Psychology* 8 (26 Eylül, 2017): 1680, www.ncbi.nlm.nih.gov/ pmc/articles/PMC5622952/.

8. Claire Kirsch, "If It's Not Baroque Don't Fix It," *The Belltower*, 25 Ocak, 2017, http://belltower.mtaloy.edu/2017/01/if-its-not-baroque-dont-fix-it/.

9. Alina-Mihaela Busan, "Learning Styles of Medical Students—Implications in Education," *Current Health Sciences Journal* 40, no. 2 (Nisan-Haziran 2014): 104– 110, www.ncbi.nlm.nih.gov/pmc/articles/PMC4340450/.

10. Bob Sullivan and Hugh Thompson, "Now Hear This! Most People Stink at Listening [Excerpt]," *Scientific American*, 3 Mayıs, 2013, www.scientificameri-can.com/article/plateau-effect-digital-gadget-distraction-attention/.

11. A.g.e.

12. Cindi May, "A Learning Secret: Don't Take Notes with a Laptop," *Scientific American,* 3 Haziran, 2014, www.scientificame-rican.com/article/a-learning -secret-don-t-take-notes-with-a-laptop/

13. BÖLÜM

1. Eve Marder, "The Importance of Remembering," *eLife* 6 (14 Ağustos, 2017), https://www.ncbi.nlm.nih.gov/pmc/articles/PMC5577906/.

2. William R. Klemm, "Five Reasons That Memory Matters," *Psychology Today*, 13 Ocak, 2013, www.psychologytoday.com/us/blog/memory-medic/ 201301/five-reasons-memory-matters.

3. Joshua Foer, "How to Train Your Mind to Remember Anyt-

hing," CNN, 11 Haziran 2012, www.cnn.com/2012/06/10/opinion/foer-ted-memory/index.html.

14. BÖLÜM

1. Lauren Duzbow, "Watch This. No. Read It!" Oprah.com, Haziran 2008, www.oprah.com/health/how-reading-can-improve-your-memory#ixzz2VYPyX3uU.

2. "Keep Reading to Keep Alzheimer's at Bay," Fisher Center for Alzheimer's Research Foundation, son değiştirme tarihi 12 Kasım, 2014, www.alzinfo.org/ articles/reading-alzheimers-bay/.

15. BÖLÜM

1. "Six Thinking Hats," the De Bono Group, www.debonogroup.com/ six_thinking_hats.php.

2. "The Components of MI," MI Oasis, www.multipleintelligencesoasis.org/ the-components-of-mi, erişim tarihi 10 Nisan, 2019.

3. A.g.e.

4. A.g.e.

5. The Mind Tools Content Team, "VAK Learning Styles: Understanding How Team Members Learn," Mind Tools, www.mindtools.com/pages/article/ vak-learning-styles.htm, erişim tarihi 10 Nisan, 2019.

6. Matt Callen, "The 40/70 Rule and How It Applies to You," Digital Kickstart son değiştirme tarihi 3 Mayıs, 2016, https://digitalkickstart.com/the-4070-rule-and -how-it-applies-to-you/.

7. A.g.e.

8. Rimm, Allison, "Taming the Epic To-Do List." Harvard Business Review, 14 Haziran, 2018, https://hbr.org/2018/03/taming-the-epic-to-do-list.

9. Peter Bevelin, *Seeking Wisdom: from Darwin to Munger* (PCA Publications LLC, 2018).

10. Ryan Holiday, *Conspiracy: The True Story of Power, Sex, and a Billionaire's Secret Plot to Destroy a Media Empire* (New York: Portfolio, 2018).

11. "Second-Order Thinking: What Smart People Use to Outperform," Farnam Street, erişim tarihi 22 Ocak, 2019, https://fs.blog/2016/04/second-order-thinking/.

12. "Kwik Brain with Jim Kwik: Exponential Thinking with Naveen Jain," Jim Kwik, 4 Mayıs, 2018, https://jimkwik.com/kwik-brain-059-exponential-thinking-with-naveen-jain/.

13. Viome.com Home Page, Viome, Inc., erişim tarihi 5 Şubat, 2020, www.viome.com.

14. Mark Bonchek, "How to Create an Exponential Mindset," Harvard Business Review, 4 Ekim, 2017, hbr.org/2016/07/how-to-create-an-exponential-mindset.

15. Evie Mackie, "Exponential Thinking," Medium, Room Y, son değiştirme tarihi 30 Ağustos, 2018, medium.com/room-y/exponential-thinking-8d7cbb8aaf8a.

NOTLAR